21 世纪特殊教育创新教材

21 世纪特殊教育创新教材 · 理论与基础系列

主编：杜晓新　　　　　　审稿人：杨广学　孟万金

- 特殊教育的哲学基础(华东师范大学：方俊明)
- 特殊教育的医学基础(南京特殊教育师范学院：张婷、赵汤琪)
- 融合教育导论(华中师范大学：雷江华)
- 特殊教育学(雷江华、方俊明)
- 特殊儿童心理学(方俊明、雷江华)
- 特殊教育史(浙江师范大学：朱宗顺)
- 特殊教育研究方法(华东师范大学：杜晓新、宋永宁)
- 特殊教育发展模式(纽约市教育局：任颂羔)

21 世纪特殊教育创新教材 · 发展与教育系列

主编：雷江华　　　　　　审稿人：邓　猛　刘春玲

- 视觉障碍儿童的发展与教育(华中师范大学：邓猛)
- 听觉障碍儿童的发展与教育(华东师范大学：贺荟中)
- 智力障碍儿童的发展与教育(华东师范大学：刘春玲)
- 学习困难儿童的发展与教育(陕西师范大学：赵微)
- 自闭症谱系障碍儿童的发展与教育(华东师范大学：周念丽)
- 情绪与行为障碍儿童的发展与教育(华南师范大学：李闻戈)
- 超常儿童的发展与教育(华东师范大学：苏雪云；北京联合大学：张旭)

21 世纪特殊教育创新教材 · 康复与训练系列

主编：周念丽　　　　　　审稿人：方俊明　赵　微

- 特殊儿童应用行为分析(天津体育学院：李芳；武汉麟洁健康咨询中心：李丹)
- 特殊儿童的游戏治疗(华东师范大学：周念丽)
- 特殊儿童的美术治疗(南京特殊教育师范学院：孙霞)
- 特殊儿童的音乐治疗(南京特殊教育师范学院：胡世红)
- 特殊儿童的心理治疗(华东师范大学：杨广学)
- 特殊教育的辅具与康复(南京特殊教育师范学院：蒋建荣、王辉)
- 特殊儿童的感觉统合训练(华东师范大学：王和平)

21世纪特殊教育创新教材·发展与教育系列

学习困难儿童的发展与教育

(第二版)

赵 微 编著

北京大学出版社
PEKING UNIVERSITY PRESS

图书在版编目(CIP)数据

学习困难儿童的发展与教育 / 赵微编著. —2 版. —北京：北京大学出版社，2020.8
21 世纪特殊教育创新教材 · 发展与教育系列
ISBN 978 -7 -301 -31486 -9

Ⅰ. ①学…　Ⅱ. ①赵…　Ⅲ. ①学习困难—儿童教育—教材　Ⅳ. ①G76

中国版本图书馆 CIP 数据核字（2020）第 139218 号

书　　名	学习困难儿童的发展与教育（第二版） XUEXI KUNNAN ERTONG DE FAZHAN YU JIAOYU（DI-ER BAN）
著作责任者	赵　微　编著
丛书策划	周雁翎
丛书主持	李淑方
责任编辑	李淑方
标准书号	ISBN 978 -7 -301 -31486 -9
出版发行	北京大学出版社
地　　址	北京市海淀区成府路 205 号　100871
网　　址	http://www.pup.cn　　新浪微博:@北京大学出版社
微信公众号	通识书苑（微信号：sartspku）　科学元典（微信号：kexueyuandian）
电子邮箱	编辑部 jyzx@pup.cn　　总编室 zpup@pup.cn
电　　话	邮购部 010-62752015　发行部 010-62750672　编辑部 010-62767857
印 刷 者	北京虎彩文化传播有限公司
经 销 者	新华书店
	787 毫米 × 1092 毫米　16 开本　16.75 印张　400 千字
	2011 年 4 月第 1 版
	2020 年 9 月第 2 版　2025 年 7 月第 5 次印刷
定　　价	58.00 元

顾明远序

去年国家颁布的《国家中长期教育改革和发展规划纲要(2010—2020年)》专门辟一章特殊教育,提出:“全社会要关心支持特殊教育”。这里的特殊教育主要是指“促进残疾人全面发展、帮助残疾人更好地融入社会”的教育。当然,广义的特殊教育还包括超常儿童与问题儿童的教育。但毕竟残疾人更需要受到全社会的关爱和关注。

发展特殊教育(这里专指残疾人教育),首先要对特殊教育有一个认识。所谓特殊教育的特殊,是指这部分受教育者在生理上或者心理上有某种缺陷,阻碍着他的发展。特殊教育就是要帮助他排除阻碍他发展的障碍,使他得到与普通人一样的发展。残疾人并非所有智能都丧失,只是丧失一部分器官的功能。通过教育我们可以帮助他弥补缺陷,或者使他的损伤的器官功能得到部分的恢复,或者培养其他器官的功能来弥补某种器官功能的不足。因此,特殊教育的目的与普通教育的目的是一样的,就是要促进儿童身心健康的发展,只是他们需要更多的爱护和帮助。

至于超常儿童教育则又是另一种特殊教育。超常儿童更应该在普通教育中发现和培养,不能简单地过早地确定哪个儿童是超常的。不能完全相信智力测验。这方面我没有什么经验,只是想说,现在许多家长都认为自己的孩子是天才,从小就超常地培养,结果弄巧成拙,拔苗助长,反而害了孩子。

在特殊教育中倒是要重视自闭症儿童。我国特殊教育更多的是关注伤残儿童,对于自闭症儿童认识不足、关心不够。其实他们非常需要采取特殊的方法来矫正自闭症,否则他们长大以后很难融入社会。自闭症不是完全可以治愈的。但早期的鉴别和干预对他们日后的发展很有帮助。国外很关注这些儿童,也有许多经验,值得我们借鉴。

我在改革开放以后就特别感到特殊教育的重要。早在1979年我担任北京师范大学教育系主任时就筹办了我国第一个特殊教育专业，举办了第一次特殊教育国际会议。但是我个人的专业不是特殊教育，因此只能说是一位门外的倡导者，却不是专家，说不出什么道理来。

方俊明教授是改革开放后早期的心理学家，后来专门从事特殊教育二十多年，对特殊教育有深入的研究。在我国大力提倡发展特殊教育之今天，组织五十多位专家编纂这套“21世纪特殊教育创新教材”丛书，真是恰逢其时，是灌浇特殊教育的及时雨，值得高兴。方俊明教授要我为丛书写几句话，是为序。

中国教育学会理事长

北京师范大学副校长

2011年4月5日于北京求是书屋

沈晓明序

由于专业背景的关系，我长期以来对特殊教育高度关注。在担任上海市教委主任和分管教育卫生的副市长后，我积极倡导"医教结合"，希望通过多学科、多部门精诚合作，全面提升特殊教育的教育教学水平与康复水平。在各方的共同努力下，上海的特殊教育在近年来取得了长足的发展。特殊教育的办学条件不断优化，特殊教育对象的分层不断细化，特殊教育的覆盖面不断扩大，有特殊需要儿童的入学率达到上海历史上的最高水平，特殊教育发展的各项指标均位于全国特殊教育前列。本市中长期教育改革和发展规划纲要，更是把特殊教育列为一项重点任务，提出要让有特殊需要的学生在理解和关爱中成长。

上海特殊教育的成绩来自于各界人士的关心支持，更来自于教育界的辛勤付出。"21世纪特殊教育创新教材"便是华东师范大学领衔，联合四所大学，共同献给中国特殊教育界的一份丰厚的精神礼物。该丛书全篇近600万字，凝聚中国特殊教育界老中青50多名专家三年多的心血，体现出作者们潜心研究、通力合作的精神与建设和谐社会的责任感。丛书22本从理论与基础、发展与教育、康复与训练三个系列，全方位、多层次地展现了信息化时代特殊教育发展的理念、基本原理和操作方法。本套丛书选题新颖、结构严谨，拓展了特殊教育的研究范畴，从多学科的角度更新特殊教育的研究范式，让人读后受益良多。

发展特殊教育事业是党和政府坚持以人为本、弘扬人道主义精神和保障人权的重要举措，是促进残障人士全面发展和实现"平等、参与、共享"目标的有效途径。《国家中长期教育改革和发展规划纲要(2010—2020年)》明确提出，要关心和支持特殊教育，要完善特殊教育体系，要健全特殊教育保障机制。我相信，随着我国经济的发展，教育投入的增加，我国特殊教育的专业队伍会越来越壮大，科研水平会不断地提高，特殊教育的明天将更加灿烂。

沈晓明

上海交通大学医学院教授、博士生导师

世界卫生组织新生儿保健合作中心主任

上海市副市长

2011年3月

丛书总序

特殊教育是面向残疾人和其他有特殊教育需要人群的教育，是国民教育体系的重要组成部分。特殊教育的发展，关系到实现教育公平和保障残疾人受教育的权利。改革和发展我国的特殊教育是全面建设小康社会、促进社会稳定与和谐的一项急迫任务，需要全社会的关心与支持，并不断提升学科水平。

半个多世纪以来，由于教育民主思想的渗透以及国际社会的关注，特殊教育已成为世界上发展最快的教育领域之一，它在一定程度上也综合反映出一个国家或地区的政治、经济、文化和国民素质的综合水平，成为衡量社会文明进步程度的重要标志。改革开放30多年以来，在党和政府的关心下，我国的特殊教育也得到了前所未有的大发展，进入了我国历史上最好的发展时期。在"医教结合"基础上发展起来的早期教育、随班就读和融合教育正在推广和深化，特殊职业教育和高等教育也有较快的发展，这些都标志着我国特殊教育的发展进入了一个全球化、信息化的时代。

但是，作为一个发展中国家，由于起点低、人口多、各地区发展不均衡，我国特殊教育的整体发展水平与世界上特殊教育比较发达的国家和地区相比，还有一定的差距，存在一些亟待解决的主要问题。例如：如何从狭义的仅以视力、听力和智力障碍等残疾儿童为主要服务对象的特殊教育逐步转向包括各种行为问题儿童和超常儿童在内的广义的特殊教育；如何通过强有力的特教专项立法来保障特殊儿童接受义务教育的权利，进一步明确各级政府、儿童家长和教育机构的责任，使经费投入、鉴定评估等得到专项法律法规的约束；如何加强对"随班就读"的支持，使融合教育的理念能被普通教育接受并得到充分体现；如何加强对特教师资和相关的专业人员的培养和训练；如何通过跨学科的合作加强相关的基础研究和应用研究，较快地改变目前研究力量薄弱、学科发展和专业人员整体发展水平偏低的状况。

为了迎接当代特殊教育发展的挑战和尽快缩短与发达国家的差距，三年前，我们在北京大学出版社出版意向的鼓舞下，成立了"21世纪特殊教育创新教材"的丛书编辑委员会和学术委员会，集中了国内特殊教育界具有一定教学、科研能力的高级职称或具有本专业博士学位的专业人员50多人共同编写了这套丛书，以期联系我国实际，全面地介绍和深入地探讨当代特殊教育的发展理念、基本原理和操作方法。丛书分为三个系列，共22本，其中有个人完成的专著，还有多人完成的编著，共约600万字。

理论与基础系列

本系列着重探讨特殊教育的理论与基础。讨论特殊教育的存在和思维的关系，特殊教育的学科性质和任务，特殊教育学与医学、心理学、教育学、教学论等相邻学科的密切关系，力求反映出现代思维方法、相邻学科的发展水平以及融合教育的思想对现代特教发展的影响。本系列特别注重从历史、现实和研究方法的演变等不同角度来探讨当代特殊教育的特点和发展趋势。本系列由以下 8 种组成：

《特殊教育的哲学基础》《特殊教育的医学基础》《融合教育导论》《特殊教育学》《特殊儿童心理学》《特殊教育史》《特殊教育研究方法》《特殊教育发展模式》。

发展与教育系列

本系列从广义上的特殊教育对象出发，密切联系日常学前教育、学校教育、家庭教育、职业教育和高等教育的实际，对不同类型特殊儿童的发展与教育问题进行了分册论述。着重阐述不同类型儿童的概念、人口比率、身心特征、鉴定评估、课程设置、教育与教学方法等方面的问题。本系列由以下 7 种组成：

《视觉障碍儿童的发展与教育》《听觉障碍儿童的发展与教育》《智力障碍儿童的发展与教育》《学习困难儿童的发展与教育》《自闭症谱系障碍儿童的发展与教育》《情绪与行为障碍儿童的发展与教育》《超常儿童的发展与教育》。

康复与训练系列

本系列旨在体现"医教结合"的原则，结合中外的各类特殊儿童，尤其是有比较严重的身心发展障碍儿童的治疗、康复和训练的实际案例，系统地介绍了当代对特殊教育中早期鉴别、干预、康复、咨询、治疗、训练教育的原理和方法。本系列偏重于实际操作和应用，由以下 7 种组成：

《特殊儿童应用行为分析》《特殊儿童的游戏治疗》《特殊儿童的美术治疗》《特殊儿童的音乐治疗》《特殊儿童的心理治疗》《特殊教育的辅具与康复》《特殊儿童的感觉统合训练》。

"21 世纪特殊教育创新教材"是目前国内学术界有关特殊教育问题覆盖面最广、内容较丰富、整体功能较强的一套专业丛书。在特殊教育的理论和实践方面，本套丛书比较全面和深刻地反映出了近几十年来特殊教育和相关学科的成果。一方面大量参考了国外和港台地区有关当代特殊教育发展的研究资料；另一方面总结了我国近几十年来，尤其是建立了特殊教育专业硕士、博士点之后的一些交叉学科的实证研究成果，涉及 5000 多种中英文的参考文献。本套丛书力求贯彻理论和实际相结合的精神，在反映国际上有关特殊教育的前沿研究的同时，也密切结合了我国社会文化的历史和现实，将特殊教育的基本理论、基础理论、儿童发展和实际的教育、教学、咨询、干预、治疗和康复等融为一体，为建立一个具有前瞻性、符合科学发展观、具有中国历史文化特色的特殊教育的学科体系奠定基础。本套丛书在全面介绍和深入探讨当代特殊教育的原理和方法的同时，力求阐明如下几个主要学术观点：

1. 人是生物遗传和"文化遗传"两者结合的产物。生物遗传只是使人变成了生命活体和奠定了形成自我意识的生物基础；"文化遗传"才可能使人真正成为社会的人、高尚的人、成为"万物之灵"，而教育便是实现"文化遗传"的必由之路。特殊教育作为一个联系社会学科和自然学科、理论学科和应用学科的"桥梁学科"，应该集中地反映教育在人的种系发展和个体发展中所发挥的巨大作用。

2. 当代特殊教育的发展是全球化、信息化教育观念的体现，它有力地展现了人类社会发展过程中物质文明与精神文明之间发展的同步性。马克思主义很早就提出了两种生产力的概念，即生活物资的生产和人自身的繁衍。伴随生产力的提高和社会的发展，人类应该有更多的精力和能力来关注自身的繁衍和一系列发展问题，这些问题一方面是通过基因工程来防治和减少疾病，实行科学的优生优育，另一方面是通过优化家庭教育、学校教育和社会教育的环境，来最大限度地增加教育在发挥个体潜能和维护社会安定团结与文明进步等方面的整体功能。

3. 人类由于科学技术的发展、生产能力的提高，已经开始逐步地摆脱了对单纯性、缓慢性的生物进化的依赖，摆脱了因生活必需的物质产品的匮乏和人口繁衍的无度性所造成“弱肉强食”型的生存竞争。人类应该开始积极主动地在物质实体、生命活体、社会成员的大系统中调整自己的位置，更加注重作为一个平等的社会成员在促进人类的科学、民主和进步过程中所应该承担的责任和义务。

4. 特殊教育的发展，尤其是融合教育思想的形成和传播，对整个教育理念、价值观念、教育内容、学习方法和教师教育等问题，提出了全面的挑战。迎接这一挑战的方法只能是充分体现时代精神，在科学发展观的指导下开展深度的教育改革。当代特殊教育的重心不再是消极地过分地局限于单纯的对生理缺陷的补偿，而是在一定补偿的基础上，积极地努力发展有特殊需要儿童的潜能。无论是特殊教育还是普通教育都应该强调培养受教育者积极乐观的人生态度和做人的责任，使其为促进人类社会的进步最大限度地发挥自身的潜能。

5. 当代特殊教育的发展，对未来的教师和教育管理者、相关的专业人员的学识、能力和人格提出了更高的要求。未来的教师和教育管理者、相关的专业人员不仅要做到在教学相长中不断地更新自己的知识，还要具备从事普通教育和特殊教育的能力，具备新时代的人格魅力，从勤奋、好学、与人为善和热爱学生的行为中，自然地展示出对人类未来的美好憧憬和追求。

6. 从历史上来看，东西方之间思维方式和文化底蕴方面的差异，导致对残疾人的态度和特殊教育的理念是大不相同的。西方文化更注重逻辑、理性和实证，从对特殊人群的漠视、抛弃到专项立法和依法治教，从提倡融合教育到专业人才的培养，从支持系统的建立到相关学科的研究，思路是清晰的，但执行是缺乏弹性的，综合效果也不十分理想，过度地依赖法律底线甚至给某些缺乏自制力和公益心的人提供了法律庇护下的利己方便。东方哲学特别重视人的内心感受、人与自然和人与人之间的协调，以及社会的平衡与稳定，但由于封建社会落后的生产力水平和封建专制，特殊教育长期停留在“同情”“施舍”“恩赐”“点缀”“粉饰太平”的水平，缺乏强有力的稳定的实际支持系统。因此，如何通过中西合璧，结合本国的实际来发展我国的特殊教育，是一个需要深入研究的问题。

7. 当代特殊教育的发展是高科技和远古人文精神的有机结合。与普通教育相比，特殊教育只有200多年的历史，但近半个世纪以来，世界特殊教育发展的广度和深度都令人吃惊。教育理念不断更新，从“关心”到“权益”，从“隔离”到“融合”，从“障碍补偿”到“潜能开发”，从“早期干预”“个别化教育”到终身教育及计算机网络教学的推广，等等，这些都充分地体现了对人本身的尊重、对个体差异的认同、对多元文化的欣赏。

本套丛书力求帮助特殊教育工作者和广大特殊儿童的家长：① 进一步认识特殊教育的本质，勇于承担自己应该承担的责任，完成特殊教育从慈善关爱型向义务权益型转化；② 进一步明确特殊教育和普通教育的目标，促进整个国民教育从精英教育向公民教育转化；③ 进一步尊重差异，发展个性，促进特殊教育从隔离教育向融合教育转型；④ 逐步实现特殊教育的专项立法，进一步促进特殊教育从号召型向依法治教的模式转变；⑤ 加强专业人员的培养，进一步促进特殊教育从低水平向高质量的转变；⑥ 加强科学研究，进一步促进特殊教育学科水平的提高。

我们希望本套丛书的出版能对落实我国中长期的教育发展规划起到积极的作用，增加人们对当代特殊教育发展状况的了解，使人们能清醒地认识到我国特殊教育发展所取得的成就、存在的差距、解决的途径和努力的方向，促进中国特殊教育的学科建设和人才培养。在教育价值上进一步体现对人的尊重、对自然的尊重；在教育目标上立足于公民教育；在教育模式上体现出对多元文化和个体差异的认同；在教育方法上本着实事求是的精神实行因材施教，充分地发挥受教育者的潜能，发展受教育者的才智与个性；在教育功能上进一步体现我国社会制度本身的优越性，促进人类的科学与民主、文明与进步。

在本套丛书编写的三年时间里，四个主编单位分别在上海、南京、武汉组织了三次有关特殊教育发展的国际论坛，使我们有机会了解世界特殊教育最新的学科发展状况。在北京大学出版社和主编单位的资助下，丛书编委会分别于 2008 年 2 月和 2009 年 3 月在南京和上海召开了两次编写工作会议，集体讨论了丛书编写的意图和大纲。为了保证丛书的质量，上海市特殊教育资源中心和华东师范大学特殊教育研究所为本套丛书的编辑出版提供了帮助。

本套丛书的三个系列之间既有内在的联系，又有相对的独立性。不同系列的著作可作为特殊教育和相关专业的教材，也可供不同层次、不同专业水平和专业需要的教育工作者以及关心特殊儿童的家长等读者阅读和参考。尽管到目前为止，“21 世纪特殊教育创新教材”可能是国内学术界有关特殊教育问题研究的内容丰富、整体功能强、在特殊教育的理论和实践方面覆盖面最广的一套丛书，但由于学科发展起点较低，编写时间仓促，作者水平有限，不尽如人意之处甚多，寄望更年轻的学者能有机会在本套丛书今后的修订中对之逐步改进和完善。

本套丛书从策划到正式出版，始终得到北京大学出版社教育出版中心主任周雁翎和责任编辑李淑方、华东师范大学学前教育学院党委书记兼上海市特殊教育资源中心主任汪海萍、南京特殊教育师范学院院长丁勇、华中师范大学教育科学学院院长邓猛、陕西师范大学教育科学学院副院长赵微等主编单位领导和参加编写的全体同人的关心和支持，在此由衷地表示感谢。

最后，特别感谢丛书付印之前，中国教育学会理事长、北京师范大学副校长顾明远教授和上海市副市长、上海交通大学医学院教授沈晓明在百忙中为丛书写序，对如何突出残疾人的教育，如何进行“医教结合”，如何贯彻《国家中长期教育改革和发展规划纲要（2010—2020 年）》等问题提出了指导性的意见，给我们极大的鼓励和鞭策。

“21 世纪特殊教育创新教材”
编写委员会
（方俊明执笔）
2011 年 3 月 12 日

前　言

《学习困难儿童的发展与教育》自2011年出版以来，受到了广大学者、高校学生和教师、家长的厚爱，已经进行了四次重印。近10年来，国际、国内有关学习困难的研究无论是在基础理论研究，还是实践干预研究上都有新的突破。在基础理论研究方面，脑科学、基因研究对学习障碍产生机制的研究；实践方面，干预反应模式、动态评估以及教学实践等都取得了丰硕成果，特别是在汉语阅读障碍方面的研究成果，使得人们对学习困难的认识越来越清楚和深刻。本书的改版，在不改变原来结构的基础上，力求补充新近研究的成果，并结合本人近十年来在本领域的实践研究，提供更有理论和实践价值的学习材料，以飨读者。同时也对原书中的错误和不妥进行了修改。本书继续沿用了"学习困难"这一概念，将"学习障碍"含盖在广义的学习困难之中，主要目的还是想要引起对学习困难学生的教育的重视，惠及各种因素引起的学业落后的学生。再次感谢北京大学出版社给予的支持！

本书改版过程中，本人的博士生、硕士生以及已经毕业、在高校和普通小学工作的学生给予了大力协助。本书的前三章由本人完成修改；第四章由硕士研究生邹震飞和本人完成修改；第五章由陕西师范大学教育学院白洁老师完成修改；第六章由陕西师范大学实验小学刘朦朦协助完成修改；第七章由陕西师范大学教育学院特教系荆伟协助完成修改；第八章和第九章由赵微、刘朦朦、陕西省学前师范学院侯佳老师以及我的博士生覃源、向天成和张笛以及硕士生李丹、徐玥完成。本人对全书的修改进行了把关、补充和做了最后的统稿。邹震飞对全书的参考文献进行了统查。在此，感谢我的学生们！我也欣慰地看到，通过修改书稿他们获得的专业成长。

本书在修改过程中，参考了国内外同行大量的研究成果，甚为我国同行在本领域取得的瞩目成果而自豪，为他们在对学习困难这个群体的孜孜不倦的研究，推动本领域发展而钦佩！

本书的修改，还得到了陕西师范大学实验小学高红健校长、罗坤校长和李军副校长的大力支持！五年前，在实验小学首任校长高红建的支持下，我在该校建立起了西北地区第一个学习困难学生支持中心，探索学习困难教育干预的实践之路。第二任校长罗坤在我远赴美国四年不能亲自指导的情况下，倾力支持，坚持把学习困难学生支持中心办下去。五年来，积累了大量的学习困难儿童教育的成功案例，以及围绕着学习困难学生教育干预所进行的学校课程改革实践，为本书的改版增添了鲜活的、扎实的实践成果。

随着学习困难研究成果越来越丰富、越来越细致和深入，一本书只能涵盖本领域的"冰山一角"，难以反映全貌，希望从这"冰山一角"开始，吸引更多的学者、同行、教师和家长关注学习困难学生的研究，为我国特殊教育乃至普通教育质量的提高贡献微薄之力。

由于本人才疏学浅，水平有限，书中依然难免存在错误与疏漏，敬请各位同行斧正。

赵　微

2018年10月7日

于古城西安

目　录

第1部分　学习困难发展与教育基础

第3部分 学习困难儿童的教学

第1部分
学习困难发展与教育基础

第1部分主要介绍学习困难的基础知识和基础理论，共分3章。第1章主要介绍学习困难的概念、发展历史、分类；第2章主要介绍学习困难的成因；第3章主要介绍学习困难的鉴别和评估等有关基础知识。

第1章　学习困难概述

学习困难是学校中普遍存在的现象，特别是在基础教育阶段，学习困难已经成为困扰学生学习和教师教学的难题，越来越引起教育学、心理学工作者的重视。学习困难的研究涉及教育学、心理学、生理学、医学、语言学等诸多学科，来自不同领域的研究对认识学习困难现象以及开展针对性教育起到了积极作用。本章作为本学科的导引，首先介绍学习困难的概念、分类以及发展历史等，以便学生对本学科有基本的了解和把握。

学习目标

1. 掌握学习困难的概念和内涵、类型。
2. 了解学习困难研究发展的历史。
3. 了解我国学习困难发展的状况。

案例1-1

李晓炜是普通教育学校小学六年级五班学生，五年级时由另外一所普通学校转入该校就读。瑞文标准推理测验(CRT)结果表明，李晓炜的智力测验分数较低，但还属于正常范围。李晓炜的学习成绩很差，转入学校时的入学考试分数为语文21分，数学17.5分。李晓炜虽然已经上六年级了，但能够背诵出的汉语拼音只有6个；不会认读音节，不会准确标记声调；弄不明白字的音形义之间的内在联系，会把形近字和同音字混淆起来；写错别字的问题很严重，积累的词汇量极少，完成作业的速度很慢。在识记词语时发现他的记忆缺乏明确目的，识记速度缓慢，记忆容量小，保持不牢固，再现不精确。他的阅读理解能力很弱，不仅读课文声音很小，断断续续，连不成句，还不能概括出所读文章的大致内容，不能完整复述，言语贫乏而不正确，不善于用自己的语言来表达自己的想法。他没有养成良好的学习习惯，不会像别的学生一样做好课前准备，不做笔记，不开口读书，在作业本上乱涂乱写。

李晓炜在班上独来独往，从不和班级同学交往，只是安静地坐在座位上看别人活动，也不干扰别人学习。在众人面前他胆怯害羞，不敢开口发言，容易脸红，缺乏自信，从不主动参与班级的活动。李晓炜在学校极少有情绪激动的时刻，总显得闷闷不乐，和别人说话声音很小，眼睛也从不注视对方。李晓炜在课堂上表现得很安静，喜欢打瞌睡，或者瞧着一个地方发呆，从来不注视老师，神态无精打采。他喜欢用手支撑着脑袋，坐姿不端正，即使老师不停地纠正他的坐姿，他往往坚持不了几分钟。他从不主动参与学习活动，并且拒绝老师要求他参加的小组讨论，只是静静地坐着看，他很难根据任务的改变把注意力从一个对象转移到另一个对象，因此，常常表现得顾此失彼，比如一边听一边写，他就感到有困难。

案例1-2

孙阿莲是一个正读五年级的女孩，她出生在南方一个得益于改革开放政策而富裕起来的农村家庭，在家排行第二，上有一个哥哥，她总感觉到父母对哥哥的关心更多一些。她性格内向，行为拘谨，缺乏自信心，不主动与人交往。尽管家庭条件比较优越，但家长文化程度较低，不懂得该如何培养孩子良好的学习习惯，她的基础知识的积累缺失较多，但家长对她的期望值较高，在一二年级的时候曾给她请过家教，效果却并不令人满意。

她的学习成绩比较差，入学考试成绩为班上倒数第一。对她在学习上的观察发现，她对学习缺乏兴趣，课堂上不能集中注意力听讲，有时在下面做小动作，但却很少说话，有时她会坐在那里发呆，很少举手发言。从对她的作业分析来看，她各科作业书写潦草，错误率很高。她的识字能力和阅读理解能力跟同龄人相比都显示出明显的差距。阅读理解能力不足直接影响了她在数学上分析解答应用题的水平，她弄不清楚题目中各种条件之间的关系，因此，根本不知道应该从何入手进行解答。在各科学业成绩中，她的数学成绩最差。总而言之，该学生学习基础薄弱，缺乏学习方法和策略，学业上长期遭受挫败。

案例1-3

王金杰是一年级的学生，一个非常活泼好动的孩子。他任性、顽皮、精力充沛，身体健康。在课堂学习上，他注意力不集中，自制力很差，上课经常坐立不安，几乎不听讲，每次都是自己玩自己的，课堂上随心所欲，高兴时就在位子上画画、玩东西，有时会旁若无人似的在教室里到处乱走，到别的同学的座位上拿东西，从而影响其他同学。他注意力极易分散，教室外的一点动静都会引起他的注意。他的语言表达能力也明显落后于同班同学，语言不流利，很难与人沟通。一年来，每次考试各门功课都不及格，第一次测验语文 34 分、数学 56 分，期终考试语文 54 分、数学 58 分、拼音测查 19 分。平时作业字迹潦草，汉字和拼音常常无法写在格子里面，而且错误率很高。课堂上讲过的题目，他几乎都不能听懂，通常不能单独完成作业，每次都要老师陪在身边一道一道题地讲解他才能完成。瑞文标准推理测验处于临界值。

第1节　学习困难概念

以上三个案例为我们展现了学习困难的部分面貌。学习困难(Learning Difficulty),又称学习障碍(Learning Disability),常指智力发展正常,但在学校学习中有明显的学习困难或障碍的儿童。学习困难儿童是我国学校教育中常见的特殊儿童群体,也是我国特殊教育领域中一个较新的研究领域。

一、学习困难的概念

人们很早就认识到"学习困难"这种现象,只是用来描述学习困难的术语不同。在学校中人们通常用"学习落后生""学业不良""学习成绩低下",甚至"后进生"、差生这类术语来描述学习困难学生;在心理学界常用"学习障碍""学习失能""学习无能""学业成就低下""发展性学习障碍"等术语来描述学习困难;医学界也有用"轻微脑功能障碍""大脑功能失调"这样的术语来描述学习困难人群;还有的用不同的学科领域的术语来表述这类儿童的特殊学习困难,如"阅读困难""读诵困难""计算困难""数学学习困难"等。

学习困难概念有泛指和特指之分:泛指的学习困难是指并非智力或其他残疾所引起的学习成绩明显落后、学习适应明显不良等现象。学习困难学生最突出的表现是智力正常但其学习成绩显著低于其他同龄正常学生。例如,我国学者钱在森给出学习困难学生下的定义是:学习困难学生是指智力正常而学习效果低下,未能达到学校教育规定的基本要求的学生。[①]朴永馨主编的《特殊教育学》中把学习困难儿童定义为:学习困难儿童指的是除残疾儿童外,由于生理、心理、行为、环境等原因致使其在正常教育情形下,学习成绩明显达不到义务教育教学大纲要求水平而需要采取特殊教育方式的学龄儿童和个体心理发展水平严重落后于儿童年龄特征水平的学龄儿童。[②] 方俊明对学习障碍作了如下定义:学习障碍,也称学习困难(Learning Difficulty)或学习低能(Learning Disability),具体地说,学习障碍是指在学习上存在一定的障碍,遇到不同的困难,缺乏普通的竞争能力,学习成绩明显落后于其他儿童这一现象。学习障碍儿童有时也伴有轻度的脑功能障碍或其他轻度的伤残,但其主要特点是缺乏正确的学习策略,没有形成良好的认知结构。[③]

特指的学习困难的概念,多见于美国学者的研究中。比较早地正式提出学习障碍儿童(Children with Learning Disabilities)这一概念的是美国著名特殊教育家柯克(S. A. Kirk)。1963年他在全美知觉障碍儿童基金会组织的研讨会上发表演讲,首次采用了"学习障碍"(Learning Disabilities)这一术语来描述这样一类儿童:他们在语言、说话、阅读和社会交往技能方面发展异常,这类儿童又不属于诸如盲、聋等感觉障碍的儿童,也不属于智力障碍儿童。他所描述的学习障碍是一种特殊的学习困难,主要表现在语言发展上的滞后。虽然这一概念对学习困难的描述并不全面,但它首次让我们看到了学习困难儿童作为不同于其他

---

① 钱在森.学习困难学生教育的理论与实践[M].上海:上海科技教育出版社,1995:7.

② 朴永馨.特殊教育学[M].福州:福建教育出版社,1995:205.

③ 方俊明.当代特殊教育导论[M].西安:陕西人民教育出版社,1998.

特殊儿童的类型而受到教育者的关注。

人们在还很难认清楚学习困难的实质时，研究者试图采用一种范畴加排除的方式来定义学习困难。1975 年，美国国会通过的 PL94-142 公法——《所有特殊儿童教育法》（*The Education for All Handicapped Children Act*，PL94-142）中，对学习障碍作了如下定义：术语“特指性学习障碍（Specific Learning Disability）是指那些在基本心理过程的一个或几个方面失调的学生，这些方面包括口语和书面语等语言的理解和应用的困难，表现在听、说、读、写、思维方面能力的不足以及数学和计算的困难。”这一术语包括了感知觉障碍、脑损伤、轻微脑功能障碍、读诵困难和发展性失语症。但这一术语不包括由于视觉、听觉、运动障碍和智力落后所引起的学习问题，以及由于情绪紊乱、环境、文化和经济不利所引起的学习问题。①

1985 年成立的美国学习障碍联合会（National Joint Committee on Learning Disabilities，NJCLD），对儿童与青少年的学习困难问题进行了比较广泛、深入的探讨。1994 年，美国学习障碍联合会提出了学习障碍的新概念：特指性的学习障碍或学习困难是指这样一组症候群，即在听、说、读、写、推理或数学能力获得方面失调而导致这些方面出现显著困难。这些困难是内在的、并推测是由中枢神经系统功能紊乱造成的。虽然学习障碍儿童可能伴随有行为无法自制，社会知觉、社会关系差等问题，但这些不是导致学习障碍的直接原因。虽然学习障碍可能同时伴随有其他障碍状况（例如感官障碍、智力障碍、严重的情绪紊乱等）或其他外在的影响（例如文化差异、不充分和不恰当的教育），但它们都不是造成学习障碍的直接原因。②

由于学习困难的复杂性和异质性，也有的学者从学习困难的特征和原因方面进行定义。我国学者徐芬把学业困难定义为学习不良。学习不良的定义为：第一，学习不良儿童智力是正常的，即智力测验的分数（智商）落在正常范围之内，但在学校的学习中有严重困难，具体地说，在某门或者某几门课程的学习中有一些特殊的缺陷。第二，学习不良儿童可能在某些特殊能力或学习技能（如解决问题、听、说、语言、注意、记忆、写作、计算等）上有一定的缺陷。第三，上述这些能力的缺陷并不是由于生理或者身体上的原发性缺陷（如盲、聋、哑、身体残疾或者视力问题等）所造成的，也不是由于情绪障碍、教育环境剥夺造成的。第四，这些儿童要达到一般学习水平或达到教育大纲所要求的水平需要额外的督促与辅导，有的甚至需要特殊的教育与帮助。③ 勒纳（Lerner）认为，现行的各种学习困难的定义共同因素有五个：神经功能失常、学习能力发展参差不齐、学业与学习困难、成就与潜力间的差距、排他因素。具体解释如下：① 神经功能失常：一部分学习困难的定义都强调了神经系统功能失常是学习困难的本质和首要的特征，认为学习困难与脑功能有关，因为学习以脑为基础。②学习能力发展参差不齐：学习困难是指个体在学习过程中，心智加工过程的各种能力表现出优势或弱势从而形成学习问题，对于个体差异的极端现象，它表现为心理过程异常，具体讲，包括语言、数学、写作等方面的能力异常。③ 学业与学习困难：学习困难学生学业成就低

---

① Janet W. Lerner. Learning Disabilities：Theories，Diagnosis and Teaching Strategies [M]. 9th ed. Bosten：Houghton Mifflin Company，2003.

② 同上。

③ 徐芬. 学业不良儿童的教育与矫治[M]. 杭州：浙江教育出版社，1997：7.

下，表现为学习困难，其学习困难主要在听、说、读、写、算、动作技能、思维能力、心理技巧等方面。④ 成就与潜力间的差异：学习困难的一个重要标准是学习能力与学业成就的不同步，这种差异表现在一种或数种学习行为上，如倾听、说话、书写和各种非语言行为如空间定向。⑤ 排他因素：学习困难的定义大多强调学习障碍而排除智力障碍、生理残疾、情绪困扰、社会文化不力和缺乏教育，旨在区别特定的学习障碍和一般学习问题之间的差异，其目的是说明这些学生需要特殊教育帮助。[①] 总之，学习困难的概念需要从多维度进行概括，其基本内涵应该涵盖以上内容。

本书从教育的需要出发，对学习困难的概念进行广义和狭义的划分，广义的学习困难是指在正规教育环境中智力正常但由于各种原因（除各种残疾以外）致使儿童学业成就明显低于同龄正常水平的现象。其判断的标准有三：第一，具备学习潜能（智力正常）；第二，学业成绩明显低于同龄儿童平均水平；第三，这种低的学业成就并非其他障碍（如盲、聋、哑、弱智）所引起，但有可能是行为问题、情绪困扰和文化教育环境不利导致。这类儿童常常也是普通教育重点关注的对象。狭义的学习困难参照了美国学习障碍联合会的定义。如前所述，1994 年美国学习障碍联合会提出了学习障碍的新概念：学习困难作为一个普遍的术语是指这样一组症候群，即在听、说、读、写、推理或数学能力获得方面失调而导致这些方面出现显著困难。这些困难是内在的，并推测是由中枢神经系统功能紊乱造成的。虽然学习障碍儿童可能伴随有行为无法自制，社会知觉、社会关系差等问题，但这些不是导致学习障碍的直接原因。虽然学习障碍可能同时伴随有其他障碍状况（例如感官障碍、智力障碍、严重的情绪紊乱等）或其他外在的影响（例如，文化差异、不充分和不恰当的教育），但它们都不是造成学习障碍的直接原因。

二、学习困难的出现率

早期研究者普遍认为由于汉语文字的特殊性，汉语的儿童不存在学习障碍问题。对儿童学习困难只是简单地归因于儿童上课注意力不集中、学习兴趣不高、存在智力问题等因素。斯蒂文森（Stevenson）等人 1982 年的一项跨国研究发现：日、中、美的阅读障碍出现率分别为 5.4％、7.5％、6.3％，三国儿童阅读障碍出现率没有显著差异。这意味着汉语中同样存在严重的阅读障碍问题。[②] 为此，国内的一些研究者进行了专门的研究，张承芬等人选取了济南市 9 所小学五年级学生作为研究对象，使用自编的阅读能力测验（包括词汇、朗读和理解三个部分）进行测试。结果显示，采用低成就定义法计算时，阅读成绩在 30 分（低于平均数 2 个标准差）以下者 44 人，占总数的 4.55％；采用不一致截点法计算时，有 77 名学生被鉴定为阅读困难，占总体被试的 7.96％，支持了斯蒂文森等人的研究结果。舒华等采用调查与个案研究法也发现了阅读困难儿童的客观存在。由于采取的鉴定标准的不同以及对学习困难观念的认识不同，学习困难的检出率有所不同。有研究发现，男孩（2.63％）阅读障碍

---

① Janet W. Lerner. Children wiht Learning Disabilities：Theories，Diagnosis and Teaching Strategies[M]. 9th ed. Boston：Houghton Mifflin Company，2003.

② H. W. Stevenson，et al. Reading Disabilities：The Case of Chinese，Japanese，and English[J]. Children Developnent. 1982，53(5)：1164-1181.

的发生率大于女孩(1.17%)；左利手儿童(5.53%)的阅读障碍发生率大于右利手儿童(1.83%)。[①②] 2001年，我国学者姬素兰研究指出全国学生学习不良比例约为20%，2001年6月25日《北京青年报》报道，根据全国少工委的一项统计，在我国当时3亿学生中被教师和家长列为"差生"行列的有5000万人。

第2节　学习困难儿童教育发展历史

人类对学习问题的研究由来已久，但对学习困难的研究历史却短暂。学习困难的研究最早起源于医学领域，而后才受到心理学领域和教育领域的关注。据此，我们可以把学习困难的历史划分为三个阶段：学习困难研究的起始阶段、过渡阶段和发展阶段。

一、学习困难研究的起始阶段(1800—1900年)

关于学习困难的研究最早始于医学领域对由于脑损伤而失去阅读和口语能力的人进行的研究。回顾历史，早在1802年维也纳医生高尔(F. Gall)在研究大脑某部位的功能与说话能力的关系时发现，如果大脑中的有关部位受损伤，人就无法用语言来表达情感或意愿。1816年法国的布罗卡(P. Broca)也指出，脑的某一部位的损伤会引起失语症。但大多数人是以戈尔茨坦(K. Goldstein)1942年出版的《战后脑损伤的后果》一书作为研究学习困难(障碍)的开端。在这本书中，戈尔茨坦描述了他对脑损伤士兵的研究，发现脑损伤不仅导致损伤相应部位的心理机能丧失，而且出现了一系列其他症候群：视觉图形与背景混淆不清、对刺激过度反应、神情木然、固执、抽象思维丧失、出现悲惨性行为。戈尔茨坦还指出，即使脑损伤被治愈后，行为举止所受到的损伤依然存在。1895年，苏格兰医生希区伍德(J. Hinshelwood)报告了阅读困难中一种特殊的现象——"词盲"(Word Blindness)。词盲是一种能够读出词却不能理解其含义的现象。这种困难是由于"存储和保持词的视觉记忆困难"所致。[③] 1917年，他发表了关于词盲研究的总结成果——《先天性词盲》，指出了大脑在阅读中的作用理论，认为大脑中有不同部位负责日常记忆和视觉单词记忆。阅读障碍最普遍的类型特征是无法辨认字词。1898年他报告了一例中风后丧失阅读单词能力的案例：一名53岁的中风男子能够流利地读出字母、数字和数字组合，他还能根据听写正确地写出单词，并能够正确地抄写单词。但是，他对所学习的内容不能阅读。希区伍德认为这种障碍不是由于视觉缺陷，而是视觉单词记忆损伤所引起的。[④] 同时，这一时期关于阅读障碍先天可能性的研究见诸一些医学杂志，先天性阅读障碍可能在出生时就伴随有与成人脑损伤相似的症状。这期间，先后有医生报告了不同的案例。例如，英国内科医生摩根(W. P. Morgan)1896年在《英国医学》杂志上发表题为"先天性词盲个案"的文章，介绍了一名14岁男孩有严重的阅读障碍，尽管通过很大的努力及持续的训练，还是不能够阅读，他把这种现象解释为"无力保持和贮存由此所产生的视觉形象"。一位叫詹姆

① 王艳碧，余林. 我国近十年来汉语阅读障碍研究回顾与展望[J]. 心理科学进展. 2007,15(4)：596-604.
② 刘秀梅. "271课堂"模式下高中化学学困生的转化探究[D]. 四川：四川师范大学硕士论文，2012.
③ 徐芬. 学业不良儿童的教育与矫治[M]. 杭州：浙江教育出版社，1997：8.
④ 西尔维亚·范汉·迪戈里. 学习失能[M]. 金娣，等译. 沈阳：辽海出版社，2000：19.

士·科尔(J. Kerl)的校医在1897年也报告了一例儿童词盲症的案例,并获得了皇家统计学会的奖金。[①]

由此看来,早期关于学习困难的研究主要是在医学界,并且集中在由于脑部损伤而引起的一系列语言学习和应用的困难上。

二、学习困难研究的过渡阶段(1900—1960年)

进入20世纪以后,对学习困难的研究已经从原来的脑损伤研究过渡到脑功能研究上。同时,心理学和教育学的研究者通过对干预和矫治措施的研究,在实践层面揭示学习困难的特征和实质。这一时期研究的代表人物有:神经病科医生奥顿(S. T. Orton)、施特劳斯(A. Strauss)以及海因兹·维纳(H. Werner)等人。

1925年,美国的神经病科医生奥顿在《精神病学和精神病学档案》上发表了一篇文章,题目是"学校儿童中的词盲症",提出了他关于阅读障碍的新理论——大脑半球失衡论。他认为,左脑是负责语言储存和产生的,根据两半球对称关系,右脑的视觉刺激都是左脑部分的倒影。如果左脑的功能失常,右脑产生的倒影就会以"倒影"表现出来。这就是阅读困难儿童时常把字看颠倒的原因。他还认为大脑皮层分为三层,每一层执行不同的功能。第一层是"视觉知觉",是感觉信息的最初接受者。第二层是"视觉再认",是大脑辨别功能的部分。第三层是"视觉联系",在大脑的这一区域来自感觉和运动神经区域的信息产生联系。他认为大脑的两个半球都能够有效地进行感知和认知活动,但只有左半脑才能够进行联系活动。因此,第一层和第二层的损伤不会影响人的行为,除非两个半球都同时受损伤;但是第三层受损伤,特别是左脑受损伤会导致词盲症。左脑控制功能的失常就会产生不同的阅读与书写困难。[②]

另一个有代表性的人物是施特劳斯。他深受戈尔茨坦的研究、卡尔·拉西里(Karl S. Lashley)脑均势说以及后来的脑定位说的影响,认为儿童行为上的反常与脑损伤有关。1947年施特劳斯等人出版了一本很有影响的书《脑伤儿童的心理病理学与教育》。为了制定合适的教育策略,书中介绍了六类儿童的异常行为,其中一类为情绪不稳定、知觉混乱、易冲动、注意力分散、爱重复。这类儿童后来也被称为施特劳斯综合征。后来,施特劳斯把这种由于脑损伤导致的异常行为归结出四个典型特征,即对刺激物的被动反应、病理固定、抑制解除和分离。为了改善这类儿童的行为特征,他还设计了专门的教育环境。比如,教室环境中尽可能少刺激物,墙上没有装饰、窗户被遮蔽;儿童通常在隔离的区域学习,彼此之间看不到,也听不到。甚至学习材料中那些引起学生分心的图画也被删除。[③]

施特劳斯研究了轻微智力失调儿童以及与实际脑损伤儿童相比程度较轻的、有神经性干扰的儿童的病因,提出了"外源"和"内源"的理论。"外源"的儿童中枢神经系统全面损伤,这种损伤可以通过神经学检查得到证实;"内源"的儿童的心理异常是由于家庭或环境因素

---

① James Kerl. School Hygiene, in Its Mental, Moral and Physical Aspects[J]. Journal of the Royal Statostoca Society,1897: 613-686.

② 西尔维亚·范汉·迪戈里.学习失能[M].金娣,等译.沈阳:辽海出版社,2000:22.

③ 同上书,第18页。

造成的，而非实质性损伤。[1]

维纳也是这一时期卓有影响的研究者。维纳从完形主义者的观点和脑均势说的观点出发，认为学习和发育过程是对大脑的再塑过程，异化和结合相互补偿是很多生物发展的特征，也是智力发展的特征。智力的发展始于头脑的均势状态，逐渐地从心理整体中分化出一些特别的功能，一旦这些功能完成，它们之间又相互联系结合成整体。因此，过分关注整体和过分关注部分都是心理成熟偏低的表现。他认为儿童数概念的发展是视觉-空间认知发展的结果。他列举了一些事例说明儿童数学学习困难的原因：当儿童闭上眼睛后无法辨认敲打的手指现象与算术学习障碍有关。[2] 后来，维纳的很多研究都关注了儿童视觉-动作能力发展。1943 年他和他的同事一起发表了《智力落后儿童数学教学的原则与方法》[3]一文，1944 年又发表了《智力落后儿童的视觉-动作表现的发展》[4]一文，揭示了儿童数学学习的空间认知特性。

这一时期的研究，为学习困难概念的提出以及学习困难研究领域的确立打下了基础。

三、学习困难研究的发展阶段(1960 年以后)

学习困难领域在这一时期的发展以学习困难概念的确立为标志。1963 年 4 月 6 日在由美国感知功能障碍基金会(FPHC)赞助，在芝加哥召开的“全美知觉障碍儿童发现与诊断的年会”上，来自伊利诺伊大学的教授柯克首次使用学习困难(障碍)这个概念。为了把学习困难这种独特困难与智力落后和其他障碍区分开来，他就该概念做了说明：近来已经使用的“学习困难(障碍)”这一概念是用来形容一群在语言、说话、阅读方面，以及相关的必需的社交技能方面发展异常的儿童。这不包括那些失明或者失聪的有感官障碍者，因为我们已经有办法来管理和培训聋人和盲人。同时，我认为智力落后儿童已不属于此类。[5] 这成为学习困难内涵的雏形。除此之外，柯克的贡献还在于：第一，他认为学习困难儿童之间存在着个体差异，特别是个体内的差异(例如，儿童的强项与弱项)。第二，他和同事们开始实施了伊利诺伊心理语言能力测验(Illionois Test of Psycholinguistic Abilities, ITPA)，并在此基础上建立了学习困难的矫正项目。该测验由十二个分测验构成，主要测验三个方面的能力，具体如下，信息获取的通道：听觉-语言、视觉-动作通道；心理语言加工：感觉、组织和表达；组织水平：表达性和自动化。通过测验确定儿童的强项和弱项，这可以使教师在教学中满足学生的需要。

继柯克之后，许多教育家发现有这样一部分学生，他们既没有视力、听力的障碍，脑部受伤的病史及其他智力落后现象，也没有明显的情绪紊乱和非规范性行为，但在学业上遇到较大的困难，有一门或几门功课学习成绩不佳，甚至每况愈下。许多实地调查还发现，有这类

---

① 徐芬. 学业不良儿童的教育与矫治[M]. 杭州：浙江教育出版社，1997：9.

② 西尔维亚·范汉·迪戈里. 学习失能[M]. 金娣，等译. 沈阳：辽海出版社，2000：15.

③ Doris Carrison, Heinz Werner. Principles and Methods of Teaching Arithmetic to Mentally Retarded Child[J]. American Journal of Mental Deficiency, 1943, 47：309-317.

④ Heinz Werner. Development of Visuo-Motor Performance on the Marble-Board Test in Mentally Retarded Children[J]. Journal of Genetic Psychology, 1944, 64(2)：269-279.

⑤ S. A. Kirk. Behavioral Diagnosis and Remediation of Learning Disabilities[C]. In Proceedings of the Annual Meeting of the Conference on Exploration into the Problems of the Perceptually Handicapped Child. Fund for the Perceptually Handicapped Children, Evanston, IL, 1963：1-4.

情况的学生多出身中等和中等以上的家庭,从而也基本上排除了社会经济因素的影响。于是,学术界便把这类儿童称为学习困难(Learning Difficulty)儿童或学习障碍儿童。

进一步的研究还发现,不仅在儿童和青少年中有这类学习障碍现象,在成年人的学习中也同样存在这种现象。中学时期,这种学习障碍问题表现得更为明显。实行义务教育的压力使许多国家对此问题给予了足够的重视。

20 世纪 70 年代后,阅读障碍研究在西方国家受到高度重视,并取得迅速发展,其中,里程碑式的标志有:1970 年,克里奇利(Critchley)发表了经典著作《阅读障碍儿童》;1979 年,韦鲁特农(Vellutino)出版了《阅读障碍:理论与研究》。随着心理语言学与认知心理学对学习障碍研究的深入,这个时期对阅读障碍的研究也从"视觉加工缺陷"逐渐转向"语言加工缺陷"的研究。正如韦鲁特农在其书中总结的:"阅读障碍是语言紊乱连续体的一部分,阅读障碍儿童存在知觉错误和语言缺陷。"20 世纪 80 年代以来,随着对阅读障碍语言加工缺陷研究的深入,在西方拼音文字体系中阅读障碍的研究逐渐被"语音缺陷假说"所代替。大量的拼音文字研究表明,单词的解码能力在阅读发展初期具有重要作用,拼音文字的解码依赖于语音意识(Phonological Awareness)。语音意识的缺陷是导致阅读障碍发生的核心因素。①

自学习困难的概念提出后,学习困难在特殊教育中的研究地位得以确立,对该类儿童的评估和实施特殊教育成为当务之急。这一时期,学习困难的研究和教育实践也随之丰富起来。

四、学习困难研究在我国的发展

我国关于学习困难的研究开始得相对较晚。早期对学习困难的探讨首先在汉语学习困难领域出现。20 世纪 80 年代以前,受西方语音加工障碍观点的影响,学者们普遍认为汉语作为一种表意而非表音文字,其阅读困难的出现率极低,因此对汉语阅读困难的研究没有引起人们的重视。直到 1982 年西方学者斯蒂文森在中国、日本和美国进行的大规模的跨语言阅读困难比较研究时,才发现汉语阅读困难的出现率并不低于西方国家拼音文字阅读困难的出现率,对汉语阅读困难的研究开始引起人们的注意。

汉语作为一种形、声、意的表意文字符号系统,其阅读困难是否会不同于西方拼音文字的阅读困难?拼音文字阅读困难与语音加工密切相关,而汉字字形复杂,对汉字的认知加工是否需要很强的视觉空间认知能力?20 世纪 80 年代以来,汉语学习困难的研究多围绕着视觉空间认知困难、语音加工困难以及语言本身的特异性引起的学习困难等方面开展研究。

(一) 汉语学习困难视觉加工的研究

鉴于汉语语言文字的独特性,汉语阅读困难研究最初更多的是从视觉空间加工能力入手。20 世纪 80 年代,我国学者对汉语阅读困难的研究仅限于初步的调查,真正开始实验研究多在 90 年代以后,较有成就的是近年来的研究。

1998 年,张承芬等人采用视觉-空间删除测验、图形记忆测验,以及视觉注意测验等研究表明:图形记忆和加工能力上的缺损,是汉语阅读困难的主要认知特征。他们认为这与汉字的字形特点有密切关系。汉字是一种方块字,字的构成以几何图形为主。因此,对图形的

---

① 白丽茹. 阅读障碍检测及亚类型鉴定新途径[M]. 天津:南开大学出版社,2017:13-14.

记忆和加工是掌握汉字的基础，掌握一定的汉字及其含义又是阅读的基础。1998年，静进等人采用本顿视觉保持测验(Benton Visual Retention Test，VRT)对学习障碍学生视知觉、视觉记忆、视觉空间结构能力进行评估，发现学习障碍学生的这几方面的成绩明显不如正常学生的成绩。从而认为学习障碍儿童的视觉空间能力、视觉记忆的组织、整合及视-动协调功能存在着障碍。2001年，周晓林等人采用一致性运动测验、汉字识别测验、阅读流畅性测验和字形的相似性判断等测验考察了五年级儿童视觉技能与汉字识别能力。结果发现，一致性运动测验的成绩与字形的相似性判断之间有着显著相关性，表明视觉运动知觉对汉字字形分析识别过程有着显著影响。彭聃龄等对汉字信息提取的研究也认为，字形在汉语阅读中作用更大。宋华等人的研究认为，能力高的阅读者主要依靠字形阅读。2002年，孟祥芝等人认为，已有汉语阅读研究中的视觉加工都采用静态视觉加工和记忆测验，而阅读过程是一个相对动态的视知觉过程。因此，他们采用阅读流畅性测验、图片命名测验、字形相似性测验、语音意识测验、视觉阈限测验等考察动态视觉与阅读的关系。研究结果表明在识字量的影响控制后，动态视觉加工技能能够显著解释阅读流畅性、字形的相似性判断反应和图片命名错误率的变化。回归分析结果表明，动态视觉加工对字形相似性判断和阅读流畅性有显著的解释作用。2003年，喻红梅、魏华忠通过对小学五年级正常学生和阅读困难学生自然阅读中信息加工的特点的比较发现：阅读困难组的生词量远远高于正常组(大于正常组4.75倍)；在自然阅读过程中，正常组对文章内容信息的保持成绩高于对文章字词的保持成绩，而困难组对文章内容信息的保持成绩则低于对文章字词信息的保持成绩。这一结果表明，阅读困难学生在阅读过程中的能量主要分配在字词解码上，字词加工活动在阅读中占主导地位。但该研究没有解释汉语阅读中的字词解码过程是语音解码还是视觉解码。2004年，赵微采用视觉删除测验、视觉暂留任务以及跨距测验等经典研究范式，从非语言材料和语言材料两个方面，通过比较正常学生与听力损伤学生，探讨汉语阅读困难者的视觉加工速度、加工时间以及视觉工作记忆等视觉空间认知特征，发现视觉空间认知障碍以及视觉-空间加工速度障碍是汉语阅读困难认知加工的凸显特征。[①] 2007年，学者刘铎采用三项视觉搜索任务探讨视觉注意对汉语阅读的能力的影响，分析发现，在控制了儿童的年龄、词法意识、语音意识、正字法意识、汉语词汇量以及非言语智力的影响后，视觉搜索对汉字阅读和阅读理解能力均存在显著的预测作用；在进一步控制了汉字阅读的影响之后，视觉搜索对阅读理解仍然具有显著的预测作用。[②]

(二) 汉语学习困难语音加工的研究

受西方语音加工障碍的观点的影响，对汉语语音加工的研究逐渐引起人们的关注。但这方面的研究无论在内容上、还是在方法上都极其粗略和有限，远远没有像西方国家那样形成理论体系。例如，1993年，曾志朗等人研究了阅读障碍儿童的视觉、语音分析技能，发现阅读障碍儿童相对于正常儿童来说，语音分析技能较弱，但该研究没有在视觉技能上发现差异。谢文玲、黄秀霜考察了汉语阅读障碍儿童与正常儿童在视觉辨认和语音意识上的差异。结果发现，阅读障碍儿童的视觉辨认和语音意识均与正常儿童有显著差异，而且视觉辨认与

① 赵微.汉语阅读困难学生语音意识与视觉空间认知的实验研究[D].上海：华东师范大学博士论文，2004.

② 张厚粲，李文玲，舒华.儿童阅读的世界[M].北京：北京师范大学出版社，2016：298-301.

语音意识皆对阅读障碍儿童的阅读成就具有预测力(W. L. Hise,H. S. Huang)。胡(Hu)等人的研究发现,视觉记忆与阅读成绩没有相关性。在我国,随着学习障碍这一特殊教育新领域的发展,研究者认为,作为书面语言,无论是拼音文字还是表意文字,都是语音和语意的符号表征。儿童对语音线索的利用,可能是阅读获得的一个普遍规律。我国学术界也致力于学习障碍的语音加工的研究,获得了一些研究结果,但未取得一致的研究结论。1996年,张承芬采用绕口令复述的方法研究阅读障碍者的发音能力,发现发音能力对阅读障碍的影响不明显;2000年,舒华等人采用调查研究和个案研究的方法,发现阅读障碍儿童的音调、语音回忆与分析能力有明显缺陷;2001年,彭聃龄、徐世勇通过真假字与同音字判断来探讨阅读过程中汉字整体识别是否存在障碍。发现阅读困难者与正常者之间在真假字判断上没有显著差异,因此不存在汉字整体识别的障碍;但在同音判断上,两类被试却存在着显著差异,推测汉语阅读困难儿童可能存在着语音加工的障碍。但该实验尚不能确定这种障碍是存在于音节水平还是音素水平。2002年,孟祥芝等人采用传统的怪球(odd ball)范式对儿童的语音识别、保持、比较和判断能力进行考察,发现识字量和阅读流畅性与语音意识相关性显著。2004年,赵微采用分割任务中的音素辨认,音位识别以及声音、语音辨认,声调辨认等实验,也证实了汉语阅读中语音意识障碍的存在。[①]

(三) 学习困难言语特异性困难研究

汉语学习困难是否受到汉语本身的特点的直接影响?也有的研究者从汉语语言的特异性开展研究,这类研究主要集中在字词识别技能和语义加工方面。例如,汉字正字法意识和语素意识等。正字法意识一般包括特定字词的正字法模式的建构和正字法规则的抽取。在汉语研究中主要涉及汉字组字规则意识和汉字的结构意识,常用的测查任务有构件组字任务(要求儿童将两个或三个汉字构件组合成一个合理的汉字)和正字法选择任务(给儿童呈现一对非字刺激,要求儿童选择哪个看起来更像真字)。语素意识指儿童对口语中最小的音义结合体的敏感性和操作能力,一定程度上反映了儿童的语义技能。汉语的语素意识主要包括三个方面:词素意识(Morpheme Awareness)、同音和同形词素意识(Homograph Awareness)、形旁意识(Radical Awareness)。在汉语中语音线索相对不可靠、不明显,汉语儿童对意义的敏感性可能对其阅读发展有更特殊的作用。近年来,越来越多的研究者报道了语素意识对汉语儿童的阅读具有重要的作用,并且有研究者认为它的作用超过了语音意识。[②]

早在20世纪80年代,正字意识对熟练阅读者汉字识别的作用就已在多个实验中得到证实,随着研究深入,研究者发现汉语儿童的正字法意识是在学习汉字的过程中逐渐发展起来的,并在字词识别、学习生字词和阅读发展中起着重要作用。[③] 李虹等人以474个幼儿园的中班、大班和小学一到三年级儿童为研究对象,通过对70个线条图、位置错误非字、部件错误非字、假字和真字进行字典判断,探讨汉语儿童正字法意识的萌芽、发展及其与识字量

① 赵微.汉语阅读困难学生语音意识与视觉空间认知的实验研究[D].华东师范大学博士论文,2004:1-134.

② C. McBride-Chang, et al. Morphological Awareness Uniquely Predicts Young Children's Chinese Character Recognition[J]. Journal of Educational Psychology, 2003, 95: 743-751.

③ 彭聃龄.汉语认知研究[M].济南:山东教育出版社,1997:279-295.

之间的关系。结果发现正字法意识的发展要以一定的识字量为基础，阅读能力在发展的不同阶段，分别与正字法意识的不同层面密切相关。[①] 吴思娜、舒华等以小学五年级和六年级学生为被试测查了语音意识、语素意识、命名速度和汉字识别能力之间的关系，回归分析表明语素意识和命名速度显著预测了儿童的汉字识别能力。[②] 舒华等人对阅读障碍儿童进行了九项认知变量测验，通过回归和路径分析法发现，语素意识是一系列言语技能中最有力的一致性的预测因素，并认为语素意识缺陷可能是解释中文阅读障碍的核心认知因素。[③]

这一时期，对数学学习困难的研究也逐渐展开。对数学能力的理解可分为如下三个层次。第一个层次是作为智力的基本成分之一的数学能力，这是处在深层结构中的数学能力，其发展变化较为缓慢。第二个层次是在掌握了基本的数学概念以后，形成数学认知结构时所产生的数学能力，这是处在中层结构中的数学能力。最后一个层次是在学习数学知识、技能后所产生的数学能力。在实际心理活动中，这几个层次是密切联系着的。[④] 对数学学习困难的研究，主要集中在作为智力的基本成分的数学能力上，研究集中在两个方面：第一，基本的低层次的认知任务。如数学计算中的加减法运算，这类任务的完成主要需要从长时记忆中表征和提取基本的数学事实。第二，复杂的认知任务。如解文字题，这类任务的完成被认为与元认知或执行功能有密切关系。

数学学习困难的研究已经越来越偏重对影响数学学习的认知因素的探讨，尤其是工作记忆。工作记忆已被认为是数学学习困难儿童的一个主要缺陷。[⑤⑥] 大量研究表明数学学习困难儿童存在短时记忆缺陷，但对于这种缺陷的特异性存在争论。一些研究者报告数学学习困难儿童只在对包含数字的材料测试中表现出短时记忆缺陷，例如数字长度与数数长度的测试材料。[⑦] 而另外有些研究者认为这类儿童对短时记忆刺激的反应表现出整体性缺陷。[⑧⑨⑩] 基娅拉・拍塞隆赫和琳达・西格尔（M. Chiara Passolunghi & Linda S. Siegel）的研究也表明问题解决差的儿童对于工作记忆测试表现出整体性的缺陷，但在对典型的短时记忆测试[如涉及语言信息的跨距任务（span tasks）]中没有表现出缺陷。然而，其研究数据显示

---

① 李虹，等. 汉语儿童正字法意识的萌芽与发展[J]. 心理发展与教育，2006，1：35-38.

② 吴思娜，等. 语素意识在儿童汉语阅读中的作用[J]. 心理与行为研究，2005，1：35-38.

③ S. Hua，et al. Understanding Chinese Developmental Dyslexia：Morphological Awareness as a Core Cognitive Construct[J]. Journal of Educational Psychology，2006，98：122-133.

④ 孙昌识，姚平子. 儿童数学认知结构的发展与教育[M]. 北京：人民教育出版社，2004.

⑤ D. C. Geary. Mathematical Disabilities：Cognitive，Neuropsychological，and Genetic Components[J]. Psychology Bulletin，1993，114(2)：345-362.

⑥ G. J. Hitch，E. McAuley. Working Memory in Children with Specific Arithmetical Learning Difficulties[J]. British Journal of Psychology，1991，82：375-386.

⑦ L. S. Siegel，E. B. Ryan. The Development of Working Memory in Normally Achieving and Subtypes of Learning Disabled Children[J]. Child Development，1989，60：973-980.

⑧ G. J. Hitch，E. McAuley. Working Memory in Children with Specific Arithmetical Learning Difficulties[J]. British Journal of Psychology，1991，82：375-386.

⑨ H. L. Swanson. Working Memory in Learning Disability Subgroups[J]. Journal of Experimental Child Psychology，1993，56：87-114.

⑩ M. L. Turner，R. W. Engle. Is Working Memory Capacity Task Dependent? [J]. Journal of Memory and Language，1989，28：127-154.

在对数字信息的即时回忆时，数学学习困难儿童的成绩比正常组儿童低。其原因可能是这些儿童在对长时记忆中数字表征的处理时较慢，这样反过来可能已经导致数数速度慢、数字跨距短。[①] 2004 年，我国学者刘昌考察了数学学习困难儿童的认知加工机制，比较了数学学习困难儿童与数学学习优秀儿童在语音加工速度、短时记忆、工作记忆、中央执行功能等认知因素，发现数学学习困难儿童在这些方面都存在明显不足，但只有工作记忆能力不足才能明确揭示数学学习困难。

此外，对数学学习困难的研究还涉及视觉-空间认知能力、元认知能力、自我概念、情感因素等多个方面。

五、观点与取向

随着人类的进步与社会文明的发展，关注学生的差异性、独特性已经成为当今教育的主要价值取向之一。对学习困难的研究，从理论构建到实践应用也存在着不同的价值取向。对这些观点和取向的了解可以帮助我们了解学习困难教育的实质，正确认识学习困难问题。

（一）发展落后观与发展异常观之争

根据皮亚杰学习从属于发展的观点，学习困难的发展落后观认为，学习困难与儿童身心发展成熟程度密切相关。该观点认为，儿童学习困难主要是由学习任务所要求的认知技能与学习者心理发展水平之间的差距引起的。当儿童的认知能力落后于应该达到的水平，就会表现为学习上的困难。发展落后观认为，学习困难是可以弥补的，只是他们需要更长的时间和教育辅导条件。当儿童认知能力提高后，学习困难的问题也会随之解决。因此，学习困难研究的关键在于揭示其认知发展的滞后性特点，形成认知干预方案，提高基础认知能力。策略教学成为该观点的主要教学方法。

发展异常观虽然也把认知能力看作是学习困难的主要原因，但与发展落后观不同的是，发展异常观认为学习困难是由于认知过程发展异常所至，而这种异常的可逆性是很小的，从而导致认知能力质的方面的差异。因此，学习困难学生是无法通过提高认知能力来改善其学习的。

（二）相对困难观与绝对困难观之争

和发展落后观与发展异常观相对应，相对困难观认为学习困难是儿童发展过程中的暂时现象，随着年龄的增长，知识的积累以及认知能力的提高，学习困难问题会迎刃而解。因此，学习困难只是相对于学校教育阶段儿童能力尚未达到而导致的学习困难，因而是相对的。绝对困难观认为学习困难是绝对的、终身的困难。正如脑损伤导致的失去记忆一样，一旦失去了记忆，大脑将无法恢复该种功能。

（三）整体滞后观与特质滞后观之争

持整体滞后观的学者认为，学习困难儿童的障碍表现在认知过程的各个方面，比如，感知觉不清晰、各种记忆能力差、思维有缺陷、加工速度缓慢等。因此，儿童的学习困难是普遍认知能力低下所造成的。这一观点的证据来自很多正常与学习困难认知能力比较的研究，

---

① M. C. Passolunghi, L. S. Siegel. Short-Term Memory, Working Memory, and Inhibitory Control in Children with Difficulties in Arithmatic Problem Solving[J]. Journal of Experimental Child Psychology, 2001(80): 44-57.

也来自对学习困难儿童认知能力评估的测量学根据。

持特质滞后观的学者认为，学习困难儿童并不是在认知过程的各个方面都存在问题，他们的困难可能表现在认知过程的某个方面。例如，快速命名以及工作记忆的障碍可能是造成阅读困难的主要原因，他们并不存在知觉方面的困难。视觉-空间障碍是数学困难的主要原因之一。注意障碍可能是多动性学习困难儿童的主要问题。因此，学习困难研究的主要任务是揭示哪些方面的认知障碍会导致哪些特异性的学习困难。

（四）同质观与异质观之争

和整体滞后观与特质滞后观相对应，在对学习困难的认识上还存在同质观与异质观的相争。持同质观观点的学者认为，学习困难儿童的特点具有普遍性和一致性，例如，学习困难者大多缺乏精确复制感知觉印象的能力、有注意障碍、记忆力差、一般加工速度慢、思维缓慢并缺乏更新和创作能力的问题。还存在诸如缺乏学习动机等非智力因素方面的问题。因此，学习困难的群体间差异明显，但群体内差异不明显。

异质观的观点认为，虽然学习困难者均表现为学业成绩低下，但学习困难内部存在着很大的个体差异。不仅在类型上有差异，而且即使是同类型的学习困难，其困难的实质和特征也会有所不同。如，同为阅读困难儿童，有的阅读困难表现为注意力不足，有的表现为记忆障碍，有的表现为字词层面的基础加工有缺陷，有的则表现为阅读理解等高级加工方面的问题。在我们的教育干预实践中，我们也发现同样一种干预方案用于不同的学习困难学生，取得的效果不一致。

（五）对学习困难的认识

对于学习困难认识的分歧，一方面说明了该领域研究还有很多需要探明的问题；另一方面也提示我们用客观的、辩证的方法去认识学习困难。

第一，要有发展的观点。我们要用发展的观点看待学习困难。发展心理学的研究表明，人类身心发展具有差异性、连续性、阶段性、顺序性。发展性学习困难是指那些在成长过程中，某些心理与语言功能的发展出现与正常发展过程相偏差或者滞后的现象。但是个体在发展过程中的这些差异并不等于发展缺陷。如果儿童在成长过程中能够改善这种发展偏离正常或者发展滞后的现象，那么就可以改善儿童的学习困难。一方面，随着儿童年龄的增长、身心发展的自然成熟，学习困难就会有所改善；另一方面，通过恰当的教育和具体的有针对性的教学干预，不仅可以改善其学习困难，而且也可以促进其身心发展。最重要的是坚持发展观，让我们有信心去帮助学习困难儿童，改善他们的学习状况，提高教育质量和促进学生学习成功和健康发展。

第二，要有异质性的观点。应该看到学习困难群体是个异质性很强的群体。这不仅表现在他们是普通学生中的一个特异性群体，而且就学习困难内部而言，也存在着差异性。这种差异不仅表现在学习困难的不同类型上，也表现在同类型学习困难具有不同特征上。建立异质性观点，可以使我们在学习困难儿童的教育过程中，正确认识学习困难，特别是在教育干预过程中，充分考虑学习困难内部的个体差异，谨慎评估，具体分析，量身定做教学干预计划，保证教育的实效性。

第三，要有整体性的观点。学习困难的原因很多，也很复杂，有的是原发性的，有的是伴随性的。而且各种原因之间犬牙交错，互为因果。例如，由于发展性迟缓导致学习困难，学业成就低下。而长期的学业不良又影响到他们的情绪、个性、自我概念和品行等。因此，在学习困难儿童的教育过程中，要树立整体观意识，无论是鉴别和评估，还是教育矫治，都要对学习困难进行全面考察。对学习困难的形成原因，既要分析个体因素，也要看到环境影响；对其教育矫治，不但要对学习困难儿童学业进行直接干预，还要对其认知、个性、行为、态度等全方位干预，才能取得最佳的教育效果。

第四，要有动态性的观点。学习困难儿童群体不同于其他特殊儿童群体，其影响因素复杂、发展变化快，具有较强的阶段性和时间性。因此，对学习困难儿童的评估、教育要坚持动态观点。例如，对学习困难儿童的评估要坚持多方位、多角度评估，同时保证每学年评估一次。要根据学习困难儿童的变化情况，制订动态的教育干预计划，并根据其进步状况及时调整。

第五，要有教育性观点。学习困难儿童是一个通过教育可以极大改善其困难的群体。很多学习困难儿童实际上只是相对性学习困难，只要教育的条件得当，这些儿童学习困难的转变会很快，效果也会明显。因此，制订切实的教育计划，为学习困难儿童提供所需的帮助，是学习困难教育教学以及研究的主要任务。

第3节 学习困难的分类

学习困难儿童群体是一个异质性群体，其内部存在着很大的差异。每个学习困难儿童都有各自的问题与特征。学习困难涉及的研究领域也很广，学习困难问题的复杂性，使研究者从不同的角度对其有不同的分类。

一、病源学分类法

正如对学习困难的不同定义一样，病源学的分类多从儿童学习困难的病理原因方面对学习困难进行分类。从引起儿童学习困难的病因或神经生理因素角度可以把学习困难划分为视觉障碍或听觉障碍、脑功能轻度障碍的学习困难，注意力缺失或者多动等不同类型。视觉或听觉障碍合成感觉-运动功能障碍，是由于感知觉功能性缺失或者不足造成的信息加工通道不畅而带来的学习困难。脑功能轻度障碍是指大脑功能局部或者全部较弱以及统合失调造成的学习困难。注意力缺失或者多动症（Attention-dificit/Hyperactivity Disorder）与学习困难的成因密切相关，很多学习困难儿童都存在注意力缺失或者多动问题。在该类型中又存在三种亚类型。单纯的注意力缺乏型：这类儿童注意力不集中，多动，但不会干扰上课或其他活动。多动型/冲动型/复合型：这类儿童同时表现出多动和冲动行为，以活动过度为主要表现。混合型（注意力缺乏型/多动型/冲动型）：这类儿童表现出上述所有三组的症状，是最为常见的多动症类型。多数注意力缺失和多动症儿童会表现出学习困难，但也有少部分儿童没有学习困难。采用病源学分类法划分出的学习困难常常也称为特异性学习困难。[①]

二、功能性分类法

功能性分类法是从更广泛的范围来考虑学习困难的分类，从儿童学习困难的能力缺乏

---

① L. Hardman Michael, J. Drew Clifford, M. Winstuon Egan. Human Exceptionality :Society, School, and Family [M]. 5th ed. Chicago: A Simon and Schuster Company, 1996:266-268.

和学习的客观效果方面把学习困难划分为不同的类型。例如，柯克和加拉赫（Kirk & Gallagher）从因果关系上将学习障碍分为三大类。

第一类是神经心理/发展性学习障碍（Neuro-psychological / Developmental Learning Disabilities）。所谓神经心理/发展性学习障碍，是指在儿童生长发育过程中经常显露出心理和语言发展某些方面偏离正常的发展状况，从而导致学习过程中的障碍。其主要表现有：①语言能力障碍。语言发展迟缓，或在辨别、理解和表达语言方面有障碍。②思维障碍。在形成概念、解决问题、观念的概括和统合的操作性认知行为方面有障碍。③记忆障碍。④注意障碍。⑤知觉-动作障碍、视觉信息处理障碍和听觉信息处理障碍等神经心理方面因素造成的学习障碍和记忆障碍、注意力分散等发展性学习障碍。

第二类是学业/成就性学习障碍（Academic / Achievement Learning Disabilities）。所谓学业/成就性学习障碍，是指儿童在学习学科知识或技能，如阅读、书写、计算等方面的能力明显有抑制或障碍。包括不同的学科和学习成就方面的障碍，如语言阅读困难，书写、数学运算困难，操作困难等学习方面的障碍。

第三类是社会学习障碍（Social Learning Disabilities）。所谓社会学习障碍是指儿童由于品行问题、个性问题、不适应或不成熟的行为方式引起的学习困难。如攻击性行为、懒散、恐惧、焦虑、自我意识低下、学习动机和兴趣低下、社交障碍而引起的学习障碍。

由于考虑到造成学习困难的病理原因是极其复杂的，很多学习困难不一定都能在病理上找到确切的原因，所以，从改进教学方法、帮助克服学习困难、提高学习效果的需要出发，多采用功能性分类方法。

三、以神经心理学为基础的分类

伯尼斯·王（Bernice Wong）在其《学习障碍基础》一书中提出了以神经心理学为基础，以认知能力和学业为标准的“伞”状分类，[①] 把学习困难（障碍）分为两大类：非学业性学习障碍和学业性学习障碍，每一大类内又细分为不同的类型。具体内容如图 1-1 所示。

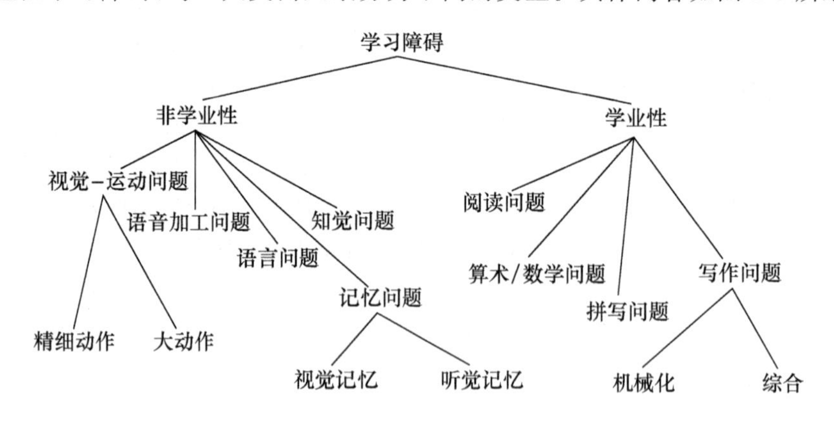

图 1-1　学习障碍的神经心理学“伞”状分类

① Bernice Wong. The ABCs of Learning Disabilities[M]. San Diego: Academic Press, 1996: 10.

四、我国的分类

我国学者徐芬综合国内外的分类标准，把学习困难分为三类：发展性学业不良、学业性学业不良和情绪-行为性学业不良。

所谓发展性学业不良，是指儿童成长过程中，某些心理与语言功能的发展出现与正常发展过程相偏差的现象。这些儿童在某些认知能力的发展上出现一些缺陷，具体又可以分为两种：一种是原始性缺陷，主要表现在注意力、记忆力、感知能力、知觉-运动协调能力上的缺陷。另一种是衍生性缺陷，即由于上述原始性的缺陷造成的某些较高级能力上的问题。主要表现为思考能力与语言能力上的缺陷。

所谓学业性学业不良，主要是从学校课程学习角度来看待学业不良，是指儿童在各学科存在学习或各种学习技能（如听、说、阅读、写作、拼写、算术）上的困难。学业不良主要是通过学科学习上的困难表现出来的。而学习技能上的问题，又可以直接影响或妨碍学科学习，造成学生学业成绩不良。

情绪-行为性学业不良是指儿童的行为或情绪问题的学业不良。这些儿童的情绪-行为问题主要表现在三个方面：其一，品行问题，如有公开的攻击性、挑衅行为和破坏性行为；其二，不适应行为和不成熟行为，如漫不经心、懒散、缺乏兴趣、多动、白日梦、厌倦学校等；其三，个性问题，如过于敏感、自卑、乱发脾气、情绪不稳定等。①

比较而言，这样的分类法，比较全面地概括了不同类型的学习困难，并且有助于改进教学方法，帮助儿童克服学习困难，提高学习效果。因此是一种比较实用的分类方法。

也有的学者把学习困难分为1型、2型和3型。具体见表1-1。

表1-1 学习困难分类②

类型编号	类型描述	致因	性质	主要安置与援助方法
1型	亚型1:学习障碍者	中枢神经系统障碍	疾病、身心障碍	纳入特殊教育，作为一种疾病和身心障碍类型予以援助
	亚型2:行为障碍、情绪障碍导致的学习困难者	其他身心疾病对学习的影响		
2型	学习困难者（个人原因导致为主，但非学习障碍）	个人对学习的知情意行，以及学习技能等多种原因	不属于疾病	普通班的个别化教育计划、分层教学及多种教学方式，学校资源教室等
3型	外部原因导致的学业不良者	家庭经济、民族语言、学校教学质量、地区经济等	社会问题（社会公平、教育公平问题）	教育均衡、贫困生援助，教师专业化，民族地区教育发展、对口支持等

本书从狭义和广义的学习困难分类出发，将学习困难分为四种类型：神经功能障碍性学

① 徐芬.学业不良儿童的教育与矫治[M].杭州：浙江教育出版社，1997：13.

② 姜晓宇.学习困难教育援助系统研究[M].北京：科学出版社，2017:41

习困难、认知加工过程障碍学习困难、学业性学习困难和社会性发展不良学习困难。前两种主要指狭义范畴的学习困难，需要特殊教育体系提供专业化专门教育；后两种属于广义的学习困难，需要普通教育体系给予特别的帮助和支持。

本章小结

本章主要介绍了学习困难的概念、历史发展和分类问题，并对学习困难研究的观点与取向进行了概括。目前对于学习困难的定义颇多、分类也较为复杂，加上发展历史短暂，学习困难的研究领域尚未形成一个系统完整的体系。

本书对学习困难的概念进行广义和狭义的划分，广义的学习困难是指在正规教育环境中智力正常但由于各种原因（除各种残疾以外）致使儿童学业成就明显低于同龄正常水平的现象。狭义的学习困难：学习困难作为一个普遍术语，是指这样一组症候群，即在听、说、读、写、推理或数学能力获得方面失调而导致这些方面出现显著困难。我国学者把学习障碍分为三类：发展性学业不良、学业性学业不良和情绪-行为性学业不良。

思考与练习

1. 如何定义学习困难及其有哪些分类方法？
2. 国内外学习困难研究的发展分为哪几个阶段？各阶段有何特点？
3. 学习困难研究的观点与取向有哪些？

第 2 章　学习困难成因

1. 掌握学习困难产生的主要原因。
2. 了解学习困难原因的复杂性。

一个关于先天性词盲的案例①

1902 年 3 月，一个 12 岁的男孩儿由母亲带着来到了格莱斯哥(Glasgow)眼科医院，检查视力是否出现了问题。因为，该男孩已经上学 7 年，但从一开始学习阅读就困难重重。他应该达到 5 级标准，但是现在仅相当于 2 级。他从没有说过视力有问题。但是，他母亲还是带他来医院检查他的视力是否与阅读困难有关。母亲说，他在任何其他方面都很聪明、机灵，学习算术也没有困难，当时学习加法混合运算，也能跟上其他学生。但班里的同学都嘲笑他，因为他越是兴奋，阅读就越糟糕。有一段时间，他通过背课文来掩饰自己的缺点。所以当轮到他读课文时，只要提示几个词，他就能够背诵出来。在对他进行测试时发现，他的听觉记忆非常好。对于一个读过 7 年书的孩子来说，他的阅读有很大缺陷：他很少能够连续读2～3个单词，只要单词超过 2～3 个，他阅读时就会在第二个或者第三个单词处停顿一下。除非允许他借助听觉记忆把单词拼读出声音，或者借助言语记忆靠双唇默读出来，否则他就无法继续……他读不准的主要是多音节单词，但也并不总是这样。因为他经常连简单得多的音节词也辨认不出来。他拼写很好，当要求他拼写出他看到的却不认识的单词时，他总是几乎毫不费力地就能拼写出来。他数数没有问题，让他做混合运算题，他做得很正确，而且方法很灵巧。他母亲说，他的记忆力很好，很容易就记住事物。我给校长写信，向校长询问有关他的情况，校长回信说：这个男孩在他整个学校生涯中存在严重阅读困难，因而远远落后于其他学生。他算术学得不错，擅长拼写，地理和历史在内的其他学科的学习都一般。而他的班主任说道："我教了 25 年书，从未见过这种情况。班上还有一个男孩子，阅读也很差，但是他各个方面都很差，没有一点儿聪明的迹象。"

在第 1 章和第 2 章的四个案例中，我们看到了不同类型的学习困难儿童，其学习困难的原因和表现也不尽相同。为了探明学习困难的成因，学者们从神经(生理与)心理学、认知心理学、教育学(特殊教育学)和社会学等领域展开了各自的研究。本章对这些领域的研究结果进行了概括。

---

① 西尔维亚・范汉・迪戈里. 学习失能[M]. 金娣，等译. 沈阳：辽海出版社，2000：21-22.

第1节　学习困难原因的神经心理学探讨

神经心理学结合医学和心理学模式中关于人的能力，去检验脑-行为关系。潜在的意思是说大脑是一切行为的基础。看到案例 2-1，我们似乎很难找到这个学生学习困难的确切原因。研究者多半会把这种情况归结为脑损伤或者脑功能异常。有的学者着重从内部考察学习困难的原因，有的把学习困难的原因归结为外部因素。其实，由于学习困难的异质性和复杂性，我们很难从单方面去解释学习困难。即便是脑损伤这样明显的原因，也很难确定。因为有的脑损伤又不会导致学习困难。学习困难的神经心理学研究，主要是从脑损伤、脑功能异常以及大脑的生化过程等方面来探讨学习困难的原因。

一、学习困难的脑解剖学研究

人类大脑依据结构可以划分为两个物质单元或半球，除了位于脑中央的松果体，两个半球的结构几乎完全相同。然而两个半球并不是物理对称的，它们存在细微的差别。例如，右半球比左半球向前延伸得更远一些，左边颞叶比右边颞叶较大，虽然左半球的灰质较多，但是右半球比左半球稍微大和重一些。虽然区分两个半球的结构差异很小，但两个半球的功能差异是显著的。

学习困难的脑解剖学研究主要是从大脑损伤的角度来研究学习困难形成的原因。早期关于学习困难发现的研究，主要是从脑损伤开始的。如前所述，1802 年，维也纳医生高尔发现大脑中相关部位受损伤，人就无法用语言来表达情感意愿。1816 年，布罗卡发现脑的某一部位的损伤会引起失语症，这个区域被称为布罗卡区。1895 年，苏格兰眼科医生希区伍德报告的“词盲”现象，也说明了大脑在阅读中的重要作用。

近年来，迅速发展起来的正电子发射断层扫描技术（PET）研究表明，运动性语言中枢与感觉性语言中枢分别在左侧额下回（布罗卡区）和左侧颞上回后部（韦尼克区），其损伤会引起语言表达与语言理解的障碍。

二、学习困难的脑功能学研究

随着医学技术的发展，目前国内外一些研究者采用 fNIRI、SPECT、ER 等脑电技术探讨阅读困难儿童局部功能缺陷涉及的脑区，他们普遍认为阅读障碍者存在局部脑血流量代谢异常和脑功能缺陷，特定的脑区功能异常可能是阅读障碍发生的生物学基础。

SPECT 是一种功能性成像技术，可以测量被检查者的局部脑血流量（rCBF），rCBF 与脑功能密切相关，是反映局部脑功能、代谢的间接指标。陈洪波利用 SPECT 研究阅读困难儿童 rCBF 改变情况，发现该类儿童在额叶、颞叶、枕叶、顶部、顶枕交界区、小脑、丘脑、脑干等脑区存在局部脑代谢异常，且不局限于左半球。① 结果一方面支持阅读障碍儿童存在脑功能异常，同时也表明汉字与拼音文字不同，它们加工的神经机制和功能激活上存在差异，汉字是左、右半球并用的文字，大脑对汉字的加工兼用语音编码和形态编码两种方式，汉语阅

① 陈洪波，等. 汉语阅读障碍儿童脑 SPECT 研究[J]. 郧阳医学院学报，2003，22(4)：210-212.

读困难儿童脑功能缺陷也就涉及左右半球。

三、学习困难的脑生化学研究

有研究者认为阅读障碍者的认知处理过程异常，是以大脑发育过程中生物功能异常为基础，阅读障碍与严重神经心理缺陷有关。西方研究者在神经解剖、脑影像学研究中发现大多数阅读困难者左半球存在缺陷，阅读困难儿童左半球脑白质增多，顶叶皮层细胞有错位和异构现象，左侧颞叶小，缺乏正常的脑结构等。张文波等人利用脑磁圈研究表明，患者大脑左侧颞顶区的大脑活动明显减少，右侧颞顶的大脑活动明显增加，颞叶基底区的活动与正常儿童相似，表明汉语阅读困难者的左右脑区均有较大的激活。[①] 该研究提示阅读困难者脑区之间的联系存在异常，而不是特定区域的功能不良。

虽然对学习困难的神经心理学研究是开展学习困难研究最早的领域，但是，该方面的研究受制于人类对大脑的认识以及现代医学技术的进步。随着神经生理学与现代医学研究技术的不断发展，关于学习困难的神经机制的研究成果会愈来愈多。至目前已经开展了基因层面的研究。本部分内容还将在第 4 章有进一步的探讨。

第 2 节　学习困难原因的认知心理学探讨

随着认知心理学的发展，学习困难原因的认知心理学探讨成为学习困难成因探讨的最活跃的领域。受认知心理学理论与研究成果的影响，该领域主要是从信息加工和处理的过程和环节对学习困难的原因加以解释。本节仅对学习困难认知加工领域研究中目前最集中的领域加以介绍。

一、语音加工的研究

西方关于学习困难原因的探讨，明确了语音意识是造成语言学习困难的主要原因。特别是阅读困难，主要表现为早期语音加工上的障碍。语音意识指的是儿童对语言音素的操作能力。音素是非常抽象的知识，是语言构成的最小单位。它比语言理解和应用更难掌握。学习者必须形成对音素的敏感意识，否则就很难将字母转换成有意义的口语。很多研究表明，有阅读问题的儿童对于语言的语音或单词的音素不敏感。

人们对语音意识在阅读中的作用是逐渐认识到的。最早关于阅读中语音意识及其与阅读关系的报道源于 1963 年俄国心理学家朱诺娃（L. Y. Zhurova）和艾尔柯妮（D. B. Elkonin）。他们的研究揭示了语音分割能力与早期成功阅读之间有着密切的关系。之后，美国和其他国家大量的研究都证实，有关语音意识与早期成功阅读和拼写有着显著的相关。就在研究者试图揭示阅读和拼写过程的重要影响因素时，越来越清楚地看到语音意识对于阅读的重要性。早期关于阅读的研究发现，开始学习阅读的人必须利用字母解码。这样，他们必须意识到单词可以被分割为更小的语言单位——音节和音素，而且音素实际是用字母符号来代表的。对于语音意识发展良好的阅读者来说，字母系统代表着语言，而对于缺乏语音

---

① 张文波. 功能神经影像学——语言功能的脑磁圈研究[J]. 国外医学(临床放射分册)，2002，25(4)：212-215

意识的阅读者来说，其语言系统似乎有所不正常，阅读障碍的"语音缺陷假说"认为，由于儿童存在着语音意识的缺陷，致使其理解口语单词的声音结构以及保留语音信息方面出现障碍，进而导致阅读能力和拼写能力发展迟滞。关于拼音文字与阅读的关系的大量研究发现，约有五分之二的阅读障碍儿童存在某种程度的语音意识缺陷，这其中有五分之一的儿童语音意识障碍不会随着时间的推移而得到发展或改善。语音意识缺陷是导致阅读障碍发生的主要因素，是阅读的核心缺陷之一。许多研究还发现，通过在音素分割作业中的成绩和表现，可以预测到儿童早期阅读和拼写的成功程度。也就是说，在学前期、一年级中，音素分割技能最差的儿童，很可能就是将来在阅读和拼写能力中表现最差的儿童。

对语音意识的直接测验，表明了儿童语音意识的发展迟于语音感知、语音表达和应用。阅读困难者在这方面存在着更明显的问题。利伯曼（Liberman）和他的同事以4、5、6岁三个年龄段的儿童为被试，采用打节拍的方法，让儿童做数音节和音素的游戏，发现4岁儿童没有一个人能够数出单词中的音素，其中一半人可以数出单词的音节；5岁儿童中有17%的人可以数出音素，同样有一半人可以数出音节；6岁儿童中70%的儿童可以数出音素，90%的人可以数出音节。因此他们得出结论：4～6岁是儿童语音发展的时期，而且音素意识比音节意识发展缓慢。两种意识在儿童学习阅读时得到明显的发展。

语音意识对阅读能力的预测作用还受到了来自瑞士北方日耳曼语（Lundberg）、挪威语（Hoien Lundbeg，Stanovich）、西班牙语（deManrique）、意大利语（Cossu）、法语（Alegria）、葡萄牙语（Cardoso-Martins）、俄语（Elkonin）等各种拼音文字的研究的支持，也得到有关不同年龄段阅读困难儿童语音意识研究的支持。卡尔菲、琳达·蒙德（Calfee，Lindamood）对高中（十二年级）学生的研究表明，其语音音素的操作能力与其阅读能力有着密切的相关性。美国的一项研究还表明，早期语音意识缺乏的儿童比正常儿童更容易造成成年后的阅读问题（Liberman）。陈和琳达·西格尔的一项汉语阅读困难语音意识的研究也表明，在汉字再认测验、短时记忆测验、假词认读测验中，汉语阅读困难都与语音解码的困难关系更密切。她们发现在汉字再认测验、假词测验中，正常儿童更多依赖语音识别汉字，而阅读困难儿童更多依靠视觉辨认。这一项研究试图说明语音障碍是阅读困难的普遍特征。①

语音意识障碍对学习困难的影响还得到语音意识教学干预研究的支持。这从教育实践的层面再次证明了语音加工与阅读困难的密切关系。语音干预教学在预防和纠正儿童阅读障碍方面的作用受到很多纵向研究的证实。研究表明儿童的语音意识可以通过教育教学得以发展。1997年，富曼和弗朗西斯（Fooman & Francis）等人发现，在幼儿园接受单词的语音分割训练的儿童在单词语音分割能力上明显强于没有经过这种训练的儿童，而这种能力是促进儿童早期阅读能力的一个重要的技能。艾林·鲍尔研究了幼儿园儿童阅读和拼写训练中所进行音素意识的训练，得出结论：如果与字母的音素分割的指导相结合，就会非常明显地促进儿童早期的阅读和拼写技能的发展。琳达·西格尔在加拿大从幼儿园阶段起对幼儿园母语为英语和英语作为第二语言的儿童进行了一项较大规模的追踪研究。通过对有可能存在阅读困难的儿童早期语音意识与阅读能力的鉴别和早期语音干预，来预测和改善儿

① 赵微.汉语阅读困难学生语音意识与视觉空间认知的实验研究[D].华东师范大学博士论文，2004：21-28.

童的阅读困难。研究结果表明，儿童早期语音意识的不足，基本能够预测在校期间儿童的阅读困难；对儿童进行早期的语音干预教学，极大地降低了儿童在校期间阅读困难的发生率，有效地改善了儿童的阅读能力。

这项研究最令人瞩目的还在于它对英语为第二语言（ESL）的儿童语音意识发展的研究。这项研究通过 WRAT 3（Wide Rang Achievement Test-3）测验，以母语是否是英语和测验成绩为两个变量，把 1040 名英语为母语的儿童和 197 名英语为第二语言的儿童分为四个组进行实验：第一组为母语为英语的正常组；第二组为母语为英语怀疑为阅读困难组；第三组为英语为第二语言正常组；第四组为英语为第二语言怀疑为阅读困难组。在实验前后分别接受一系列语音意识测验和阅读能力测验。结果发现没有接受语音意识教学干预之前（前测），ESL 儿童在各项有关语音意识的测验成绩均显著低于英语为母语儿童，接受了语音干预教学后，到了二年级的实验结果表明，ESL 儿童在阅读测验中的成绩与母语为英语儿童相似，在单词阅读、拼写和快速命名的测验中甚至高于英语为母语的儿童。该项研究充分说明了语音意识发展对英语阅读的重要作用，同时也证明儿童的语音意识可以通过教育教学来获得。这一结论对阅读困难儿童的教育教学干预有着重要意义。

随着语音加工障碍的观点在西方阅读困难研究领域的凸显以及该方面研究的不断深入，各种各样关于语音教学干预的方法也不断涌现出来，以期通过语音干预教学达到减少阅读困难、提高阅读能力的目的。这些教学干预方法大致可分为 20 世纪七八十年代的传统语音教学干预法和 90 年代以来的现代语音教学干预法。传统的语音教学干预法以强调单纯音素的学习为主，如音素分析法（Analytic Phonics Approaches）、语言学法（Linguistic Approaches）、语音学法（Synthetic Phonics Approach）；而现代语音教学干预法则更强调与内容相联系的语音教学，如以拼写为基础的教学（Spelling-based Approaches）、以类比为基础的教学（Analogy-based Approaches）和嵌入语音教学（Embedded Phonics Approaches）。广泛的语音干预教学实验研究以及取得的令人瞩目的教学效果，更进一步说明语音意识以及语音加工在阅读中的重要作用。

二、视觉加工的研究

由于阅读过程从表面上看最直接地表现为一个视觉的过程，视觉加工过程就成为考察阅读困难最早考虑到的因素。事实上，对很多有经验的阅读者来说，对字词的视知觉加工过程似乎是无意识的和不需视觉努力的过程。但对于初学者来说，阅读过程需要多种视觉-空间认知能力。这些能力包括：对字母或词语精确的视知觉能力、对字母或字词形式的视觉分析能力、精细的视觉辨认能力、视觉记忆能力、视觉-空间扫描能力、视觉-运动能力、视觉-语言联系能力，即能够把看到的字母或字形与语音及其语义联系起来的能力。

在一百多年以前，苏格兰眼科医生希区伍德发现了一种令人费解的现象：一些脑损伤病人视力正常，却无法再辨认字词，突然丧失了阅读能力。于是他得出结论：阅读能力的丧失，不是由于视力的丧失所造成的，阅读困难可能源于视觉记忆能力不足。时隔 30 年后，这一领域的先锋人物、美国精神病科医生奥顿于 1925 年出版了《学校儿童中的词盲》一书。在书中，他描述了这样一例病例：一名男孩智力正常，没有脑部损伤，却不能分辨镜像字母和数字。根据这一现象，他也提出了阅读障碍儿童“视觉加工过程不足”的问题。这对后来阅读困难视觉加工的研究影响很大。他不仅建立起阅读困难的视觉加工理论，也由此被尊称为“阅读障碍研究之父”。

到了20世纪60年代，随着认知心理学、心理测量学的发展，出现了大量的有关儿童视知觉能力、视觉-运动能力的发展与阅读能力发展关系的研究。开发出很多标准化的视觉加工能力测量工具（如，Bender Visual-Motor Gestalt Test，The Frostig Development Test of Vusual Perception，The Momory-for-Design Test），以及利用相关测量结果与学业成绩进行的相关研究。研究发现复杂的视觉分析能力与阅读困难之间有着显著的相关。甚至有些视觉能力测验还用来预测儿童的学习阅读前的阅读潜能。

心理学的研究成果，为教育教学提供了基础。一些为了改善学生阅读能力的视觉分辨力训练研究项目便应运而生。但是，这些训练项目在改善阅读困难成绩方面并不成功。由于这类训练多采用几何图形为训练材料，缺乏与语言相关的字母、单词的视觉加工训练，很快受到很多研究者的批评。一些反对者认为，这些训练项目只是知觉能力的训练，而忽视了儿童阅读能力的训练。另一些研究者认为，在解释视觉能力与阅读成绩相关性研究时，必须采取谨慎的态度。目前，还没有足够的证据表明二者之间存在着因果关系。

视觉-空间认知能力与阅读困难的关系的研究受到了挑战，从而引起人们新的研究兴趣。

首先，是对阅读困难亚类型的研究，体现了对阅读困难视觉-空间能力研究的细化。一些研究者、特别是神经生理学家认为，由于加工障碍的不同，阅读困难儿童中间存在着不同的类型。视觉加工障碍是其中的一种。在视觉加工障碍中，也存在不同的类型。如视知觉障碍型、视觉-空间障碍型、视觉-速度障碍型、视觉-运动障碍型、视觉-记忆障碍型等。例如，对视觉-记忆障碍的研究。1986年，巴德利（Baddeley）在其工作记忆的模型中提出了视觉-空间图形缓冲器（Visual-spatial Sketch Pad）的概念。这是一种专门用于视觉信息、空间信息、视觉-空间信息以及对语言的重新编码所产生的表象形式的加工和储存器。起初对视觉-空间工作记忆的研究主要集中在视觉模式的记忆方面。2000年，盖瑟科尔和皮克林（Gathercole & Pickering）的一项研究表明：视觉-空间工作记忆能力，与中央执行加工过程的测量和六七岁的学生的学业成绩明显相关。但是这一研究结论也是有争议的。1983年焦尔姆（Jorm）和1998年斯汪森（Swanson）的研究都表明，学习困难学生的视觉-空间能力与正常对照组没有区别。大多数的研究认为，视觉-空间能力与特定的学科学习困难有关，学习困难最主要地产生于语言工作记忆上而不是视觉-空间工作记忆障碍上。

其次，随着眼动技术的产生，为研究阅读的视觉加工特征提供了强有力的技术支持，方便了对视觉加工过程精确化的研究。很多研究发现，阅读障碍儿童的视觉和眼动过程与正常儿童有着明显的不同。阅读障碍儿童的视觉信息加工过程比正常儿童缓慢。阅读障碍儿童在跟踪诸如字母等小目标，以及视觉广度上成绩较差。帕维兹（Pavilids）通过眼动跟踪仪研究发现，阅读障碍与儿童的眼动异常可能有关。阅读障碍儿童在扫描文字时，比正常儿童表现出更多的不协调的眼球运动，复位次数多，振幅大，注视时间长。其视线难以沿着文字一行行从左到右移动，而是经常跨行、漏行或重复某行。这种视觉加工缺陷并不会造成视觉困难，但却影响了视觉信息的获得及其在大脑的加工。

最后，是对视觉加工和语音加工过程的同时关注。与早期的视觉理论不同，后来的关于阅读的视觉加工的研究都同时关注到了语音与视觉加工两个过程。语言文字的"双通道模型"的提出,也为视觉加工和语音加工的同时研究提供了理论基础。"双通道模型"认为阅读过程可以经过两种方式认知单词。第一种方式是直接由字形激活字意;另一种是由字形激活字的读音,再由读音激活字意。

1995年,伊登(Eden)和吉尼维尔(Guinevere)认为:很多研究阅读困难的学者都赞成语言加工的不足是儿童阅读困难的主要原因,但这种观点却忽视了视觉能力在阅读中的作用。他们通过对阅读能力正常儿童与阅读困难儿童的语言能力和视觉-空间能力的系列比较实验研究发现:与正常儿童相比较,阅读困难儿童在视觉功能和眼动系统上存在显著的差别,验证了阅读困难在某种程度上是视觉和眼动系统功能障碍的假设。1993年,伊登等人比较了21位阅读能力正常儿童与17位阅读困难儿童的语音意识力和视觉-空间能力,发现某些视觉任务几乎与语音识别测验有着同样的区分作用。为了在更大范围内证实这一结论,并研究语音意识和视觉-空间能力的不足如何影响与阅读有关的其他重要的因素,伊登等人选取了485名阅读能力正常学生和295名阅读困难学生进行语言能力、视觉-空间能力的比较实验研究。这一系列研究包括了语言能力、命名能力和视觉加工能力的系列评估;语言能力的评估包括语音意识、语言记忆测验、命名测验。研究的结果表明:在听觉运动位置测验中,阅读正常学生与阅读困难学生之间有着显著差异。在有意颠倒字母顺序拼凑而成的语句任务中,五年级阅读正常学生与阅读困难学生之间有着显著差异。在琳达伍德(Lindawood)听觉概念化测验中,存在年级差别,但阅读正常学生与阅读困难学生之间无显著差异。以上结果表明:在语音意识上,正常学生与阅读困难学生有着显著的差别。阅读困难学生存在明显的语音意识缺陷。在语言记忆测验中,正常组与学习困难组的差异没有达到显著性。命名测验中,三年级正常组与学习困难组在波士顿命名测验中有显著差异。这表明正常儿童更容易把名称与视觉刺激结合起来。在视觉能力测验中,阅读困难学生比正常学生的成绩差,但未达到显著水平。在垂直线任务(the Vertical Trackong Task)测验中,学习困难学生的成绩明显差于正常学生。视觉聚散能力和深度知觉测验的结果,也表明阅读困难学生与正常学生有很大差异。[①]

总之,伊登等人对阅读困难学生和正常学生语言能力和视觉能力比较的结果表明,虽然视觉能力不能像语音意识那样对学习困难有显而易见的预测性,但与正常学生相比,阅读困难学生存在着明显的视觉不足的现象。

另一强有力的证据来自博登(Boden)等人的实验结果发现:儿童在学习阅读之前,必须先发展起一定的语音意识能力以识别单词中的音素。而后,在儿童学习阅读的过程中,他们还必须能够保持字母的视觉表象,并且通过一系列快速眼睛定位来加工组成单词的字母系列。书写的文字是由空间上彼此相互独立的一系列字母组成,单词与单词之间在空间上也彼此相对独立,单词与单词之间、每一个单词本身都要求一系列的眼的定位。这就要求在阅读中迅速跨越快速扫视的瞬间间隔,具有把第一次注视的信息必须与一系列注视的信息联系起来的能力。因此,能否准确定位并快速跨越飞速扫视时的瞬间间隔,这种加工和保持视觉信息的能力是阅读能力的一个重要组成部分。鉴于此,博登等人对阅

① 赵微.汉语阅读困难学生语音意识与视觉空间认知的实验研究[D].上海:华东师范大学博士论文,2004.

读困难成人的语言和非语言瞬间（Temporal Processing）视觉加工进行了研究。他们采用了"后遮蔽任务"（Backward Masking Task）以测量视觉信息的加工速度；"瞬间整合任务"（Temporal Integration）以测量视觉暂留能力，即在一个短暂视觉刺激消失后，保持视觉后像的时间长短。1983年迪·洛洛（Di Lollo）等人对阅读困难和正常同龄儿童的"后遮蔽任务"和"瞬间整合任务"测验成绩进行了比较，结果发现阅读困难儿童的视觉信息加工过程比正常同龄儿童慢，需要更长的时间保持视觉刺激表象。这一结论还受到其他类似研究的支持。①

事实上，阅读和写作需要一系列的视觉系统的参与。因此，阅读中的很多错误来自于视觉加工过程的缺陷。表现为视觉-空间扫描错误造成的视觉和语言结合的不正确。1997年，谢文玲、黄秀霜的研究发现，阅读困难儿童与正常儿童在视觉辨认和视觉记忆上有显著差异。阅读障碍儿童的视觉辨认、视觉记忆与阅读成就有显著的相关。视觉辨认和视觉记忆对阅读障碍儿童的阅读成就具有预测力。黄旭等人比较了阅读障碍儿童与正常儿童在本顿视觉保持测验中的反应特征。② 发现与正常儿童相比，阅读障碍儿童的视觉记忆和视觉结构能力低下，视觉延迟记忆似乎与正常儿童相差不大；阅读障碍儿童在视觉-空间短时记忆能力、视觉结构和视觉运动整合能力方面存在缺陷。刘翔平等人采用视知觉辨别能力和字形长时记忆等认知测验任务对正常儿童和阅读障碍儿童的视知觉能力进行考察，③其中，视知觉辨别任务要求儿童从每一组图画中找出两个完全相同的图形，这两个图与其他图只有细微的差别，需要精细的视觉辨别才能发现；字形长时记忆测验控制了汉字的字音、字义的影响，所选识字材料为汉字和日文的平假名。实验结果表明正常儿童的视知觉辨别能力和字形长时记忆这些视知觉能力要优于阅读障碍儿童。孟祥芝等人采用了测量动态视知觉的视觉阈限测验、图片命名、字形相似性判断实验和语音意识等测验，考察了小学五年级儿童视知觉加工技能与汉字阅读之间的关系，对动态视知觉在阅读中的作用做了初步探索。研究结果发现，动态视觉加工与图片命名错误率、字形判断反应时与错误率、语音意识均有显著相关，静态视觉加工仅与图片命名错误率相关显著；控制识字量的影响后的偏相关分析显示，动态视觉加工与其他变量的相关关系不变，静态视觉加工与图片命名错误率的相关不再显著；对阅读困难儿童的动态视觉加工和语音意识分析发现，儿童在这两种测验上的个体差异很大。④ 并且，该研究发现动态视知觉在汉语阅读过程中有显著作用，它可能作用于汉语阅读的动态字形分析和系列加工过程。

三、记忆过程研究

记忆可以看作是由若干相互联系但又彼此独立的储存器组成的一个系统。对学习困难儿童的记忆特点进行比较系统的研究，主要集中在短时记忆、工作记忆和长时记忆三个方面。

---

① 赵微.汉语阅读困难学生语音意识与视觉空间认知的实验研究[D].上海：华东师范大学博士论文，2004.

② 黄旭，吴汉荣，静进，等.汉语阅读障碍儿童在本顿视觉保持测验中的反应特征[J].中国组织工程研究与临床康复，2007，11(9)：1667-1670.

③ 刘翔平，等.阅读障碍儿童汉字认知特点研究[J].心理发展与教育，2004(2)：7-11.

④ 孟祥芝，周晓林，等.动态视觉加工与儿童汉字阅读[J].心理学报，2002，34(1)：16-22.

短时记忆是能量有限的记忆系统，保持信息的时间在1分钟之内，容量为7±2个组块。大多数研究表明，阅读障碍儿童在与言语材料有关的短时记忆方面缺陷非常明显。

2005年刘翔平把阅读障碍儿童细分为解码障碍组，理解障碍组和双差组，用复杂的图形作为记忆材料，从不同的材料难度和目标刺激呈现的时间上对各阅读障碍组与正常组的短时记忆准确率进行比较。结果发现阅读障碍儿童与正常儿童在视觉短时记忆上存在显著差异，并且随着材料复杂性的提高，阅读障碍儿童的缺陷表现得更明显；而记忆障碍组（解码障碍组和双差组）和记忆无障碍组（理解障碍组和正常儿童）之间的视觉短时记忆也存在一定的差别。此结果也进一步支持了在阅读障碍研究中亚类型区分的重要性，不同类型的阅读障碍者其认知特点存在很大的差别。①

斯汪森和西格尔认为，工作记忆缺陷是学习困难儿童和成人最基本的问题。工作记忆的执行成分的缺陷是领域一般性的，而不是领域特殊性的。这个结论说明了学习困难儿童工作记忆系统本身是有缺陷的。② 西格尔的研究支持了学习困难者在言语短时记忆和言语工作记忆上都存在困难的观点。他的研究包含了6～49岁的1200名被试。被试完成与单词识别、假词解码、阅读理解、工作记忆和短时记忆（需要回忆押韵和不押韵的字母）有关的任务。结果表明6～19岁工作记忆能力逐渐增长，青春期以后则逐渐下降。关于记忆任务，在大多数年龄水平上，阅读障碍者的成绩显著低于正常阅读。因此，学习障碍者在儿童期、青春期和成人期都存在工作记忆和言语短时记忆困难。西格尔和瑞安（Ryan）还比较了正常儿童与学习障碍儿童的工作记忆。这个研究中，要求儿童完成工作记忆句子和工作记忆计数任务。计数任务比句子广度任务有较低的言语要求。他们发现算术学习障碍儿童在计数工作记忆任务上得分较低，而阅读学习障碍儿童在句子和计数工作记忆任务上都有困难。然而，这两组学习困难组的数字和句子工作记忆任务成绩都差于正常组儿童。③

学习障碍儿童长时记忆的研究大多数集中在对其信息的获取能力、对材料的组织编码方式和对信息的提取等方面。程灶火和龚耀先使用视觉和言语两种相关材料对障碍儿童和正常儿童进行实验，结果表明阅读障碍儿童只在言语材料的长时记忆上落后，对视觉材料（无意义图形、符号-图画）的长时记忆上不存在落后。④ 李红文发现正常儿童记忆日文平假名的成绩明显高于阅读障碍儿童。刘翔平等使用废弃不用的古汉字为实验材料，研究儿童识字认知特点。发现阅读障碍儿童字形长时记忆、形音和形义联结长时记忆都存在不同程度的落后。⑤ 王斌等人对被试类型、阅读材料和时间进行控制后，发现在短时间（10分钟）内，阅读障碍儿童与正常儿童对于简单和复杂的视觉材料的再认能力不存在显著差异；当间隔1天时，阅读障碍儿童对于简单材料的长时记忆不存在落后，但在复杂材料上落后于阅读

---

① 王艳碧，余林．我国近十年来汉语阅读障碍研究回顾与展望[J]．心理科学进展，2007，15(4)：596-604.

② H. L. Swanson, L. S. Siegel. Learing Disabilites as a Working Memory Deficit[J]. Issues in Education, 2001, 7(1): 1-48.

③ F. R. Vellutino. Working Memory Deficits and Learning Disabilites Reactions to Swanson and Siegel[J]. Issues in Education, 2001, 7(1): 20-49.

④ 程灶火，龚耀先．学习障碍儿童记忆的比较研究1——学习障碍儿童的短时记忆和工作记忆[J]．中国临床心理学杂志，1998，6(3)：129-135.

⑤ 刘翔平，等．阅读障碍儿童汉字认知特点研究[J]．心理发展与教育，2004(2)：7-11.

正常儿童。[①] 对于学习障碍儿童长时记忆能力落后的原因，研究者大都支持“是由编码和储存等基本记忆过程的缺陷所致”。学习障碍儿童在认知图形刺激特别是复杂图形刺激的编码和存储过程中与正常儿童相比存在着某种缺陷，使得阅读障碍儿童在完成间隔时间较长的再认任务时，存储的信息易受到其他刺激干扰，无法在长时记忆中将存储的信息有效地提取到工作记忆中，从而导致再认失败。

除此以外，对学习困难认知加工过程的探讨，还包括了知觉、注意过程等基本信息加工过程以及元认知等高级加工过程的研究。这些内容将在第 5 章中进行探讨。

第 3 节　学习困难原因的教育学探讨

很多学习困难学生学习问题的产生，并不是由于上述个体生理因素或者心理过程异常造成的，而是由于不合适或者不合理的教育造成的。对学习困难原因的教育学探讨，多从教育不当、学习方法和技能缺乏、非智力因素发展方面进行。这些因素主要包括教师因素、教学因素、学生在受教育过程中的自身因素等。

一、教师因素

在影响学生发展的诸多因素中，教师是一个极为重要的因素，教师的态度、教育能力、行为会直接影响学生的学习结果。教师因素也是学习困难产生的一个外部因素，是可变和可控因素，因此，教师对学生的影响，是每个教师必须正视的因素。

（一）教师的态度

教师的态度对学生的学习以及各个方面发展的影响是巨大的。经典的皮革马利翁效应已经说明了这一点。首先，教师对学生的影响会表现在学生的自信心和自我价值感上，受到低期望的学生会感到自己能力低或品行不好，产生无能为力之感。其次，会表现在学生的各种行为与学习成绩上，受到低期望的学生会放弃努力或继续表现出一些不良行为，导致学习成绩下降，产生学习困难。最后，表现在师生关系上，受到低期望的学生与教师的关系逐渐疏远，从而逃避学校、放弃学习。由此可见，受到教师低期望的学生则不能够充分地发展其潜力。

为了充分发挥教师期望的积极影响，教师首先应注意以下两点：第一，要认真了解每个学生的特点，发现他们的长处，对每个学生都怀有积极的期望。第二，教师要不断地反省自身的态度，不要由于自己的不公正而损害了学生的发展。

（二）教师的教学能力

教学是教师最主要的活动形式。教学能力是教师在工作中形成的专业能力，它直接影响教学效果。研究表明，教师教学能力的发展水平是影响学生学习成绩的最敏感的指标。教师的教学能力包括了组织教材的能力、言语组织和表达能力、组织教学的能力以及教育机智。特别是组织教学的能力，是教师教学能力的核心。组织教学能力指的是如何利用各种积极因素，控制或消除学生消极情绪和行为，上好课的能力。它包含课堂教学组

---

① 王斌，等. 阅读障碍儿童视觉长时记忆特点研究[J]. 中国特殊教育，2006，3：69-73.

织，教学媒体使用及其教学监控的能力等。通过教学组织能力的运用，克服课堂信息传递过程中的种种干扰，控制学生的注意力，调节课堂气氛，调动学生积极性。很多案例都说明，教师的教学能力与学生的学习成绩密不可分。优秀的教师，往往首先是教学能力强的教师。超强的教学能力，不仅可以提高学生的学业成就，而且还有助于学习困难学生的转变。

美国加利福尼亚州教学准备和资格审定委员会进行了一个为期六年的新教师评估调查项目，其中一项研究关于教师的教学活动是否能够对学生学业成就产生积极影响。研究获得的最大成果是教师帮助学生主动学习的时间应投入难度适度的学习任务上，学习时间的有效利用与学生学业表现有着密切的关系。因此得出结论，教师的教学能力表现在对学生学习时间的有效安排、适宜的教学目标的设定、设计教学课程以及为学生获取成功创造更多的机会上。[①]

(三) 教师行为

教师行为往往受教师对学生行为的认识的影响。首先，教师在认识学生问题行为上常常存在偏差。教师最重视的是哪些问题行为呢？1928年，威克曼(Wiokman)在这方面进行了研究，他列出了学生表现出的50种问题行为，让教师按问题的严重性来排序。结果发现，教师认为严重的是那些异性恋爱、偷窃、打架、不服从管教等行为，而认为不爱交往、抑郁、容易沮丧等退缩性行为不那么严重，而这些行为往往是儿童学习困难的行为表现，也很容易被教师忽视。从儿童的发展来看，情绪是否稳定、在人际关系上是否适应，预示着儿童将来是否会出现学习问题和心理障碍，这些问题理应得到教师的重视。但由于教师工作的特点，导致他们的行为是更加注意那些违反纪律、破坏公共秩序的行为。教师着眼于自己认为有碍于学业成绩和班级管理的干扰性行为，而不能确切地把握更重要的不适应行为，这使得教师在认识学生问题行为时容易出现的偏差。

其次，教师在分析学生行为时的归因偏差。归因(Attribution)指个人对行为或事件原因的解释。教师对学生的各种行为及其结果都会进行归因。归因决定了教师对学生的态度和行为，从而潜移默化地影响学生。归因偏差(Attribution Error)指人们在归因时，总是倾向于归结为某些因素。教师在对学生的行为进行归因时，容易出现两类偏差。

第一类偏差是，教师容易把学生出现的问题归结于学生自身的因素，而不是教师方面的因素。例如，一位走上工作岗位不久的中学数学教师，所教班级的学生数学成绩不好，他归因于这个班学生能力偏低。当他调换到其他班级后，这个班学生的数学学习成绩又明显下降，他又说是这个班的学生与他作对。1995年，周国韬进行了一项调查，让班主任对班级中学生的问题行为进行归因，结果发现，教师往往归因于学生的能力、性格和家庭，而很少认为这与教师的态度和教学方法有什么关系。可是，学生们却认为与教师的行为是有关系的。这一类归因偏差的危害在于，教师把问题的责任推给了学生，因而也就放弃了教育者应负的责任。

第二类归因偏差是，教师对优秀生与对落后生的归因不一样。当优秀生做了好事或取得好成绩时，教师往往归因于能力、品质等内部因素，而当落后生同样干了好事或取得好成

---

① 默瑟. 学习问题学生的教学[M]. 胡晓毅，谭明华，译. 北京：中国轻工业出版社 2005：37-38.

绩时，却往往被教师归因于任务简单、碰上了运气等外部因素。相反，当优秀生出现问题时，教师往往归因于外部因素，而落后生出现问题时却被归因于内部因素。有一位小学生，数学成绩一直不太好，后经努力他在一次重要考试中得了全班最高分。可是数学教师却不相信，说他是抄了同桌的答卷。一气之下，这位学生再也不听数学课了。很显然，这一类归因偏差对于落后生的发展是极为不利的。当他们表现出一些好的行为时，很难得到教师的准确评价，而若表现不佳，则被看作是不可救药了。

教师的不同行为对学生的影响是巨大的。为了充分发挥教师期望的积极影响，教师首先应注意以下两点：第一，要认真了解每个学生的特点，发现他们的长处，对每个学生都怀有积极的期望。第二，教师要不断地反省自身的行为和态度，不要由于自己的不公正而损害了学生的发展。此外，教师还要注意充分理解每一个学生。很多教师对学生有一种一成不变的评价，他们用自己的期望去套学生的表现，然后评头品足，认为这也不好，那也不对。这样，并不是真正理解学生。教师对学生应有同情心和爱心，即不用自己的偏见去看学生，而是设身处地地理解学生的感情与行为，这样才能真正了解到每个学生的长处。

最后，教师普遍缺乏学习困难的相关专业知识。即使发现了问题，也无从下手或仍然用普通教育的方式方法对待学习困难学生，因此收效甚微。

二、教学因素

教学因素对学生学习的影响是多方面的，许多学习问题的产生都是由于不适当的教学造成的。主要表现在教学目标和教学过程的失误上。

（一）教学目标不当，教学任务过难

美国的学习困难教育家塞西尔·默瑟(Cecil D. Mercer)在一次教师家长会议上曾经做了这样一个实验：让在场的每个人做一个智力测验题，测验的内容是把一只鸡、一只狐狸和一袋鸡饲料运到湖对面去。题目经过精心设计，使得这一问题变成不可能的任务。结果经过一分钟、两分钟后，很多人很沮丧，开始偷看他人答案、咒骂、想要离开、说粗话等。这样的情形恰恰就像那些有学习问题的学生经常面临的情形一样，我们给他们的任务要么太难，要么在实践上行不通。问题很清楚，无论是成年人还是学生，当给予他们不恰当的任务时，都会表现出攻击行为或者逃避。当今教育中存在一个突出问题就是教学目标不当。学校在教育教学中常常忽视学生的个体差异，教学目标过于强调整齐划一，造成一些学习速度较慢、学习能力发展暂时落后的学生无法实现学习目标；在学校的教学评价体系中，过分强调考试结果，以升学为目的的教学往往使得教学难度大，教学目标高，这些学生很难达到教学要求，是学生产生学习上的累积误差，从而造成学生的学习困难。

（二）教学过程缺乏反馈、矫正过程，教学方法陈旧、简单

教学中的反馈和评价对学生的学习有着显著的影响。罗斯(D. Ross)曾经做过这样一个研究：他把一个班学生分了三组，每组给予不同的反馈。对第一组，学习后每天告诉其学习的结果；对第二组，每周告诉学习结果；对第三组则不告诉学习结果。如此进行了 8 周后，改换条件。三个组 16 周的学习成绩如图 2-1 所示。

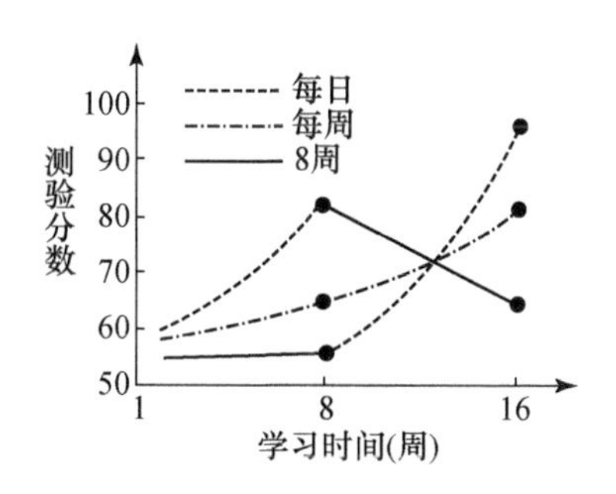

图 2-1　不同反馈组学习成绩比较

实验结果表明：实验 8 周后，改换条件，第一组成绩逐步下降；第二组成绩稳步上升；第三组成绩迅速上升。由此可见，反馈在学习上的效果是明显的。尤其是每天的及时反馈，较之每周的反馈的反馈效果更佳。

及时的评价对学习的影响也是显而易见的。赫洛克(E. B. Hunloek)曾把 106 名四、五年级的学生分成四个等组，在四种不同诱因的情况下进行加法练习，每天 15 分钟，共进行 5 天。第一组为受表扬组，每次练习后给予表扬和鼓励；第二组为受训斥组，每次练习后，严加训斥；第三组为观察组，每次练习后，既不给予表扬，也不给予批评，完全不注意他们，只让其静听其他两组受表扬和挨批评；第四组为控制组，让他们与另外三组儿童隔离，单独练习，不予任何评价。最后测试其成绩，结果如图 2-2 所示.

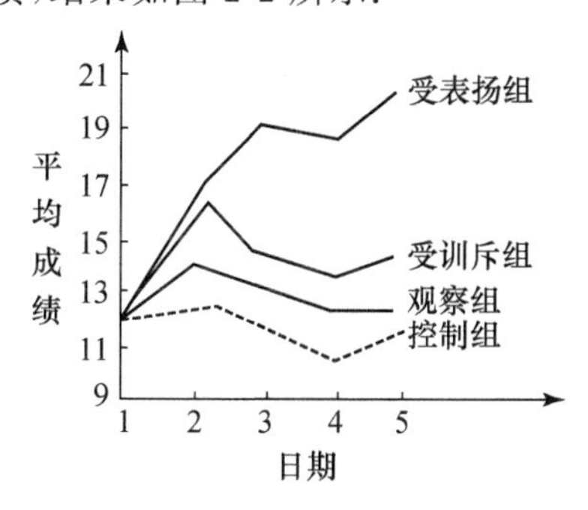

图 2-2　不同评价组测试成绩比较

就学习的平均成绩来看，三个实验组的成绩均优于控制组，受表扬组与受训斥组的成绩又明显优于观察组，而受表扬组的成绩不断上升。这表明对学习结果进行评价，能强化学习动机，对学习起促进作用。适当表扬的效果明显优于批评，而批评的效果比没有评价好。教师应当在掌握目标导向的原则下使用表扬与批评、奖励与惩罚措施。尽管在一定的情形下适度的批评和惩罚对促进学习是有效的。但一般来说表扬、鼓励、奖励要比批评、指责、惩罚更能有效激发学习动机。

事实上，在教学中教师很难做到让所有学生的所有进步都受到肯定、表扬和鼓励的，使之体验成功，产生能力有效感。只奖励少数学生的课堂是不能激发大多数学生的，尤其是低成就和力求避免失败的学生，对他们来说，教师这种对表扬和奖励的“吝啬”和“偏向”只有负作用(特别是对集体性的和有风险的活动)。假如一个人的学习从来不受到教师的肯定、关注、表扬，尤其对未成年人来说，失去学习的动力就不奇怪了。但是，这并不意味着表扬和奖励可以滥用。对学生进步的认可，除了要有普遍性外，还要有针对性。任何的批评和表扬都应让学生感到是有理有据的，是对自己努力和能力的肯定，过与不及都有损动机作用。

由于教学任务繁重，教学过程中教师急于赶进度，常常仅关注评估而忽视教学反馈矫正，使得部分学生的学习产生误差而不能得到及时的补救，由于误差的积累造成学业困难。这种只追求学习数量，忽视教学质量的做法，再加上教学方法简单、陈旧，不能适应学生的个别差异，是常见的造成学业型学习困难的原因。教师如果能够在教学中改变教学内容和教学方法，使之适应学生学习时间和学习能力的个别差异，就能取得好的教学效果。

三、学生自身因素

外部原因只是造成学习困难的客观因素，主观因素才是是造成学习困难的内在因素。学生缺乏学习动机、学习习惯不良、缺乏学习方法和技巧等都会造成学习上的困难。

（一）缺乏学习动机

美国的一位前任教育部部长说过这样一句话：“在教育上要记住三件事：第一是动机，第二是动机，第三还是动机。”学习动机是指引起学生学习活动，维持学习活动，并导致该学习活动趋向教师所设定目标的内在的心理过程。

动机问题已经成为新生代的“根本性问题”之一，在富裕社会背景条件下，孩子们越来越不喜欢学习。现代社会里，学习成为最艰难的事情。有些学习困难学生，对学习的目的和意义不明确，缺乏正确的学习动机。上课、学习只是为了应付家长和老师，主观上不努力，缺乏勤奋学习的精神。刘全礼对49例学习困难学生的成因分析，22%的儿童的学业不良与主观努力有关。① 也有的学习困难学生是因为学习上的失败和挫折的经历，丧失了学习动机。

（二）学习习惯不良

没有养成良好的学习习惯是学习困难的另一主要主观因素。从小养成良好的学习习惯对学习有重要的影响，然而，学习困难学生大多数缺乏良好的学习习惯，如上课不能集中注意力听讲，作业拖拉、潦草、不认真，学习用具凌乱，丢三落四；一边学习一边玩耍，学习没有计划，不会管理自己的时间等。刘全礼对136名学习困难学生学习习惯的研究发现，学习习惯未形成者占到51.5%。②

（三）缺乏学习方法和技巧

除去主观努力不足和学习习惯不良外，缺乏正确的学习方法和技巧，也是学习困难的自身原因。与正常学生相比，学习困难学生往往上课不知道跟随教师指令和思路学习，下课不知道也不会复习，有问题不去请教老师，不知道使用有效的学习策略如记忆策略、归纳总结等改善学习过程，被动学习，随波逐流，得过且过。

除此之外，某些性格因素，如退缩、懒散、急躁、粗心大意、意志品质薄弱、缺乏自信等也会引发学习困难。

---

① 刘全礼.学业不良儿童教育学[M].天津：天津教育出版社，2007：69.

② 同上，第89页。

第4节 学习困难原因的社会学探讨

按照辩证唯物主义的观点，环境对人的发展有着广泛的影响。儿童生活的社会文化环境无疑会对其学习产生一定的影响。除了学校以外，儿童所处的家庭环境，如家庭经济条件、父母教养方式、家庭学习环境，以及社会环境，如不良同伴群体、社区特点、媒体媒介等都会对学习困难学生产生影响。

一、家庭影响

父母是儿童第一任老师，家庭就是儿童第一所学校。良好的家庭环境会对儿童的发展和学习产生积极的作用，而不良的家庭环境和家庭教育会对儿童的成长和学习带来负面的影响，造成和加剧儿童的学习困难。北京市人才素质测评中心的朱冽烈对学习困难儿童的家庭因素进行了研究，结果表明儿童的学习困难与其母亲的文化程度、家庭学习环境、父母期望、家庭教养方式等因素密切相关。①

(一) 家庭经济条件

尽管经济条件的好坏不是学习困难的决定性因素，但是经济条件从多个方面影响到儿童的学习。首先，家庭经济条件影响着儿童成长的物质环境，如早期的营养、生活物质条件等。虽然，儿童营养与学习困难的直接关系没有得到有效的研究证实，但是早期营养不良、微量元素缺乏、蛋白质摄入不足，有害物质摄入过量、生化过程异常都会对儿童的智力造成损伤进而影响其学习，这已经有多方面的研究证实。其次，受经济条件限制，儿童学习物质匮乏，缺乏必要的图书和学习用品，文化环境的剥夺都会带来学习问题。经济原因导致生活条件低下，从而对儿童早期营养、教育活动、教育机会、教育设施和生活设施产生影响。刘全礼对学习困难学生和学习正常学生的家庭学习条件进行了系统的比较研究，在家庭条件的四个因素，即家庭住房、家庭经济收入、家中学习的环境、家庭藏书中，唯有家庭藏书与学习不良显著相关。这一指标还反映出家庭中的学习环境、父母素质等因素对儿童学习的影响。当然，家庭经济条件不是造成学习困难的必然因素，家境贫寒的学生中也不乏优秀学生正说明了这一点。② 张登印等人对学习困难儿童的家庭资源配置进行了对比研究，发现与一般儿童相比，学习困难儿童家庭环境明显不如一般儿童家庭，其父母很少给儿童买适合他们看的书，很少对他们看的电视节目加以限制和指导，给他们提供的学习场所和条件均较差。③

(二) 父母教养方式

在家庭中，父母的教养方式对儿童学习也有着显著的影响。许多学习困难儿童尤其是有情绪行为问题的儿童和家庭教育不当有密切的关系。在这些不当的教育方式中，首先是最为人们熟知的是溺爱和粗暴教育，其次是遗弃式和虚假教育，再次是父母双方或者父母与祖父母教育观点不一致。溺爱是独生子女家庭普遍存在的教育方式，这种家庭的父母对孩子的行为和

---

① 朱冽烈，等. 学习困难儿童的家庭因素的研究[J]. 中国特殊教育，2003(5)：60.

② 刘全礼，闵学龙. 近年来我国学习不良儿童研究综述[J]. 中国特殊教育，2001(04)：18-23.

③ 张登印，等. 学习不良儿童与一般儿童认知发展、学习动机和家庭资源的比较[J]. 心理发展与教育，1997(2)：52-56.

学习不感兴趣、也不关心，任由孩子自由发展，不关注孩子良好学习习惯的形成。在这种家庭环境下成长的儿童没有责任心，行为放纵，一些不良的习惯、个性和态度都会影响学业。

粗暴教育的家庭对孩子教育过于严厉，行为控制过于严格，孩子无自由可言，更无民主可求。家长一味要求孩子服从自己愿望，而让孩子失去自我。在这种家庭中成长的儿童，学习缺乏主动性和积极性，一味迎合父母、避免责罚而学习，由此产生对学习的恐惧、焦虑和反感，并进而反抗，从而使得学习成绩越来越差，并由此产生各种行为问题和情绪困扰，成为学习困难的交互原因。

遗弃式的教育方式更多发生在对孩子不满或者对家庭婚姻不满的发泄上。与粗暴式教育不同的是儿童是家长发泄不满情绪的对象，没有是非观念、没有原则性，让儿童无所适从，不仅导致学业问题，而且会导致儿童严重的行为问题。虚假教育是指对孩子缺乏正确认识而进行的非实事求是的教育。有的家长虚荣心过强，不允许别人说自己孩子不好，对孩子无原则放任；有的家长不承认自己孩子的缺点，一味护短，不能积极有效配合学校教育。家长的非理性教育，也会给孩子带来学习问题，特别是难以帮助孩子树立正确的观念和做事原则，进而影响到其学习。

父母双方或者父母与祖父母教育观点不一致也是导致儿童学习问题和行为问题的原因。在张登印、俞国良的研究中，这些问题的考察也都得到证实。[①]

（三）父母的态度和期望

父母的态度和期望也时时刻刻影响着学生对学习的态度。天下的父母对自己的子女总有或高或低的期望。如果父母对子女期望过高，超出了孩子能承受的能力范围，就会给孩子带来压力，从而产生高焦虑，造成学习上的退缩行为，或者反抗行为，影响孩子学习。过低的期望会造成孩子学习缺乏目标、要求不严、缺乏信心、自暴自弃等，导致学习上的失败。

（四）家庭功能不全

家庭在人一生的成长中发挥着重要的作用，父母通过亲子关系，家庭互动以及所营造的家庭氛围影响孩子的行为和价值观，通过教育影响孩子的学习成就感，通过教养方式让孩子养成良好的生活习惯。然而，由于种种原因，使得家庭功能不全或丧失，难以承担起以上功能。影响儿童学习的常见的家庭功能不全有单亲家庭、不和睦家庭、留守儿童和流动儿童家庭。这些家庭的共同特征是亲情缺失、家教缺位、交流缺少、监护缺乏，导致他们在心理、行为、社会性上存在问题，最突出的表现是学业不良。董振英等人对学习困难儿童危险因素的19个因素进行了 Logistic 回归分析，入选的最危险的五个因素中，父母关系是其中一个，也是唯一的外在因素。在五个因素中，排在首位的是缺乏学习兴趣，进一步的研究还发现，学习兴趣与家长教养方式不当、家长职业，以及儿童的心理卫生有关。[②]

（五）缺乏对学习困难的正确认知

很多家长缺乏对学习困难的正确认知，当孩子学业成绩落后时，要么认为孩子不是读书的料，要么认为孩子不努力。动辄放弃或者打骂指责。石若兰对襄阳市几所小学近 200 名学习困难家长的调查研究，发现 54.35％的家长根本没有听说过“学习困难”这一术语。[③] 更

---

① 张登印，等. 学习不良儿童与一般儿童认知发展、学习动机和家庭资源的比较[J]. 心理发展与教育，1997(2)：52-56.

② 董振英，等. 儿童学习困难危险因素的条件 logistic 回归分析[J]. 中国行为医学科学，2001(2)：103.

③ 石若兰. 学龄初期学困儿童父母亲职教育研究[D]. 四川师范大学硕士论文，2013.

有家长"讳疾忌医"或者乱吃补药，试图通过疾病治疗的方式改善学习困难。很多家长的支持也仅限于请家教，补习学科知识，往往收效甚微。①

二、社会环境影响

社会环境对儿童学习的影响，没有学校那么直接，但仍然可以通过儿童所接触的同伴群体、社区环境、大众传媒等产生间接影响。

（一）同伴群体

同伴群体大致有两类：一类是来自校内的同伴群体，即同学或者同校学生；另一类来自社会上的同伴。随着儿童年级的升高、交往范围的扩大，以及自我意识和交往能力的发展，儿童的同伴群体发展起来。如果交往的同伴是积极向上、有正确的价值观和端正的学习态度，会对他们的学习产生好的影响。相反，如果交往的同伴学习态度不端正、学习行为不良、品行不端，就极有可能受到不良同伴的影响，产生学习问题。特别是在社会上交往一些不良青少年，往往会产生严重的行为问题。因此，教师和家长要对儿童的同伴群体的选择加以指导，同时建立良好的班级环境和营造积极向上的班级氛围，对儿童学习产生积极的影响。

（二）社区环境

社区环境是儿童生活的周边环境。它的影响没有学校那么直接，但可以通过家长、邻居和其周围一些重要人物对其产生影响。例如，在一些大学集中的社区，学习气氛浓厚，周围家庭中大学生和成功人士比较集中，那么，家长和儿童都会对学习比较重视，学习困难的发生率相对较少；但是在一些城乡接合部的社区，外来务工人口比较多，学习气氛相对不浓厚，因此，居住在这样社区的儿童学习风气和学习目的都会受到影响。古代"孟母三迁"的故事，说明古人早已重视社区环境对人成长的影响。

（三）大众传媒

大众传媒对人的影响是广泛的、潜移默化的、非指导性的。在大众传媒日益复杂、技术日益先进的今天，各种各样的价值观、人生观、生活态度和方式，正确的、不正确的，时时刻刻都在冲击着人们的思想、观念，影响人们的行为。其影响更加容易、深刻和有力。对正在成长中的儿童也不例外。由于儿童缺乏是非判断能力，如果家长和学校引导不足，那么像"不劳而获""拜金主义"等不良观念就会影响学生对知识的尊重和学习的态度，从而失去学习的积极性，进而放弃学习，引发各种各样的学习问题。

尽管造成学习困难的原因很多也很复杂，经常是互为因果难以明确，但是就具体的某一学习困难儿童而言，其原因可能是很具体的。因此，对于造成儿童学习困难的原因，一定要具体问题具体分析，强调差异性、突出个别性、关注异质性，才能做到有针对性地进行教育矫治。

本章小结

本章介绍了学习困难的成因。主要涉及神经心理学、认知心理学、教育学和社会学所进行的多学科、多方面的成因探索、分析和研究回顾。学习困难的神经心理学研究，主要是从脑损伤、脑功能异常以及大脑的生化过程等方面来探讨学习困难的原因。从认知心理学角

---

① 白丽茹. 阅读障碍检测及亚类型鉴定新途径[M]. 天津：南开大学出版社，2017：17.

度中的语音加工、视觉加工、记忆过程的认知过程的探索来分析学习困难的原因。从教育学中的教师、教学、学生自身三个方面进行原因追溯，从社会学中的同伴群体、社会环境和大众传媒三个方面进行了分析与归纳。认识到学习困难造成的原因是多方面的、复杂的，并存在个体差异性。这几个方面应予以重视。

思考与练习

1. 回顾以往及最新研究进展来分析学习困难的产生原因。
2. 如何认识学习困难产生的自我原因？
3. 如何认识学习困难产生的社会原因？

第3章　学习困难的鉴别与评估

1. 了解学习困难儿童的特点和早期发展。
2. 掌握学习困难鉴别与评估的原则、标准、内容和程序。

评估报告

学生姓名：王辉	出生日期：01/27/1991
学校：马方门小学	年级：6
评估缘由：学校转介	评估完成时间：2004.11
评估及报告撰写：张卫芳　博士	

评估工具和资料

韦氏儿童智力测验 第三版(WISC-III)

发展性神经心理测验的执行控制和语言领域测验(A Developmental Neuropsychological Assessment，NEPSY)

托尼非语言智力测验第三版(TONI-3)

科纳尔教师等级评定量表

阿彻巴克(Achenbach)教师等级评定量表(TRF)

阿彻巴克儿童行为评定量表(Acherbach Child Behavior Check List，CBCL)

自编教师评定量表

学校评估的结果

家长访谈

评估原因

王辉是一名由外省转来的学生，他在五年级第一学期转入本校，一学期以后，他的语文成绩为班上倒数第一名。对他评估的目的是想发现他在语文学习上的问题和优势，以便为他提供更有效的教育矫治训练。

简单背景信息

王辉从小跟爷爷在农村长大，11岁时随到城市打工的父亲来到这里。据教师描述，他具有较强的交往能力并且情绪不稳定，脾气暴躁。他好运动，但攻击性强。

在评估转介表中，老师写道：王辉常常作业毛糙，很难把作业写整齐，经常交错作业。很难参与到小组活动中。他经常会反应过度，但并没有敌意，很容易情绪激动。老师经常给他比别人简单一些的作业任务，以便于他能感觉到自己的成功。他对自己很在乎。

评估过程及印象

王辉是一个外向活泼的男孩。具有很强的领导能力。在整个评估过程中表现出极大的热情，积极配合完成每项测验任务，并对自己的测验结果表现出强烈的关注。

托尼非语言智力测验 在该测验上，其成绩在平均分数以上（TONI-3＝115，84％ in rank，Age Equivalents ＞ 16.9）。在测验过程中，对抽象推理和演绎逻辑问题，他能灵活运用智力活动获得有用的结果；他还能清楚地表述他是如何进行逻辑策略运用的。并且能够运用策略进行问题解决。

韦氏儿童智力测验 为了进一步了解他当前的认知能力，王辉接受了韦氏儿童智力测验。在本测验中，他在抽象思维和推理功能任务上遇到困难。与数学推理相同，王辉在听觉信息加工上表现出问题解决能力要低于常模。

王辉在要求速度、正确率和精确性的非语言逻辑任务上表现出困难。在积木设计和解码上成绩很低，低于大多数同龄儿童。积木设计成绩为 7 分；解码分测验得分为 7 分。在音节搜寻分测验中，要求王辉在一系列字符串中搜寻目标音，该测验主要检查儿童视觉搜索的速度和准确性，同时，该方面的结果也受到视觉和视动协调的影响。他的得分是 13 分。他的智力的测验结果低于平均值（韦氏儿童智力测验第三版 IQ＝86 分）。

发展性神经心理测验的执行控制和语言领域测验（NEPSY） 为了进一步了解王辉与其学习成绩紧密相关的学习方式，王辉接受了 NEPSY 中注意/执行功能分测验和语言分测验的评估（得分 79 分。正常为 74～91 分）。在测验中，王辉表现出强烈的努力完成测验任务的愿望。

测验中，王辉表现在该领域不均衡的发展状态。他能顺利完成简单的听觉/视觉注意选择任务，这要求良好的选择性注意和持续注意能力，但当认知负荷增加时，他就会遇到很大困难。河内塔（Tower）测验（认知能力中计划能力的测验）成绩 12 分，高于期望水平；听觉注意和反应测验得分 8 分，低于希望水平；视觉注意测验得分 2 分，低于期望水平。

语言分测验 结果表明，王辉达到所期望的水平。测验得分 95 分，在 88～103 的常态之间。该分测验揭示了王辉在语言方面的强项与弱项。在语音方面，他的成绩为 11 分，在期望值之内。在阅读理解测验中，得分 14 分，超过期望水平。但在快速命名测验中，得分 2 分，低于期望值。表现出在语言加工方面的不足。

结论和建议

总之，王辉表现出对生活的热爱、有竞争心和热情。同时，他也在努力，希望获得社会接受和成人的赞许。

在社交方面，需要提醒的是王辉具有良好的应变能力，口语表达流畅，并对自己的社交能力又过分自信。

他需要加强的是书面语言学习。他在视觉信息加工方面有一些困难，表现在精细视觉信息人物加工的速度和准确性上。这都会影响他的书面语言学习。但他很容易加工简单的视觉信息，只是在要求视觉-运动协调、工作记忆等复杂视觉任务上表现出有困难。

王辉在概念性词汇快速命名任务上困难明显。快速命名能力是学习潜能的有效预测指标。因此，对王辉来说，语词流畅性和功能性词汇量的增加对其语言学习都很重要。

王辉的困难还表现在他的执行功能方面。对他来说，发展其自我监控能力，促进其对行为的自我控制，学习自我调节的策略很重要。

根据评估的结果，结合学校老师的评估，可以对王辉的教育做出以下建议：

(1) 发展王辉的交往能力，并在活动中帮助他改善交往过程中的不当和冲动行为。可以安排王辉参加学校中的"朋友圈"交友活动，或者安排同伴小组帮助他促进其正面社会行为模式的形成。培养他的领导才能，并以此加强它克服学习上困难的勇气。

(2) 给他安排比较靠前排的、容易在教师视线下的座位，确保他在课堂教学活动中能够集中注意力和安静学习。在新的学习任务上给他适当的额外帮助，以帮助他逐渐适应课堂学习环境，通过经常性的语言指导帮助他内化学习内容。

(3) 听觉语言教学策略能够弥补他在视觉-动觉加工方面的不足。建议教师多采用口语教学指导他的学习，同时，他的家庭作业中可以给予一些加强精细运动能力、视觉-运动协调技能的训练。

(4) 教师要帮助王辉通过参与体育活动，例如，参加足球队来确立教师-学生、学校-家庭帮助系统。

(5) 针对他的执行控制能力不足，建议家长带孩子在相关专业医院或者咨询机构接受进一步的评估和专业化的矫正帮助。

附录：

各测验结果(略)

如案例 3-1 所述，学习困难的发现与鉴别是一项很复杂的工程。需要具备专门的知识和技能。学习困难儿童还不同于其他特殊儿童群体，其表现明显，但成因复杂，同时，还具有很强的可塑性，并受到其自然发展和成熟过程的不断影响。因此，要想客观地鉴别学习困难，需要了解学习困难儿童的一般特点、鉴别标准、鉴别程序和方法。

第 1 节　学习困难儿童的特点

一、学习困难儿童的特点

了解学习困难儿童的特点，可以为鉴别这类儿童提供可观察的指标。同时，也为教师选取、采用和实施不同的教学方法、策略和技巧提供参考。美国特殊教育专家麦克林(J. D. McKinney)1987 年对 63 名小学一年级和二年级学习困难儿童的调查认为，学习困难儿童主要有三个方面的问题：一是语言问题；二是认知问题；三是社会行为问题。具体的情况是：学习困难学生中注意力分散者占 29%；内向与固执者占 25%；缺乏正确学习方法与策略者占40% 。由此可见，认知问题是学习困难儿童的主要矛盾。①

① J. D. McKinney. Research on Conceptually and Empirically Derived Subtypes of Specific Learning Disabilities[M]// M. C. Wang, et al. (Eds). Handbook of Special Education Research and Practice[M]. New York: Pergramon, 1988.

何国华介绍了约翰逊(Johnson)归纳的学习障碍儿童的72种行为特征，并提出了最常见的12种症候：[①]

① 活动过多；② 注意力缺陷；③ 冲动现象；④ 记忆力与思考缺陷；⑤ 视听觉协调能力缺陷；⑥ 听知觉速度缺陷；⑦ 视知觉意象化能力缺陷；⑧ 知觉—动作障碍；⑨ 不确定的神经征兆及脑电波异常；⑩ 情绪不稳定；⑪ 说话与听力异常；⑫ 特殊的学业问题（阅读、数学、书写、拼音、复习技巧等方面的缺陷）。

（一）学习困难儿童的认知特点

1. 认知和元认知缺陷。王等人（Wang et al.）研究了28个影响学生学习的变量，共11000个统计数据。结果表明，学生的元认知过程和认知过程排在第二位和第三位。[②] 元认知是指学习者对自己思维过程和思维技巧的掌握和意识。元认知还指规范和监控以上过程、技巧的能力。[③]

2. 低学业成就。这是学习困难学生的主要特征。学业成就低下可以表现在任何学业领域中，如语言课程、阅读课程、数学课程、外语课程等。其中，学习困难学生最容易在语言和数学两个学科上有学习困难。

3. 较差的记忆力。很多学习困难学生很难记忆那些通过视觉或者听觉传输的信息。教师总是说这些学生常常忘记单词的拼写、数学定理、词汇及其用法等。一些研究者认为这些学生不能自如运用记忆技巧（如重复记忆、联想记忆等）。

4. 注意缺陷和多动。学习困难学生缺乏上课积极思考，并随时把注意力转移到新知识上的能力，不能排除外界干扰，相反总是被无关事务所吸引。上课时各种动作异常多，例如，可以不停地玩弄铅笔，掰手指，或表现出坐立不安，注意力分散，从而严重地影响学习。

5. 知觉失真。如前所述，很多学习困难学生存在视觉和听觉障碍，无法精确复制知觉印象。而这种知觉能力对低龄学生的语言与数学学习至关重要。

（二）情感社会性特点

1. 较差的社交技能。学习困难学生的社会交往困难如同学习困难问题一样让教育者一筹莫展。主要表现在不会打招呼，无法正当接受某种风俗习惯和他人的称赞，不能提出异议或者积极回应。一些学生的社交技能缺乏是由于他们不能理解社交中的暗示。正因为他们不能和教师、同伴正常沟通，导致他们在同龄人中不受欢迎。

2. 较差的自我概念。学习困难学生由于经历了经常性的学习和掌握知识技能的困难，常常会遭受挫败。长期的失败感和失望会转变成心理上一种普遍的缺乏价值和潜力的感觉，严重地影响着他们对自己能力的认识。同样，这些学生的被拒绝感、挫败感和对未来的无望感会日益增加，进一步会影响他们成功学习和整个成长过程。许多学习困难学生行为过于偏激，态度消极悲观，自我概念与自尊缺乏。勒纳认为这种低的自我意识在学习障碍学

---

① 何国华. 特殊儿童心理与教育[M]. 台北：五南图书出版股份有限公司，2014：331-335.

② L. Meltzer, et al. Perceptions of Academic Strategies and Competence in Students with Learning Disabilities[J]. Journal of Learning Disabilities, 1998, 31(5): 437-451.

③ A. Y. Wang. Cultural-familial Predictors of Children's Metacognitive and Academic Performance[J]. Journal of Research in Childhood Education, 1993, 7(2): 83-90.

生中是很普遍的，而且这种情形可以从三年级一直稳定地保持到中学。

3. 较差的学习动机。学习困难学生由于屡遭学业失败，和其他同学相比他们的学习欲望低下，求知欲差。特别是当多次的努力仍无法让他们体会到成功时，会产生极大的挫折感，认为自己无法胜任学习任务，学习动机丧失。因此，他们更容易受外界突发因素的影响，深信成功依赖于外界不可控的因素。

4. 消极的情绪状态。学习困难学生较之学习正常学生还在情绪上更易于焦虑、抑郁、过分敏感、轻度身体疼痛、孤独和忧郁。

（三）行为特点

1. 适应性行为缺陷。适应性行为是指个体为了满足多种环境的要求，有目的地、妥善地利用有效的方式组织自己生活的主动过程。适应行为是一个多维度的变量，包括社会化行为、社交关系、实际交往性语言能力和生产（工作）能力。学习困难学生经常表现出适应行为的缺陷，而这影响了其学习的进步和社会关系的建立。

2. 破坏性行为。破坏性行为是指妨碍和中断正常活动的行为。学习困难学生中很多人表现出攻击性行为、干扰正常课堂教学行为和其他妨碍学校正常生活的行为。学习困难学生的破坏性行为可能是由于社交技能缺乏和学业失败造成的。

3. 退缩性行为。1990年，本德和史密斯（Bender & Smith）指出，一些学习困难学生与其他学生相比，胆小、害怕、退缩。社会性退缩行为可能是与以前和人交往的失败经历或者失败的学业让自己感到无能有关。有的学生会把自己封闭起来，造成孤独和退缩。[①]

以上从三个方面分析了学习困难学生的特征，这些特征为评估和诊断学习困难学生提供了可观察的指标。当然，学习困难学生身上表现出的特征有差异，不是所有的学习困难学生都会表现出这些特征。

二、学习困难的早期发现

在汉语书面语言获得的过程中，学习困难常常指学龄儿童表现出的汉语学习困难，多指语文学业成绩低下。幼儿园阶段由于没有明确的汉语书面语言学习任务，早期阅读困难的发现和预防一直被忽视或误解。其实，儿童从幼儿园阶段就开始了早期阅读，它包含了幼儿口语发展、语音知觉发展、简单故事阅读和欣赏、早期写作、早期阅读策略教育等与书面语言获得有关的各个方面。因此，在早期是否也会存在学习困难？在幼儿园阶段我们很少用“学习困难儿童”这样的名词。早期学习困难在英文中常用的概念是“at risk”children，指在早期（幼儿园和小学低年级）潜在的、有可能存在学习困难的儿童。这类儿童常常表现出语音知觉和语言文字视觉上的障碍。虽然在我国尚没有关于早期学习困难的准确概念，但从幼儿园儿童学习的早期表现中能够认识这类儿童的特征。早期发现与早期干预可以有效降低学龄期的学习困难风险。

（一）阅读困难的早期表现

如前所述，我们以前认为阅读始于学校教育。儿童进入小学后才开始学习阅读。所以，关于阅读困难的研究一般是指学校教育条件下的阅读困难。对早期阅读的研究使我们了解

① 默瑟．学习问题学生的教学[M]．胡晓毅，谭明华，译．北京：中国轻工业出版社，2005：7-8.

了其实儿童早期阅读从婴幼儿期就开始了。从早期的婴幼儿读物到押韵的童谣，再到后来生活经验中接触到的各种公共标识、菜单、电视节目等，这一切都是为儿童以后阅读发展所做的准备。到了幼儿园阶段，通过有目的的教学活动，进一步构建和发展其已有的知识经验，增进和扩展其知识，并把其知识经验、思想等通过话题、词语、语意、语法、故事、书写出的信息等表述出来。这就是早期阅读的开端。儿童早期阅读的发展很大程度上取决于其学习阅读的经验建构，而不是仅仅关注学会了什么知识。因此，幼儿园阶段的阅读困难，表现出不同于学校教育阶段的阅读困难所独有的特征。

有潜在阅读困难的儿童，虽然智力发展正常，但在早期表现出广泛性的和弥散性的其他方面的发展迟缓，尤其是与语言发展有关的各种能力的迟滞。例如，开口说话晚，语音不清晰；复述与表达困难；概念获得与命名上的迟缓；在快速命名等智力活动中表现困难。然而，这些迟缓并非是智力迟滞的结果。

1. 感知-运动不协调。早期有潜在阅读困难儿童虽然感觉器官发育正常，但会表现出感知觉辨别方面的障碍、知觉-运动障碍。这类儿童缺乏精确复制感知印象的能力，手-眼、手-耳配合不协调。在早期会发现他们在走、跑、跳以及精细动作，如画画、书写、使用工具方面动作不协调。对事物的形状、图形-背景知觉不精细、物体再认困难等。

2. 听-说不协调。早期有潜在阅读困难的儿童准确接收和辨认听觉刺激的能力不足。主要表现有语言听力和语言组织能力差，在语言模仿中经常出现吞音、误音、语音模仿不完整和病句等。在幼儿园中，有的孩子不能学习有节奏的动作，难以辨别语音之间的微小差别，不能把教师的指令传达给其他儿童或家长，这些都是听-说不协调的表现。并且这种现象并非由于听力障碍或发音器官障碍所造成的。

3. 记忆障碍。阅读困难儿童普遍存在着从感觉中接受信息的短时记忆的困难，有在大脑中储存信息的长时记忆以及从长时记忆中搜索提取信息的障碍。有阅读困难儿童表现出“漏斗型”学习特征。他们往往记不住刚刚知觉过的学习内容，一边学习一边遗忘。由于长时记忆的障碍而导致的知识经验积累不足，难以对新的语言信息进行比较、联系、储存。即使是机械记忆和顺序记忆也都存在困难。

4. 思维能力缺乏。学前儿童的思维能力表现在比较、类比、序列、对应、关联、联想和归类等方面。然而有潜在阅读困难的儿童表现出难以说出事物的相同与不同之处、难以正确完成匹配游戏、缺乏顺序排序能力、难以完成根据部分推断全体的拼图游戏等多方面思维能力的不足。这些表现在幼儿园儿童日常活动中经常能观察到。思维能力缺乏还会影响儿童早期元认知阅读能力的形成和发展。

阅读困难的早期表现，为早期发现有潜在阅读困难儿童提供了可观察的线索。

（二）早期阅读困难的认知加工障碍

对阅读困难原因的探究关系着阅读困难儿童的早期发现和及时的教育干预。这引起了国内外各学科领域以及学前语言教育领域的广泛重视，并且也获得了丰富的研究成果。除了引发阅读困难的病理因素（如主要指中枢神经系统损伤、功能性紊乱以及轻微脑功能失调）、环境因素（如社会环境、教育机构以及家庭环境中的某些消极因素，对儿童对待阅读态度、阅读习惯的影响，进而影响其阅读能力造成阅读问题），以及个性心理因素（如适应能力差；不良的情绪、情感；缺乏动机和内部需要，缺乏行为和社会交往所必需的技能；不良的个性品质)等内外因素外,认知心理学从信息加工过程对阅读困难原因的揭示,成为目前探讨早期阅读困难实质的有代表性的观点。

1. 语音意识障碍。近年来,国际上关于拼音文字早期阅读障碍的研究表明:语音意识障碍是早期阅读困难的主要原因之一。如前所述,语音意识指的是儿童对语言音素的操作能力。音素是非常抽象的知识,是语言构成的最小单位。它比语言理解和应用更难掌握。学习者必须形成对音素的敏感意识,否则就很难将字母转换成有意义的口语。儿童早期如果缺乏对语音的敏感知觉,没有掌握语音知识,缺乏语音辨别的能力,就会导致将来的阅读困难。很多研究表明,有阅读问题的儿童在早期表现为对于语言的语音或单词的音素不敏感。

2. 词汇的语音解码。在阅读研究中,关于单词识别过程的研究表明,语音在单词识别中起着重要的作用。研究表明,单词识别是一个"双通道"(dual code-access)的过程,即语音解码和视觉解码并行的过程,但更多地依赖语音解码。并且语音解码在词汇通达上起着最初的、占支配地位的作用。儿童必须掌握迅速地、无须努力地辨别单词的能力,这样他们才能在阅读中把注意力集中在单词的意义上。因此,运用语音技能作为最初的单词识别技能在阅读中非常重要。

儿童阅读的过程,实际上就是建构意义和理解的过程。首先要理解所看到的每个词,获得其正确发音。如果不能正确理解句子中的单词,就无法理解整个句子,进而就无法理解阅读内容。解码的过程是获得精确的音素意识的过程。在这个过程中,当儿童从左到右按顺序阅读的同时,必须正确辨认字母及其相对应的发音。儿童必须明白单词是由不同的音组成的,每个音又由不同的字母或字母组合表达。所以,儿童如果没有掌握语音知识,发展语音辨别的能力,就会导致将来的阅读困难。如前所述,国外很多关于学前儿童语音意识的早期干预能有效改善其学龄期的阅读能力,进一步证明了语音加工对阅读的作用。一些关于汉语学习困难研究表明,语音在儿童早期阅读发展中也发挥着重要的作用。因此,关注儿童早期语音敏感性的训练是幼儿园语言教学的重要方面。

3. 视觉-空间认知障碍。虽然对有经验的阅读者来说,对字词的视知觉加工过程似乎是无意识的、不需视觉努力的过程,但对于早期学习阅读阶段的阅读者来说,阅读过程需要多种视觉-空间能力。这些能力包括:对字母或词语精确的视知觉能力;对字母或字词形式的视觉分析能力;精细的视觉辨认能力;视觉记忆能力;视觉-空间扫描能力;视觉-运动能力;视觉-语言联系能力等。幼儿园儿童由于视觉-空间认知能力发展和成熟程度的差异,往往表现出明显的视觉加工问题,如镜像字母错误、视动不协调等。有的儿童表现出发展性迟滞,随着年龄的增长,视觉加工能力逐渐成熟,由此引起的阅读困难会有明显的改善;而有些儿童则表现出终身的视觉加工障碍。初步学习阅读的儿童需要同时具备语音意识和视觉-空间认知能力。因为,儿童在学习阅读之前,必须先发展起一定的语音意识能力以识别词汇的发音。而后,在儿童学习阅读的过程中,他们还必须能够保持字母的视觉表象,并且通过一系列快速眼动定位来加工组成单词的字母系列。书写的文字是由空间上彼此相互独立的一系列字母组成,词与词之间在空间上也相对独立,词与词之间以及每一个词本身都要求一系列的眼的定位。这就要求在阅读中迅速跨越快速扫视的瞬间间隔,必须具备把第一次注视的信息与一系列注视的信息联系起来的能力。因此,能否准确定位、并快速跨越飞速扫视时的瞬间间隔，这种加工和保持视觉信息的能力是阅读能力的一个重要组成部分。

4. 工作记忆障碍及快速命名能力障碍。工作记忆的低效率被看作是造成阅读困难的主要预测指标。快速命名测验是幼儿工作记忆评估的主要方法。在西方国家，工作记忆测验成为鉴别阅读困难儿童、特别是在早期发现阅读困难儿童的主要指标之一。工作记忆包含了信息加工和储存同时进行的过程，从而对成功阅读起着重要作用。记忆加工障碍与早期阅读困难密切相关，这受到了很多实验研究的支持。它包括了基本加工过程的缺陷，即阅读困难儿童在对语音信息的编码和提取上存在困难，知识储备不足；已往知识的局限会使阅读产生困难，而阅读困难又进一步限制了知识结构的发展，从而形成恶性循环；以及控制策略的不足，即差的阅读者很少会利用一些积极的、计划性的控制策略来促进记忆，从而会导致阅读困难。近年来的研究表明，造成记忆加工障碍的根本问题在于工作记忆的障碍。琳达·西格尔采取快速命名测验对幼儿园阶段儿童的工作记忆进行研究，发现有潜在阅读困难儿童的快速命名成绩显著低于正常儿童。笔者对我国幼儿园儿童采用的快速图片命名测验、数字广度跨距测验也证明了这一点。

（三）对早期阅读教育的思考

我国幼儿园早期阅读教育教学正受到空前的重视。幼儿园早期阅读活动研究、幼儿游戏听说识字研究、汉字识字活动研究、分享阅读研究、嵌入式阅读教学研究等开展得如火如荼。但一些早期阅读研究把研究焦点集中在了书面语言本身的获得和狭义的阅读教育上，把早期阅读教育片面地等同于识字教育，过分强调字词教学、过分关注书本阅读，而忽视了早期阅读的基本认知能力的发展和培养研究。对早期阅读困难的特征和原因的研究结果，引发我们重新认识早期阅读的真正意义。

口语发展是早期阅读发展的基础，特别是对语音的敏感性的获得，是儿童阅读发展的基本能力。这种能力的获得，能够有效地预防早期阅读困难，促进儿童早期阅读能力的发展。研究表明，语音在词语识别中起着重要的作用。词语识别是语音解码和视觉解码并行的过程，并更多地依赖语音解码。并且语音解码在词汇通达上起着最初的、占支配地位的作用。在阅读能力发展中，儿童是否储存了丰富的语音表象（依赖于口语的发展）、能否清楚地辨认语音并能把语音和语意联系起来，直接关系到其早期阅读能力的发展。因此，有关早期语音辨认的教育和训练、早期有意识的口语教育训练和对语音的敏感性教育应成为早期阅读教育重点关注的内容。

视觉加工能力的训练能够有效地促进早期阅读的技能。阅读和写作需要一系列的视觉系统的参与。视觉方面的效能是利于阅读的前提条件。阅读中的很多错误来自于视觉加工过程的缺陷，表现为视觉-空间扫描错误造成的视觉—语言结合的不正确。因此在幼儿园早期阅读教育中，发展儿童精确的视知觉能力、精细的视觉辨认能力，包括各种视觉分析能力、视觉-空间扫描能力、视觉记忆能力、视觉-运动能力以及视觉-语言联系能力等一系列视觉技能。通过各种游戏和教学活动促进儿童的视觉效能，这些也应引起早期阅读教育者的关注。

其他认知能力的发展也直接影响早期阅读技能和阅读元认知策略的获得。尚不具备丰富书面语言知识的儿童的早期阅读，更应关注支撑其阅读发展的认知加工能力的训练。例如，图片快速命名训练、思维流畅性训练、手-眼协调性训练、听-说协调能力训练、工作记忆能力训练等。当然，这类训练应尽可能地与直接的阅读教育结合起来，会取得更好的效果。因此，在关注阅读教育本身的同时还要关注相应的非语言的认知加工能力的训练，帮助儿童获得阅读的技能。

总之，幼儿园早期阅读不应只是关注对阅读的表面特征的研究，也不应仅限于狭隘意义上的字词教学和阅读理解，否则也容易"造就"更多的阅读困难儿童。早期阅读教育研究应关注对早期阅读的心理机制和实质的研究，为儿童早期阅读能力的发展建立广泛的认知基础。同时也为阅读困难的早期发现和及时的教育干预提供线索和手段。[①]

第2节　学习困难鉴别与评估的标准和原则

学习困难成因的复杂性造成了其鉴别和评估的复杂性。学习困难儿童是一个异质性很强的群体，对其鉴别和评估也是一件很复杂的事情。一般认为，学习困难者在其学习潜能和学习成就之间存在着显著差距，因此，人们常采用智力水平与学业成绩的显著差异作为判断学习障碍的标准。然而，随着对学习困难研究的深入，对学习困难儿童的鉴别与评估标准越来越科学化，方法也越来越多元化，鉴别与评估的过程也更加完备，评估的手段也更加多样化。

一、学习困难儿童鉴别与评估的标准

由于学习困难尚缺乏一致性的定义，因此，要对学习困难儿童做出科学和适当的评估并不容易。有的国家采用立法的形式来规定鉴别和评估的标准。例如，美国 PL94-142 法案即《所有特殊儿童教育法》。依据学习障碍的定义，美国学习障碍儿童的鉴别和评估标准如下：

一是学习潜能和实际学习成就之间的差距(Discrepancy Criteria)。潜能多由智力和认知能力的测试得出，实际学习成就多由一系列的学科标准学业测试成绩表明。在美国，86%的州用上述标准来鉴别和评估学习障碍儿童。一般又采用标准分数法和回归公式法来认定学习潜能和实际学习成就之间的差距。

二是排除由外在因素所引起的学习困难。这里所指的学习困难是特指的、内在的学习障碍。所以，要排除由感官残疾、情绪、智能、环境等因素所导致的学习困难。

三是特殊教育的标准。执行这一标准的主要目的是将普通教育中的学习困难儿童和应给予特殊教育的学习困难儿童区分开来，以确保特殊儿童接受特殊教育的权利。

参考美国的三标准，我国台湾也提出了有关学习障碍儿童的鉴定标准：

一是智力正常和正常程度以上者。

二是个人内在能力有显著差异者。

三是注意、记忆、听觉理解、口语表达、基本阅读、书写、数学运算、推理或动作协调等任一能力有明显的困难，且经评估后确定为一般教育所提供的教育和辅导没有明显效果的学

---

① 赵微.阅读困难的早期发现[J].学前教育研究，2005(1)：24-26.

习障碍儿童。

目前，在我国大陆尚没有统一的、官方认可的学习困难儿童鉴别的标准。研究者和教育者多采用最粗略的判断指标，即学业成就与学习潜能（智力指标）之间的显著差距作为判断的依据。也有的学者在此基础上，对学生的某些认知能力方面进行相应的评估，如对语言流畅性、视觉加工、听觉加工、工作记忆等方面进行测验。

二、学习困难儿童鉴别与评估的原则

学习困难儿童的鉴别与评估工作是整个教育教学工作中一项非常重要的工作。一方面，它使得教育者了解其困难的性质和程度，从而选择合适的教育安置形式；另一方面，可以制订切合实际的教育计划，最大限度地促进其发展。为了保证鉴别工作的可靠性、准确性，在学习困难儿童的鉴别与评估中要遵守以下原则。

（一）客观性原则

客观性原则是指必须根据客观事实对学习困难儿童做出鉴别。即应该采取科学的方法和手段搜集客观事实，在分析大量客观事实和材料的基础上做出判断。而不能仅靠家长或者教师的主观陈述或者一两次的观察下结论。

实现客观性原则的方法之一就是采用标准化的测量工具对儿童各个方面进行测验。因为标准化的测验在编制过程中对各个方面的误差都进行了严格的控制，并经过反复试用和修改，各项指标符合测量学要求，具有较高的信度和效度。因而通过这些测量搜集的事实和材料就比较可靠。例如，案例中提到的韦氏儿童智力测验第三版、托尼非语言智力测验第三版、发展性神经心理测验的执行控制和语言领域测验，还有常用的瑞文标准推理测验等。

标准化的测验只是鉴别工作的一部分。评估者还需要通过长期系统的观察、访谈、任务分析、参与性活动等方法对儿童进行全面的评估，了解其在各方面的稳定表现和特质。虽然，评估会受到评估者本人的主观看法的影响，并不能完全做到客观评估，但是，如果结合测量法一起使用，就可以查漏补缺，能更客观地反映学习困难儿童的全貌。需要注意的是，评估者在使用非标准化的评估手段时，要尽量熟练地掌握这些方法，尽可能排除主观臆想，保证鉴别工作的客观性。

（二）全面性原则

全面性原则是指在对学习困难儿童做出判断时，要尽可能全面地搜集事实和信息。既要搜集与学习困难表现直接有关的事实和信息，也要广泛搜集可能导致学习困难的相关信息。而不能仅根据一小部分事实和信息做出判断。

在对学习困难儿童做出鉴别时，首先，要搜集儿童个人的基本信息。包括个人情况、如个人成长历史、病史、身心发展状况、认知能力、个性特征、行为特征等；家庭情况，如父母职业、父母素养、家庭结构、家庭环境、家庭特殊问题等；学校生活和环境、学习状况等。其次，要对搜集到的事实和材料进行全面和综合分析，找出问题的关键所在，得出准确结论。

（三）教育性原则

教育性原则是指对学习困难儿童的鉴别，要服务于教育矫治这一主要目的。对学习困难儿童的鉴别，不是为了给学习困难儿童贴标签，主要目的是为了在弄清楚学习困难的特征和需要的基础上，给予适当的教育和矫治。因此，在鉴别过程中，不仅关注测验的结果，更要关注测验的过程，从过程中发现学习困难儿童的问题和优势，扬长避短，正如案例中看到的，测验的过程可以给我们鉴别、特别是教育矫治提供信息。鉴别后的教育建议是最关键的内容。否则，鉴别就失去了意义。因此，在鉴别过程中，遵循教育性原则是必需的。

（四）差异性原则

差异性原则有两层基本含义：第一，学习困难鉴别的基本标准是指将个体潜在的学习能力和实际表现出的能力之间的显著差异作为学习困难的基本判断标准；例如，根据IQ与学业成就之间的差异来诊断学习困难。第二，学习困难儿童不同于其他特殊儿童，内部个别差异大，在鉴别的过程中要根据每个学习困难儿童自身的特性做出判断，不强调共性特征和一致性，关注个体的内在差异性。第一层含义揭示了学习困难的基本共同特征，第二层含义则强调在共同特征基础上的内在差异。差异性原则是学习困难儿童鉴别的特殊性原则。

（五）排他性原则

排他性原则是指学习困难的鉴别要区分是由于其他问题，如智力、感官残疾、情绪问题、行为问题或缺乏学习机会等外在原因直接造成的学习问题，还是由于个体内在的，并推测是由中枢神经系统障碍所引起，并通过日常生活所表现出来的在听、说、读、写、推理或数学能力获得方面失调而导致这些方面出现的显著困难。虽然学习困难儿童可能伴随有行为无法自制、社会知觉障碍、社会关系不良等问题，但这些不是导致学习困难的直接原因。因此，在学习困难的鉴别中，要排除其他问题引起的学习困难。

（六）动态性原则

动态性原则是指对儿童的观察、测评和评估是一个动态的过程。学习困难儿童的鉴别与评估不是一次完成的，要有一个连续的、多次评估的过程，要根据新的情况随时调整鉴别结果，不能把一次的结果当作定论。而且，鉴别的过程必须与教育矫治的过程相结合，根据鉴别的结果给予相应的教育，再根据教育的结果，进一步诊断，以便根据新的变化重新制订教育计划。特别是学习困难问题是非常复杂的，目前还没有可靠的鉴别方法，鉴别结果的准确性也有待商榷。这就更需要动态性评估。

第3节　学习困难鉴别与评估的内容

在学习困难的鉴别与评估中，除了进行智力测验以外，还要多从以下方面考虑。

一、标准的学业成绩测试

这是旨在客观地反映学生学习情况的测验。在北美，常采用的有加利福尼亚学业成就测验、斯坦福系列成就测验、伍德科克-詹森认知能力测验。

目前，在我国尚没有全国统一的标准学业成就测试，这为我国学习障碍儿童的鉴定带来困难。研究者和教育者多采用了学生在校一年或者两年的期中、期末考试成绩作为参考标准。一般将低于全年级平均成绩的 1～1.5 个标准差作为学业成就困难的判定指标。随着学习困难研究的深入，近年来，已有学者开始研究这一类测试。如，华东师范大学心理系修订了一套《学生学习成就测试》，已被有些研究者用于学习障碍问题的研究中。

二、心理过程测试

由于认知能力缺陷和神经生理问题研究观点在学习障碍研究中代表了一派观点，并且其观点在学习障碍理论和实践中占据越来越重要的地位，通过对认知能力和神经心理过程的评估来鉴别学习障碍者的测验在北美很流行。其中比较有代表性的是伍德科克-詹森认知能力测验（WJ-Ⅲ COG ）和发展性神经心理测验的执行控制和语言领域测验和建立在 PASS 理论基础上的认知能力评估，简称 CAS。

WJ-Ⅲ COG 认知能力测验。WJ-Ⅲ COG 测量了七个广泛能力。包括标准测验（测验 1 至测验 10）和扩展测验（测验 11 至测验 20），每个分测验都测量了至少一个狭窄能力。因此这些测验可以划归为不同的广泛能力之下。[1] 具体内容见表 3-1。

表 3-1　WJ-Ⅲ COG 认知能力测验的项目

种类/因素	标准测验	扩展测验
语言能力 知识理解	测验 1：口头理解	测验 11：一般信息
思维能力 长时提取 视觉-空间思维 听觉加工 推理流畅性	测验 2：视-听学习 测验 3：空间关系 测验 4：声音混合 测验 5：概念形成	测验 12：提取流畅性 测验 13：图片再认 测验 14：听觉注意 测验 15：分析综合
认知效率 加工速度 短时记忆	测验 6：视觉匹配 测验 7：数字转换	测验 16：决策速度 测验 17：单词记忆
补充	测验 8：不完全单词 测验 9：听觉工作记忆 测验 10：视-听学习延迟	测验 18：图片快速命名 测验 19：计划 测验 20：成对删除测验

发展性神经心理测验的执行控制和语言领域测验（NEPSY）。本测验对象的年龄范围为 5～12 岁。具体测验见第 4 章第 3 节。

CAS 是基于 PASS 理论，主要从信息加工的动态过程来考察儿童的信息加工能力的认知能力评估系统。其内容涉及计划、注意、同时性加工和继时性加工四个分量表的共 12 项

① N. Mather, R. W. Woodcock. Examiner's Manual Woodcock-Johnson Ⅲ Tests of Cognitive Abilities[M]. Itasca, IL: Riverside Publishing, 2001: 2-3.

测验任务(详细测验见下节)。

此外,还有一些是针对语言理解能力、信息加工速度的测试。目前,我国常用的心理测试量表中也包括了这方面的内容。

三、非标准化的阅读能力测试

考虑到学习困难儿童多存在着阅读困难,这种测试着重探讨学生的阅读能力。测试的方法是由教师从易到难安排一系列阅读材料,观察学生在阅读过程中出现的错误,如漏字、漏词、吞音等问题。教师还需不断地向学生提出问题,以考察他们的理解能力。

与标准化的测试相比,非标准化的测试有一定的伸缩性。此外,对测试运用的范围及测试人员都有一定的要求。也就是说,主试者对阅读问题要有较丰富的专业知识,具有敏感的观察能力和正确的判断能力。

四、弹性评估

这是一种将标准化测试和非标准化测试结合起来的方法,20 世纪 60 年代就曾被大力提倡,直到 80 年代之后,才被广泛地采用并得到足够的重视,这种评估具有下列几个共同特点:

(1) 评估由主管儿童的教师来进行而不是由心理学家或心理治疗工作者来进行。这便突出了教育评估在鉴别学习困难儿童工作中的重要位置。

(2) 教师直接评估学生在课堂上的学习情况,如直接记录下学生的阅读情况和数学运算情况,针对学生所暴露的学习困难进行分析。

(3) 教师可定期进行测试和比较,并根据比较的结果来确定学生学习的进步情况。

(4) 用评估来衡量教学方法,不断改进实际效果。

(5) 测试的出发点是着重了解学生课程学习情况,并将其与全班或全年级学习情况相比较。

目前我国多采用以教师为主的弹性评估方法来鉴别学生在校的学业水平。主要的类型有国家统考,学校或年级命题的期末考试、单元测验等。

五、真实性评估

以上介绍了一些传统的学习困难的标准化和非标准化的评估方法。试想一下,在标准化评估中,被怀疑有学习困难的儿童要在短时间内完成大量的测验,这对他们无疑是一项艰难的任务。评估的结果也可想而知。并且这样的评估做的多是横向比较,虽然有利于发现学生的问题,但从教育角度上能够提供的建议非常有限,并且远离教育的真实情景。因此,我们在学习困难的鉴别和评估中,如何采取有用的方法才能够真实反映学生在学习的真实情景中的问题?教育者提出了真实性评估的问题。

真实性评估是指在有意义的学习任务中评价学生对所学内容的掌握程度。这种评估首先要对学生的学习活动进行系统的观察,然后根据学生的能力给予特定的任务,评估其在真实任务情境下的表现,也叫表现性评估。学生在真实任务情境中"实际表现"所学内容,学习困难学生可以根据自己的学习方式和优势能力来完成学习任务。这种评估方法的目的在于创设出“展示”学生的平台，从而反映学生在特定知识或者技能的学习过程中完成的所有工作。在这种评估中，如果学生没有达到一定的知识或者技能的掌握标准，那么允许他们不断改善自己在实际任务中的表现直到达到满意的水平。这种评估比客观性测试更能反映学生学习的进步。①

（一）课程本位评估

课程本位评估（Curriculum Based Assessment，CBA）是一种非正式、非标准化测验为主的教育评估，是一种以学生在现有课程学习内容上的持续表现来决定其教学需求的评估方式。CBA 强调的是以实际的教学内容与材料来评估学生的学习，并以此作为判断学生学习问题所在和做出教育干预决策的依据。1987 年，图克（Tucker）提出了 CBA 的三个基本条件：第一，测验材料需要有高度的内容效度，来自学生学习的课程教材；第二，经常性施测，确保及时反馈；第三，评估结果作为教学决策的依据。

（二）干预反应模型

干预反应模型（Response to Intervention）是美国在批评学习困难评估的能力-成绩差异模型基础上提出来的。研究者和教育者认为，采用能力-成绩差异模型评估使得美国的学习障碍人数扩大化，特殊教育支持经费也上涨，同时还存在着“等待失败”（wait to fail）的嫌疑。干预反应模型原本作为一种学习困难干预方案取得了良好的效果。2003 年 11 月，美国学习障碍研究中心（National Research Center on Learning Disability，NRCLD）经过深入讨论，将之确定为一种评估的方式。

干预反应模型的核心是通过学生接受多级的干预后的效果来判断其是否是学习困难儿童。一般实施的是三级干预和判断：① 第一级干预是在普通课堂中给全体学生提供高质量的教学，根据教学反应的结果，判断哪些学生需要进入第二级干预；一般情况下，大约有 20％的学生会进入第二级，这些学生被认为是有潜在学习困难危险的学生。② 第二级干预是针对这些学生的具体情况进行的干预教学，一般采用小组教学的方式，如果学生在一段时间的小组干预中进步明显，能够达到普通学生的教育标准，就可以回归到第一级别；在小组教学中依然表现出难以适应教学，学习效果明显滞后，就需要进入第三级，通常大约 5％的学生会进入第三级。③ 第三级是个别干预。进入第三级的学生一般被认为是学习困难学生，他们需要一对一的专业化、集中、系统的教育干预训练，需要有个别教育计划。如图 3-1 所示。②

总之，对学习困难儿童的鉴别与评估主要是集中于对儿童实际学习能力、学业水平的考察上。但必须综合考虑各方面的情况才能做出符合实际的判断。鉴别和评估不仅要了解学生的实际学习水平，还要透过了解到的情况来分析引起学习困难的内在原因，找出帮助学习困难儿童克服困难的途径，为改变儿童的学习状况提供依据。

---

① 瓦恩布雷纳．学习困难学生的教学策略[M]．刘颂，等译．北京：中国轻工业出版社，2005：208.

② 张小将，刘昌．学习不良鉴定的干预反应模型[J]．中国特殊教育，2008(03)：59-65.

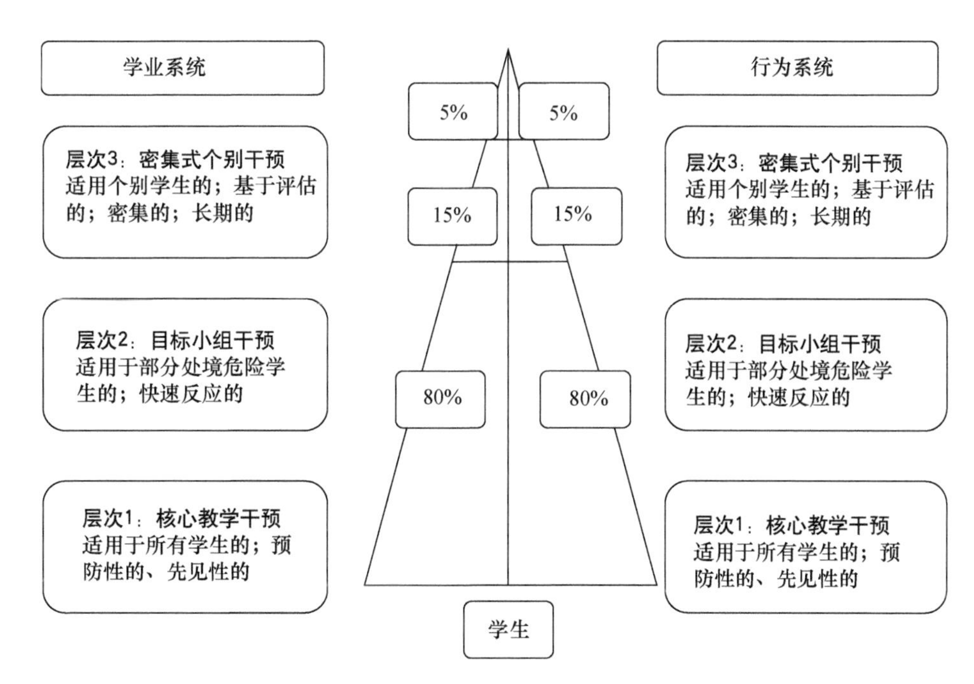

图 3-1　学习困难学生干预反应模型

第 4 节　学习困难鉴别与评估过程

学习困难的鉴别与评估是一个复杂的过程，需要多方面的事实和资料。一个适当的鉴别和评估程序应该考虑影响个体的各个方面的因素，并综合这些因素做出判断。完整的鉴别与评估过程应该包括搜集基本信息、进行系统标准化测验评估、做出诊断决策、提出教育建议。并且这一过程不是一次就能完成的，要经过多次反复才能得出结论。

一、搜集基本信息

由于影响学习成就的因素很多，也很复杂，因此，在鉴别中尽可能多地搜集信息对做出正确的鉴别很重要。这些基本信息应该包括以下几方面。

（一）儿童早期的经历

儿童早期的经历主要指与儿童身心发展和教育有关的历史。主要包括以下 4 个方面。

(1) 出生历史。即母亲在妊娠期间有无影响胎儿发育生长的疾病？生产过程是否有异常？有无早产、窒息或其他异常情况发生？出生的体重、身长。出生后有无发育异常现象。

(2) 健康史。在生长发育过程中有无遗传性疾病、有无较严重疾病？例如，高烧、抽搐等，是否受到过意外严重伤害，如窒息、头部撞击，营养状况如何等。

(3) 生长发育史。包括儿童运动能力的发展状况、语言发展、社会性发展、适应能力发展、早期认知能力发展等方面是否正常。

(4) 教育史。在入小学前是否上过幼儿园、学前班？家中教育环境如何？何时入小学？是否正常年龄入学？入学后在学习上存在什么问题？有无特殊教育和训练的历史，如语言矫治、感觉统合训练等。

（二）家庭状况

家庭是儿童成长的主要场所，如前所述，家庭环境以及家庭成员对儿童的学习有着广泛的影响。

（1）家庭的基本情况。包括家庭结构与人口，家庭经济状况，如收入水平、居住条件，家庭成员的职业、受教育程度、年龄、婚姻状况，家庭子女数目、排行、性别等。还有监护人、父母与孩子之间关系等。

（2）家庭教育情况。包括家长的教育观念、家长的教育行为、家长的期望、家长对孩子学习的关心程度、家庭的学习气氛等。

（三）学校的基本情况

（1）儿童在学校的表现。例如上课情况，作业情况，对学校的态度，课余的行为表现，喜欢的教师，科目和不喜欢的教师、科目。

（2）教师情况。包括任课教师对孩子的喜爱程度和评价、关心程度、教师的教育观念和对待学生的态度和期望。

（3）同学关系。包括与同学相处如何，有没有好朋友，受欢迎的程度以及受欢迎和不受欢迎的原因等。[①]

二、进行系统标准化测验评估

学习困难的定义有广义和狭义之分。对学习困难进行系统标准化测验评估，应该首先根据广义的定义来确定，然后进一步进行更具体的测验评估。首先，智力评估是最基本的评估。其次，为了进一步了解儿童存在的具体问题，应再根据需要进行一些其他认知能力方面的标准化评估。

（一）智力评估

对学习困难的基本认识就是，儿童具备学习的潜能但却无法达到应该达到的学业成就。也就是说，其智力正常但学业成就明显低于同龄正常儿童水平，远远未达到应该达到的学业水平。确定儿童是否智力正常也是区分学习困难儿童与智力落后儿童的重要指标。常用的智力测验有：瑞文标准推理测验、韦克斯勒智力测验、中国比奈智力测验、托尼非语言智力测验。

这里主要介绍最为常用的韦克斯勒儿童智力量表（Wechsler Intelligence Scale for Children，简称 WISC），1949 年由韦克斯勒首次发表，适用于 5～15 岁 11 个月的儿童。1974 年发表了韦克斯勒儿童智力量表修订版（WISC-R），适用年龄范围为 6～16 岁 11 个月。1991 年又发表了韦克斯勒儿童智力量表第三版（WISC-Ⅲ）。WISC-R 由语言量表和操作量表两部分组成。语言量表包括常识、理解、算术、类同、词汇、数字广度 6 个分测验，其中数字广度测验是备用测验。操作量表包括填图、图片排列、拼图、积木、译码、迷津 6 个分测验，其中迷津也是备用测验。这两个备用测验一般是在某个测验失效时才使用。1979 年我国学者林传鼎、张厚粲将该量表翻译成了中文并经过再标准化，形成了 WISC-CR，适用年龄范围为 6～16 岁。各分测验的题目构成及所测量的主要内容如下。

---

① 陈学锋，等. 从容面对儿童的学习困难[M]. 北京：北京师范大学出版社，2002：40-41.

（1）常识。有30道问答题组成。每答对一题记一分，答错记零分，共30分。该测验主要测量儿童常识性知识的广度。该测验结果反映了一个人的语言理解、常识记忆、课外阅读、兴趣、在校学习情况以及家庭文化背景等。

（2）填图。由26张图片组成。要求被试在规定时间内指出图片缺失的某个重要部分。每答对一题记一分，答错记零分，共26分。该测验主要测验视觉再认和辨别能力、知觉组织、区分基本要素和非基本要素的能力以及在有时间压力下完成任务的能力。

（3）类同。由17对名词组成。要求被试回答二者之间有什么相同之处。例如，“蜡烛”和“电灯”。前4题，每答对一题记一分，后13题，根据被试的抽象概括水平记0，1或者2分。最高分为30分。该分测验主要测量抽象思维能力、概念形成、语言理解和表达能力等。

（4）图片排列。由13套图片组成。其中有一套图片用于练习。每套图片由3～5张组成，构成一定情节。打乱顺序后给被试，让被试在规定时间内重新排列顺序，组成合乎常理的故事情节。前4题以0，1或2计分，后8题以0，1，2，3，4或5计分。最高分为48分。该分测验主要测量理解常规的能力、时间概念、知觉组织、推理和判断能力、大脑整合机能等。

（5）算术。由19道算术题组成。前4题，主试出示一张画有一排数字的卡片，第1～15题，主试口述题目，被试回答；第16～19题则呈现题卡，由被试朗读做答。被试必须心算，并在规定时间内口头回答。每答对一题记一分，最高为19分。该分测验主要测量数概念、运算技巧、推理、抗分心能力、长时记忆等。

（6）积木。共有11张印有由红白两色几何图形组成图案的卡片，每次呈现一张，要求被试在规定的时间内，用4块或9块积木（长、宽、高各为1英寸，两面为红色，两面为白色，还有两面按照对角线分成红白各半的立方体）摆出卡片中的图案。前三题以0，1或2计分；第4～11题以0、4、5、6或7计分。最高分为62分。主要测验知觉组织、分析与综合能力、空间想象能力、视觉-运动协调能力等。

（7）词汇。共有32个词汇，印在一张大卡片上。主试每次按顺序呈现一个词，同时念出这个词，让被试解释它的词义。例如，向被试呈现“勇敢”一词并提问：“什么是勇敢？”以0、1或2计分。最高为64分。该分测验主要测量语言理解和表达、抽象概括能力、概念形成、长时记忆能力等。

（8）拼图。由5套常见物体的图形分割拼板组成。其中一套用于练习。主试按照预先设计的摆放方式呈现一套零散的拼板，要求被试在规定时间内拼成完整的画面。每套拼图是时限2分钟，2.5分钟，3分钟不等。计分方法也各不同。最高分为33分。该分测验主要测量直接组织、大脑的整体加工能力、视觉-运动协调能力、灵活性等。

（9）理解。由17道问答题组成。被试要说出解决问题的办法或日常生活中人们采取某些做法的原因。结果以0，1或2计分。最高分为34分。该分测验主要测量理解日常生活中各种行为规范的能力、推理和判断的能力、解决实际问题的能力、语言理解和表达能力等。

（10）译码。共有两套表。一套用于8岁以下儿童，一套用于8岁以上儿童。首先向被试呈现一些图形或者数字与符号相对应的样例，然后要求被试根据样例在规定的时间内将一系列图形或者数字转换成相应的符号。每一正确译码记一分，第一套表最高为50分；第二套表最高为93分。该分测验主要测量抗分心能力、短时记忆能力、视觉-运动协调能力、抄写速度与精确性以及学习能力等。

(11) 背数。由顺背和倒背两部分组成。顺背从随机排列的3位数开始，最多为10位数。主试按照每秒一个数字的速度读出数字串，被试按顺序重复。倒背从2位数开始，最多为9位数。在主试读出数字串后，被试以相反的顺序复述出。每种数位有两试，一试通过的一分，二试通过的两分，不通过为0分。整个测验最高得分30分。该分测验主要测试抗分心能力和短时记忆以及工作记忆能力。

(12) 迷津。共10个迷津。一个用于练习。被试必须从位于中心的位置开始，在规定的时间内用铅笔画出走出迷津的线路。每个迷津的时限和计分方法不同。最高分为30分。该分测验主要测量知觉组织、大脑整合机能、计划能力和视觉-运动协调能力。

上述12个分测验中，常识、类同、算术、词汇、理解和背数属于言语量表；填图、图片排列、积木、拼图、译码、迷津属于操作量表。施测时，先按照指导语逐个测验，然后把各分测验的原始分数转化为平均数为10，标准差为3的标准分数。在分别把前测验分数和后测验分数相加求得言语分数和操作分数，二者相加得出总分数。再根据常模表查出言语智商、操作智商和总的智商。全套的测验完成大约要一到一个半小时。[①]

由于韦克斯勒儿童智力量表是比较专业化的测量智力的工具，一般要由受过专门培训的专业人员来操作，结果才更可靠。

（二）学业成就的评估

根据学习困难的定义，对学习困难的评估还要进行学业成就的评估。评估可借助各种测验来实现。学业成就测验，又叫教育测验或学科测验，是测量学生在阅读、拼写、书面表达、数学、常识、社会、历史、地理、物理、化学等课程或经过某种专门训练后所获得知识和技能的系统程序。[②] 学业成就测验可分为标准化成就测验与非标准化成就测验，常模参照成就测验和标准参照成就测验，诊断性成就测验和筛查性成就测验，综合性成就测验和单科成就测验。常采用的有加利福尼亚学业成就测验、斯坦福系列成就测验、伍德科克-詹森学业成就测验。这里主要介绍前两个测验，第三个测验见第6章。

1. 加利福尼亚学业成就测验

加利福尼亚学业成就测验(CAT)由一组团体施测的常模参照测验组成。用于评估幼儿园儿童至12年级学生。1993年进行了第五次修订，简称CAT-5。CAT-5可以分为两套测验：全套测验和筛查测验。全套测验包括13个水平，各水平之间有一定重叠。筛查测验只包含全套测验中的10个水平题目。另外，还有一个是“定位”测验，用于确定被试测验水平的起始点。

CAT-5的测验内容按三大领域划分，具体如下。

(1) 阅读/语言领域

视觉辨认：评估被试辨认主试说出的字母、认识同一个字母的大小写等。

单词分析：评估被试的解码技能以及根据字词结构准确发音、理解词义的能力。

词汇：评估被试对词义的理解。要求被试能够将单词准确分类，了解同义词、反义词、

① 韦小满. 特殊儿童心理评估[M]. 北京：华夏出版社，2006：162-164.

② 同上书，第186页。

多种含义等。

理解：评估被试从句子和短文中了解字面意义和引申意义的能力。

拼写：评估被试找出句子中不正确的字词拼写。

语言技巧：要求被试编辑一篇文章，测量其运用字母大小写、标点符号等的能力。

语言表达：评估被试组织句子和短文的能力。

(2) 数学领域

数学计算：评估被试解答有关整数、分数、小数和代数式的加、减、乘、除计算能力。

数学概念与应用：评估被试理解和应用各种数学概念的能力。

(3) 补充内容

研究技能：评估被试查找和利用各种信息的能力。

科学：评估被试对科学用语和概念的理解以及运用探究方法的能力。

社会研究：评估被试对地理、历史、政治学、经济学和社会学等社会科学的研究和了解。

CAT-5 测验的范围很广泛，并有多种常模可以使用，为评估提供了最大的便利。但该测验目前还缺乏足够的信度和效度方面的证明，因此多用于团体之间的比较。[①]

2. 斯坦福系列成就测验

斯坦福系列成就测验(SATS)共包括 20 个分测验，这些分测验如下。

(1) 声音和字母：评估识别字母、将读音与字母相匹配的能力。

(2) 单词学习技能：评估对单词的解码技能以及识别声音与字母相互关系的能力。

(3) 辨认单词：让被试将听到的或者看到的单词与某一张图片相匹配，评估他们认识单词的能力。

(4) 词汇：主试先说出定义，要求被试选出最符合定义的单词。用于评估被试的词汇知识量。

(5) 理解句子：让被试将某一张说明句子意思的图片找出来，评估他们对句子的理解。

(6) 阅读理解：让被试阅读短文并回答问题，评估他们对字面意思的理解和引申意义的理解。

(7) 听单词和故事：用于评估记住细节、听从指令、认识因果关系、抓住中心思想、理解语言结构的能力。

(8) 听力理解：用于评估加工所听到的信息的能力。

(9) 语言艺术：用于评估理解和运用语言技巧、组织完整句子的能力。

(10) 语言技巧：用于评估有关大小写及标点符号的知识，对语法规则的运用等。

(11) 语言表达：用于评估运用字词、短语和从句的技能。

(12) 研究技能：用于评估在调查研究当中用到的技能。

(13) 拼写：用于评估正确拼写单词的能力。

(14) 数学：用于评估数字概念、数学计算和应用能力。

(15) 数学概念：用于测量对基本的数学概念的理解。

(16) 数学计算：要求被试解答某些数学计算题，考察数学运算能力。

---

① 韦小满. 特殊儿童心理评估[M]. 北京：华夏出版社，2006：195-197.

(17) 数学应用：考察被试运用数学技能解决实际问题的能力。

(18) 科学：测量被试对生物学和物理学的概念和现象的理解，以及探究的能力。

(19) 社会科学：评估被试在地理、历史、政治学、人类学、社会学、经济学等课程学习中获得的知识和技能。

(20) 环境：评估有关自然环境和社会环境的概念。[①]

每项测得的原始分数要转换成年级当量、标准分数、百分等级和各种标准分数。

(三) 认知能力神经心理过程测验

该类测验主要搜集儿童在认知能力和信息加工中的特殊问题。如上所述，儿童认知能力评估的标准化测验主要有 WJ-ⅢGOG 认知能力测验、CAS 认知能力评估、发展性神经心理测验的执行控制和语言领域测验(NEPSY)、K-ABC 儿童成套评估测验。

这里主要介绍 WJ-ⅢGOC 认知能力测验、CAS 认知能力评估的基本内容。

1. WJ-ⅢGOC 认知能力测验的主要内容

(1) 测验一：词汇理解测验。包括四个分测验：图片词汇、同义词、反义词和词语类比测验。每个分测验测量了口语中语言发展的不同方面。词汇理解是获取知识的一种手段。该测验有适中的信度：在 5～19 岁年龄范围内是 0.90，在成人范围内是 0.95。

图片词汇测验要求被试识别熟悉的和不熟悉的物体图片，开始的项目只要求被试对常见物体的图片做出反应，而对于剩余的项目则要求被试口头命名图片。随着所选图片在环境中出现频率的降低及呈现熟悉的概念的减少，项目的难度也随之提高。

同义词测验要求被试先听一个单词，随后给出这个单词的同义词。

反义词测验测量的是与同义词相对应的词汇知识。要求被试先听一个单词，随后给出这个单词的反义词。

词语类比测验测量的是被试用词汇知识推理的能力。要求被试先听依此类推的三个单词，然后给出一个恰当的第四个单词。

(2) 测验二：视-听学习测验。视-听学习测验与长时贮存和提取有关的测验。该测验要求被试学习、贮存并提取一系列视觉-听觉联想物。在这个联想的和富有意义的记忆测验中，要求被试学习和回忆字谜(具有象形文字特征的单词)。视-听学习测验有适中的信度：在5～19岁年龄范围内是0.86，在成人范围内是 0.91。

(3) 测验三：空间关系测验。空间关系测验是与视觉-空间思维有关的测验。这种形象化的空间关系任务要求被试判断形成一个完整的目标形状是两部分还是三部分。随着各图形部分的翻转、旋转和外形相似性的增加，任务难度也相应增大。空间关系测验有适中的信度：在5～19岁年龄范围内是 0.81，在成人范围内是 0.85。

(4) 测验四：声音混合测验。声音混合测验是一个听觉加工测验。该语音编码测验测量的是合成语音因素的技巧。要求被试听一系列音节或音素，然后把它们合成一个单词。该测验有适中的信度：在 5～19 岁年龄范围内是0.86，在成人范围内是 0.93。

(5) 测验五：概念形成测验。概念形成测验是一个流畅的推理测验。测验了在给出受限的学习任务时的归纳性逻辑基础上的范畴推理。概念形成测验测量了执行加工能力，评

① 韦小满. 特殊儿童心理评估[M]. 北京：华夏出版社，2006：193-194.

估要求频繁地转换人的心理定向时的思维灵活性方面。该测验不包含记忆成分，给被试呈现一套完整的刺激系列，要求从中推出每个项目的规则。除最后的项目外，在下一个项目呈现之前给被试有关每个反应正确性的即刻反馈。概念形成测验有适中的信度：在5～19岁年龄范围内是0.94，在成人范围内是0.96。

(6) 测验六：视觉匹配测验。视觉匹配测验是有关加工速度的测验。更具体地说，是对知觉速度的测量。测验任务测量的是认知功效的一个方面，即个体对视觉符号做出辨别的速度。该测验要求被试圈出6个一行的数字中完全相同的两个数字。任务难度随着数位的增加（从一位数到三位数）而增大，并且有三分钟的时间限制。视觉匹配测验有适中的信度：在5～19岁年龄范围内是0.89，在成人范围内是0.93。

(7) 测验七：倒背数字测验。倒背数字测验是有关短时记忆的一个测验。该测验主要测量的是短时记忆广度，但也可以用来测量工作记忆力或注意力。该测验考查个体在即刻的注意（记忆）时保持数字的数量，并且此时要执行心理操作（倒背数字）。该测验有适中的信度：在5～19岁年龄范围内是0.86，在成人范围内是0.90。[①]

实践证明，WJ-Ⅲ GOC认知能力测验有助于进行系统的和有针对性的学习诊断和干预。依据所评估的个体当前认知能力优势、劣势的状况制订有针对性的教育和训练计划，并且在一定时间间隔后进行相应的增长性评估以确定干预的成效。WJ-Ⅲ GOC认知能力测验可以应用于对学习困难群体有计划、有步骤的具体干预中的评估。

2. CAS认知能力评估

基于PASS理论的CAS认知能力评估系统主要从信息加工的动态过程来考察儿童的信息加工能力。CAS[②] 发表于20世纪90年代，适于对5岁0个月到17岁11个月的个体进行个别施测，其内容涉及计划、注意、同时性加工和继时性加工四个分量表的共12项测验任务。

(1) 计划分量表。需要儿童考虑如何解决每一个项目，提出一个行动的计划，运用计划，并在必要的时候修正计划，控制不加考虑的冲动行为。此外，计划量表还要求对有效操作的策略使用情况做出说明。如，数字匹配要求儿童在一排数字中画出两个相同的数字。那些会使用策略的儿童会在此项目中得分较高，如扫描整排数字并小心仔细地依次察看数字以寻找匹配数字。计划分量表包含数字匹配、计划编码和计划连接三个分测验。

(2) 注意分量表。要求被试有选择地注意一个两维刺激的一个方面而忽略其另一个方面。该分量表包括表达性注意、数字检测和接受性注意三个分测验。

(3) 同时性加工分量表。该分量表要求观察到项目所有各个成分之间的关系，从而将分离的元素整合成一个使用言语或非言语内容的相互联系的完整模式或观念。同时性加工任务的难度取决于成分间相互联系的复杂性和数量，其各分测验的测验题均按照由易到难的顺序编排。同时性加工分量表包括矩阵、同时性言语加工和图形记忆三个分测验。

(4) 继时性加工分量表。继时性加工任务要求个体理解和把握按照特定顺序呈现的信

① N. Mather, R. W. Woodcock. Examiner's Manual Woodcock-Johnson Ⅲ Tests of Cognitive Abilities[M]. Itasca, IL: Riverside Publishing, 2001.

② 张阔，等. 略论智力测验发展的现状与趋势[J]. 心理学探新，2002，22(2)：36-40.

息，其难易程度取决于刺激的数目和刺激之间次序关系的复杂性、抽象性和清晰性。该分量表包括单词回忆、句子重复、句子提问三个分测验，每一分测验的题目均按由易（两个广度）到难（九个广度）的顺序编排。

认知能力和神经心理过程的评估可以为我们提供儿童在信息处理上某些具体认知能力和功能的缺陷和不足，不仅为我们鉴别儿童的学习困难提供依据，而且为进一步进行矫正性教育和辅导提供依据。

此外，教育者还要根据需要进行非标准化的评估，以便获得儿童在具体教育过程中的各种表现。有必要的话，还需要对儿童的行为、情绪、个性等进行评估，以便提供鉴别的参考指标。对有过神经功能损伤的儿童，还有必要进行神经功能的医学检查。具体内容见第 4 章。

三、做出诊断决策

以上所有的工作，都是为做出诊断决策提供客观事实与根据。通过仔细分析和查证搜集到的事实和材料，诊断者对儿童学习困难的表现、类型、原因等做出说明。如果需要，还可以进一步进行教育干预性评估，即根据评估的初步结果，制订教育矫治计划，实施计划一段时间后，看是否有进步，如果有进步则证明初步的诊断是符合实际的。

四、提供教育建议

鉴别和评估的最后一步不是给出鉴定结论，而是要根据评估提出教育建议，为制订教育计划提供依据，包括教育安置、额外辅导、特殊训练、教学计划，家长、家校配合等。在提供教育建议中尤其要注意发展儿童的优势能力和潜在能力，而不能仅关注儿童的困难和不足。

本章小结

本章围绕学习困难的鉴定与评估展开，在认识到学习困难的特点基础上把握学习困难鉴定与评估的六个原则：客观性、全面性、教育性、差异性、排他性、动态性原则。评估内容有智力、学业成就、心理过程等方面。采用标准系统的评估方式、真实性评估及将标准化和非标准化评估结合起来的弹性评估方式，其鉴别与评估主要是集中于对儿童实际学习能力、学业水平的考查，这是一个复杂的过程，需要多方面的事实和资料，且这一过程需反复多次才会尽可能客观准确地进行鉴别和评估。完整的鉴别与评估过程应该包括搜集基本信息、进行系统标准化测验评估、做出诊断决策、提出教育建议。

思考与练习

1. 简述学习困难鉴定与评估的原则。
2. 简述学习困难评估的基本过程。
3. 在学校中选择一两个学业成绩不良的学生，对他们进行系统的评估。

第2部分

学习困难儿童的发展与教育

第2部分共4章。分别介绍了4种常见类型的学习困难的内涵、特征、诊断与评定、教育干预策略。4种常见类型学习困难儿童包括神经功能障碍性学习困难儿童、认知加工过程障碍学习困难儿童、学业性学习困难儿童和社会性发展不良学习困难儿童。当然,学习困难的原因错综复杂,相互交织,互为因果,这样的划分是以学习困难的研究领域以及学习困难的主导性特征为依据的,主要目的在于能够比较有针对性地进行学习困难的特征分析和教育干预。

第4章　神经功能障碍性学习困难儿童的发展与教育

有研究者认为,造成学习困难的重要原因是儿童在发育过程中的脑结构与功能的障碍。本章介绍了神经功能障碍性学习困难的含义、特征、诊断与评定、教育干预,以及我们对此类儿童有基本的了解后,如何在教育实践中有针对性地对其进行教育和辅导。

学习目标

1. 掌握神经功能障碍性学习困难的含义和特征。
2. 了解神经功能障碍性学习困难的诊断方法。
3. 了解神经功能障碍性学习困难儿童的干预措施。

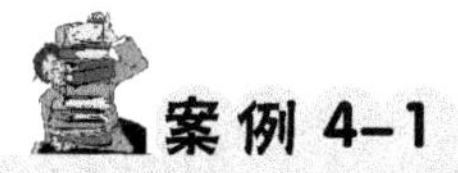

案例 4-1

阿迪是小学五年级学生,在八岁读二年级时滑冰不小心摔伤,头部受到了创伤。之后,虽然阿迪像原来一样刻苦努力学习,但成绩仍明显下降,数学成绩由原来的十几名变为现在的倒数第五名。由于成绩下降,他开始变得自卑,上课不主动发言,也很少与同学交往。他对新知识的接受和理解能力较差,听教师上课所讲的内容很吃力,并且很难把所学的数学公式运用到实际的解题中。他认真完成数学作业,但总是犯很多错误。他在计算时不能将数位对齐,常常把十位数与个位数相加,并经常出现数字倒转(6误为9)、前后颠倒(12误为21)、混淆算术符号、遗漏数字、忘记进位等现象。他的计算能力比较差,不能熟练掌握两三位数的乘除法运算,经常出错。他的瑞文标准推理测验分数处于临界值。

案例 4-2

刘涛是小学三年级的学生，他学习成绩比较差，尤其是语文成绩。其瑞文智力测验分数属于正常范围。他很难分辨形状相似的字母和汉字，写作业时字迹潦草，常常缺一笔或多一画，错别字连篇。读生字时分不清 zh、ch、sh、z、c、s，总是读错，经教师提醒后改变仍不明显。朗读课文时速度很慢，经常会漏字、增字、错误替换或语句前后颠倒。阅读理解能力很差，不明白所学字词的意义。积累的词汇量很少，经常忘记学过的字怎样写。口头表达自己的意思时也有困难。上课时，他不能集中注意力，听不懂语文教师所讲的内容，从不记笔记，也不在班上主动发言。

他虽然已经读三年级了，但其阅读能力和识字量水平相当于一年级的学生。神经心理测验发现他是强左利手，由于学校要求必须用右手写字，他在改手阶段曾出现过暂时的言语表达障碍（口吃）。

第 1 节　神经功能障碍性学习困难的含义

作为儿童常见问题的学习困难，引起的原因有很多。案例 4-1 和案例 4-2 反映了儿童由于脑损伤或脑功能缺陷所导致的学习困难。这种观点认为，早期关于学习困难的研究就主要探讨了脑损伤、脑功能障碍与学习困难之间的关系。相关研究者认为大脑是学习的基础，中枢神经系统缺陷是导致儿童学习困难的主要原因。

一、脑损伤与学习困难的关系

学习困难的研究起源于医学领域，如前所述，对学习困难的研究开始于 1802 年维也纳医生高尔（F. Goll）对有脑伤的士兵的研究。这些士兵本来具有听、说、读、写、算的能力，可是战争后，脑部受到损伤的士兵，失去了一部分能力，诸如说话的能力、阅读的能力、运算或书写的能力等，但是智力却没有丧失。研究者观察到有些脑伤后的士兵虽然不会说话，却能够熟练地写出自己的思想，具备很好的语言理解和书面表达能力。这就是现在我们所说的“失语症”。[①]

此后，人们对脑损伤和学习问题的研究产生了广泛的兴趣。法国医生布罗卡在 1816 年率先指出，脑的某一部位的损伤会引起失语症。[②] 检查了一个病人“Tan”的脑子，他的病人在一天前死去，生前丧失言语功能，仅能说“Tan”这个字，其病变位于左侧额叶后部。[③] 接着，布罗卡提出了左右大脑功能不同的观点，指出语言区主要负责表达性语言，此区受伤所造成的疾病为“表达性失语症”。

1874 年，德国神经学医生威尔尼克（Carl Wernick）发现了另一个语言区，位于左颞叶回旋

① 王书荃，等. 国外学习障碍研究的历史和现状[J]. 中国特殊教育，1996(3)：42-48.

② 徐芬. 学业不良儿童的教育与矫治[M]. 杭州：浙江教育出版，1997：8.

③ K. W. 沃尔什. 神经心理学[M]. 汤慈美，等译. 北京：科学出版社，1984：17.

部的前方，此区受伤的病人无法理解别人所表达的口语，故命名为“接受性失语症”。[①] 1891 年法国生理学家迪杰瑞恩(J. Dejerine)报告，左侧顶枕下回的损伤会引起阅读和书写的困难，[②]20 世纪初他报告了一例由于脑损伤而失去了阅读能力，却保持对语言的理解和熟练使用口语能力的案例，即我们现在所说的“获得性阅读障碍”。[③] 戈尔茨坦于 1939 年发现脑部损伤会造成多种心理行为异常的症状，如知觉障碍、注意涣散、多动症等。施特劳斯在 1947 年提出了脑损伤的界定标准，并认为脑损伤影响正常的学习过程。[④]

与此同时，研究者对“阅读障碍”“失语症”进行了大量的病因学研究。1917 年苏格兰眼科医生希区伍德率先提出了先天性脑发育不全是造成儿童阅读障碍的原因，并提出了对这些儿童进行阅读教学的方法。[⑤] 1925 年美国精神病科医生奥顿提出了关于阅读障碍的“大脑半球失衡论”。他认为左脑负责言语存储和产生，根据两半球对称关系，右脑的视觉刺激都是左脑部分的倒影，如果左脑功能失常，右脑产生的倒影就会以“倒影”表现出来，这就是阅读障碍儿童经常把字看颠倒的原因。[⑥] 美国神经外科医生阿尔伯特(Albert)发表文章，报告了他对一例“阅读障碍”患者死后的病理解剖研究结果。患者大脑的形态结构与正常人没有区别，局部解剖的病理检验发现，患者左半球的神经细胞发育异常，特别是左半球前部(顶叶到额叶之间的区域)和左半球的中心语言区细胞异常更明显。从发生学的角度研究，这些异常细胞的发生是在胎儿期开始的。母亲怀孕 5 个月到 7 个月期间是这部分细胞发生和发展时期。这个研究结果说明阅读障碍是有生物因素的，它不仅源于脑损伤，也源于神经系统发育异常，这种异常，是发展过程中造成的。[⑦]

早期对学习困难的研究主要是一些医生和生理学家进行的，主要探讨了脑损伤与脑发育障碍对学习的影响，强调神经系统的异常导致个体在学习或认知过程中的障碍或缺陷。这个阶段的研究方法还比较欠缺，许多研究结果是根据推论或尸体解剖方法得出的。然而，这些研究结果为后来的研究奠定了重要的基础。20 世纪 70 年代以后，随着脑成像技术的发展，研究者在这些早期研究的基础上，越来越深入地对脑损伤、脑功能障碍与学习困难之间关系进行了探讨，得出了大量研究结果，使我们对学习困难的神经机制有了更深的认识。

二、神经功能障碍与学习困难的关系

基于对大脑神经功能障碍与学习困难关系大量的临床研究，对学习困难的概念的讨论也逐渐与神经功能障碍联系起来。20 世纪 40 年代早期到 60 年代中期，人们普遍支持一种医学模式，学习困难被普遍理解为脑或中枢神经系统的功能障碍，以致“轻微脑功能障碍”成为学习障碍的同义语，这种情况在医学界尤为突出。

---

① D. D. Hammill. A Brief Look at the Learning Disabilities Movement in the United States[J]. Journal of Learning Disability, 1993, 26(5): 295-310.

② Michel Habib. The Neurological Basis of Developmental Dyslexia: an Overview and Working Hypothesis[J]. Brain, 2000(123): 2373-2399.

③ 王书荃，等. 国外学习障碍研究的历史和现状[J]. 中国特殊教育，1996(3)：42-48.

④ 辛自强，等. 学习不良的界定与操作化定义[J]. 心理学动态，1999，7(2)：52-57.

⑤ 王书荃，等. 国外学习障碍研究的历史和现状[J]. 中国特殊教育，1996(3)：42-48.

⑥ 西尔维亚·范汉·迪戈里. 学习失能[M]. 金娣，等译. 沈阳：辽海出版社，2000：22.

⑦ 王书荃，等. 国外学习障碍研究的历史和现状[J]. 中国特殊教育，1996(3)：42-48.

1966年，克雷蒙特(S. D. Clements)提出“轻微脑功能障碍”的概念，认为轻微脑功能障碍儿童的智力可能接近正常、正常或超过正常水平，其伴有与中枢神经系统功能异常有关的、从轻度到重度的学习或行为问题，并会表现出知觉、概念形成、语言、记忆、注意的控制、冲动或运动机能等方面的缺陷。[①] 这一定义明确指出轻微脑功能障碍最为显著的后果就是学习障碍。从而建立了学习障碍与中枢神经系统失调之间的联系。

1963年，米可勒巴萨(Myklebus)使用“心理神经性学习障碍”的概念来指那些在任何年龄阶段，由于中枢神经系统的异常而非由于智力缺陷、感官缺陷而导致的学习上的障碍。这在病原学上可能是疾病或事故引起的，或者是发展性的。

美国著名特殊教育家柯克在1963年首次明确地使用“学习障碍”这一术语，统一了当时与学习问题有关的各种称谓，如脑损伤、脑功能轻微失调、失语症儿童等，并提出以下定义：学习障碍指言语、语言、阅读、拼写、书写或算数以及其他科目上的落后、障碍或发展迟滞，这可能是由脑功能障碍和(或)情绪或行为障碍造成的，而不是智力落后、感觉剥夺或文化教育因素的结果。[②] 从此，“学习障碍”这一概念迅速普及，学习障碍作为一个独立的研究领域被确定下来。

20世纪60年代中期以后，人们普遍认为学习障碍主要是基本心理过程障碍，这种障碍是由脑损伤、轻微脑功能障碍等多种因素造成的。例如，美国学习障碍联合委员会在1981年提出学习障碍的定义，认为学习障碍是一个综合的概念，指在获得和运用听、说、读、写、推理、数学运算能力方面表现出重大困难的一组异质的障碍。这些障碍对个体来说是固有的，假定是由中枢神经系统功能失调所致。尽管学习障碍可能会与其他残疾(如感觉障碍、智力落后、社会与情绪困扰)或环境因素(如文化差异、教学不足或不适当、心理因素)相伴随发生，但学习障碍并不是这些残疾或其他因素的直接结果。[③]

1960年，加拿大的一位精神科医生和三位心理学家合作，成立了蒙特利尔儿童医院学习中心，针对中枢神经系统有障碍及早期发育迟缓的儿童进行教育。1981年，他们发展了学习障碍的定义，指出学习障碍是中枢神经有障碍的一种类型。学习障碍儿童可能表现为早期发育迟缓或在注意、记忆、推理、书写、拼读、交流、协调、计算、社会能力、情绪成熟等方面存在困难。[④]

我们对学习困难的定义多半参照美国学习障碍联合委员会的定义。这一定义认为学习困难对个体来说是内在的，并推测是由中枢神经系统障碍引起的。可见，大部分学习困难的定义都强调了神经系统功能失调是学习困难的本质和首要特征，认为学习困难与脑功能有关。[⑤]

三、神经功能障碍性学习困难的含义

学习困难是一个综合的概念，引起学习困难的原因也有很多，我们把神经系统结构或功

---

① 邓猛.从美国学习障碍定义演变的角度探索其理论分析框架[J].中国特殊教育，2004(4)：58-64.

② S. A. Kirk. Behavioral Diagnosis and Remediation of Learning Disabilities[C]. In Proceedings of the Annual Meeting of the Conference on Exploration into the Problems of the Perceptually Handicapped Child. Fund for the Perceptually Handicapped Children, Evanston, IL, 1963: 1-4.

③ National Joint Committee on Learning Disabilities. Learning Disabilities: Issues on Definition[J]. Journal of Learning Disabilities, 1987, 20: 107-108.

④ 王书荃，等.国外学习障碍研究的历史和现状[J].中国特殊教育，1996(3)：42-48.

⑤ 沈烈敏.人类学习论[M].长春：吉林人民出版社，2001：198.

能障碍所导致的学习困难统称为神经功能障碍性学习困难。我们认为，神经功能障碍性学习困难的本质特征是其神经系统结构或功能的异常，也就是说儿童的学习困难是由神经系统结构或功能障碍引起的，而不是智力落后、情绪或行为障碍、感觉剥夺、文化差异、教学不当、心理因素等的结果。

神经功能障碍性学习困难的含义可以从以下两个方面来理解：

首先，神经功能障碍性学习困难是一种学习困难，这类儿童在听、说、读、拼写、思考或数学运算能力方面存在显著的困难。

其次，神经功能障碍性学习困难的根本原因和本质特征是神经系统结构或功能障碍，与个体的残疾状况（如感官残疾、智力落后、严重的情绪紊乱）或外在因素（如文化差异、不充分和不恰当的教育）无关。

对神经功能障碍性学习困难儿童进行研究，可以使我们对这类儿童有更深的了解，帮助我们有针对性地对其进行更好的教育和干预。

第2节　神经功能障碍性学习困难的特征

学习困难儿童在学习学科知识或技能，如阅读、计算、书写等方面存在显著的困难。因此，可将学习困难划分为阅读障碍、数学障碍和书写障碍。目前，学习困难的神经心理缺陷研究主要集中在阅读障碍方面，本节也将主要介绍阅读障碍儿童的神经功能障碍特点，其主要表现在神经系统结构异常、神经系统功能异常和大脑激活的时间进程异常三个方面。

一、神经系统结构异常

研究者利用尸体解剖和神经解剖学成像方法，对正常和学习困难儿童的神经系统结构进行比较，获得了学习困难儿童神经系统结构异常的相关证据。大量研究表明，阅读障碍者中枢及外周神经系统的结构异常，主要包括先天性皮质异位、巨细胞异常、白质异常、胼胝体大小异常、左右大脑皮层相应脑区及小脑左右半球的对称性异常等。

（一）皮质异位

病理解剖的显微镜观察发现，阅读障碍者皮质第一层局部神经元集合异位（ectopia），造成层次形成异常或出现下层断裂。轻者皮质局部柱状结构缺乏连续性，重者出现皮层内壁突起，引致多发性微小脑回。这种过剩的小脑回可导致层次融合、柱状结构损害。目前认为这种神经异位发生在妊娠中期。异位通常容易发生在神经胶质软膜分化时期，神经胶质软膜分化的作用在于防止神经元向皮层内移动。局部异位会导致结构排序紊乱，以大脑外侧裂、额叶中下部为主。有尸解报道某个案该皮层区域的异位多达30～120处，且以左侧为多。目前还不清楚异位数量与阅读障碍程度之间的关系。但是这种见于阅读障碍者的神经异位可以说明其阅读时出现的听觉与视觉异常，正是异位导致大脑神经通道发生改变，进而影响大脑整体功能。[①]

① 静进.儿童言语及语言障碍的神经机制[J].中国儿童保健杂志，2003，11(5)：323-327.

（二）巨细胞异常

阅读障碍的视觉巨细胞系统缺陷理论认为，阅读障碍者视觉神经系统中的巨细胞缺陷导致阅读障碍者的眼动异常、眼球控制异常、运动知觉异常，从而造成他们视像混乱不清，对某些视觉信息加工困难，进而影响阅读。

利文斯顿（Livingston）等发现阅读障碍者外侧膝状核的巨细胞层组织结构发生改变，层次分化不明显，内侧膝状核的神经元断面面积减少，神经元体积和数量均低于正常人。[①] 利文斯顿和加拉布尔达（Galaburda）检验了多位阅读障碍者尸解后的大脑组织，发现他们外侧纹状体上的巨细胞比一般人少27%，而且巨细胞在显微镜下形态异常，体积较小，存在着发育不良、发育畸形、位置错乱。[②]

（三）白质异常

有研究者认为阅读障碍是一种"联系中断症状"，即前后大脑区域联系中断。这种"联系中断"表明了大脑白质受损，因为白质的轴突负责不同脑区之间的联系。[③] 已有研究表明阅读障碍者左半球白质较右侧多，并存在左半球外侧裂白质的异常。[④] 并且，相对于阅读正常发展儿童，有阅读障碍的儿童和成人左侧颞顶区和左侧下额回的白质都出现了变异。[⑤] 克林伯格（Klingberg）等利用磁共振弥散张量成像技术（DTI）发现阅读障碍者白质的结构破坏。在这项研究中，阅读障碍成人显示出颞顶叶区白质的破坏，这一区域的白质负责将左半球语言区与更多的前、后部脑区相联系。[⑥] 另外，杰尼克（Jancke）等利用像素形态测量法（VBM）对21名发展性语言障碍和21名正常被试的白质和灰质进行了比较，发现发展性语言障碍儿童左半球的白质体积减小，包括运动皮层、背侧前运动皮层、腹侧前运动皮层、颞上回前部等区域。[⑦] 斯坦布雷克（Steinbrink）等利用DTI和VBM来证实阅读障碍成人白质和灰质结构异常的假设。DTI研究发现阅读障碍成人双侧额颞区和左侧颞顶区的白质各项异性值（FA）降低，白质的位置错乱程度与假词阅读速度显著相关。VBM研究发现阅读障碍者大脑半球颞上回灰质体积减小。因此，研究结果证明了左侧颞顶叶白质的受损程度与阅读能力有关。表明与阅读和拼写有关的皮层区域的功能异常。因此，大脑区域间神经联系失调可能是阅读障碍的原因之一。[⑧]

---

① 卢英俊，等. 儿童阅读障碍神经科学研究对早期教育的启示[J]. 中国特殊教育，2006(10)：64-68.

② 罗艳琳，等. 阅读障碍的巨细胞系统缺陷理论之争[J]. 心理科学进展，2008，16(3)：497-503.

③ Elise Temple. Brain Mechanisum in Normal and Dyslexia Readers[J]. Current Opinion in Neurobiology，2002(12)：178-183.

④ Thomas Zeffiro，Guinevere Eden. The Neural Basis of Developmental Dyslexia[J]. Annals of Dyslexia，ProQuest Psychology Journals，2000，50：3-30.

⑤ J. C. Carter，et al. A Dual DTI Approach to Analyzing White Matter in Children with Dyslexia[J]. Psychiatry Research：Neuroimaging，2009，172(3)：215-219.

⑥ 赵微. 汉语阅读困难学生语音意识与视觉空间认知的实验研究[D]. 上海：华东师范大学博士论文，2004.

⑦ L. Jancke，et al. Decreased White-matter Density in a Left-sided Fronto-temporal Network in Children with Developmental Language Disorder：Evidence for Anatomical Anomalies in a Motor-language Network[J]. Brain and Language，2007，102：91-98.

⑧ C. Steinbrink，et al. The Contribution of White and Gray Matter Differences to Developmental Dyslexia：Insights from DTI and VBM at 3. 0. T[J]. Neuropsychologia，2008(46)：3170-3178.

（四）胼胝体大小异常

研究者提出了阅读障碍的大脑半球间联系缺陷理论，这一理论假设依赖于以下证据，即阅读障碍者的感觉或运动信息在大脑半球间异常的合作与交流。一些研究通过核磁共振成像（MRI）技术测量胼胝体的中部—纵侧表面来寻找胼胝体功能损伤相应的结构证据。

杜阿瑞（Duara）等发现女性阅读障碍者的胼胝体总体区域大于正常人，男、女阅读障碍者的胼胝体后部大于正常人。海因德（Hynd）等比较了 16 名阅读障碍儿童和 16 名年龄匹配控制组正常被试，发现阅读障碍者的胼胝体膝部小于正常人。此外，拉姆齐（Rumsey）等比较了 21 名阅读障碍者与 19 名正常被试，发现阅读障碍者胼胝体后部大于正常人。罗比肯（Robichon）等对 16 名阅读障碍个体的研究发现，与正常人相比，阅读障碍者的胼胝体形状更圆、更厚；仅仅右利手的阅读障碍者拥有更大的中-胼胝体表面，尤其在峡部。[①] 克斯汀·普拉斯（Kerstin von Plessen）等对 20 名阅读障碍儿童的研究发现，与控制组被试相比，阅读障碍儿童胼胝体中后部和峡部的形状更短。[②] 这些研究结果表明了阅读障碍个体的胼胝体发育异常。

（五）皮层对称性异常

美国神经病学家奥顿提出了阅读障碍的偏侧化异常理论。奥顿认为阅读障碍者语言功能的左侧偏侧化发展滞后，导致学习阅读的先决条件异常。这一理论引发了之后大量的实验研究，使阅读障碍的大脑对称性研究成为 20 世纪后半叶神经科学研究的关键。

正常个体的大脑通常是左颞叶与后脑区占优势，阅读障碍者却有很高的对称性或者相反的后脑非对称。对阅读障碍者死后的生理解剖发现，阅读障碍者两侧脑高度对称。[③] 托马斯等人研究发现，阅读障碍者大脑一侧化程度不如正常阅读者，他们在左右两半球上表现出相同的空间能力。拉森（Larsen）等发现阅读障碍者与语言功能相关的颞叶平面面积的改变，一般情况下约 65％正常人的左侧颞叶平面面积稍大一些，而阅读障碍者则左右颞叶面积相等。[④] 帕雷索（Paulesu）等在考察 5 名成人阅读障碍者的语音加工任务时发现，在押韵任务和短时记忆任务中，阅读障碍者大脑左半球比正常阅读者活动少，尤其是连接韦尼克区（Wernicke）和布罗卡区（Broca）的脑岛区活动较少。说明其左侧大脑存在功能异常。[⑤]

哈比伯和罗比肯（Habib & Robichon）对 16 名阅读障碍者和 14 名正常被试的研究没有发现两组被试颞叶平面不对称性的显著差异。然而，与正常被试相比，阅读障碍者在位于颞叶平面前部的顶叶区域（大脑侧裂的另一部分）表现出较小的不对称，并且这一区域不对称程度与个体在语音任务中的表现成反比。这一研究发现表明顶叶而不是颞叶不对称性可能是阅读障碍大脑的形态学特征。罗比肯等考查了布罗卡区的不对称性，发现阅

---

① Michel Habib. The Neurological Basis of Developmental Dyslexia an Overview and Working Hypathesis[J]. Brain，2000，123：2373-2399.

② Kerstin von Plessen，et al. Less Developed Corpus Callosum in Dyslexic Subjects—a Structural MRI Study[J]. Neuropsychologia，2002，40(7)：1035-1044.

③ A. M. Galaburda，et al. Developmental Dyslexia：Four Consecutive Patients with Cortical Anomalies[J]. Annals of Neurology，1985(18)：222-233.

④ 卢英俊等. 儿童阅读障碍神经科学研究对早期教育的启示[J]. 中国特殊教育，2006(10)：64-68.

⑤ Paulesu，Frith，Snowling Mjeta. Is Developmental Dyslexia a Disconnection Syndrome? Evidence from PET Scanning[J]. Brain，1996(119)：143-157.

读障碍个体在 BA44 和 45 区存在更频繁的对称模式，并且这一模式与被试的假词阅读成绩有关。①

二、神经系统功能异常

当前的一些研究认为，学习困难是一定的大脑区域功能失调所致，主要表现在左侧脑皮质的颞-顶叶交界处、岛叶、小脑等处。现有研究表明，阅读障碍儿童的大脑神经活动或结构的改变在阅读学习之前就已经存在。②

有关阅读障碍遗传风险婴儿的事件相关电位（Event-Related Potential，ERP）研究进一步支持了阅读障碍儿童的大脑发展异常是原因而不是结果，有家庭遗传风险的婴儿对语言声音的神经反应早在出生第一周就显示出了异常。因此可以推断，学习困难是一定的大脑区域功能失调所致。③

（一）左侧脑皮质颞-顶交界处（角回和周围区域）的功能异常

研究表明，顶叶、颞-顶叶交界处和角回在计算和阅读中起着重要的作用。亨斯肯（Henschen）对 305 例计算障碍的病人进行了分析，认为左侧角回是计算障碍的神经学基础。④ 也有研究者认为，阅读障碍者在进行语言（语音）加工时，左侧颞-顶叶交界处，特别左侧角回的活动异常，这是阅读困难的核心定位。

拉姆齐等第一次使用正电子发射断层扫描术（PET）对阅读障碍者进行研究。这项研究中，14 名阅读障碍成人和 14 名控制组被试完成一项押韵任务，即判断两个单词是否押韵。研究结果发现，阅读障碍者在“左侧颞-顶区”没有激活，而控制组被试却在这一区域被激活。⑤ 这项研究证明阅读障碍成人进行听觉语音任务时存在左侧颞-顶区的功能异常。此后，大量研究证实了这一结论。

利佛（Levy）等利用磁共振波谱（MRS）研究发现，发展性计算障碍个体左侧颞-顶区域的神经代谢水平明显低于正常被试。⑥ 艾萨克斯（Isaacs）等利用基于像素形态测量法对患有发展性计算障碍的低体重儿进行研究，发现这些儿童左侧顶下叶的灰质密度明显小于没有计算障碍的低体重儿。⑦ 莫若兹（Morocz）等采用功能性磁共振成像（fMRI）研究发现，发展性计算障碍儿童在进行算术运算时，右侧顶内沟和左侧额中回被激活，而控制组儿童双侧顶内

---

① Michel Habib. The Neurological Basis of Developmental Dyslexia: an Overview and Working Hypothesis[J]. Brain，2000(123): 2373-2399.

② N. M. Raschle, J. Zuk, N. Gabb. Functional Characteristics of Developmental Dyslexia in Left-hemispheric Brain Regions Predate Reading Onset[J]. Proceedings of the National Academy of Sciences，2012，109(6)：2156-2161.

③ T. K. Guttorm, et al.. Event-related Potentials and Consonant Differentiation in Newborns with Familial Risk for Dyslexia[J]. Journal of Learning Disabilities，2001，34(6)：534-544.

④ 孙金荣，等. 儿童数学障碍的认知神经心理特征[J]. 中华行为医学与脑科杂志，2005，14(12)：1136-1138.

⑤ J. M. Rumsey, et al. Failure to Activate the Left Tempotopatietal Cortex in Dyslexia. An Oxygen 15 Position Emission Tomographic Study[J]. Arch Neurol，1992(49)：527-534.

⑥ 董奇，等. 发展性计算障碍——脑与认知科学研究的新成果及其对教育的启示[J]. 北京师范大学学报（社会科学版），2004(3)：26-32.

⑦ E. B. Isaacs, et al. Calculation Difficulties in Children of Very Low Birthweight: a Neural Correlate [J]. Brain，2001，124(9)：1701-1707.

沟都被激活。[①] 格拉布纳(Grabner)等利用 fMRI 测查了数学能力高低不同的个体进行心算时的大脑激活区域，结果发现与数学能力较差组相比，数学能力较强组学生在解决算术问题时，左侧角回表现出更大的激活，该结果证实了在算术问题解决中，左侧角回是数学能力个体差异的神经基础这个问题。[②]

法国生理学家迪杰瑞恩于 1891 年第一次在其报告“左侧顶枕下回的损伤会引起个体的阅读和书写缺陷”中表明这一区域即左侧角回在“字母视像”加工中起重要的作用。[③] 霍维茨(Horwitz)等用正电子发射断层扫描术(PET)测量了成年发展性阅读障碍者和正常人在阅读假词和低频不规则词时的脑区激活的情况，结果发现在正常人中左侧角回的血流变化与枕叶纹外区和颞叶的血流有着显著的相关，表明了它们之间功能的联结性；而对阅读障碍者来说，这种相关并不存在，说明他们的角回在功能上已与其他脑区断绝了联系。[④] 拉姆齐等进行了一项正电子发射断层扫描术研究，发现仅一个区域即角回的激活与阅读能力有关。因此，作者认为左侧角回是“阅读障碍功能异常最可能的区域”。[⑤]

在阅读障碍方面，还有研究发现有阅读障碍的儿童同正常儿童相比存在字形分析和语言意识的障碍，在大脑上表现为视觉区域梭状回和颞顶联合区存在功能不足。马丁(Martin)等通过脑成像技术发现，阅读加工主要由左侧颞顶联合区、颞枕区和前额皮层所组成的一个左侧化的神经网络协同完成，而阅读障碍者在该相关脑区表现出功能激活的不足。颞顶联合区包括了颞上回后部、角回和缘上回，是背侧语音通路的一部分，它与语音加工有关，该区域的激活不足或灰质体积的减少被认为反映了阅读障碍者语音加工能力的损伤，尤其是形—音整合能力。[⑥⑦]

（二）小脑功能异常

尼科尔森(Nicolson)和福西特(Fawcett)等提出了发展性阅读障碍的小脑缺陷理论，认为小脑的功能失调导致个体的自动化能力缺陷，从而影响发音行为，使儿童产生阅读困难。目前，这一理论假设也得到了相关研究结果的支持。

尼科尔森等采用正电子发射断层扫描术直接探测了阅读障碍成人和正常被试在进行已习得和新习得的手指顺序运动过程中小脑的激活状况。研究发现阅读障碍者在上述两种任务中小脑右半球的激活水平显著低于正常被试；在进行已习得的手指顺序运动过程中，左侧

① 白学军，等. 发展性计算障碍研究及数学教育对策[J]. 辽宁师范大学学报(社会科学版)，2006，29(1)：45-49.

② 臧传丽，等. 计算的脑科学研究及其对数学教育的启示[J]. 心理与行为研究，2008，6(1)：65-69.

③ Michel Habib. The Neurological Basis of Developmental Dyslexia：an Overview and Working Hypothesis[J]. Brain，2000(123)：2373-2399.

④ B. Horwitz，et al. Functional Connectivity of the Angular Gyrus in Normal Reading and Dyslexia[J]. Proc Nat Acad Sci USA，1998，95：8939-8944.

⑤ J. M. Rumsey，et al. A Functional Lesion in Developmental Dyslexia：Left Angular Gyral Blood Flow Predicts Severity[J]. Brain and Language，1999(70)：187-204.

⑥ A. Martin，M. Schurz，M. Kronbichler & F. Richlan. Reading in the Brain of Children and Adults：A Meta-analysis of 40 Functional Magnetic Resonance Imaging Studies[J]. Human Brain Mapping，2015，36(5)：1963-1981.

⑦ N. M. Raschle，J. Zuk & N. Gaab. Functional Characteristics of Developmental Dyslexia in Left-hemispheric Brain Regions Predate Reading Onset[J]. Proceedings of the National Academy of Sciences of the United States of America，2012，109(6)：2156-2161.

扣带回的激活水平显著低于正常读者。这项研究表明阅读障碍被试的小脑功能异常。①

卡诺琳·瑞(Caroline Rae)等采用核磁共振光谱分析的方法,测量了阅读障碍成人和正常人脑中化学变化的有关数据,发现阅读障碍者颞-顶联合区在胆碱/乙酰天冬氨酸的比例上及左右小脑在肌酸/乙酰天冬氨酸的比例上均存在左右半球的不对称性,而正常人左右则没有差异。研究者认为阅读障碍者的这种比例的不对称性反映了颞-顶联合区细胞的密度和小脑发育的异常。因此,颞-顶联合区和小脑都与发展性阅读障碍有关。②

卡诺琳·瑞等研究发现正常人具有右小脑灰质大于左小脑灰质的显著不对称性;而阅读障碍者两小脑半球对称;小脑对称程度与阅读障碍者语音解码缺陷的严重程度有关,小脑对称程度越高的个体在无意义单词阅读中错误率越高。③ 根据艾克特(Eckert)等研究认为,阅读障碍者的小脑对称性可以解释为小脑右半球前部体积的减少。④

(三) 岛叶的功能异常

帕雷索(Paulesu)等通过比较 5 个阅读障碍者和 5 个正常被试,发现了阅读障碍者大脑特殊的激活模式。阅读障碍者在押韵判断任务中激活额叶布罗卡区,在短时记忆任务中激活颞-顶联合区,而正常阅读者除激活这两个区域外,还激活联结这两个区的岛叶。因此,他把阅读障碍解释为是一种“联系中断症状”,认为阅读障碍的语音加工缺陷是由于大脑语言区前部与后部较差的联系造成的,阅读障碍者存在左侧脑岛叶的功能障碍。⑤

(四) 其他脑区的功能异常

除以上脑区外,阅读障碍者在脑后部等相关区域也表现出功能异常。沙艾维兹(Shaywitz)等运用 fMRI 技术测量成年发展性阅读障碍者(即在儿童时代具有阅读困难的成人)在完成越来越要求语音分析的任务时脑的激活情况。结果发现,正常被试完成语音任务时,脑后部有较高的激活程度(与正字法任务相比),包括颞后回、布罗德曼 21 区、角回、布罗德曼 39 和 40 区、颞下回、布罗德曼 37 区,而阅读障碍者表现出相反的模式(脑前部较高的激活)。他认为阅读障碍者脑后部较低的激活是由于负责语音过程系统被破坏,而布罗卡区的高激活则反映了阅读障碍者在进行语音分析时的高努力。⑥

泰姆玻(Temple)等采用字母押韵判断和字母匹配任务,测量了 8～12 岁儿童的 fMRI 脑区激活情况。结果发现完成押韵判断任务时,正常儿童和阅读困难儿童都激活了左侧额叶,但仅有正常儿童激活了左侧额-顶联合区。完成字母匹配任务时,正常儿童在整个纹状

---

① R. I. Nicolson, et al.. Association of Abnormal Cerebellar Activiation with Motor Learning Difficulties in Dyslexic Adults[J]. The Lancet, 1999(353): 1662-1667.

② 周晓林,等. 发展性阅读障碍的脑功能成像研究[J]. 中国神经科学杂志, 2002, 18(2): 568-572.

③ Caroline Raea, et al. Cerebellar Morphology in Developmental Dyslexia[J]. Neuropsychologia, 2002, 40: 1285-1292.

④ M. A. Eckert, et al. Anatomical Correlates of Dyslexia: Frontal and Cerebellar Findings[J]. Brain, 2003, 126: 482-494.

⑤ E. Paulesu, et al. Is Developmental Dyslexia a Disconnection Syndrome? Evidence from PET Scanning[J]. Brain, 1996(119): 143-157.

⑥ Michel Habib. The Neurological Basis of Developmental Dyslexia: an Overview and Working Hypothesis[J]. Brain, 2000(123): 2373-2399.

体外侧区，特别是枕-顶交界处有激活，而阅读障碍儿童在纹状外侧区很少有激活。[①] 此结果标志着阅读困难儿童在左侧额-顶联合区和纹状外侧区存在一定的功能缺陷。

贝内特(Bennett)等运用fMRI技术测查了70名阅读障碍儿童和74名正常儿童在假词和真词阅读中的大脑激活模式。结果发现，阅读障碍儿童表现出大脑后部神经系统的破坏，包括颞-顶区和颞-枕区，并且阅读技能与左侧颞-枕区的激活程度呈正相关。[②]

库西恩(Kucian)等利用fMRI比较了18名发展性计算障碍儿童(年龄在11.2±1.3岁)和20名年龄匹配的正常儿童在不同算术任务中的脑激活情况。实验要求两组儿童完成精算和估算加法的任务，以及数量比较的任务。结果发现，在估算任务中，发展性计算障碍儿童几乎整个神经网络包括顶内沟、两半球额中回和额下回的激活程度都很弱。左侧顶内沟、左侧额下回和右侧额中回在正确的估算中起着关键性作用，这些脑区的激活与正确率有关。相反，在精算和数量比较时，没有发现两组被试存在显著差异。[③]

三、大脑激活的时间进程异常

除神经系统结构和功能的异常外，神经功能障碍性学习困难儿童还表现出皮层激活时间进程的异常。这反映了学习困难儿童的认知加工过程或认知加工速度的缺陷。

塞尔梅林(Salmelin)等利用脑磁图(MEG)比较了阅读障碍者与正常被试在追踪单个词语时的皮层激活时间进程，发现两组被试在左侧颞-枕叶区下部的皮层激活时间进程存在着显著差异。在单词呈现180ms时，正常被试的这一脑区表现出明显的激活状态，而阅读障碍者没有完全激活，或激活很慢。[④]

泰勒(Taylor)和基南(Keenan)报告显示，发展性阅读障碍者对靶刺激引起的P300波幅较小，潜伏期较长，表明阅读障碍儿童注意资源的不足，或对任务相关刺激的不充分加工。[⑤] 另外，P300潜伏期还反映了被试从接受信息刺激到大脑对信息加工这个认知过程的速度，潜伏期延长说明信息加工速度减慢。[⑥]

1975年，加林(Galin)等使用由3～4个字母组成的单词为刺激材料，考察学习困难组和正常组的视觉ERP波幅和左右半球的对称性。相对于学习困难组，正常组有一个明显的视觉ERP早成分(200ms前)，学习困难组则在刺激出现200ms以后才出现一个复杂的视觉ERP晚成分。进一步考察还发现，与学习困难组相比，正常个体在左顶区有一个较大的负波(N2)。

2002年，罗宾切恩(Robinchon)等人采用以逐个单词呈现句子的形式，记录每个单词呈

---

① 周晓林，等.发展性阅读障碍的脑功能成像研究[J].中国神经科学杂志，2002，18(2)：568-572.

② A. Bennett, Shaywitz, et al. Disruption of Posterior Brain Systems for Reading in Children with Developmental Dyslexia[J]. Society of Biological Psychiatry, 2002(52): 101-110.

③ K. Kucian, et al. Impaired Neural Networks for Approximate Calculation in Dyslexia Children: a Functional MRI study[J]. Behav Brain Funct, 2006, 23(6): 1-17.

④ R. Salmelin, et al. Impaired Visual Word Processing in Dyslexia Revealed with Magnetoencephalogaphy[J]. Annal of Neurology, 1996, 40(2): 157-162.

⑤ M. J. Taylor, N. K. Keenan. Event-related Potentials to Visual and Language Stimuli in Normal and Dyslexix Children[J]. Psychophysiology, 1990(27): 318-327.

⑥ 张纪水，等.P300认知电位检测学习障碍儿童脑认知功能缺陷[J].中国临床康复，2003，7(27)：3721-3723.

现后的ERP，结果发现，在结尾单词不符合语境时，阅读困难组和控制组都出现了N400效应（N400，是一种特殊的脑诱发电位，通过有意地赋予刺激以特殊的心理意义，利用多个或多样的刺激所引起的脑的电位），但是阅读困难组的潜伏期比控制组要长70ms。更为重要的是，在句子结尾单词符合语境的情况下，阅读困难组出现了N400效应，而控制组却没出现。罗宾切恩进而指出，这是因为阅读障碍者在把单词的意义整合到句子的上下文时存在困难。①

凯瑟琳（Catherine）等用fMRI研究儿童阅读假词与真词时语音分析过程中大脑激活的状况，发现与正常儿童相比，阅读困难儿童在左半球额下回、大脑皮质优势颞叶区、顶颞区和中间枕叶脑回和右半球前部额下回区域、后部的顶枕区和枕颞区等区域激活较弱。②

库赛恩（Kucian）等应用fMRI比较发展性计算障碍儿童的结果发现，在估算任务中，在顶内沟、两半球额中回及额下回，发展性计算障碍儿童大脑皮层在这些区域的激活都很弱。③

此外，阅读活动的进行需要大脑不同的区域同时发生作用，而脑功能连接就是神经生理活动的基础。对脑功能连接的研究，早期研究者较关注与大脑认知任务相关的实验。科亚马（Koyama）发现，不同阅读任务会产生不同功能连接模式，任务态下脑功能连接研究缺乏"最优"任务来表征阅读和阅读障碍的神经网络。④

后来，门塞斯（ Mennes M）等人比较了静息和任务（分别是4种不同认知任务）两种状态下大脑的功能连接模式，结果发现这两种状态在额顶网络（主要脑区包括顶下小叶、背外侧前额叶、颞中回等）和默认网络区域（核心脑区包括后扣带回、楔前叶、海马、前扣带回腹侧、内侧前额叶、角回、外侧颞叶等）出现高一致性，而在感觉皮层出现低一致性。因此，研究者认为在功能上，感觉皮层区域与其他脑区的相互作用表现出相对的灵活性。从两种状态下脑功能连接研究来看，发展性阅读障碍儿童脑功能连接异常可以分为三个方面：脑功能失连接、功能连接减弱与功能连接增强。⑤

斯坦伯瑞（Stanberry ）利用fMRI研究发展性阅读障碍儿童进行音素映射任务时脑功能连接特点，发现发展性阅读障碍组左额下回与左右额中回、左右辅助运动区域、左中央前回、右额上回功能连接相对于正常组有所增强。⑥ 皮尤（Pugh）发现阅读障碍者进行语音加工任务时，左半球角回和顶叶区域之间功能不连接。⑦ 斯丘兹（Schurz）采用fMRI对青少年进行研究发现，阅读障碍者左颞叶皮质（颞上回、颞中回、颞后回）和左额下回之间功能连接减弱。

发展性阅读障碍未来研究趋势可能会体现在综合分析脑功能动态与静态结构特征、生

---

① 王恩国，等.学习困难的ERP研究[J].心理科学，2005，28(5)：1144-1147.

② J. Catherine，J. F. Stein. The Cerebellum and Dyslexia[J]. Cortex，2011，47(1)：101-116.

③ K. Kucian，et al. Impaired Neural Networks for Approximate Calculation in Dyscalculic Children：a Functional MRI study[J]. Behavioral Brain Functions，2006，23(6)：1-17.

④ M. S. Koyama，C. Kelly，Z. Shehzad. Reading Networks at Rest[J]. Cerebral Cortex，2010，20(11)：2549-2559.

⑤ M. Mennes，et al. The Extrinsic and Intrinsic Functional Architectures of the Human Brain are not Equivalent[J]. Cerebral Cortex，2013，23(1)：223-229.

⑥ L. I. Stanberry，et al. Low-frequency Signal Changes Reflect Differences in Functional Connectivity Between Good Readers and Dyslexics During Continuous Phoneme Mapping[J]. Magnetic Resonance Imaging，2006，24(3)：217-229.

⑦ K. R. Pugh. The Angular Gyrus in Developmental Dyslexia：Task-specific Differences in Functional Connectivity within Posterior Cortex[J]. Psychological Science，2000，11(1)：51-56.

理成熟与心理发展变化、基因与脑神经结合等方面，并进行纵向分析，突出发展性阅读障碍的生物学标志，揭示发展性阅读障碍矫正的可能性。①

随着近年来脑结构与功能研究技术的发展，研究者越来越多地揭示了与学习困难有关的脑结构与功能基础，说明学习困难群体中有一部分是由于脑结构或者脑功能异常造成的。相信随着脑科学技术研究的发展，对学习困难者的脑与神经过程的异常的探讨结果会越来越明确。但是我们还应该看到，并不是所有的神经功能障碍性学习困难儿童都表现出明显的大脑结构损伤或功能障碍，因此很难直接将儿童的学习困难与特定脑区联系起来。虽然这些研究结果仅仅揭示了某种倾向而非因果关系，但也从整体上揭示了学习困难儿童的神经心理特点，为以后的相关研究和医学干预奠定了重要的基础。

第3节　神经功能障碍性学习困难的诊断与评定

学习困难是一个异质性很强的群体，个体内部差异很大。对神经功能障碍性学习困难的诊断与评定意在了解儿童学习困难的表现和原因，并对这一类型与其他类型的学习困难儿童进行区分，以便为制订进一步的教学计划及进行辅导治疗提供依据。

一、神经功能障碍性学习困难的诊断与评定目的

神经功能障碍性学习困难诊断与评定实施的具体目的如下：① 筛选。指从一个儿童总体中选出神经功能障碍性学习困难的儿童，以确定特定研究对象及教育干预计划的实施对象。② 分类。指对神经功能障碍性学习困难儿童进行进一步区分，如额叶功能障碍性学习困难、颞叶功能障碍性学习困难等，或将其分为神经功能障碍性阅读困难、计算困难或书写困难。③ 指导干预计划的制订。指根据诊断与评定结果确定具体的干预方法，针对儿童特定的困难制订教育与训练干预计划。④ 评价干预计划的有效性。指干预结束后测评干预对象的某方面变化能否达到或在多大程度上达到了干预计划的目的。

二、神经功能障碍性学习困难的诊断与评定标准

神经功能障碍性学习困难的诊断与评定主要依据以下几条标准：① 智力标准。儿童的智力正常，智商(IQ)在 70 以上。② 学业不良标准。儿童的学习不良须达到临床显著的程度，较应有水平相差一年以上，或标准化成就测验成绩低于 20 百分位。③ 神经系统标准。儿童具有明显的神经系统结构或功能障碍，在神经系统检查或神经心理测验中表现出至少一方面的神经系统缺陷。④ 排他性标准。儿童的学习困难不是由情绪或行为障碍、缺乏教育机会、文化差异或心理因素等引起的。

三、神经功能障碍性学习困难的诊断与评定方法

（一）搜集完整的资料

对学习困难儿童诊断与评定时，首先要搜集儿童的完整资料，全面了解儿童的成长过

① 向祖强，罗广丽. 发展性阅读障碍脑功能连接研究[J]. 中国特殊教育，2017(09)：43-49.

程，主要包括以下几个方面。

(1) 母亲孕产史。了解母亲怀孕是否足月，早产儿往往发育先天不足。母亲怀孕期间有无酗酒、抽烟或受过强烈精神刺激。儿童出生是否顺产，出生时的体重如何，有无产伤、感染和窒息等现象。

(2) 生长发育史。了解儿童学会独坐、行走、大小便控制、说话等的年龄。儿童有无发高烧或意外事故的经历，特别是脑外伤。有无寄养或者他人、其他机构代养史。

(3) 学习史。儿童入校后学习成绩何时开始落后，哪些学科的学习有困难，学业成绩状况如何，是否受到过特殊教育辅导。学习期间有没有受到重大挫折，有无跳班、留级或转学等。

(4) 家族史。家庭成员中，特别是父辈、祖辈中有无学习困难史或者其他神经或者精神方面的疾病。

此外，还可以搜集儿童的社交情况、兴趣特长、对学校的态度等信息。以上这些个人资料可以为研究人员提供儿童发展的整个过程的信息，是诊断与评定的重要参考。

(二) 神经系统检查

对神经功能障碍性学习困难儿童的诊断与评定，应对其神经系统结构与功能进行检查，重点确定其有无皮质异位和对称性改变等。检查方法主要有以下几种。

1. 应用计算机断层扫描(Computed Tomography，CT)技术

CT 于 1993 年开始用于临床，迄今为止仍然是非常重要的大脑病变诊断技术。CT 机具有 X 射线发射装置和放射性检测器两部分，这两部分位于彼此相对的位置，而且可以旋转，以保证从任何角度发射 X 射线。在穿越大脑的过程中，X 射线的某些放射性被所穿越的组织吸收了，而余下的则被位于对侧的放射性检测器所接收。X 射线穿透头颅，被记录的图像则提供有关穿透组织的密度信息。通过多角度对同一组织的投射并采用某些计算机算法，一个基于组织密度的三维图像就被构建出来了。[①] 因此，CT 是用 X 射线照射人脑，通过多次投影来获得脑内部结构的图像的技术。[②]

CT 图像以不同的灰度表示，反映器官和组织对 X 射线的吸收程度。正常和病变的脑组织对 X 射线的吸收量不同，因此从图像上可以发现脑瘤、血栓、外伤性脑损伤等脑组织溃变的区域。[③] 如果学习困难学生脑组织有异常，通过 CT 技术检查就有可能被发现。因此，CT 技术检查对神经功能障碍性学习困难儿童脑组织结构异常的诊断具有一定的作用。

2. 脑电图(Electroencephalogram，EEG)检查

脑电图是通过电极记录的脑细胞群的自发性、节律性电波活动，是大脑组织生物电流活动经特制仪器放大一百万倍的记录图像的技术。[④] 其原理是，大脑在工作时，神经细胞中的离子运动会产生电流，在头皮表面形成微弱的(微伏级)电位，脑电装置通过高灵敏度的电极和放大器来探测这些电位。但是，由神经细胞的离子运动产生的电流非常微弱，并且脑电信号通常伴随着巨大的噪声，这为机能定位带来了困难。因此，在认知神经科学中常用 ERP

① 静进. 神经心理学[M]. 北京：中国医药科技出版社，2005：135-137.
② 唐孝威，等. 脑科学导论[M]. 杭州：浙江大学出版社，2006：3.
③ 李新旺. 生理心理学[M]. 北京：科学出版社，2001：6.
④ 张兰珍，等. 儿童神经心理学[M]. 北京：长征出版社，2004：62.

来记录相同刺激多次重复呈现所产生的脑电位变化的叠加平均值，以滤去噪声得到与刺激相关的电信号。①

脑电图能够提供脑功能快速活动时的信息，是检查脑功能正常与否的一种重要手段，但它对脑区定位的空间分辨率较差。目前脑电图在临床上已有广泛的应用。

3. 正电子发射断层扫描术(Positron Emission Tomography,PET)

PET 从 20 世纪 70 年代末开始成功运用于脑部的探查。其基本原理是，把示踪同位素注入人体，同位素释放出的正电子与脑组织中的电子相遇时，会发生湮灭作用，产生一对方向相反的 γ 射线，可以被专门的装置探测到，据此可以得到同位素的位置分布。常用的同位素是^{15}O，它在人进行认知任务时以液态的形式被注射进血管中。②

PET 成像的一个基本策略是，在实验条件和控制条件下分别得到一幅脑血流图像，控制条件除不包括要研究的实验因素外，其他条件与实验条件尽可能相同。这样，将两幅图像相减，得到的 PET 图像即是与所研究的实验因素相关的脑血流图像，图中较“亮”的区域则被认为是由该实验因素所激活的脑区。③

4. 功能性磁共振成像(functional Magnetic Resonance Imaging,fMRI)技术

fMRI 是 20 世纪 90 年代以来，随着磁共振成像(MRI)技术的发展而出现的新技术。它由以下几种成像技术组成。

(1) 基于血氧水平(Bold Oxygenation Level Dependent,BOLD)的大脑成像，用来显示在执行特定任务时大脑相关区域的兴奋状况。人们通常所说的“功能性磁共振成像”(fM-RI)就是特指这种方式的成像。

(2) 微观水活动成像，可用来提供由于血管疾病导致脑组织坏死过程的时态信息。

(3) 微血管血流动力学成像，用于显示脑血管病理学状态。④

fMRI 的原理是，既然磁共振信号与血流中的含氧量有关，那么测量脑活动时脑内各处血流中含氧量的变化即可反映相应的神经细胞活动的变化。⑤ 个体执行认知活动时，神经活动兴奋性水平增强，局部脑组织血流、血容积和血氧消耗增加，但脑血流的增加大于血氧消耗的增加，这就导致脑激活区血氧浓度增高，脱氧血红蛋白浓度降低。脱氧血红蛋白是顺磁性物质，含氧血红蛋白是逆磁性物质，将这种磁性物质的相对增减记录下来，就反映了相关脑区的激活状态。⑥

与其他脑功能成像技术相比，fMRI 具有无创性、高空间分辨率、可同时提供结构和功能信息等优点，是目前脑功能成像研究中最常用的手段。

5. 功能性近红外光谱技术(functional Near Infrared Spectroscopy, fNIRS)

fNIRS 是一种非浸入式脑功能成像技术，利用近红外光，穿过大脑皮质，直接监测神经活动引发脑区血流动力学的变化状况。这种技术通过含氧血红蛋白浓度(HbO)、脱氧血红蛋白浓度(HbR)、总含氧量(HbT)三个指标来反映脑各区域活跃情况。

---

① 郭秀艳. 实验心理学[M]. 北京：人民教育出版社，2004：117-118.

② 韩玉昌，等. 脑成像技术在心理学中的应用[J]. 辽宁师范大学学报(社会科学版)，2006，29(5)：59-62.

③ 郭秀艳. 实验心理学[M]. 北京：人民教育出版社，2004：117.

④ 同上，第 119 页。

⑤ 唐孝威. 脑科学导论[M]. 杭州：浙江大学出版社，2006：4.

⑥ 冯涛，等. 认知生理心理学与无创性脑功能成像技术[J]. 心理科学，2006，29(1)：151-153.

相比于 fMRI,fNIRS 具有以下优势：① 时间采样率更灵敏。fMRI 时间采样率限制在1～2s,fNIRS 达到 0.01s 级,fNIRS 能获取更完整信号。② 测量指标更丰富。fMRI 利用脱氧血红蛋白的磁敏性获取持续变化的电磁信号,fNIRS 同时测量含氧血红蛋白和脱氧血红蛋白浓度变化。③ 适合群体的年龄更广泛。fNIRS 对被试的头动容忍度高,特别适合于幼小儿童和老年人,甚至是发展障碍儿童等特殊群体。①②③④

神经系统检查可以提供儿童神经系统结构与功能有无异常的信息,是神经功能障碍性学习困难儿童诊断的重要手段。但是由于现有技术的局限,神经系统检查可能发现不了实际存在的异常,或者无法与多动症等其他有关神经系统异常的病症区分开。因此,它不能作为诊断与评定的唯一依据,而需要结合儿童的成长资料、神经心理测验结果等进行综合分析。

（三）神经心理测验

神经心理测验与普通心理测验不同,其目的是检测个体有无大脑的器质性病变,确定病变的位置,以及确定病变造成的认知功能障碍的性质和程度。因此,神经心理测验在神经功能障碍性学习困难的诊断与评定中具有重要的作用。

常用的儿童神经心理测验可分为三个方面：① 神经心理筛选测验,该测验主要筛查儿童有无神经学障碍问题,了解儿童的行为问题是器质性还是功能性的,以决定是否对儿童进行更详细的检查。如本德格式塔测验、威斯康星卡片分类测验、快速神经学甄别测验、失语甄别测验等。② 成套神经心理测验,该测验能比较系统全面地测查神经系统功能。如霍尔斯特德-瑞田(Halstead-Reitan)神经心理学成套测验。③ 其他测验,如智力测验、记忆测验等。这些测验可单独使用,以测量某一心理功能。⑤

下面介绍几种常用的神经心理测验。

(1) 本德格式塔测验(Bender Gestalt Test,BGT)

此测验由本德于 1938 年编制,主要测查个体的空间能力。测验要求被试临摹一张纸上的 9 个几何图形,根据临摹错误多少和错误特征判断测验结果。目前此测验常作为简捷的空间能力测查和有无脑损伤的初步筛查工具。⑥

(2) 威斯康星卡片分类测验(Wisconsin Card Sorting Test,WCST)

此测验由美国心理学家斯滕伯格(Sternberg)等人编制,要求被试根据颜色、图案和图案数目对一系列卡片进行分类,测查抽象概念形成与逻辑推理能力。测验结果通常用正确分类的次数多少和持续错误次数多少表示。临床应用表明,此测验对额叶损伤患者很敏感,是一个比较好的反映概念形成和抽象思维能力的测验。⑦

---

① S. Rossi, S. Telkemeyer, I. Wartenburger. Shedding Light on Words and Sentences: Near-infrared Spectroscopy in Language Research[J]. Brain and Language,2011,121(2):152-163.

② T. Wilcox, M. Biondi. FNIRS in the Developmental Sciences[J]. Wiley Interdisciplinary Reviews Cognitive Science,2015,6(3):263-283.

③ 赵佳. 基于 fNIRS 的脑功能连接研究综述[J]. 北京生物医学工程,2015,34(06):633-638.

④ 邹雨晨,李燕芳,丁颖. 早期高级认知发展与前额叶功能发育的 fNIRS 研究[J]. 心理发展与教育,2015,31(06):761-768.

⑤ 张兰珍,等. 儿童神经心理学[M]. 北京：长征出版社,2004：61.

⑥ 李守忠,等. 当代医学心理学[M]. 石家庄：河北人民出版社,2005：221.

⑦ 李心天. 医学心理学[M]. 北京：中国协和医科大学出版社,1998：728.

(3) 快速神经学甄别测验(Quick Neurological Screening Test,QNST)

此测验由马蒂(M. Mutti)等人编制,主要测查与学习有关的神经学综合功能。此测验适用于5岁以上儿童,包括15个项目,即手的技巧、图形认识和再生、手心形状辨认、眼跟踪、声音形式、指鼻测验、手指成圆、手和颊同时刺激、手掌迅速翻转运动、伸臂和伸腿、跟尖步、单足独立、跳跃、辨别左右、行为反复。

该测验测查以下内容:运动发展水平,控制粗大和精细肌肉运动的技巧,运动和计划的顺序性,速度和节奏感,空间组织能力,视知觉和听知觉技巧,平衡能力和小脑前庭功能,注意障碍等与学习有关的功能,对学习困难儿童具有较好的鉴别作用。[①]

(4) 发展性神经心理测验的执行控制和语言领域测验(NEPSY)

NEPSY由考柯曼、柯克和凯姆普(Korkman,Kirk和Kemp)编制,是一个评估儿童神经心理发展的综合性测验。NEPSY可评估儿童在以下5个功能领域的神经心理发展。

① 注意/执行功能维度(Attention/Executive Functions Domain)

注意/执行功能维度评估个体的选择性听、视觉注意能力,计划能力,形成、维持和改变定式的能力,面临冲突刺激情境时抑制冲动和产生适宜反应的能力。包括4个标准分测验,2个扩展分测验,分别是河内塔、听觉注意和反应定式、视觉注意、雕像、设计流畅性和敲-拍测验,其具体内容如下。

河内塔测验:儿童根据规则将三个彩球快速移动到三个小柱的目标位置,共进行20次,正确完成一次记1分,错误记0分,最高分为20分。本测验评估计划、监控、自我管理和问题解决等的执行功能。

听觉注意和反应定式(Auditory Attention and Response Set)测验:本测验分为A、B两部分。A部分要求儿童听磁带中的180个词,当听到目标词“red”(共30个)时,把一个红色方块放入盒子,正确反应一次记2分,A部分得分为正确反应得分减去错误数,得分范围在－180到60之间。A部分评估儿童在完成简单任务时对听觉刺激的选择性注意能力。B部分要求儿童改变定式,即当听到“red”时,把一个黄色方块放入盒子,反之,当听到“yellow”时把红色方块放入盒子;同时学习一个新的定式,即当听到“blue”时,把一个蓝色的方块放入盒子,正确反应一次记2分(共需反应36次),B部分得分为正确反应得分减去错误数,得分范围在－180到72之间。B部分评估儿童改变定式、维持复杂心理定式以及根据刺激调整反应的能力。A部分与B部分的得分相加即为本测验的总分。

视觉注意(Visual Attention)测验:本测验针对3～4岁儿童测验部分,其第一个项目要求儿童在线性序列中注意一个视觉刺激,快速定位目标图片(松鼠);第二个项目要求儿童在一个随机序列中搜索和快速定位目标图片(猫)。本测验针对5～12岁的儿童测验部分,其第一个项目为兔子的随机序列;第二个项目是复杂的选择性视觉注意测试,要求儿童在线性序列中快速地定位和比较两个目标面孔。本测验的得分为定位的目标数减去错误数,并记录反应时间。

雕像(Statue)测验:要求儿童保持一个固定的姿势达75秒钟,并抑制对分心刺激的反应。每隔5秒钟进行一次记分,记录儿童在5秒内是否有身体运动、睁开眼睛或发声,如果有其中的三或两个动作记零分,有一个动作记1分,零个动作记2分,最高分为30分。本测

① 陶国泰.儿童少年精神医学[M].南京:江苏科学技术出版社,1999:143.

验评估儿童的抑制能力和运动保持能力。

设计流畅性(Design Fluency)测验：要求儿童连接两个或多个点，尽可能多的产生不同的设计。评估儿童在结构化或非结构化序列中尽可能快的产生新设计的能力。

敲-拍(Knock and Tap)测验：儿童学习一个运动反应模式，即“我拍时，你敲”，然后儿童保持这一认知定式，并抑制模仿主试行为的冲动。学会这一定式后，儿童学习一种新的反应(主试敲，儿童握拳)，并改变定式，即“我拍时，你不做任何反应”，儿童需抑制先前学到的运动反应。正确反应一次记 1 分，错误记 0 分，最高分为 30 分。这一测验评估自我调节、抑制冲动的能力。

② 语言维度(Language Domain)

语言维度评估个体的语音意识、命名能力、接受性语言理解能力、从记忆中通达和生成特定类别词语的能力以及口部运动协调性等。共包括 4 个标准分测验，2 个扩展分测验：它们分别是身体部位命名、语音加工、快速命名、对指导语的理解、无意义词的重复、言语流畅性和口部运动序列测验。

身体部位命名(Body Part Naming)测验：儿童对自己或图片上儿童的身体部位进行命名。本测验评估命名能力，命名是表达性语言的一个基本成分。

语音加工(Phonological Processing)测验：本测验分为 A、B 两部分。A 部分要求儿童根据口头呈现的词确认图片，答对一题记 1 分，错误记 0 分，最高为 14 分。评估儿童根据词的一部分来识别单词与形成听觉完形的能力。B 部分要求儿童通过省略词的一部分或字母声音，或通过一个音素代替另一个音素来产生新词，回答正确记 1 分，错误记 0 分，最高 22 分。本测验评估在字母声音(音素)和词部分(音节)水平上的语音分割能力。A 部分与 B 部分的得分相加即为本测验的总分。

快速命名(Speeded Naming)测验：儿童通过大小、颜色和形状来命名项目，正确命名一个项目记 1 分，最高为 60 分。本测验评估儿童快速通达和运用熟悉词的能力。

对指导语的理解(Comprehension of Instructions)测验：最初的项目要求儿童指出不同大小、颜色和面部表情的兔子，最后的项目要求儿童根据指导语提示的颜色、位置以及与其他图片的关系，指出目标形状。正确反应记 1 分，错误记 0 分，最高分为 28 分。本测验评估儿童对句法复杂性递增的言语指导的加工和反应能力。

无意义词的重复(Repetition of Nonsense Words)测验：要求儿童听音频播放的无意义词语，然后儿童对其进行重复词语发音。评估儿童对声音模式的语音解码能力和对复杂不熟悉单词的编码和发音能力。

言语流畅性(Verbal Fluency)：要求儿童在 1 分钟内尽可能多的说出动物名称，然后在 1 分钟内尽可能多的说出吃或喝的东西的名称。对 7～12 岁的儿童，还要求他们在 1 分钟内命名以 F 或 S 开头的单词，同时记录儿童说出的项目数量。本测验评估儿童通过语义和音位类别产生词语的能力。

口部运动序列(Oromotor Sequences)测验：要求儿童对 14 组声音序列和绕口令重复 5 次，正确完成一次记 1 分，最高分为 70 分。本测验评估儿童有节奏口部运动的协调性。

③ 感觉运动功能维度(Sensorimotor Functions Domain)

感觉运动功能维度评估个体的手指敏捷性、触觉信息加工和动觉实践能力、精细书写运动能力、学习和自动化一系列有节奏动作的能力、在没有视觉帮助的情况下觉察感觉(触觉)输入和利用触觉辨别手指的能力等。共包括3个标准分测验以及2个扩展分测验：即手指敲击、模仿手姿势、视觉运动准确性、手动序列和手指辨别测验。

手指敲击(Fingertip Tapping)测验：要求儿童尽快地用食指尖轻敲拇指肉掌32次(简单运动)，以及尽快地按从食指到小指的顺序敲击拇指(复杂手运动)，记录儿童完成动作所需的时间。这一测验评估儿童手指的敏捷性。

模仿手姿势(Imitating Hand Positions)测验：要求儿童模仿主试的手姿势，正确反应一次记1分，最高为24分。本测验评估动觉实践(模仿手姿势的能力)和触觉信息加工能力。

视觉运动准确性(Visuomotor Precision)测验：要求儿童在两个弯曲的轨道中快速地画线，并努力把线画在轨道之内，记录儿童反应的错误数和所用时间。本测验评估儿童的精细书写运动能力。对所有年龄的儿童，第一个轨道应比第二个更宽、更笔直。

手动序列(Manual Motor Sequences)测验：主试示范手的动作序列，要求儿童进行练习，然后重复这个动作五次。正确重复一次记1分，最高分为60分。评估儿童学习和自动化一系列有节奏动作的能力。

手指辨别(Finger Discrimination)：进行测验时不让儿童看到自己的手，主试轻轻触摸儿童的一根或两根手指，要求儿童说出被触摸的是哪根手指。儿童正确说出被触摸的一根手指记1分，最高分为18分。本测验评估儿童在没有视觉帮助的情况下觉察感觉(触觉)输入和利用触觉辨别手指的能力。

④ 视觉-空间加工维度(Visuospatial Processing Domain)

视空间加工维度评估个体的视觉运动整合能力，对线段方位、斜度的判断能力，根据模板再现三维模型的能力等。共包括3个标准分测验和1个扩展分测验：即图形描摹、箭头、积木图案和道路寻找测验。

图形描摹(Design Copying)测验：儿童利用纸和铅笔描摹二维的几何图形。这个测验需要儿童视空间能力与协调运动能力的整合，评估儿童的视觉运动整合能力。

箭头(Arrows)测验：是一个非运动测验，要求儿童从一系列箭头中选出两个指向目标物中心的箭头，正确选择一个箭头记1分，最高30分。本测验评估儿童对线段方位、定向和斜度的判断能力。

积木搭建(Block Construction)测验：要求儿童根据模板或图画再现三维立体模型。前7组正确反应一次记1分，错误记0分；后8组如果正确反应所用时间在15秒内记2分，所用时间在15到60秒之间记1分，错误反应记0分，本测验最高19分。

道路寻找(Route Finding)测验：给儿童呈现目标房子的示意图，要求儿童在一个较大的示意图中寻找这一目标。正确反应记1分，错误记0分，最高分为15分。本测验评估儿童对空间关系和方位的理解，以及把这种对简单图式的理解迁移到更复杂图形中去的能力。

⑤ 记忆和学习维度(Memory and Learning Domain)

记忆和学习维度评估个体的言语记忆广度、即时与延迟记忆能力、干扰条件下对所学信息的回忆能力等。包括4个标准分测验以及1个扩展分测验，即面孔记忆、名字记忆、故事记忆、句子重复和列表学习测验。

面孔记忆(Memory for Faces)测验：主试要求儿童注意看并记住所呈现的16个面孔。

最后一个面孔呈现结束后，立即要求儿童从三个面孔（一个目标面孔和两个干扰项）中进行再认，正确反应记 1 分，错误记 0 分，最高为 16 分。30 分钟后，再次要求儿童进行确认，正确反应记 1 分。即时再认与延迟再认的得分相加即为本测验的总分，最高为 32 分。这一测验评估儿童对 16 个不熟悉面孔的即时与延迟记忆能力。

名字记忆（Memory for Names）测验：儿童通过三次学习试验学习素描画描绘的八个人的名字。正确反应记 1 分，错误记 0 分，最高为 24 分。30 分钟后呈现相同的画像，要求儿童回忆之前所学习的名字，正确反应记 1 分，最高为 8 分。学习试验得分与延迟回忆得分相加即为本测验的总分。本测验评估儿童对名字的即时和延迟回忆。

故事记忆（Narrative Memory）测验：让儿童听一个故事，然后进行回忆。该测验评估儿童在自由和线索回忆条件下对扩展了的故事的即时回忆能力。

句子重复（Sentence Repetition）测验：要求儿童回忆长度逐渐增加的若干句子，以 0，1 或 2 分记。该测验评估儿童的言语记忆广度和短时记忆能力。

列表学习（List Learning）测验：列表学习是个复杂的任务，本测验评估儿童的言语记忆和在干扰条件下对所学信息的回忆能力。儿童先学习一个包含 15 个单词的列表共学习五次。然后让儿童学习干扰列表，即一个包含 15 个单词的新列表；并进行回忆。然后再次要求儿童回忆第一个列表中的单词（即时回忆试验）。最后要求儿童在 30 分钟延迟后回忆第一个列表中的单词（延迟回忆试验）。①

在施测时，主试还应进行定性观察，记录相关信息。在对测验结果进行解释时，应充分考虑儿童的其他信息，如目前存在的问题、病史、学校表现、其他测验得分等。本测验一般应由受过专门训练的专业人员来操作，这样才能使测验结果更可靠。

（5）霍尔斯特德-瑞田神经心理学成套测验（Halstead-Reitan Neuropsychological Battery，简称 H-R 神经心理测验）

霍尔斯特德-瑞田神经心理学成套测验是国际上应用最为广泛的成套神经心理测验之一。这套测验于 1947 年在霍尔斯特德（Halstead）的专著《脑与智力——额叶的定量研究》中首先介绍，瑞田（Reitan）于 1955 年对这套测验进行了修订。② 此测验可测查多种心理功能，包括感知觉、运动、注意力、记忆力、抽象思维能力和言语功能等，可以对成人、儿童和幼儿分别测查。该测验的中文版由我国湖南医科大学龚耀先教授主持修订。

成人 H-R 神经心理测验由 10 个分测验组成，分别是范畴、触摸操作、节律、手指敲击、失语甄别、言语知觉、偏侧性、握力、连线和感知障碍测验。

本测验的评定标准有两个指标：一个是划界分，另一个是损伤指数。划界分根据年龄和性别而定，用来判定单项测验的结果是否正常。损伤指数是用来判断被试大脑是否存在脑损伤的一个比值，即损伤指数＝划入异常的测验项目数÷测验项目总数。如果被试共进行了 7 项分测验，其中有 3 项异常，则损伤指数为 3/7≈0.43。对损伤指数的分类如下：

0.00～0.14 为正常，0.15～0.29 为边缘状态，0.30～0.43 为轻度脑损伤，0.44～0.57

① Marit Korkman, et al. NEPSY: A Developmental Neuropsychological Assessment[M]. San Antonion: The Psychological Corporation, 1998: 242-267.

② 尹文刚. 神经心理学[M]. 北京：科学出版社，2007：286-287.

为中度脑损伤,0.58以上为重度脑损伤。①

(6) 鲁利亚-内布拉斯加神经心理学成套测验(Luria-Nebraska Neuropsychological Battery,LNNB)

1975年,美国内布拉斯加州立大学医学院的古登(Golden)教授及其同事在苏联心理学家鲁利亚(Luria)神经心理学检查技术的基础上,对鲁利亚的方法进行修订和标准化,并命名为鲁利亚-内布拉斯加神经心理学成套测验,现已完成成人版和8～13岁少儿版测试系统。

LNNB成人版由11个测验,共169个项目组成。每个测验项目都针对特定的神经功能。11个测验分别是运动、节律、触觉、视觉、感受性言语、表达性言语、书写、阅读、算数、记忆和智力测验。另外,从以上11个分测验中派生出3个附加量表,即疾病特有的病症量表、大脑左半球和右半球定测量表。

LNNB的评分是根据各测验项目操作的正确性、流畅性、时间、速度、质量而采用三级计分标准：0分表示正常,1分为边缘状态,2分表示异常。将各量表的得分累加为该量表的初始分,得分越多,表明损伤可能越严重。当然可将初始分根据量表换算成T分数,便于组间比较,作进一步的临床鉴别分析。②

此外,神经心理测验还包括一些智力测验、记忆测验等,在这里不做详细介绍。神经心理测验对神经功能障碍性学习困难儿童的诊断与评定具有重要的价值。

第4节　神经功能障碍性学习困难儿童的教育干预

神经功能障碍性学习困难的根本原因是儿童中枢神经系统结构或功能异常,因此,对这类儿童干预的重点在于改善或提高其大脑神经机能,从而使其克服学习困难。

一、神经功能障碍性学习困难儿童教育干预的理论基础

神经功能障碍性学习困难儿童存在或轻或重的脑损伤或脑功能障碍,教育干预措施能否使其脑功能得到改善或恢复？研究者提出了很多具有价值的理论,这为神经功能障碍性学习困难儿童的教育干预提供了重要的理论基础。

(一) 神经可塑性理论

神经可塑性理论认为神经元可改变结构、功能和化学成分,以适应损伤的机能。神经可塑性理论与环境密切相关。丰富多彩的环境和大脑之间的关系已得到广泛深入的研究,许多证据表明,环境影响大脑的发育和脑损伤的恢复。随着环境的刺激,大脑神经元能逐步建立新的联系。在丰富多彩的环境中,脑皮质增厚,树突分支增加,大量的轴突和细胞体产生。在青春期的鼠实验中,单调、不良的环境使大脑皮质变薄,而正面的、丰富的环境则使大脑皮质变厚。③

① 静进.神经心理学[M].北京：中国医药科技出版社,2005：114-115.

② 静进.神经心理学[M].北京：中国医药科技出版社,2005：114-115.

③ 窦祖林,等.脑外伤后的认知康复及其理论基础(一)[J].中国康复医学杂志,2003,18(10)：625-626.

神经可塑性包括习惯、学习和记忆以及损伤后的细胞恢复。成熟的神经系统神经元胞体一直保持相对稳定的状态，通常不再产生新的神经元，但现存神经元却具有产生新的突起和突触连接的能力，而且神经元胞体的突起和突触微细结构也一直处于可修饰的状态，这构成了神经环路可塑性的基础。① 损伤的学习和恢复机制只是被初步解释，但人们相信可塑性使神经系统损伤的恢复成为可能。

神经系统的可塑性不断得到动物实验的验证。这个理论强调在不同环境中教和学的策略。不同的环境引出不同的信息处理需求，导致大脑在多个水平上整合、重组。②

（二）假象理论

这种理论认为，脑损伤可以导致两种障碍：一种是被破坏的脑组织原有机能的丧失，这是持久性的障碍；另一种是受牵连但尚未被破坏的脑组织的功能紊乱，这则是一种暂时性的障碍。随着时间的流逝，造成紊乱的因素得以排除，则相应的机能也会得以康复。换句话说，许多脑机能的障碍并不意味着功能永久性丧失，而只是暂时受到了抑制，因而是一种假象。被人们最常引用的假象理论的代表是蒙纳克伍（C. V. Monakow）于1914年提出的远隔功能抑制（Diaschisis）消退理论。蒙纳克伍认为，中枢神经系统遭破坏后，与此有关的神经元连接的远隔部位的功能也受影响，甚至伴随一些脑功能暂时性的丧失。一段时间后，脑的功能可逐渐恢复。

（三）信息处理理论

信息处理理论中一个最合理的理论原则是苏联心理学家鲁利亚创立的大脑功能分类和分区。他认为中枢神经系统处理信息有三个步骤：首先，神经系统注册刺激事件。其次，中枢神经系统解释并组织原始的感觉输入信息。最后，系统把这个刺激和长期记忆中的经历进行比较，并将刺激与整体目标联系起来。

鲁利亚认为，功能康复可以通过新的学习来获得理论化的支撑，所以认知康复的模式应该应用以信息处理理论为基础的教学工具。这是因为任何脑损伤都会使大脑吸收信息的总量明显减少，脑损伤患者比正常人可利用的信息处理能力少。脑损伤患者在建构和组织信息方面也有困难，即有效处理信息的策略不能自动地被采用。临床上，患者难以主动地注意活动的相关特征，难以把类似的项目分组在一起，难以明确地陈述一个计划或把一个活动分成几个步骤。因此，需要通过认知训练和针对问题根源的干预等特别治疗来促进康复的速率。重点在于把有效的精神活动和行为模式有机地结合起来，以不断提高脑损伤患者处理信息的能力，同时这可帮助脑损伤患者提高同化信息能力。③

（四）神经代偿理论

神经代偿理论的核心是，当脑的某部位受到损伤，继而造成某种机能丧失，脑的另一部位可以取而代之，完成其受损脑组织的原有机能。1974年，罗斯纳（Rosner）认为，如果我们相信脑组织具有非特化性，则康复是没有任何问题的。由于损伤脑组织在量上的缺失可以造成整体机能上的不足，但随着未受损伤的脑组织的逐步取代，所有机能都将最终得以复还。④

---

① 静进. 神经心理学[M]. 北京：中国医药科技出版社，2005：135.

② 窦祖林，等. 脑外伤后的认知康复及其理论基础（一）[J]. 中国康复医学杂志，2003，18(10)：625-626.

③ 静进. 神经心理学[M]. 北京：中国医药科技出版社，2005：135-137.

④ 尹文刚，等. 神经心理康复的理论与实践[J]. 中国康复医学杂志，1998，13(1)：39-41.

（五）机能重组理论

机能重组理论认为，神经机能的康复是病人通过其他生理、心理过程而恢复被破坏了的机能。脑损伤病人具有重新学习的潜能，他们可以通过学习发展这种能力，采用机能补偿的办法，来实现重获丧失了的机能过程。比如，本体感觉障碍的病人可以通过更多的依赖视觉反馈的信息而完成同样的机能活动。鲁利亚是这种理论的主要倡导者，他特别强调这种理论在临床上的广泛应用性，认为有效的训练可以使丧失的脑机能在相当的程度上得到恢复。①

二、神经功能障碍性学习困难儿童教育干预的方法

根据上述不同的理论观点，针对神经功能障碍性学习困难儿童的脑损伤或功能障碍，研究者提出了一些相应的干预措施，以改善儿童的脑功能，提高其学习与认知能力。

（一）感觉统合训练(Sensory Integration Treatment)

感觉统合训练是最为常见的神经功能训练方法。1969年，美国加州大学艾尔斯(J. Ayresa)教授将脑神经学与发展心理学相结合，发展了所谓的感觉统合理论。艾尔斯认为人的运动、感觉与认知功能发展，是与脑成熟进程并行的。来自人体的内外刺激，经过感官接受，先由脑干担任主要统合任务，继而逐渐由大脑皮质统合，发展学习能力。② 只有经过感觉统合，神经系统的不同部分才能协调整体运作，使个体与环境相适应，完成正常的学习活动。如果感觉统合过程无法正常运转，则会形成脑功能的反应不全，引起学习上的困难。

感觉统合训练提供各种感觉输入，鼓励儿童对该感觉做出适应性反应，以改善大脑对该感觉的加工和组织能力，因而有利于增进神经系统的成熟，改善大脑的功能，从而达到提高学习能力、改善身体协调能力、促进语言发展等目的。因此，根据神经功能障碍性学习困难儿童的具体问题，对其进行有针对性的感觉统合训练是一种行之有效的方法。感觉统合训练主要包括以下内容。

(1) 听觉训练。可以通过辨别各种声音进行听觉训练，要求儿童先辨别各种乐器声音，再辨别鸟叫声、水声、汽车喇叭声等。还可以利用录音磁带训练辨别，直至正确辨别为止。

(2) 视觉训练。可先从体会开始，再利用游戏方式在桌子上放些图片、物品，让儿童用目光去寻找，之后看图片，让其说出含义。③

(3) 触觉刺激的训练。触觉刺激对于学习困难儿童神经系统整体感觉的统合以及感觉认知、感觉运动有重要作用。触觉刺激训练可以用软毛刷、干毛巾或丝绸等柔软的布类，轻擦儿童的背部、腹部、腕部、颜面部、手、脚等部位的皮肤。另外还可以让孩子进行皮肤刺激的游戏，如水中游戏，黏土游戏，砂、草坪上的裸足游戏等。

(4) 本体感觉刺激的训练。本体感是一种高度复杂化的神经应变能力，也是大脑充分掌握自己身体的能力。为改善本体感觉，提高统合能力，可以让学习困难儿童接受以下的训练，如游泳、摔跤、拔河、爬绳梯、搬运货物、踩童车以及其他使肌肉紧张、收缩的运动等。

---

① 尹文刚，等. 神经心理康复的理论与实践[J]. 中国康复医学杂志，1998，13(2)：88-90.

② 张兰珍. 儿童神经心理学[M]. 北京：长征出版社，2004：79.

③ 同上。

（5）前庭刺激的训练。前庭感觉是人类接受刺激的基本感觉，前庭刺激训练在知觉运动训练中得到广泛使用。如让孩子接受下列各种训练：

旋转性运动，如旋转木马、旋转椅子等。摇晃性运动，如采取腹卧位、仰卧位、侧卧位、头脚颠倒等体位进行秋千、吊床等游戏。平衡性运动，如走平衡木、平衡板等。跳跃性运动，如蹦床、翻滚、垫上运动等。姿势反应性运动，如进行儿童骑踏板车、跳沙坑、草坪上运动、滑滑梯、腹部爬行等。速度感、位置感、距离感的体验，如让孩子一只脚着地，一只脚踏上滑行的儿童踏板车等。[①]

（二）3·3·3训练

3·3·3训练是以国家教委（现称教育部）“九五”重点课题——以“素质教育的心理学理论、实验和技术综合研究”的科研成果为指导，以提高学生的学习能力和综合素质为目标，有效开发大脑潜能，训练手、眼、耳、口、脑等各种学习器官功能，使儿童达到思行统一、德智体全面发展的一种教学和训练。该课题研究和普及的“3·3·3系列智能学具”由三种颜色（红、黄、绿）、三种形状（方、圆、角形）、三种材料（铁、塑、胶）的学具组成，因此叫作3·3·3训练。[②]

3·3·3训练以3·3·3智能学具为桥梁，以3·3·3智能题型（实物题型、图阵题型和符号题型）为载体，对儿童进行下列三项基本训练。

（1）身心基础训练。这是指对以大脑为核心的全身心进行的基础性训练。它的作用用通俗的话讲就是“施底肥”、修理“学习的机器”，对现有的身心水平进行训练，为下一步学会学习能力的训练打下良好的生理、心理基础。

（2）学会学习能力训练。用通俗的话讲，就是要学会使用“学习机器”，进一步提高“机器”的性能。我们把学会学习能力的训练归纳为下列三个方面：

① 训练“学习过程的三个环节”。“学习过程的三个环节”是指接收信息、加工处理信息和展示加工结果。“学习过程的三个环节”是学会学习能力训练的核心问题，是学生学习所必须经历的基本过程。

② 训练心理功力。心理功力是人在进行智能活动过程中所表现出来的能力，它是学生学习的心理基础。

③ 训练解决实际问题的能力。如梳理解决问题的思路，寻找知识结构和知识之间的关系，以达到“举一反三、触类旁通”的目的，这也是培养创造性能力的基础。

（3）社会适应性能力训练。这主要是指处理人际关系方面的能力训练。这一训练要抓住三个关键因素，即设身处地、遇到问题先从自己身上找原因、个人服从集体。[③]

（三）作业疗法

所谓作业疗法，从医学角度界定，是指根据病人的功能障碍，从日常生活的躯体和精神活动、工作生产劳动或闲暇活动中有针对性地选择一些作业方式，对病人进行训练，以恢复

---

① 周平.浅谈学习障碍儿的感觉统合治疗[J].现代特殊教育，2000，2：24-25.

② 杨玉英，李文湉，朱法良.智能基本功的测查和训练——3·3·3系列智能学具的原理和应用[M].北京：教育科学出版社，1989，3.

③ 朱法良，等.“3·3·3”素质教育的理论与实践[M].北京：教育科学出版社，2001：31-34.

其生活、学习和劳动能力的一种康复治疗方法。[①] 按照特殊教育学角度界定，作业疗法指通过合适的作业训练来改善残疾、智力落后或学习困难学生的障碍功能。

对神经功能障碍性学习困难儿童的作业治疗主要包括以下内容。

(1) 手指的协调和灵活性训练，如泥塑、弹琴、书法、镶嵌板的匹配、结绳、系扣、解扣等。以此来提高儿童的感知、手眼协调能力，改善他们的注意力。[②]

(2) 记忆训练，包括内在和外在帮助法两种。内在帮助法包括把重要的记忆资料编成视觉影像，或利用韵文和故事来帮助记忆。外在帮助法指利用日记、日历和时间表等手段来帮助记忆，让儿童定期阅读这些资料。

(3) 心理训练，包括猜测游戏、删除作业和排列数字训练等。

(4) 思维训练，如指出报纸中的各种排列的数字、对各种物体进行辨认和分类、从一般到特殊的推理、收入和支出预算统计等。[③]

(四) 芭芭拉·阿罗史密斯·扬(Barbara Arrowsmith Young)的干预方法

近年来，多伦多阿罗史密斯(Arrowsmith)学校的创建者兼校长芭芭拉·阿罗史密斯·扬创立了一套旨在改善学习困难儿童脑神经机能的教学干预方法。这一干预方法的理论基础是神经可塑性理论与鲁利亚脑机能定位理论。其具体操作方式为，先建立针对引起学习困难的 19 个脑机能区的练习系统。这些练习的目的不是补偿脑机能的缺失，而是让机能弱的脑区承担更多的任务。然后针对学习困难儿童的脑机能缺陷给予练习任务。最后，评定教育干预的效果。

通过这种干预，阿罗史密斯学校中 80％的学习困难儿童都达到了教育目标的要求。有些入校时在阅读、算术及其活动中与同伴相差 7 个等级的学习困难儿童经过干预赶上了他们的同伴。阿罗史密斯学校这种基于大脑神经机能缺陷所进行的教育干预虽然取得了明显的效果，但其没有进一步用可靠的手段去证明脑神经机能确实得到了改善，只是通过成绩的提高加以推断。如果能够在学习困难儿童教育干预的过程中采用可靠的技术去探查神经机能的改善状况，那么，神经机能层面的干预措施将有更广泛的发展前景。[④]

研究者运用这些干预方法对学习困难儿童进行干预，明显提高或改善了儿童的脑功能与神经心理特点。相信随着脑功能定位理论和脑科学技术的发展，对神经功能障碍性学习困难儿童的干预将会取得更大的进展。

本章小结

本章主要围绕着脑损伤或脑功能缺陷所导致的学习困难即神经功能障碍性学习困难，探讨脑损伤、脑功能障碍与学习困难之间的关系，阐述早期的尸体解剖或推论的方法发现的神经系统的异常而导致个体在学习或认知过程中的障碍、不足或缺陷。随着脑成像技术的发展，研究者在这些早期研究的基础上，对神经功能障碍性学习困难儿童进行研究，可以使

---

① 张爱芬.作业疗法在智障教育中的实践研究[J].现代特殊教育，2004，7(8)：75-77.

② 韩庆，等.脑瘫儿童的作业疗法[J].中外医疗，2008(20)：53.

③ 李平均，等.作业疗法改善颅脑损伤患者的记忆功能[J].中国临床康复，2003，7(16)：2322-2323.

④ 赵娟，等.学习障碍的教育干预措施研究动态[J].中国健康心理学杂志，2004，12(4)：313-315.

我们对这类儿童的神经机制有更深的了解，有助于有针对性地对其进行教育和干预。

神经功能障碍性学习困难的特征表现在：神经系统结构异常(皮质异位、巨细胞异常、白质异常、胼胝体大小异常、皮层对称性异常)，神经系统功能异常(左侧脑皮质颞-顶交界处的功能异常、小脑功能异常、岛叶的功能异常、其他脑区的功能异常)，大脑激活的时间进程异常。通过搜集完整的资料、神经系统检查、神经心理测验来进行诊断与评定，为下一步的教育干预提供依据。神经可塑性理论 、假象理论、信息处理理论、神经代偿理论、机能重组理论，认为脑功能可以得到改善或恢复，这为神经功能障碍性学习困难儿童的教育干预提供了重要的理论基础。针对目前该学习困难的研究有四种干预方法：感觉统合训练、3·3·3 训练、作业疗法、芭芭拉·阿罗史密斯·扬的干预方法。这些方法可以改善儿童的脑功能，提高其学习与认知能力。

思考与练习

1. 神经功能障碍性学习困难的主要特征有哪些？

2. 怎样对神经功能障碍性学习困难儿童进行诊断与评定？

3. 对神经功能障碍性学习困难儿童的教育干预措施有哪些？你认为还可以运用什么方法对这类儿童进行教育与辅导？

第5章　认知加工过程障碍学习困难儿童的发展与教育

1. 通过本章的学习，初步了解认知加工过程障碍学习困难的含义。

2. 理解并掌握认知加工过程障碍学习困难儿童在注意、知觉、记忆、思维和元认知方面的特点。

3. 学会诊断与评定每种具体的认知加工障碍学习困难，并能够进行有效的教育干预。

从上述章节中可以看出，在柯克1963年提出学习困难的定义被采纳之前，最初对于学习困难的研究多侧重于神经功能系统方面，主要是从医学和神经病理特征的角度考察学习困难的机制。随着计算机科学和认知心理学的发展，以及医学与神经病理学对学习困难解释的局限性凸显，学习困难的认知加工过程问题研究越来越受到研究者们的关注，并由此引发了大量的系列研究。本章所介绍的认知加工过程障碍学习困难主要是从认知加工过程的角度来解释学习困难现象。

本章着重探讨认知加工过程障碍学习困难的含义、基本特征、诊断与评定，以及针对这些障碍如何进行有效教育干预和指导。

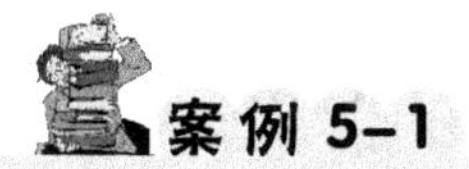

小涛是一个小学二年级的男生，今年8岁。该男孩平时非常活泼，喜欢上体育课，比较任性、调皮，精力充沛，想象力丰富，很少生病。但他学习成绩非常差，一般考试成绩都是班级的倒数第一名。他有一个哥哥，学习成绩名列前茅，因而父母对他的期望也非常高，但他每次考试成绩都很差。父母认为他的智力有问题，带他去做智力测验，但他的智力在正常范围之内。由此父母认为他是态度上的问题，学习不认真造成的，因而想让他再留一级，并且平时着重对他进行态度上的教育。

翻看他的作业本时发现，他的语文和数学作业乱七八糟，很难让人看懂，但仔细看会发现，他在语文作业写拼音时，会把“s”“r”“h”“t”写反向，常用词的拼音，如“hao”，他在一次作业中会出现好几种不同的写法；还会把类似的字混淆，如“旧”和“旦”、“处”和“外”；数学作业中，经常出现计算错误，如“3＋6＝12”“5＋9＝11”，把“6”和“9”混淆。翻看他以往的试卷发现也是如此。由于这些错误，导致他的学习成绩非常差。

他平时喜欢听音乐，简单的歌曲听几遍就能唱下来，学得很快。不仅能记住歌词，音律和节奏也正确。

郭菲今年读小学五年级了，是家中的独生女。父母是双职工，很少有时间管她的学习，由于她从小比较安静，很懂事，放学后能自觉写作业，成绩还可以，能排到班级的中等水平，所以让父母很省心。但从三年级开始，郭菲的成绩开始下滑，到现在五年级了，成绩成了班级的倒数几名，父母为此很着急，专门到学校找到班主任及任课老师了解情况。

据班主任及任课老师反映，郭菲上课精力比较集中，很少做小动作，比较安静，性格有些内向。语文老师说她记忆力很差，在学习要求会写的词语时只能看一个写一个，背课文时只会死记硬背，让她起来背诵时只能背出几句话，而且丢字落字，语句不通顺，非常生硬。她在复述故事时，磕磕绊绊，很少能够按照逻辑顺序来讲述一个完整的故事。作业经常做不全，丢三落四。老师教给她背课文和复习的方法，她也不会应用。数学老师反映，平时简单的题目郭菲还会做，但稍微变化一点，如课后的习题，她做起来就很吃力，习惯于用一种方法去解题，缺乏灵活性。上课提问她以前学过的公式她也想不起来。考试时很少有课本的例题，更多的是运用学过的公式、解题的方法和技巧完成的，郭菲在这些题目上往往很少得分。其他同学反映，感觉郭菲"忘性比较大""脑子好像不会转弯儿"，跟她约好的事情她总会忘记等。

郭菲本人说自己已经很努力了，也很想把成绩提上去，不让爸妈操心。但不知道为什么老师上课刚讲完的东西我就想不起来了，一合上课本大部分刚看过的东西就忘记了。很多题目，老师讲的例题我还能听懂，但一变个样子我就做不出来了。自己很难过，但又不知道该怎么办。

郭菲的智力分数处于临界值，但在正常范围之内。

由此可以看出，郭菲在记忆和思维方面的问题比较突出，而这些问题使得她在学习上遇到了许多困难，需要进行进一步的诊断与评定和教育训练。

第 1 节　认知加工过程障碍学习困难的含义

认知加工过程障碍学习困难，是基于现代认知心理学对学习的信息加工模式的研究而提出的。因此，要想了解认知加工过程障碍学习困难，首先要对现代认知心理学提出的学习的信息加工的基本模式有所了解。

一、学习的信息加工模式

从第 1 章学习困难定义演变历程中我们可以看到，随着当代认知心理学的迅速发展，20 世纪 60 年代开始，多数研究者都发现并证实了学习困难与视知觉、记忆及信息处理等认知加工过程有较大的关系，[①]并把这些内容引入对学习困难的定义和解释之中。

认知心理学从信息加工的观点来研究人的基本认知活动，主要包括感知觉、注意、表象、记忆、思维等认知过程。认知心理学主张研究认知活动本身的结构和过程，并把这些心理过程看作是信息加工过程，对于学习过程，力图以信息加工理论来解释和说明人的学习的实

① 邓猛. 从美国学习障碍定义演变的角度探索其理论分析框架[J]. 中国特殊教育，2004(4)：61.

质。信息加工理论把人类的学习过程类比为计算机的信息加工过程，探讨个体是如何对来自环境的刺激进行内在认知加工的，认为学习是一个信息加工的系统过程，包含了刺激信息的感觉登记、短时记忆或工作记忆、长时记忆和提取信息、执行控制等方面，用信息加工理论的术语来说，就是信息的输入、储存和输出的过程[①]（见图 5-1）。

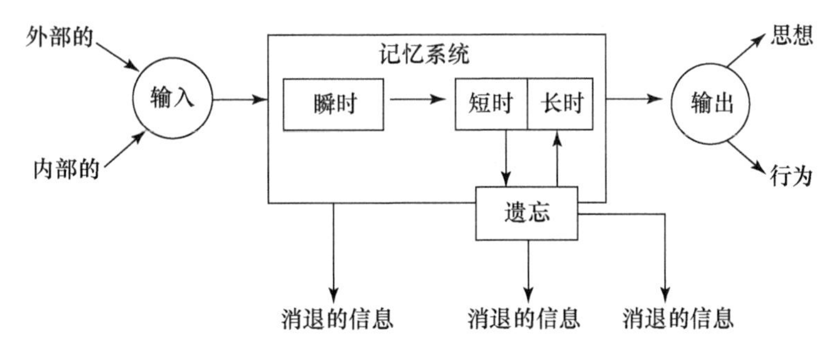

图 5-1 学习的信息加工模式

充分了解学习过程的信息加工机制和特征，对于帮助并指导学习者有效地选择、组织和整合信息具有重要的作用，进而达到帮助学习者提高其学习能力、有效解决复杂任务的目的。

在学习的信息加工过程中，任何一个环节对学习过程本身而言都是非常重要的，学习困难可能发生在其中的任何一个环节。许多研究已经表明，学习困难儿童存在许多不同的认知问题与缺失，表现在注意力问题、感知觉障碍、记忆障碍、思维障碍等方面。

二、认知加工过程障碍学习困难的含义

从对学习的信息加工过程模式的分析中可以得出，认知加工过程障碍学习困难主要是以认知心理学中的信息加工理论来解释学习困难的认知过程，特指学习问题发生在认知加工过程的某一个或某几个环节，如感知觉、注意、记忆、思维等过程存在障碍而引发的一系列学习问题。

国内外的学者虽然没有明确提出认知加工过程障碍学习困难这一术语并对其进行界定，但从学习困难的众多定义中，尤其是被普遍接受的美国国会在 1975 年对于学习困难的界定，不难看出认知加工过程因素在学习困难的定义中占有相当一部分的比重。"基本心理过程失调""认知加工过程失调"[②]主要把学习困难的原因归结于认知能力缺陷上，这也正是认知加工过程障碍学习困难所要考察的主要内容。

部分学者倾向于从认知加工的角度来定义学习困难，认为学习困难主要是由于没有形成良好的认知系统所导致的，如第 1 章所介绍的我国学者方俊明对于学习困难的定义。从他的定义中可以看出，大多数学习困难儿童并没有明显的生理和心理方面的障碍，而是由于学习的认知加工过程紊乱所导致。

① 方俊明.特殊教育学[M].北京：人民教育出版社，2005：342.

② 赵斌，等.当代认知心理学对个体学习障碍的研究[J].西南师范大学学报（人文社会科学版），2001(5)：83.

伯尼斯·王在其《学习障碍基础》一书中指出，学习困难的主要特征体现在加工问题上，其次才是学业失败和不良的自我管理。① 她认为，对学习困难学生的信息加工处理模式分析是非常必要的：一方面可以预知学习困难学生类型并找到解决的方法；另一方面认知加工的有效性能引发学习困难学生的任务学习。她认为是认知加工问题导致了学习困难，并可以从视觉-运动、语音加工、语言、记忆和知觉等方面来探讨学习困难儿童的认知加工问题。

第2节　认知加工过程障碍学习困难的特征

认知加工过程障碍学习困难主要是从学习的信息加工角度来考察的，其主要特征表现为学习的认知加工过程障碍除了在第2章提及的语音加工和视觉加工困难外，其困难还表现在认知加工过程的各个方面，包括注意、知觉加工、记忆、思维、无认知问题，本节主要从以下几个方面来介绍认知加工过程障碍学习困难的主要特征。

一、注意问题

注意是心理活动对一定对象的指向和集中，是心理活动的调节机制。在学习活动中具有重要的作用，是学习的基本技能。学习活动的顺利完成必须以注意为基础和前提。课堂学习是学生获取和掌握知识的重要途径，上课专心听讲的学生并不是把教室里的一切事物都当作学习的对象，而是从众多事物中选择教师讲述的内容，并把自己的感知觉、记忆、思维、想象等心理活动都指向和集中于这些内容，这就是学生在课堂当中的注意过程。

注意是学习的信息加工理论所研究的重要内容。在美国学习困难定义的演变过程中，美国学习障碍机构协调委员会（The Interagency Committee on Learning Disablities，ICLD）在对美国学习障碍联合会定义的修改时，把注意障碍纳入了学习困难的定义当中。由此可见，注意缺陷是认知加工过程障碍学习困难考察的内容。

注意缺陷被认为是学习障碍的一种认知类型，也是学习困难儿童最普遍的特征之一。② 许多研究都已经证明，学习困难儿童普遍存在注意方面的问题，80%的学习困难儿童都有注意方面的缺陷。③ 1971年，韦斯（Weiss）等人发现80%有注意问题的儿童其学习能力较差，即有注意缺陷的儿童其学业失败率要远远高于没有注意问题的儿童。并且，教师普遍认为，学习困难儿童的注意力要比非学习困难儿童的注意力差。如有的学习困难儿童上课的时候，操场上的其他老师和同学的嬉笑声、窗外的鸟叫声、道路上的汽车鸣笛声都很容易使他分心，而讲台上老师在讲什么也就不太清楚了；在课余时间自由活动的时候，这类儿童经常是什么游戏或活动都参加，但几乎从未在一种活动上坚持较长的时间；即使是自己很感兴趣的图画书或动画片，也很难从头到尾安静地看下来……这些表现都是由于儿童注意缺失的

① Bernice. Wong. The ABCs of Learning Disabilities[M]. San Diego: Academic Press, 1996: 42.
② 徐芬. 学业不良儿童的教育与矫治[M]. 杭州：浙江教育出版社，1997：123.
③ 陈学锋，等. 从容面对儿童的学习困难[M]. 北京：北京师范大学出版社，2002：114.

问题所造成的。

1976年，基奥和马戈利斯(Keogh & Margolis)把学习障碍儿童的注意问题分成以下三类：一是引起注意，即注意选择上的障碍，指学习障碍儿童在挑选本应引起他们注意的重要信息方面存在困难和障碍；二是做决定，指学习障碍儿童凭一时的冲动做出决定，想到什么就做什么，注意力极易分散；三是保持注意力，指学习障碍儿童很少能坚持把一件事做得有始有终；[①]即表现在注意的选择性差、持久性差和冲动性三个方面的基本特征。

有注意问题的认知加工过程障碍学习困难儿童由于有以上三方面的特征，因而他们在学习过程中不能像正常儿童一样专心致志，不能把注意力指向规定的目标，好动，不安静，容易分心，情绪不稳定，注意的持续时间短，而这些问题又会加深他们的学业困难。其中，多动与注意问题的关系非常密切。

多动的儿童往往都存在着一定程度的注意问题，而有注意问题的儿童中也有很多同时存在多动问题。因而，根据有无多动这一维度将注意缺陷分为：有多动的注意缺陷和无多动的注意缺陷。研究最多的是多动的注意缺陷，认知加工过程障碍学习困难儿童在该方面主要表现为不能安静地坐下来学习，东张西望，小动作不断等。为了进行区分，研究者认为多动的注意缺陷主要有以下特征。

(1) 存在注意问题。做事经常有头无尾，经常不听他人讲话，很容易分心或难以保持注意，很难较长时间注意于一项活动。

(2) 冲动。不经思考就行动，非常容易从一个活动转移到另一个活动，经常在大庭广众之下大声喊叫，很难集中注意做作业或其他需要持续注意的事情，在游戏或小组情境中不能等待。

(3) 多动。很难安静下来或容易极度烦躁不安，总是在动来动去。

(4) 年龄从7岁开始。

(5) 以上特征至少持续6个月。

(6) 不是由于精神疾病、情感失调、严重的或一般性的智力落后所造成。

无多动的注意缺陷除了没有多动及与此有关的特征外，其余的特征与多动的注意缺陷特征相同。

二、知觉加工问题

知觉加工能力是人类从事各种活动的基本认知能力，对学习活动来讲尤其重要。学习困难儿童的知觉加工障碍是最早被发现的问题之一。早在1925年，美国的精神病学科医生奥顿发现一男孩智力正常，没有脑部损伤，却不能分辨镜像字母、数字，如“b”与“d”，奥顿由此认为这些问题是由于视知觉加工过程中的缺陷所造成的。斯里佛(Sliver)指出，这种对视觉信息空间位置的混淆几乎在某些儿童一开始学习阅读、书写时就出现了。[②] 这些儿童在书写拼音或汉字时会更多的出现左右颠倒的现象，认读字词时又经常混淆左右颠倒的拼音和汉字。如本章案例5-1所示揭示的现象。

---

① 石学云.学习障碍认知特征的研究综述[J].现代特殊教育，2006(1)：35.

② 郭靖.学习障碍儿童的视觉运动特征[J].中国特殊教育，2000(2)：37.

现实中，教师会发现有的学生进入学校后写作业时常常不是多一笔就是少一画，即使照着书本抄也会这样；有的学生把偏旁部首写颠倒或把数学中的数字写颠倒或看颠倒，如把"9"写成或看成"6"；有的学生分不清"戊""戌""戍"的细微差别，把"禁止入内"读成或看成"禁止如肉"，容易把一些相近的字词混淆。并且，这些学生往往写作业时速度也比较慢，写字不是用力太轻让人看不清楚就是把纸都划破了……由于这些问题造成了其学习成绩的落后，被诊断为学习困难学生。而这些现象的出现可能都是由于认知加工过程中的基本加工过程——知觉加工障碍所引起的。

从20世纪60年代开始，研究者们开始对学习困难儿童的知觉加工缺陷问题开展了大量的研究。在该时期的学习困难研究中，对于认知加工过程中的知觉缺陷的研究一度占有主导地位，曾被认为是影响学生学习的主要因素。与学习过程有关的知觉加工主要包括视知觉加工问题、听知觉和知觉-运动统合三个方面，这些加工过程需要以正常的神经系统功能为基础。

（一）视知觉加工问题

在学习活动过程中，70%以上的信息都是通过视觉来接受的。学生的学习，如阅读、写字、计算等，每时每刻都需要通过视知觉来对外界的刺激进行辨别、排列、回忆及把来自各个感觉器官的信息进行综合等过程。因而，视知觉的发展在学习活动过程中的作用是不言而喻的，可以说，视知觉的发展关系到学习的成败。

如第2章所述，对学习困难儿童认知过程障碍中视知觉问题研究最多的是视觉-空间障碍，这类问题主要表现在学习困难儿童的视觉分辨力低下、对于视觉信息空间位置关系的混淆，以及数学符号概念形成困难。其中，视觉分辨力是指在周围环境中用视觉区分物体和符号的能力，如在前面提到的有的学生分不清"戊""戌""戍"，把"内"看成"肉"等，这些都属于视觉分辨能力较低所造成的问题；有的学习困难学生把偏旁部首写颠倒，把文字符号做镜像处理，如把"p"看作"b"，把"w"看作"m"，把"was"看作"saw"等，这些问题都是学习困难儿童的视觉-空间位置障碍的表现，是由于他们无法对知觉到的视觉信息进行空间位置加工，从而造成了混淆空间关系的现象，而不是由于他们的视力不良；学习困难儿童常出现阅读时错读、漏读、跳读或跨行、漏行或重复某一行等视觉信息处理缺陷。近年来通过眼动仪研究发现，儿童的学习困难与眼动异常有关，学习困难儿童在扫描文字时，比正常儿童表现出更多不协调的眼球运动，复位次数多，振幅大，注视时间长，尤其是阅读障碍儿童表现出明显的视觉空间障碍。[①] 在数学学习方面，有的学习困难儿童视觉信息分析困难，难以理解数学符号的含义，往往会出现计算中位数颠倒、对位困难、运算符号混淆等现象，这些都是数学符号概念形成困难的表现，究其原因是由于学习困难儿童的视知觉存在障碍。

1994年，史密斯指出了阅读困难者中常见的与学习有关的视知觉方面的特征，见表5-1。

① 赫尔实.近年来国内学习障碍儿童认知特征研究综述[J].中国特殊教育，2005(03):85-89.

表 5-1　与学习有关的视知觉问题特征[1]

一般性表现	与语言学习有关的表现
(1) 区分视觉形状困难 (2) 知觉形象背景困难 (3) 寻找隐藏的图像困难 (4) 无法颠倒或倒反图像 (5) 空间判断困难 (6) 靠视觉记忆顺序、形状或方向困难 (7) 方向感差 (8) 视觉想象力差，如在拼图或完成未完成的图等工作表现困难 (9) 无法整体地知觉	(1) 阅读或书写时出现字母颠倒 (2) 易混淆方向特征的字母 (3) 一次只能回忆单一元素 (4) 视听觉协调困难 (5) 视觉序列记忆字母困难 (6) 回忆瞬间出现的字母、字或非字都非常困难

(二) 听知觉加工问题

有的学习困难儿童在听觉加工上存在一定的缺陷，这部分儿童听力是正常的，问题出在对听到的内容进行解释或再认能力的缺陷，主要表现在听觉辨别能力差和听觉记忆能力差两个方面。

听觉辨别能力是指对不同声音之间差异的辨别能力及辨别一组或一对字词间差异的能力。部分学习困难儿童在听觉辨别这种认知加工能力上存在问题，主要在于对声音的分辨上存在困难(如两个拼音中只有一个音不同，如“li”与“yi”;“4”与“10”)，不能区分通过听觉通道输入的近似的字母，不能分清声音上相近的字与词。有的学者认为，学习困难学生在模仿发声方面没有问题，但他们对声音细节的分析及再认声音方面会存在困难，例如语音意识困难。我们在第 2 章列举了大量的研究成果，表明语音加工缺陷，是造成学习困难特别是拼音文字中学习困难的主要原因之一。

听觉记忆能力是指把听到的信息进行贮存与回忆加工的能力。有的学习困难儿童在这方面存在障碍。有的教师发现，让学习困难儿童去拿一些东西或做几件事情的时候，他们往往忘记其中的一件或几件，需要教师多次提醒才能把一项任务或活动做完全；在学习过程中，该类学习困难儿童往往对于长于五六个词的句子不能重复叙述，教师布置的作业只记得其中的一部分，这些表现都是由于他们的听觉记忆方面存在问题，对声音的记忆加工方面存在障碍。

儿童在学习的过程中既可以通过视觉通道来学习，也可以通过听觉通道来接受知识，当然还可以通过接触物体等其他方式来学习，这些方式只是知觉通道上的差异。其中视知觉和听知觉是两种不同的知觉通道，也是儿童学习所依赖的两种主要的知觉通道。儿童在学习的过程中往往表现出某一通道上的优势性，这种现象在学习困难儿童中出现的更普遍一些，如有的学习困难儿童更多地依赖于视觉通道来接受知识，对于视觉方式输入的信息更容易加工，而有的学习困难儿童则更多的偏好于选择声音方式的知识学习，因为他们对声音文

---

[1] 毛荣建. 学习障碍儿童教育概论[M]. 天津：天津教育出版社，2007：45.

字更容易加工，还有的儿童在实际的操作过程中更容易学会知识，即发挥他们的优势通道，对其他的通道进行一定程度的补偿。因而，教师在教学的过程中，要善于发现并利用学习困难儿童在知觉加工上的这一特点，因材施教，真正地实现差异教学。

（三）知觉-运动统合能力

知觉-运动统合能力主要是指儿童把来自各个感官的信息进行综合处理能力，涉及知觉（如视知觉、听知觉等）与运动中的肌肉的协调。这种能力与学习密切相关，如写字过程中的手眼协调是学习中最基本的能力，这就需要儿童把视知觉与手指的运动机能统合起来才能完成。

有的学习困难儿童在知觉-运动方面存在问题，如在体育运动中基本动作协调不良、节奏感较差，明明看到或听到了某种情况，身体却不能及时按照大脑的指示作出判断和反应等。在学习方面，存在知觉-运动问题的学习困难儿童往往存在书写困难，速度慢，笔顺错误，间架结构不良。还有写字不是用力太轻看不清楚就是把纸都划破了等，这些会影响到儿童阅读、写作和计算等学习活动的顺利进行，并导致学习困难等一系列的问题。

知觉-运动上的问题由于是与基本的肌肉运动相联系的，因而在儿童早期就可能被父母或教师发现，如父母可能会发现自己的孩子在走路、跑这些大肌肉运动或扣扣子、绑鞋带、拿筷子这些精细动作等方面存在困难或发展滞后。而这些问题不仅会导致日后的运动上的问题，也可能会影响到儿童入学后的学习，如果儿童在使用筷子方面存在问题，那么很有可能会影响到他握笔的姿势及技巧，而这会对书写造成一定的影响。如果儿童存在该方面问题，就应及早针对这些问题进行矫治与训练，以避免以后有学习上的失败。

三、记忆问题

从信息加工的观点看，记忆是人脑对外界输入的信息进行编码、储存和提取的过程。相对于注意和知觉这两个初级的认知过程来说，记忆是个体认知加工过程中相对高级的认知过程。而这一过程对学生的学习来说是一个整合的过程，在获取知识的过程中起着重要的作用。随着学习任务复杂程度的增加，年级的递升，记忆方面的个体差异越来越明显，学习困难学生在记忆上的问题逐渐显现出来。

对于学习困难儿童记忆这一认知加工过程的研究，研究者多数运用信息加工的方式来探讨，即研究学习困难儿童在记忆的过程中刺激的输入、选择、贮存、使用及再现等问题，研究的内容主要集中在感觉记忆、短时记忆和长时记忆三个成分上（见图 5-2）①。本书第 2 章中列举的大量的研究表明，学习困难儿童在这三个记忆成分上存在障碍。

（一）感觉记忆中信息提取缺陷

在对学习困难儿童的感觉记忆研究方面，大多数研究结果显示，学习困难儿童在对感觉信息的编码、提取上存在问题。例如，在提取的速度方面，1984 年，埃尔伯特（Elebert）研究发现学习困难儿童在对再认词进行编码时需要花更多的时间来搜索记忆，这就可能会影响他们的阅读速度，进而造成学习困难。

① 徐芬.学业不良儿童的教育与矫治[M].杭州：浙江教育出版社，1997：168.

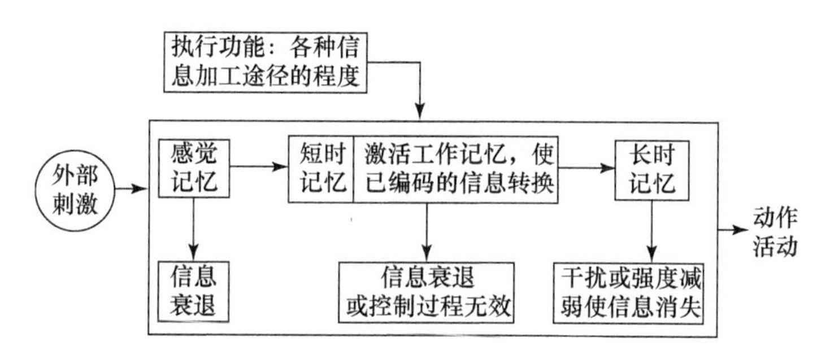

图 5-2 记忆的信息加工成分与阶段

（二）短时记忆差

信息从感觉记忆进入短时记忆后，要进行信息的比较、组织、加工和编码，而学习困难儿童的短时记忆困难主要包括在听或看之后短时间内对信息的回忆有困难，如有的学习困难儿童会忘记正在写的词或句子，忘记刚刚看过的数学公式等。学习困难儿童在短时记忆中的困难还表现在缺乏或不能够充分运用一定的复述策略使信息进入长时记忆中，复述的频率及复述的策略水平较正常儿童差。

（三）工作记忆差

工作记忆缺陷是学习困难儿童和成人最基本的问题。工作记忆被定义一种容量有限的加工资源，它一方面要进行信息的存储，同时又要对这种信息或其他信息进行加工。根据巴德利的观点，工作记忆包括三个部分：中央执行系统、视空模板和语音环路，它为复杂的任务比如言语理解、学习和推理等提供临时的储存空间，并且加工所必需的信息。[①] 研究者普遍认为阅读困难儿童的工作记忆落后，存在广泛的工作记忆损害。这种工作记忆损害不仅表现在句子记忆、声音符号等语音环路上，同时也表现在图片记忆、视觉学习等视觉-空间模板和中央执行系统上。同时，学习困难者的工作记忆缺陷主要存在容量缺陷和加工抑制机制缺陷。[②]

2000 年，盖瑟科尔和皮克林的一项研究证实了视觉工作记忆的重要性：视觉-空间工作记忆能力与中央执行加工过程与六七岁的学生的学业成绩明显相关。在学业成绩上表现出明显不足的学生，在视觉-空间工作记忆上也表现出明显的不足。因此，视觉工作记忆能力与学业成绩之间有明显的关系。[③]

1999 年，我国学者金志成对学习困难学生的工作记忆研究发现：与正常学生相比，学习困难学生的工作记忆容量明显不如正常学生；而且，学习困难学生工作记忆容量低主要是由于其储存能力差而造成的。2000 年，张明等人采取工作记忆的广度、提取错误值和提取速度三项指标考查学习困难学生视觉-空间工作记忆的提取能力，发现无论在高加工负载或低加工负载的条件下，学习困难学生的视觉-空间提取能力都比优秀生差。学习困难学生的视觉-空间工作记忆受加工负载的影响较优秀生小。赵微研究显示，汉语阅读困难学生的视觉工作记忆能力明显不如正常学生。研究通过语词、语句的介入以及改变加工方式和增加加

---

① 张明，陈骐. 记忆提取研究的新进展[J]. 心理科学进展，2002，10(2)：133-146.

② 白洁，赵微. 学习困难者的内隐学习研究[J]. 现代特殊教育，2017(06)：52-57.

③ 赵微. 汉语阅读困难学生语音意识与视觉空间认知的实验研究[D]. 华东师范大学博士论文，2004：1-134.

工难度这些环节，考查对视觉工作记忆成绩的影响。如果仅仅有语词介入，而加工方式的难度没有增加，对视觉工作记忆成绩影响不大；但当语词介入，并且增加加工难度后，正常学生视觉工作记忆的效率明显降低。学习困难学生虽然也表现出同样的趋势，但不如正常学生明显。这种视觉工作记忆上的困难，受到三种不同方式的视觉工作记忆加工任务的支持。增加加工的难度，会极大地影响视觉工作记忆的成绩。结果证明，语言因素不是阅读困难学生工作记忆障碍的主要影响因素，加工难度则是最主要的影响因素。这也表明阅读困难工作记忆障碍的非语言特征。孙悦亮对学习困难学生的工作记忆广度实验研究也发现，学困生的工作记忆广度较低，工作记忆广度与其学业成绩间存在显著正相关。进一步强调了工作记忆缺陷是学习困难儿童的学业成绩低下的重要原因。[①]

（四）长时记忆差

信息通过短时记忆进入长时记忆中，需要经过进一步的精细加工。学习困难儿童在语义记忆编码方面存在困难，主要是由于他们较少利用精细的复述策略使短时记忆中的信息转化成有意义的信息，而导致许多信息难于或很少进入长时记忆。并且，在回忆或提取信息方面，学习困难儿童虽也运用了一定的策略，但选择的策略效用较低。大量的研究表明，学习困难儿童的长时记忆在各个方面明显落后于正常儿童。

此外，认知加工过程障碍学习困难儿童还存在机械记忆和序列记忆方面的问题，如有的学习困难儿童很难记住无意义的图形、抽象概念，无法按正确的次序回忆信息等问题。

总之，学习困难儿童在记忆这一认知加工过程中存在一定的障碍。总的表现为对信息的选择、储存、提取及监控方面存在障碍。

四、思维问题

思维是人类心理活动中最高水平的，是指人类解决问题和概括事物的能力。虽然思维具有较高级的心理加工水平，但它以基本的认知能力和认知过程，如感知觉、注意、记忆为基础。考查学习困难儿童的思维问题时，往往是以考查较初级的心理加工水平为基础的。

学习障碍儿童的思维问题主要表现在：思维的冲动性，思维的刻板性及抽象能力受损，按次序排列信息有困难，不能从错误和成功中总结经验，思维缺陷部分来自于注意和记忆方面的障碍，思维的不连贯性。这些思维问题造成了学习困难儿童学业上的落后，使得他们在学习的过程中不是花时间去分析问题，总是急于解决问题。在考虑问题时思路往往比较狭窄，固结于问题的细枝末节上，仅从具体性方面来考虑问题。很难区分信息的主次和问题的难易，成功具有较大的偶然性。思维的目的性不强，较易受到外界刺激的影响而中断目前的任务等等思维方面的问题。[②]

概念形成和解决问题是体现思维能力的两个主要方面。学习困难儿童由于其思维能力受损，对概念及对象间相互关系的理解上有困难，难以形成概念。在解决问题，尤其是解决

① 孙悦亮，金志成. 工作记忆广度与学习困难的关系研究[J]. 华南师范大学学报（社会科学版），2009(01)：152-156.

② 赵斌. 浅谈学习障碍儿的思维特点及训练[J]. 现代特殊教育，2001(1)：20-21.

数学题目时,较少进行逻辑思考,常常以不良的组织方式解决问题,不能从成功和失败中总结经验。

五、元认知问题

元认知是指个体对自己认知过程的自我意识和自我监控。学习过程不仅仅是对所学材料进行识别、加工和处理的认知过程,同时也是对该过程进行积极有效的监控和调节的元认知过程。

学习困难儿童元认知方面有明显的困难,元认知缺陷是认知加工过程障碍学习困难儿童的主要特征之一。对学习困难儿童元认知过程的研究主要集中在两个方面:一是对各种基本认知过程(如注意、记忆等)的反省意识方面;二是认知加工中策略的主动选择和使用。一般学习困难儿童在这两方面都存在问题。①

元认知能力缺乏的儿童往往认识不到自己的学习过程、学习策略,无法总结自己的学习等,对自己在学习活动中所产生的认知和情感体验缺乏清楚的、正确的认识。学习困难儿童的元认知整体水平显著低于一般优秀生,主要表现在三个方面:①学习困难学生不能很好地预期或计划自己的学习,难以形成有效利用的认知策略系统。②学习困难学生不能自觉地使用有效的学习策略。③学习困难学生缺乏对学习的有效监控,从而降低了活动的效率与成功的可能性。② 如学习困难学生的元记忆监控能力低下,缺乏对合适的记忆策略的有意识选择,影响到记忆加工方面的发展水平。③

在学习的过程中,学习者通过与外界发生相互作用,有目的、有计划地利用已有的知识经验建构新的知识体系,并能加以灵活运用,这对学习困难儿童来说是比较困难的。这主要是因为学习困难儿童在此过程中缺乏有效策略,难以及时准确地监控、调整自己的认知过程,在元认知的两个成分——认知的知识和认知的过程上都较正常儿童有差异。

总之,认知加工过程障碍学习困难儿童其特征主要表现在基本的心理加工过程方面。学习中,当信息的输入、处理和输出的某一个或某几个过程存在问题时,都会造成学习困难。因而,认知加工过程障碍学习困难儿童可能存在上述认知问题中的一种(如案例 5-1),也可能存在几种(如案例 5-2),但不管怎样,需要根据学习困难儿童实际表现,对这些认知问题进行进一步的有效的鉴别和诊断。

第 3 节　认知加工过程障碍学习困难的诊断与评定

对学习困难具体问题的诊断和评定是教学和教育训练的前提和基础,教育训练方法和方案的设计和实施,都需要依据诊断和评定结果来确定。认知加工过程障碍学习困难儿童的评定与学习困难儿童诊断与评定的步骤和原则是一致的,不同之处在于认知加工过程

① 张雅明,等.学习不良儿童的元认知研究[J].心理科学进展,2004(12):363-370.

② 王春燕,等.学习困难学生元认知发展特点及教育对策[J].山西大学学报(哲学社会科学版),2001(5):22-23.

③ 周永垒,韩玉昌,张侃.元记忆监控对学习困难生记忆影响的实验研究[J].中国特殊教育,2008(5):42-46.

障碍学习困难儿童的评估主要从学习困难儿童的认知能力评估入手，除了一般的智力正常及一些排除性因素外，把认知加工能力作为鉴别认知加工过程障碍学习困难的主要指标。

需要注意的是，认知加工过程障碍学习困难儿童并不是在所有的有关学习的认知能力上都存在缺陷，而是指在一种或几种认知能力上有问题，如有的学习困难儿童在注意能力上存在问题，由于上课精力不集中，容易分心，难以持续地把注意力集中到教师的讲课当中……但不存在其他诸如知觉、记忆等方面的问题，仅仅是由于注意缺陷所导致的学习困难。因而，在鉴别和诊断的过程中，我们要从儿童的个体差异出发，具体问题具体分析，依据具体的诊断结果来判断儿童的学习困难具体发生在认知加工过程的哪一个或哪几个方面。研究表明，学习困难儿童往往在一种或两三种认知能力上有缺陷，而在其他能力上是正常的，有的还可能达到中上水平。但不管怎样，如果该学习困难儿童在任何一种或几种认知能力上存在缺陷，并由此造成学业上的落后，我们都称之为是认知加工过程障碍学习困难儿童。

一、认知加工过程障碍学习困难评估的模式

认知加工过程障碍学习困难的诊断与评定模式主要是相对于学习困难儿童的认知加工过程来说的，即加工过程缺陷诊断模式，也称为心理过程缺陷诊断模式。该模式把学习困难儿童的学习问题归因于信息加工过程的缺陷，如注意、知觉、记忆等方面的问题，主要从学习的信息加工模式中的各环节来对学习困难儿童进行诊断与评估，这与本章所介绍的认知加工过程障碍学习困难类型是相吻合的。

加工过程缺陷诊断模式强调对学习困难儿童的认知加工过程进行详细的诊断，以学习困难儿童的认知加工水平为中心，来确定具体是何种认知缺陷引起了学生的学业问题。如在案例 5-1 中，该儿童在学习上表现出特殊的困难，但智力正常，诊断结果发现他只是在视知觉上存在问题。虽然他在听知觉和注意等其他认知加工过程上没有问题，但由于视知觉的问题影响了他的书写、计算，这会造成他学习成绩非常差，他属于视知觉缺陷引起的认知加工过程障碍学习困难儿童。在该模式中，教育训练一方面可以通过视知觉的训练来提高该儿童的视知觉加工能力（对缺陷的矫治），另一方面可以多通过听觉的方式给该儿童传授知识，只对他布置口头作业和进行口试（优势补偿弱势）。这样的诊断与评定模式，既发现了学习困难儿童的认知加工过程在哪些方面存在缺陷，也能够看出学习困难儿童在认知加工水平上的优势在哪里。因此，加工过程缺陷诊断模式既又着眼于学习者的弱点，又强调学习者的优点，重在强调以长补短、发挥优势的教育教学策略。

二、认知加工过程障碍学习困难评估的方法

与认知加工过程障碍学习困难评估有关的方法主要有以下几种。

（一）调查法

调查法是通过问卷、访谈等形式，有目的、有计划、系统地搜集有关评价对象信息与资料的方法。在这里的评价对象是学习困难儿童，需要搜集的信息与资料包括所要诊断与评定的儿童的一般资料，包括儿童的生活史、病史与学校表现等，内容力图涵盖儿童生

活背景与以往发展的广泛信息，力求从多个角度全面搜集所要诊断与评定的学习困难儿童的资料。

调查研究的具体方法包括很多种，在这里介绍两种用于诊断与评定认知加工过程障碍学习困难儿童常用的两种方法。

1. 问卷法

问卷法是以书面提出问题的方式搜集资料的一种研究方法。这种方法主要用统一设计的问卷，要求被调查者做出回答，从而获得被调查者对某一现象或问题的看法和意见。如，为了解学习困难儿童在课堂上的注意力状况，可编制一份注意力调查问卷，主要让任课教师对该学生在课堂上的注意力表现进行回答。

运用问卷法对认知加工过程障碍学习困难儿童进行评估时，一般被调查的对象是该儿童的家长和教师。提出问题的方式可以采用量表的方式，进行定量化的调查；也可以运用提问的方式，让被调查者自由做出书面回答。采用的方式可依据具体的调查目的和内容来确定，也可以两种方式相互结合。

2. 访谈法

访谈法是调查者与选择的被调查者之间进行面对面的谈话，以了解一些对研究有用的信息的一种方法。访谈法比较灵活、适用面广，谈话双方可以随时改变谈话的方式，可用于不同的问题、不同的群体，既可用于对教师和家长，也可用于被诊断与评定的儿童及其同伴进行访谈。如有的儿童由于某些认知加工过程问题而出现学业不良，其家长和教师都认为是由于该儿童学习态度有问题，学习不认真造成的。但是经过调查者对该儿童的访谈发现，他也非常想上课认真听讲、考出好的成绩，可无奈书本上的内容都看不懂，尤其是在学习拼音、数学符号的时候，每个字母都像是在“跳舞”，根本无法使他集中精力去学习……因而，这就不像家长和教师所认为的那样，是学生态度上有问题了。

运用该方法进行评估时，对调查者的要求比较高，必须事先对访谈人进行严格而规范的训练，以防在访谈的过程中得不到有效的信息，出现口头报告的偏差。

（二）观察法

观察法是在一定时间内对特定对象的行为表现或活动进行考察，从而搜集研究资料的一种方法。观察法是在对认知加工过程障碍学习困难儿童进行诊断与评定时常用的一种方法，经常用在诊断与评定的初期。观察者可以是教师、家长，也可以是专门的诊断与评定人员（如研究者或特殊教育专家等）。观察法主要对要诊断与评定的儿童的具体认知行为进行观察。

用观察法来诊断与评定儿童是否是认知加工过程障碍学习困难儿童时，主要从对儿童是否有认知加工缺陷的外部表现出发来进行观察。如，有的儿童在课堂上小动作不断、东张西望；有的儿童在做作业时写字歪歪扭扭，左右或上下颠倒；还有的儿童在教师刚讲完几个简单词语让他重复时难以完成任务等，这些都是认知加工过程障碍学习困难儿童的可观察的外部表现。

在实际对儿童心理过程的外显行为进行观察时，要注意尽量不要使观察活动影响儿童的正常行为，以免使观察结果失真。

（三）个案资料分析法

分析被诊断的儿童的个案资料，是获取诊断与评定所需依据的重要途径。个案的资料包括文字记录、录音带和录像资料等，其中文字记录包括个案的成长记录、辅导记录、转介申请表等，还包括个案的一些学习成就资料，如作业本、试卷和成就记录等。

诊断者可以根据这些搜集到的个案资料对个案的问题进行初步的假设，初步判断该儿童的主要问题是哪一项或哪几项，然后再进行进一步的访谈、确定观察的重点及选择恰当的测验来进行细致的鉴别和诊断。

分析被诊断儿童的个案资料，进而判断其是否为认知加工过程障碍学习困难儿童时，应该注意所搜集的个案资料可能存在一些主观性或错误的内容，因而需要用其他的资料及方法来验证、补充，切忌轻易下结论。

（四）标准化测验法

对认知加工过程障碍学习困难儿童进行诊断与评估必须经过标准化测验。标准化测验由心理或教育专业人员实施。除了基本的用来诊断与评估学习困难儿童的标准化测验（如智力测验）外，涉及该方面的标准化测验包括许多，这些测验有的测量大多数的认知能力，有的测量其中的一种或几种认知能力，主要包括以下几种。

（1）瑞文标准推理测验，共分为五个水平，要求儿童从6个选项中选出目标图形的缺少部分。许多学者把瑞文标准推理测验作为筛查学习困难儿童的智力测验，由于该测验是图形推理测验，所以也可以用来测量儿童的视觉辨别、观察和思维推理等方面的能力。

（2）WJ-Ⅲ COG认知能力测验，即第3章第3节中所提到的WJ-Ⅲ GQC认知能力测验，是WJ-Ⅲ中的分测验之一。该认知能力测验中的10个标准测验和10个扩展测验分别测量了不同的认知能力，并通过不同的分测验来分别考察其中的每一种能力，可以作为有效诊断与评估认知加工过程障碍学习困难儿童的测量工具。

（3）儿童认知能力诊断量表，是由杭州大学心理系吕静教授等编制，用于诊断和评估1～3年级儿童的认知能力缺陷。[①] 由三个分测验七个项目组成，三个分测验为观察力分测验（O）、记忆力分测验（M）和思维推理能力分测验（R）。O分测验分为两个项目，即辨别相同项目和不同项目，主要测量儿童视觉辨别能力。M分测验主要测量儿童短时记忆能力，包括机械记忆项目、记忆广度项目和意义记忆项目。R分测验包括图形关系推理和语词类比推理两个项目，主要测量儿童逻辑推理和对词的理解、概括、归纳及演绎能力。

（4）福斯泰格（Frostig）视知觉发展测验，由福斯泰格等在1963年开发，用于诊断儿童的视知觉问题。该测验主要测量儿童视觉和运动的协调、图形和背景、形状的恒常性、空间位置和空间关系五个方面的视知觉状况。福斯泰格视知觉发展测验对学习能力的测查内容如表5-2所示。

① 吕静，等.《儿童认知能力诊断量表》的特点与分析[J].心理学报，1994(4)：365-370.

表 5-2　福斯泰格视知觉发展测验对学习能力的测查[①]

检查内容	学习能力
检查Ⅰ	写字能力、绘画能力
检查Ⅱ	对文章中的单词、句子的认知能力
检查Ⅲ	从同一文字、单词、标识的不同颜色、方向、大小中判断相同与否的能力
检查Ⅳ	对文字、数字旋转以及逆转后位置关系的认知能力
检查Ⅴ	对单词中的文字、文章中单词前后关系的认知能力

(5) 儿童核对任务测验(Children's Checking Task,CCT),是用来诊断儿童的注意问题中最常用的测验。该测验共有 5 页,每页上印有以随机次序排列的一组组数字,并用录音机以每 2 秒一组数字的速度读出与纸上相同次序的数字,但其中有 7 组数字不同,要求儿童边听边核对纸上的数字,记录儿童的正确率。该测验是警觉测验的一种,考察儿童在测试过程中集中和保持注意力的能力。

(6) 本顿视觉保持测验,是由本顿(Benton)于 1977 年编制的用于测查儿童视觉记忆、视知觉和视空间结构能力的一种非言语测验。我国学者龚耀先、唐秋萍于 1992 年进行了修订。该测验材料为三种不同形式的测验图片(C、D、E 式),每种形式有 10 张图片,每张图片上有一个或一个以上的几何图形,共有 A(每张图片呈现 10 秒,立即再生)、B(每张图片呈现 5 秒,立即再生)、C(临摹)、D(每张图片呈现 10 秒间隔 15 秒后再生)四种测验方法,根据不同的实验目的和要求可以把测验方法和测验材料相互组合来测查儿童的视觉记忆、视知觉和视空间结构等能力。

通过对诊断认知加工过程障碍学习困难儿童的主要方法的描述中我们可以看出,这些方法各有特点,因而在实际的诊断过程中,不能局限于其中的一种方法的诊断结果,而应把多种方法结合起来,通过各种渠道搜集资料,这样才能使对认知加工过程障碍学习困难儿童的诊断和评定更全面、更有效,更利于后期的教育训练计划的制订和实施。

(7) CAS 认知能力评估 (Cognitive Assessment System)是基于加拿大心理学家戴斯等学者提出的 PASS 理论模型开发的,该理论将认知加工过程分为"计划—注意—同时性加工、继时性加工"。该评估系统适用于对 5～17 岁的儿童和青少年进行个别化施测,是可以有效动态评估认知过程的操作化工具,测验包含 4 个分量表共 12 个分测验, 每个分量表包含 3 个分测验,有言语的和非言语的, 有些涉及记忆, 有些则不涉及记忆;CAS 全量表测验得分, 可用以替代传统 IQ 总分;分量表或分测验得分可以剖析个体的认知过程的各个方面。[②]

① 周平,等. 学习障碍儿的教育指导[M]. 北京：人民军医出版社,2006：57.

② 戴斯,等. 认知过程的评估——智力的 PASS 理论[M]. 杨艳云,谭和平,译. 上海:华东师范大学出版社,1999:103-115.

三、认知加工过程障碍学习困难评估的内容

（一）儿童的早期经历

一般而言，儿童进入学校之后才开始有了学科的划分和学业成绩好坏的衡量，但并不意味着所有的问题都是进入学校之后才产生的。因而，对任何一种类型的学习困难儿童进行诊断与评定都要考查他的早期经历，一方面对儿童早期经历的了解是诊断的基础和重要内容；另一方面，儿童早期经历中的因素也影响着对该儿童的诊断与评定结果。

除了一般的对学习困难儿童早期经历的诊断（如出生历史、健康史等）外，对认知加工过程障碍学习困难儿童的早期经历的考查重点是儿童早期心理与行为的发展史，如儿童何时学会爬、坐、走，何时学会握笔，以及动作模仿、注意力、观察力、记忆力，特别是机械记忆能力等的发展。需要引起诊断者注意的是儿童早期语言的发展状况，这是因为儿童言语与语言的发展一方面是其他认知能力（如记忆、思维等）发展的基础，另一方面也是影响儿童学业成就的重要因素。

（二）智力水平

智力正常是诊断和评定学习困难儿童的首要标准，对认知加工过程障碍学习困难儿童来说也是如此。一个儿童如果智力不正常，那就要归入障碍儿童中的智障儿童而不是学习困难儿童了。因而，智力检查是诊断认知加工过程障碍学习困难儿童的一项不可或缺的内容。认知能力测检往往与一些智力测验的因素相重叠，认知障碍学习困难儿童智力测验成绩往往表现为临界状态。

衡量儿童的智力水平主要是通过智力测验的方法，目前使用广泛的是韦氏儿童智力测验及瑞文标准推理测验。

（三）儿童的基本认知加工能力

儿童基本认知加工能力（如感知、注意、记忆及思维等）的失调与否是诊断学习困难儿童是不是认知加工过程障碍学习困难儿童的主要依据，是认知加工过程障碍学习困难区别于其他学习困难类型的主要考查内容。

儿童基本认知能力信息的获得可以通过正式的标准化测验获得，这些测验主要包括标准化测验法中所介绍的几种用于测量儿童认知能力的测验，如 WJ-Ⅲ COG 认知能力测验、CAS 认知能力评估、儿童认知能力诊断量表等。

（四）排除因素

认知加工过程障碍学习困难儿童的诊断与评估的排除因素主要指的是：在该学习困难的类型中，儿童会存在一种或几种认知加工过程方面的缺陷，而这些认知能力的缺陷并不是由于儿童的其他障碍（如盲、聋、哑、弱智等问题）造成的，也不是由于行为问题、情绪困扰、教育环境剥夺这些因素造成的，而是由于儿童认知能力存在某方面的缺陷所导致的学业困难。

第 4 节　认知加工过程障碍学习困难儿童的教育干预

教育干预是在诊断和评定的基础上实施的。目前，对学习困难儿童的教育干预主要集中于神经机能层面和心理教育层面。认知加工过程障碍学习困难儿童的问题主要在于儿童

的认知加工能力缺失，因而，对于该类型的学习困难儿童的教育干预主要从提高他们的心理过程能力出发，即通过认知干预模式来训练儿童的认知加工能力。本节从认知干预的角度出发介绍认知加工过程障碍学习困难儿童的教育干预模式及在这一模式指导下对各种认知加工缺陷的干预措施。

一、认知干预

认知干预指通过对儿童有缺陷的认知加工能力的训练，来改善儿童的学习能力。可以看出，认知干预的内容是训练儿童存在问题的认知技能，着眼于有缺陷的学习过程和存在障碍的认知加工环节，目的是改善或提高儿童的基础学习能力。

20世纪80年代以来，美国心理学家卡罗尔(Carroll)等人创立了CHC理论(Cattell-Horn-Carroll)。该理论模型具有不同广度的三个层级。模型的底层即第一层(Stratum Ⅰ)包括了约70个可以直接测量的“狭窄能力”。第二层的能力(Stratum Ⅱ)，称为“广泛能力”，是人们最熟知的一些能力，包括流体智力、晶体智力，短时记忆、视觉加工、听觉加工能力等。第三层的能力(Stratum Ⅲ)代表最广泛的或最一般的能力水平，涉及高层次的复杂认知加工，它是一般因素的代表。该理论应用于学习困难认知能力评估以及学习困难干预等方面，为认知能力的评估与教育干预提供了理论框架。国外针对学习困难所进行的策略干预研究也是从认知能力方面对学习困难儿童进行干预，成效显著。CHC理论为学习困难儿童认知能力干预提供内容，将在儿童认知能力干预、通过改善认知能力而改善学习能力、提高学习成绩方面发挥重要作用。[①]

20世纪90年代，戴斯提出了智力的PASS模型，即计划、注意、同时性加工和继时性加工模型。该模型认为个体的智力活动包括三个认知功能系统，分别为注意-唤醒系统、编码-加工系统和计划系统，分别对应苏联心理学家鲁利亚所提出的脑的三个机能系统。基于该模型，戴斯等人提出了针对学习困难儿童的教育干预措施，基本过程为：首先，通过对学习困难儿童的认知加工过程的评估找出具体的认知加工过程的缺陷。其次，针对认知加工过程缺陷进行策略训练，以提高相应的认知加工能力。[②] 可以看出，该措施也是着重于对学习困难儿童的认知加工过程的干预，以达到实现对认知加工过程障碍学习困难儿童的教育干预目的。

通过本章的介绍可以看出，认知加工过程的缺陷是认知加工过程障碍学习困难的主要问题，因而对于该类学习困难儿童的教育干预主要是从认知过程技能的干预进行的。例如，儿童由于记忆缺陷造成了图片辨认困难，就应该从提高记忆能力的角度对儿童进行一定的记忆训练。听觉注意障碍导致的上课易分心而缺乏专注力，需要专门训练听觉三元注意力。由于视知觉加工障碍造成学业失败的儿童，应该对其进行视知觉加工训练等。总之，认知干预模式就是强调训练认知加工过程障碍学习困难儿童的认知加工能力。

---

① 赵微，田创．CHC理论及其在学习困难儿童评估与教育干预中的应用[J]．中国特殊教育，2008(5):47-52.

② 戴斯，等.认知过程的评估——智力的PASS理论[M].杨艳云，谭和平，译.上海：华东师范大学出版社，1999:12.

二、认知加工过程障碍学习困难儿童的教育干预措施

本章第2节中主要介绍了认知加工过程障碍学习困难儿童的特征，主要表现在注意、知觉加工、记忆、思维及元认知等问题上。对这些认知加工过程缺陷的教育干预主要从认知干预的理念出发，结合儿童具体的缺陷表现来实施有效的教育干预。因而，对认知加工过程障碍学习困难儿童的教育干预主要是对其存在障碍的环节进行认知能力训练，以达到提高儿童具体认知能力的目的，进而提高其学习能力，摆脱学业不良的困境。下面从以下几个方面来简单介绍一下具体的教育干预措施。

（一）注意力的教育干预

对认知加工过程障碍学习困难儿童的注意问题进行教育干预时，可以通过改善教育环境、进行针对性的注意力训练来帮助儿童克服注意问题。

1．合理安排教育环境

有的学校和教师往往忽视了学生学习的环境，有的校园临街而建，学生上课时都能看到人流，听到汽车、人群发出的各种嘈杂的声音，这些都不利于学生听课和学习，对有注意缺陷的学习困难儿童来说尤其不利，这就为他们提供了分心、多动的外部条件。

研究发现，合理的教学环境对改变学生的注意状况非常有效。校园应该安静、整洁，课堂教学应该结构严密、高度组织化。有注意缺陷的学习困难儿童最好坐在教室的靠前位置，这样教师容易看到，能够及时地对学生的注意分散采取措施。并且可以把注意缺陷儿童安排在自制力较强、学习成绩好的学生中间，使他受好学生的影响，帮助他集中注意力。

此外，还应对有注意问题的学习困难儿童进行有针对性的注意力训练。

2．注意力训练

对注意缺陷儿童的教育训练主要从心理治疗的角度出发结合有针对性的训练来进行。心理治疗对注意问题的矫正主要指的是行为矫正方法，这是治疗注意缺陷的比较有效的心理学方法。常用的用于改进注意加工障碍学习困难儿童的方法有：正强化、惩罚和消退技术。

（1）正强化的要点是一旦儿童出现所要求的行为就立即给予奖励。课堂中，教师可以从两方面来运用正强化技术：一是通过注意或赞赏来增加学生的注意，二是应用特定的指示语来改进不注意的行为。

（2）惩罚指不需要的行为出现后立即给予一个惩罚物或取消正强化物，如教师的罚站、斥责等都是惩罚的具体体现。运用惩罚技术时要注意其有效性。

（3）消退技术通过对行为的结果不予理睬来控制行为，使行为得不到强化而减退。这种方法更多的用来矫正孩子的多动、冲动、胡闹等不适应行为。一般而言，正强化技术常用于较高年级的儿童，消退技术多用于低年级儿童，惩罚技术则只当儿童具有危险的、较麻烦的注意问题行为时运用。

需要注意的是学习困难儿童，特别是低年级儿童的注意障碍常常表现为听觉注意障碍，从而导致上课时无法集中注意力听讲或注意持续时间短，导致对教师所讲授的内容知觉不完整，从而容易遗漏相关内容。因此，在专门的注意力训练中，要关注对听觉注意力的训练。

注意力训练，还可以结合教学内容来进行。例如，在阅读教学中，就可以让学生用手指

点读课文,以及在重点内容下做标记等。在数学教学中,可以给学生规定完成任务的时间要求。例如,利用沙漏计时是个不错的方法。

此外,药物治疗也较多的用于注意缺陷及多动儿童的干预。为了更加有效地帮助该类儿童摆脱注意问题的困扰,还应辅助药物治疗。

(二) 知觉加工的教育干预

对知觉加工障碍学习困难儿童的教育干预,主要由教师或心理治疗师针对儿童知觉缺陷进行训练,以期提高其知觉认知能力,训练的方式主要是游戏的形式,让儿童在有目的的游戏过程中达到训练的目的,主要针对视知觉、听知觉、触知觉和知觉-运动等方面进行训练。

视知觉缺陷的改善主要针对视觉分辨、视觉协调、方向性及图形—背景的区分等开展训练,目的是提高儿童的视知觉能力。具体的训练技术有拼图、从图片中寻找隐藏的图形、辨认图形、匹配几何形状和寻找遗漏部分等。

听知觉能力主要包括听觉感受性、听觉注意、听觉辨别等能力,其中听觉感受性可以通过要求儿童闭上眼睛倾听来自周围环境、教师及其他事物发出的声音等训练来提高其感受性。听觉注意是让儿童闭上眼睛通过集中注意来完成任务,如教师有节奏地拍手,让儿童回答拍手的次数和节奏。听觉辨别主要是对声音的高低、远近、声音的追踪及对拼音字母的听觉辨别。

触知觉训练主要是让儿童通过触摸的方式来提高触觉能力,如通过让儿童闭上眼睛触摸各种不同形状、大小、质地的物体等方式以提高其触觉感受性。

知觉-运动缺陷的训练主要是通过让儿童参与活动来达到训练的目的。运动技能包括大肌肉运动技能和精细动作技能等方面。大肌肉运动技能主要包括翻滚、坐、爬行、走、跑、投掷和跳的能力,精细动作技能主要包括儿童眼睛运动、手指操作、手眼协调及绘写能力。通过这些训练提高儿童的知觉-运动技能。

在实际的训练和教育干预过程中,教师还应注意对知觉障碍学习困难儿童的优势通道的利用。虽然儿童可能存在某一通道如视觉通道上的加工缺陷,但其听觉通道可能是正常的,因此,教师在课堂中应多安排一些听觉材料,如播放录音、讲解等。在教育过程中利用儿童效率高的通道来组织教学的同时,还应利用如上介绍的训练方式来对其缺陷通道进行补偿干预,并结合实际的教育教学对缺陷通道的能力进行培养,但在利用缺陷通道完成任务时,教师要注意不要给该类儿童施加太大的压力和负担。总之,对知觉加工障碍学习困难儿童的教育干预要从儿童的实际情况出发,训练弱势,加强优势,以长补短。

(三) 记忆力的教育干预

记忆障碍学习困难儿童教育干预的理论基础是从训练儿童的信息获取能力、信息贮存能力和提取信息的能力出发来提高该类儿童的记忆水平,因此,具体的干预措施和训练的方式方法都是以此为基础来展开的。

1. 工作记忆的训练

工作记忆障碍被认为是学习困难的核心障碍之一,对阅读与数学学习都有一定的预测作用。学习困难儿童表现为明显的工作记忆障碍。工作记忆的训练可以明显改善学习能力。对工作记忆的训练可以有多种方法。

(1) 快速命名训练。要求儿童用最快的速度命名随机排列的一组数字、字母、图形或者图画，记录错误率和命名时长。多用于低龄儿童的工作记忆训练。

（2）数字翻转训练。给儿童听觉呈现连续递增的数字序列，要求儿童按照听到的顺序的反序说出来。例如 呈现的数字为 3-6-2，正确的答案是 2-6-3。根据工作记忆的容量，一般以 9 个数字为最多。

3-7-5

8-1-6-2

4-9-7-3-1

7-5-2-6-3-1-8

4-2-6-7-5-3-9-1

3-5-2-7-1-9-6-5-8

（3）重新排序。给儿童听觉呈现一组既有数字又有词汇的序列，然后要求儿童把数字和数字按出现的顺序放在一起，把词汇和词汇按出现的顺序放在一起，说出来。例如，2-桌子-5-天空。正确的答案是 2-5-桌子-天空。可以逐渐增加序列的长度。

7-工作-2-苹果

8-认真-3-前进-5

6-玩耍-9-回家-2-参观

7-学习-3-国旗-2-熊猫-4

（4）跨句练习。给儿童听觉呈现不同数量的简单句子，让儿童努力记住。然后插入一个干扰问题，要求学生回答，回答后不论答案正确与否，要求儿童按照顺序回忆说出刚才两个句子的最后一个词各是什么。例如，两个句子分别是：蝴蝶花真漂亮；妈妈买了好吃的苹果。然后问“人们常用井底之蛙比喻什么？”儿童回答完毕后。要求儿童说出刚才两个句子中最后一个词各是什么。正确答案是“漂亮”“苹果”。依次增加句子的数量，以提高难度。

2. 长时记忆训练

长时记忆训练的方法很多，涉及记忆的策略。1984 年，柯克和凯夫特提出了记忆的六阶段模式，该模式对于记忆障碍学习困难儿童的教育干预具有一定的借鉴作用，包括如下阶段：

（1）选择记忆的对象。教师根据学生的实际情况决定学习与记忆的内容。

（2）提出对学生记忆的要求。让学生理解教师对他们的期望，使他们能够积极地运用策略进行记忆。

（3）对要记忆的信息进行组织。重点是运用一定的记忆策略（如联想、复述、分类及建立联系等）帮助学生组织要记住的内容。

（4）呈现要记住的信息。该阶段教师要考虑环境因素与信息呈现的方式，信息呈现的合适速度、恰当时长对学生记忆的影响。呈现时儿童注意力要集中。

（5）选择复述策略。一方面让学生运用最合适的复述技术、有足够的时间进行练习，另一方面严格限制复述信息的数量，提供充分时间让学生复述信息或运用记忆技能。

（6）教学生在记忆过程中进行自我控制。教师要帮助学生学会监督自己的学习过程。[①]

① 徐芬. 学业不良儿童的教育与矫治[M]. 杭州：浙江教育出版社，1997：177-178.

在实施教育干预的过程中，教师还可以在每一阶段结合一些活动（游戏）来帮助学生训练，这样既可以提高学生的兴趣又可以达到训练的目的。如在限定的时间内给学生看一些上面有数种动物的图片，将图拿走让儿童说出图片上有哪些动物。有记忆障碍的学习困难儿童一开始记住的不多，并且很少运用记忆策略，这时可适当延长记忆时间，并教给他们一些分类的记忆策略和技巧。

（四）思维问题的教育干预

前面提到过思维问题部分源于注意和记忆等多方面的障碍，对学习困难儿童思维障碍的教育应重在多种渠道、多种感官的综合训练。

1979年，费厄斯坦（Feuerstein）创设了培养学习困难儿童思维能力的项目（Instrumental Enrichment Program），训练材料由15套工具组成，主要培养学生的抽象逻辑思维及分析问题等智力技能。训练的内容包括如训练空间定向、比较、辨别时间关系、数的序列、三段论推理和关系转换等。该教程适合于8岁到成年的学习困难者。

可以看出，对思维障碍学习困难儿童的教育干预主要是在教育教学的过程中注重对这些儿童思维能力的培养，并辅以增强其思维能力的具体训练方法，主要集中在对儿童的演绎推理、归纳推理、逻辑推理及会聚性思维和发散性思维等思维形式的培养上。如在逻辑推理训练中，教师可以描述一些事件的特性或一些单一的关系，让儿童来推断其中的逻辑关系或联系（教师可以说："所有的生物都会死去，狗是生物，所以狗会死去。那么你来推断：所有的桂花都在8月开花，现在公园的桂花都开了，所以……"）。

（五）元认知的教育干预

元认知对多种认知活动（如记忆、思维）都有着广泛的影响，因而应注重针对学习困难儿童元认知障碍改善的教育训练，让儿童学会如何控制自己的注意、记忆和思维等认知活动，学会如何学习，这对于提高教学效果，发展儿童的潜力都是非常重要的。元认知训练的重点在于计划和监控两个方面，常用的计划任务和监控任务都可以用来训练学习困难儿童的元认识能力。

对元认知障碍学习困难儿童的教育干预应着重从以下几个方面进行。首先，激发学生的学习动机，培养学生的元认知意识。教学生乐于求知，注重自己的学习过程本身。其次，进行策略性知识的教学，交给学生多种完成任务的策略。目的是让学生明白策略的内容及学会如何使用，为策略的选择做铺垫。最后，积极创设问题情境，让学生选择合适的策略解决问题。在思考问题、解决问题的过程中，培养学生对自己思维过程的监控能力。如可以给学生发一份"思考我要做的事情"的过程自我监控表，①并告诉学生："每次当你需要监控自己的思考过程或行为时，自己负责监督自己，闭上眼睛从头到尾思考你的任务，想象你逐步完成每个步骤，最后顺利完成。当你在具体做的过程中，不时用表中列出的问题问自己。"

元认知技能与思维、记忆等认知能力的关系是十分密切的，因此，对元认知障碍学习困难儿童进行教育干预时，还应考虑到其他方面的认知因素，把元认知的训练与其他的认知能力训练相结合。另外，教师还应帮助元认知障碍的学习困难学生从一开始的以教师为主体的反馈逐步转化为依靠学生自己的内部反馈，形成良好的学习习惯。

---

① 瓦恩布雷纳. 学习困难学生的教学策略[M]. 刘颂，等译. 北京：中国轻工业出版社，2005：72-74.

教育干预对于矫正与训练认知加工过程障碍学习困难儿童是十分必要且有效的。对认知加工过程障碍学习困难儿童的教育干预应结合具体的认知障碍的表现和特征，采用不同的干预措施及手段，帮助儿童克服认知能力障碍。同时，还应注意这些障碍的预防，有学者指出，健全的、有效的预防程序可以显著地减少被诊断为学习困难的儿童的数量。

（六）基于 PASS 理论的认知过程干预方案

认知加工过程障碍的学习困难儿童一般会存在一种或几种认知加工缺陷，每一种加工过程之间也互相影响，王晓辰等对汉语阅读障碍儿童的认知缺陷模式加以探究发现，大多数汉语阅读障碍儿童存在不止一种的认知加工缺陷即汉语发展性阅读障碍，继时性加工缺陷是汉语阅读障碍儿童面临的首要认知加工缺陷，[①]因此认知能力的提升也是整体认知加工过程的不断优化和完善，本章第 3 节中介绍了认知加工过程障碍学习困难儿童的诊断与评定的方法，目前大多数学者强调动态过程的评价，同时也就有认知加工过程性的干预方案，基于之前在戴斯提出的 PASS 理论架构下，目前有两种促进认知加工过程的干预方案。

（1）基于认知加工的阅读增强方案（the Process-Based Reading Enhancement Program，简称 PREP）

该方案是一种针对存在阅读、拼写和理解困难的儿童进行的补救方案，目标是提高儿童阅读解码技能，改进信息加工策略，最终提高儿童的阅读能力，强调让儿童通过归纳自己的经验，自发地习得信息加工策略，而不是消极地接受规则，这些原理和规则是在任务的引导下由儿童主动探索的，这样儿童策略的发展和使用就更接近于无意识，该方案不仅侧重于认知加工过程，也侧重言语表达，鼓励儿童在操作任务时用语言表达完成任务。

PREP 针对儿童的阅读发展特点，制定促进阅读训练的任务，一般选取 8～10 个任务，每个任务包含普通过程和与促进内容相关的“过渡”形式。每个任务分为三种难度水平，从前一个水平向下一个水平过渡的标准是前一水平任务成功率达 80％以上，整个方案计划时间 12 周及以上，每周至少训练 1～2 次，建议至少进行 20 课时，每个课时 30～45 分钟，这取决于儿童的年龄和认知水平，同时要避免过度学习造成的迁移困难，不可对任何一个任务花费太多时间。该方案在设计时还需要采用有趣的教学材料，以训练儿童的选择性注意以使其主动学习，给儿童创造不同的氛围，能够有效发展新策略解决原有策略的无效性问题，让儿童愉快地学会恰当使用各种加工策略。为了确保儿童从方案中获得最大收益，应实时调整方案以适应儿童认知发展水平。

这些任务理论上分为三大类：第一类是继时加工任务，包括移动矩阵（Transportation Matrices）、连接形状（Joining Shapes）、窗口排序（Windows Sequencing）、连接字母（Connecting Letters）。第二类是同时加工任务，包括句子校正（Sentence Verification）、追踪（Tracking）、形状和物体辨别（Shapes and Objects）、形状设计（Shape Design）。第三类是牵涉两种加工的任务，包括相关的记忆集合（Related Memory Set）、矩阵（Matrices）。在每个任务中，包括非学业性的通用成分（Global Component）和与学业课程相关的关联成分（Bridging Component）两部分。前者为结构化的非阅读性任务，要求使用同时加工或继时加工策略完成。这些任务也给儿童提供了按照他们自己的方式内化这些策略的机会，然后

① 王晓辰，李清．基于 PASS 模型的汉语阅读障碍认知加工特点的实验研究[J]．心理科学，2013，36(3)：653-658.

促进迁移。与此对应，关联成分也牵涉同样的认知需求，提供有关同时和继时加工策略的训练，但使用这些策略的任务内容与阅读和拼写紧密相连。[①]

(2) 认知促进训练方案(the Cognitive Enhancement Training Program，COGENT)

该方案是戴斯教授为4～7岁儿童的认知发展量身设计的训练，以PASS理论、维果茨基的认知观点和哥尔佩尼(Gal'perin)的学习理论等为理论基础，认为儿童的认知发展过程是一个主动学习的过程，语言习得可以加速认知的发展，两者互相促进，因此，儿童早期语言和认知发展是不可分割的。

COGENT旨在引导儿童集中注意力、产生用以调节自己行为的内部言语或内部观念、选择信息、形成计划和策略等，包含5个模块，握拳挤压并说话，拍手与倾听，趣味关系，命名游戏及形状、颜色和语音命名。每个模块分为三种难度水平，儿童主要进行三种主要心理活动——观察、识记、思考及概念化。如模块1中，当辅导者呈现小动物图片时，儿童需要挤压球1次，呈现大动物图片时，儿童需要挤压球2次。这个过程包含了观察(儿童需要仔细观察所呈现图片中的动物的所有特征)、识记(看到图片后要从记忆中搜索之前大脑中存储的大小动物的图像)、思考及概念化(挤压反应时思考判断，比如我该怎么做呢？挤压球1次，因为这个动物蜻蜓看上去图片和斑马一样大，但却是小动物)。这些心理过程其实也都包含了PASS的四个认知加工过程：观察时需要注意，识别时需要同时性加工，判断挤压次数时需要计划，当呈现图片速度加快，儿童需要加快挤压球的反应节奏，这时需要继时性加工。该训练方案核心思想是夯实读写能力的基础，建立一个广泛基础，为后期阅读技巧的掌握打造金字塔结构，塔尖是娴熟的阅读技能，通过这些训练让儿童逐步发展内在语言所必需的认知结构，并指导其内部言语的发展，这有助于儿童自我行为的调节。该方案主要针对学龄前尚未正规学习阅读和阅读困难有风险的儿童，是可以早期预防阅读困难发生的有效训练方案。[②]

本章小结

认知加工过程障碍学习困难主要是从认知心理学信息加工理论的观点来解释学习困难儿童的认知过程，特指学习困难发生在认知加工过程，如感知觉加工、注意、记忆、思维、元认识等的某一或某几个方面的学习困难类型。由这些认知过程存在障碍而引发的一系列学习问题，是学习困难研究领域中的主要类型之一。

认知加工过程障碍学习困难的主要特征表现在学习过程中的认知加工环节，如知觉、注意、记忆、思维及元认知等，并且，研究也已证明，学习困难儿童在这些认知加工过程上存在障碍，可能存在认知问题中的一种，也可能存在几种。

对认知加工过程障碍学习困难的诊断与评定主要从加工过程缺陷诊断模式出发，综合运用调查法、观察法、个案资料分析法和标准化测验法来展开，针对具体的诊断内容来实施的过程。其中，标准化测验是必须实施的，主要包括：瑞文标准推理测验、WJ-Ⅲ CQG认知能力测验、儿童认知能力诊断量表及福斯泰格视知觉发展测验等测量综合认知加工能力和

① 徐建平. 基于认知加工的阅读增强方案：PREP评述[J]. 中国特殊教育，2006(1)：83-89.

② 王晓辰. 汉语发展性阅读障碍与PASS认知[M]. 北京：中国社会科学出版社，2016. 2：80-105.

特指认知能力的测验。诊断的内容主要包括儿童的早期经历、智力水平、基本认知加工能力方面，并且要排除一些其他因素。

针对诊断结果，需要对认知加工过程障碍学习困难实施有效的教育干预，认知过程干预以改善基础学力为目标。对该类型的学习困难儿童进行教育干预主要从对其认知技能的干预着手，结合儿童具体的诊断结果，运用相应的教育干预策略，对他某一或某几个认知技能问题进行教育和训练。也可以开展综合性认知干预训练。结合教学内容的认知干预训练也是非常有效的干预方式。

思考与练习

1. 怎样理解认知加工过程障碍学习困难？
2. 认知加工过程障碍学习困难有哪些主要特征？
3. 如何诊断与评定注意障碍学习困难并进行有效的干预？
4. 怎样诊断与评定知觉障碍学习困难并进行有效的干预？
5. 通过什么途径诊断记忆障碍学习困难，如何对其进行有效的干预？
6. 怎样诊断思维障碍学习困难并进行有效的干预？
7. 如何诊断认知加工过程障碍学习困难儿童的元认知问题？针对这些问题怎样进行干预训练？

第6章　学业性学习困难儿童的发展与教育

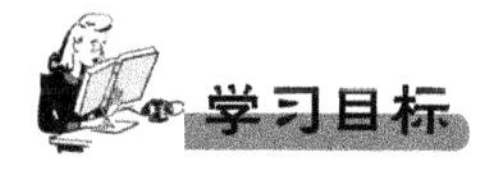

1. 通过本章的学习，了解学业性学习困难的含义。
2. 掌握学业性学习困难的分类和特征，尤其是阅读障碍和数学学习困难两类。
3. 了解并掌握阅读障碍和数学学习困难儿童的教育与干预方法。

小雪，五年级学生。在四年级时转入现在的学校读书，入学考试数学成绩仅有43分。经过观察，发现她在课堂上很少能够集中注意力，有时东张西望，有时摆弄文具、练习本。对老师所讲的内容没有反应，目光茫然，时常发呆，偶尔举手发言，也是一副很胆怯的样子，不敢面对老师的目光，回答问题声音很小。课后，老师和她谈心，向她了解上课注意力不集中的原因，她告诉老师："我有些地方听不懂，跟不上。"做作业时，如果作业稍有难度或者作业量稍多一点，她就会显得很烦躁。做的作业字体大小不一，字迹潦草，有的地方写得拥挤，有的地方写得零散。针对她的表现，对她进行了智力以及学习能力的测试，确认她有一定的学习能力，但是对新知识的理解和接受比别的学生要慢一些。从她课堂上的表现，以及作业上反映的情况来看，她在数学学习方面存在很多问题：①数学基础知识不牢固，主要表现在：计算能力较差，两三位数的进位加法、退位减法不熟练，乘法口诀不熟练、碰到除法不能熟练进行试商、计算商中间有0的除法时常常不上0；做简便运算不会观察题目特点，不会选用合适的方法进行简算；应用题基础薄弱，不会准确地分析基本数量的关系，阅读题目时不能从语言描述的问题情境中看到解决问题的契机，理解问题的意义有障碍。②缺乏起码的学习策略，学习、做作业时不讲究策略，不会合理安排作业本的空间。③对学习缺乏自信，从而导致她无法积极地面对学习中的困难。思维不能联系实际，考虑问题时思维有时能到位，但操作起来就不按照思维过程进行。

第1节　学业性学习困难的含义

学业性学习困难专指那些通过学校学习获得的能力出现障碍，这些能力主要包括阅读、算术、书写、学拼音和写作。随着学习困难问题研究的深入，到了20世纪80年代，一些研究人员对六七十年代传统的神经心理过程缺陷的理论过于强调基本心理过程而忽视与学业有关的技能提出了批评。因为，某些对知觉-运动的训练效果的研究发现，这种训练对学生数学、语文、外语等学业的学习并没有什么直接的促进作用。没有足够的证据证明感觉训练、心理语言训练对于获得学业技能有直接影响。因此，一些研究人员重新回到了以课程为中心解释学习障碍的立场，认为用间接的心理过程来说明学习成绩，不如直接的学业技能的操作更能说明学习成绩。

第2节　学业性学习困难的类型与特征

学业性学习困难主要包括两大类型，一类是语言学习困难，另一类是数学学习困难。语言学习困难包括了阅读障碍（字词解码障碍和阅读理解障碍）、写作困难、第二语言学习困难等；数学学习困难则包括计算困难、问题解决困难和空间组织困难等类型。由于阅读障碍是语言学习困难中最为普遍的现象，本章讨论的语言学习困难主要是阅读障碍。

一、阅读障碍

阅读障碍是指智力正常，并且享有均等的教育机会，但是阅读成绩显著落后于年龄与年级所应达到水平的一种学习障碍现象。美国《精神障碍诊断与统计手册》第三版修订本（DSM-3-R）把阅读障碍定义为：显著的识字及阅读理解缺陷，该缺陷无法用精神发育迟滞或不充分的学校教育来解释，也不是视觉或听觉缺陷或者精神系统疾病所致；其口头阅读的特点是省略、歪曲、替代或阅读速度慢而不连贯，因而其阅读理解也受到损害。《中国精神障碍分类与诊断标准》第3版（CCMD-3）将阅读障碍归为学校技能障碍。特指儿童在学龄早期的同等教育条件下，出现学校技能获得与发展障碍。这类障碍不是由于智力发育迟缓、中枢神经系统疾病、视觉、听觉障碍或者情绪障碍所致，多源于认知功能缺陷，并以神经发育过程的生物学因素为基础，可继发或伴发行为或者情绪障碍，但不是其直接的后果。学龄儿童的发展性阅读障碍发生率为5％～10％，①是一种最常见的学习困难，严重阻碍了儿童的全面发展。阅读障碍有不同的表现形式：有的儿童表现为记不住字，有的儿童朗读课文特别不流利，有的儿童不能准确理解文章的意思等。阅读障碍涉及的心理过程很复杂，既有视知觉方面的问题，也有听知觉方面的问题，也有音和形转换的问题，也有对字义的理解的问题，还有元认知方面的问题。但由于阅读过程包括字词解码和阅读理解两个过程，因此，阅读障碍主要有两种形式：一种是字词解码障碍，另一种是阅读理解障碍。杨志伟、龚耀先等人1998年进行了汉语儿童阅读障碍的临床评定与分型研究。② 结果证明：汉语儿童阅读障碍表现为形音、形义识别障碍，阅读流畅性、准确性差和理解困难。其阅读障碍可分为三种类型：单字识别障碍型，占比21.6％；词、句理解困难型，占比8.1％；混合型，占比70.3％。可见阅读障碍儿童的问题也主要存在于字词的解码识别和理解上。所谓字词解码，就是对字词的字形、字音和字义之间的关系进行转化，字词解码障碍儿童在形音义之间的转换活动上显得特别困难。阅读理解障碍儿童在认识字词的水平上不存在什么问题，面对一篇课文，他们基本上都能够认识里面的字词，但在阅读完整篇的课文之后，他们不记得或不理解课文里面的内

① H. W. Stevenson. Reading Disabilities: the Case of Chinese, Japanese and English[J]. Child Development, 1982(53): 1164-1181.

② 杨志伟，等. 汉语儿童阅读障碍的临床评定与分型研究[J]. 中国临床心理学志，1998，6(3)：136-140.

容。研究证明，这类儿童主要是不能把课文里面的各部分意义整合到一起，形成一个完整的意义。随着研究的不断深入，研究者发现字词解码水平上的阅读障碍儿童也是一个异质群体，于是研究者便开始对阅读障碍不同类型的特征和比例进行研究，即亚类型的研究。亚类型的研究不仅能帮助人们更全面地了解阅读障碍的特征及其原因，也为阅读障碍的诊断和筛查以及脑机制的研究提供了基础，进而为阅读障碍的有效干预提供前提。

（一）字词解码障碍

在字词解码水平上的西方阅读障碍的研究中，卡斯尔斯（Castles）和考夫斯特（Coftheart）根据双通道模型和平行分布加工模型的观点，首先提出了阅读障碍主要表现为语音阅读障碍和表层阅读障碍，它们分别缘于亚词汇（语音）和词汇（视觉）通路受到损害。① 语音阅读障碍是表音文字中阅读障碍的核心，是儿童发展性阅读障碍最基本也是最主要的表现形式，在西方阅读障碍研究中这一假设已基本达成了共识。语音阅读障碍儿童的典型特征是语音意识和编码过程存在明显的缺陷和困难。而这种分析语音结构的困难导致他们学习拼写与语音之间的系统关系时遇到阻碍，这使他们在将词汇的视觉输入转化为语音表征时产生巨大的困难。所以，阅读障碍儿童语音意识的缺陷直接造成了他们词汇识别的障碍。语音阅读障碍被认为是亚词汇通路加工的缺陷，他们在利用形—音转换的规则上有困难。而在表层阅读障碍方面情况则刚好相反，他们在词汇水平加工上存在缺陷，在通达整词发音上存在缺陷。表层阅读障碍又被称为字形加工障碍或正字法障碍。表层阅读障碍儿童可以熟练利用间接的语音通路，但在直接的词汇通路上却表现出特定困难，不能利用词汇通路通达词汇。目前持表层阅读障碍假设的研究者普遍认为阅读障碍是由视知觉缺陷引起的。研究表明，和语音编码一样，阅读障碍儿童的正字法编码也没有很好地表征出来，与正常读者相比，他们对正字法冗余信息的敏感性发展得要慢。研究者发现，很多表层阅读障碍者经常混淆镜像的字母（b/d，p/q，m/w）和相似的字母（m/n）。随后，马歇尔（Marshall）等人在有关阅读障碍认知加工缺陷研究的基础上进一步提出第三种阅读障碍——深层阅读障碍，主要表现为语义、句法及混合性错误。② 这种类型的阅读障碍者的亚词汇通路受到损伤，词汇通路也相对较弱，只能利用间接的正字法表征与语义表征的匹配，并从语义表征中提取语音，从而产生语义、视觉和构词错误，他们对词的可想象性和具体性非常敏感，他们在阅读中出现语义错误（即读出与目标词有语义关系的词，如：city→town，mother→daughter）、视觉错误（Visual Error，如：chest→cheat，well→wall）、词源错误（Derivational Error，如：children→child）、功能词替换错误（Function Word Substitutions Error，如：them→us）。概括来说，这三种阅读障碍分别代表语音加工、表层字形和深层语义障碍。西方阅读障碍个案的研究发现以语音阅读障碍和表层阅读障碍为主，深层阅读障碍的个案较少。③

国内许多研究者也一直在探讨汉语儿童阅读障碍的表现类型和认知特点。④ 汉语不同于英语之处在于它的文字的特殊性。其特殊性可概括为：① 汉字是以形表意性质的文字；② 汉字字形记录的语音单位是音节，汉字的字形不和语言的音素相对应，也就是说汉字没

① A. Castles . Varieties of Developmental dysleia[J]. Cognition，1993，47：149-180.

② J. C. Marshall. Patterns of Paralexia：A Psycholinguistic Approaeh[J]. Journal of Psycholinguistic Research，1973(2)：175-199.

③ R. S. Johnston. Developmental Deep Dyslexia? [J]. Cortex，1983(1)：133-139.

④ 张承芬，等. 关于我国学生汉语阅读困难的研究[J]. 心理科学，1996，19(4)：222-226.

有形—音对应或形—音转换的规则。③ 汉字是平面型文字，即方块字，汉字的部件、字形复杂多样，每个汉字都是一个结构紧密的图形。[①] 由于汉字的字形不表音(少数除外)，对于学习者来说，最困难的就是不能通过拼音(字音)的线索来拼写，也不能通过拼写(字形)的线索来知道发音，记住一个字的音形义的某个方面，或不能有效地建立三者间的对应联系是阅读困难者的主要特征。[②]

由上述可见阅读障碍儿童在学习汉字方面也存在着形、音之间的阻断。鉴于汉语与英语语言特性的显著差异，丁玎等人通过作业分析方法，定量分析了小学二至五年级阅读障碍儿童的错别字类型，分为以下五类：同音错误即音同(音似)形异字，如诚认—承认。形似错误即形似或笔画错误(包括同声旁临近字)，如豺子—豹子、阻栏—阻拦。组词错误即词中的两个字写颠倒或将含同一个字的两个词中的另两个字误认为是词，如独孤—孤独、空氧—空气、氧气。随机错误即学生自造的词，如悬羊。非字即将词中的一个字写成形近非字。结果表明，阅读困难儿童在识记汉字时不能将音、形、义有效地联系起来，其中以形似错误为主。此外，随着年级升高，形似错误的比例增加。依此，结果研究者推论：汉语阅读困难儿童的识字方式是以图形式记忆为主的，未建立有效且强的形—义联结，其心理词典的词条数目少且精确性较差，更多地表现为浅层阅读障碍。[③] 虽然，在汉语阅读中不存在类似拼音文字的形—音转换规则，汉字形、音之间的对应也具有较大的任意性，但对于表音文字研究中已经基本达成共识的语音加工障碍，在汉语研究中也得到了证实。曾志朗等对我国台湾、香港儿童的研究以及彭聃龄等人对北京市儿童的研究都发现汉语阅读障碍儿童主要表现为语音表征的缺陷。黄秀霜对我国台湾儿童的研究以及孟祥芝的研究也发现汉语阅读障碍儿童在语音意识方面是存在困难的，支持了语音障碍的观点，这表明汉语阅读障碍儿童的认知模式与表音文字的研究结果有很多相似之处。与英文阅读障碍中发现深层阅读障碍者一样，栾辉、舒华等人的个案研究则显示阅读障碍儿童同时表现出表层与深层阅读障碍的特征，而且阅读障碍儿童的心理词典中汉字的形、音、义表征及其联结都很弱。这类阅读障碍者出现大量的语义错误(煎→炖，浴→澡)、视觉错误(贷→货，洗→洗)、选择错误(玫→瑰，柠→檬)，上述错误是深层阅读障碍者的典型特征。[④]

近年来，外语学习的热潮和广泛的学术合作为跨语言研究阅读障碍儿童在不同语言文字系统下的特征与表现提供了良好的研究途径。无论何种语言的阅读过程都离不开语音加工、言语记忆等认知言语加工过程，任何一个加工过程出现问题，阅读技能发展都难以继续。但拼音文字的属性与非拼音文字的属性之间存在着较大差异，那么当在一种语言的基本解码技能的习得中遇到困难的儿童，在另一种语言中是否会遇到同样的困难呢？非拼音文字阅读障碍儿童在学习第二语言时所遇到的困难又将会是什么呢？冯和胡(Ho & Fong)通过测量 25 个汉语阅读障碍儿童和 25 个汉语阅读正常儿童的英语词汇水平、英语阅读水平和英语语音加工技能，对此问题进行了探讨。研究结果显示，在所有英语测试项目上汉语阅读障碍儿童的表现显著差于汉语阅读正常儿童，尤其在语音加工技能方面，无论是汉语还是英

---

① 彭聃龄，等. 汉语认知研究[M]. 济南：山东教育出版社，1997：1-34.

② 孟祥芝，舒华. 汉语儿童阅读障碍研究[J]. 心理发展与教育，1999(04)：54-57.

③ 丁玎，等. 阅读障碍儿童识字特点研究[J]. 心理发展与教育，2002(2)：64-67.

④ 栾辉，等. 汉语发展性深层阅读障碍的个案研究[J]. 心理学报，2002，34(4)：338-343.

语，汉语阅读障碍组均差于汉语阅读正常儿童，这说明汉语阅读不良儿童在学习第二语言英语时也遇到了困难。然而，英语语音技能与英语阅读水平显著相关，汉语则不然。另外，虽然汉语与英语阅读障碍共发的可能性很高，但研究中还是发现了汉语与英语阅读不良分离的现象，即存在汉语阅读不良儿童在英语学习中并没有表现出困难，这些结果都表明英语阅读障碍和汉语阅读障碍的成因既有共性又有特性。① 在日语与英语阅读障碍的跨语言研究中也曾发现双语阅读习得的分离现象。例如，维戴尔（Wydell）研究过一个在英语阅读中表现不良而在日语阅读中表现正常的日语—英语双语男孩，研究结果清楚地显示了英语和日语阅读技能的分离现象。② 早在1971年罗思（Rozin）等人的研究就曾经发现英语阅读障碍的美国儿童能够容易地学习汉语，这可能是因为汉字与英语之间存在的差异而导致的。③ 卡恩斯（Karanth）认为这种分离现象的原因主要是与正字法差异有关，④因此语音意识缺陷能否足够解释全部汉语阅读障碍，还不能确定，关于这个问题的跨语言研究还较少。

（二）阅读理解障碍

就单纯字词解码障碍而言，拼音文字系统中的大量研究已表明提高其解码能力将有效提升其阅读能力。但是，一些研究同时指出解码技能的训练并不能使所有阅读困难儿童的阅读成绩明显提高。在接受同样的解码技能训练之后，一部分幼儿园儿童取得了显著进步，而近30%的儿童在阅读技能上没有表现出任何进步，这说明这些儿童的真正缺陷不在于字词解码，而在于阅读理解。阅读理解障碍（reading comprehension difficulties）是指儿童具有正常的词汇解码水平，但在篇章的理解水平上显著落后。⑤ 这类儿童在阅读中经常表现的现象是能够将一篇文章流利地读出来，但读完之后脑中一片空白，不知道文章所讲的意思，只记住课文中的一些片断。这类儿童在西方国家被大量发现，教育工作者称之为"读词者"（Word Caller）。人们对学习困难学生阅读理解的研究主要集中于阅读元认知技能上，⑥而阅读理解监控是一种重要的阅读元认知技能。⑦ 它是指阅读者在阅读理解的全过程中，将自身的阅读理解活动作为意识对象，不断地进行主动积极的监控、评价、控制和调节。它主要包括制定阅读目标、监控理解进程、选择理解策略、检查阅读效果和补救理解失败等成分。⑧在阅读过程中，一个人只有觉察到自己的理解过程，才能进一步采取措施对理解进行调节。许多西方的研究者都报告过理解力差的学生对自己的阅读理解缺乏监察。⑨ 加纳（Garner）

---

① Connie Suk-Han Ho，Kin-Man Fong. Do Chinese Dyslexic Children Have Difficulties Learning English as a Second Language? [J]. Journal of Psycholinguistic Research，2005，34(6)：603-618.

② T. N. Wydell. A Case Study of an English-Japanese Bilingual with Monolingual Dyslexia[J]. Cognition，1999，70(3)：273-305.

③ P. Rozin. American Children with Reading Problems Can easily Learn to Read English Represented by Chinese Characters[J]. Science，1971，71：1264-1267.

④ P. Karanth. Developmental Dyslexia in Bilingual-biliterates[J]. Reading and Writing，1992，4：297-306.

⑤ S. E. Stothard，Charhes Hulme. A Comparison of Phonological Skills in Children with Reading Comprehension Difficulties and Children with Decoding Difficulties[J]. Child Psychol Psychiatry，1995，36：399-408.

⑥ D. P. Hallahan. Introduction to Learning disabilities[M]. Boston：Allyn & Bacon，1998：327-367.

⑦ 凌枫芝，等. 国外阅读理解监控教学模式述评[J]. 云南师范大学学报（哲学社会科学版），2000，32(1)：91-94.

⑧ 于鹏，等. 阅读理解监控研究的回顾与展望[J]. 天津师范大学学报（社会科学版），2004，4：76-80.

⑨ L. B. Deborah. Metacognition and Learning Disabilities[M] //Bernice Wong(ed). Learning About Learning Disabilities. Toronto：Academics Press，1998：277-307.

和克劳斯(Kraus)研究了七年级的阅读理解优差者的阅读观及对不一致信息的觉察。有15个理解力优秀者和15个理解力差者参与实验。选取了四篇短文,每篇材料都存在矛盾的信息。对被试进行单独访谈,要求决定这些内容是否需要作者修改。结果发现,在15名理解力优秀者中,4名觉察了句子间的不一致性,12名觉察了句子内的不一致性。15名理解力差的学生都既不能觉察句子间的不一致,又不能觉察句子内的不一致。很明显,在这一研究中,理解力差的学生没有进行理解觉察。余丽和奥克赫(Yuill & Oakhill)则通过错误觉察任务,发现阅读理解困难儿童理解监控存在缺陷,并推论这种理解监控上的落后正是他们阅读理解困难的原因之一。[①] 许多西方研究证明,好的读者非常关注自己的理解水平,能够积极有效地监控自己的阅读过程,关注所采用的阅读策略是否成功,能够使用各种方法来监控自己的理解。相反,差的读者缺乏阅读理解监控意识,不善于选择理解策略,并且也不能对自己的阅读理解水平做出正确的评价。

在我国,关于阅读元认知的研究正在受到重视。李伟健等人运用各种方法考察过学优生与学习困难学生对阅读材料中句子不一致信息的监察情况,研究结果显示阅读困难学生的阅读理解监控技能明显低于阅读正常学生,[②]这在一定程度上揭示了阅读困难学生阅读困难的原因。然而,一般阅读材料都是由字、词、句、段组成的,并且字、词、句、段属于不同层次的阅读信息,它需要读者进行不同水平的心理加工。因此需要含有不同层次错误信息的阅读材料来考察学生的理解监控行为,从而能更加全面地把握语文学习困难学生的阅读元认知缺陷。因此,刘新颜等人又从发展角度考察语文学优生与学习困难学生对不同难度水平错误信息的阅读理解监控。他们采用错误检测法和理解自信度评价法,以错误觉察人数、错误觉察成绩、理解自信度评价成绩、阅读时间和阅读理解成绩为分析指标,探讨了不同年级语文学习困难学生与学优生的阅读理解监控特征。研究结果发现,语文学习困难学生的阅读理解监控能力明显低于学优生,学生对低难度错误信息的理解监控能力明显高于对高难度错误信息的理解监控,随着年级的升高,学生的阅读理解监控能力也随之提高。[③] 随着研究的不断深入,研究者发现阅读理解过程不仅是从字、词、句、段的不同层次中提取信息的过程,更是读者建构文本心理表征的过程。文章的心理表征是一个丰富的多维系统,根据凯恩特斯(Kintsch)的三层次理论,完整的课文表征系统包括三个层次的结构：① 表层编码(Surface Code)：表征课文字词、句子以及相应的句法。② 课文基面(Text Base)：表征体现课文意义的一系列命题。③ 情境模型(Situational Model)：表征课文所能代表的更丰富的意义,它是基于课文基面表征和背景知识加以推理而得的。[④] 阅读水平不同,建构的表征系统不同,相应的理解监控对象就不同。那么阅读理解困难儿童对不同层次表征系统的理解监控又有什么样的特点呢？杨双等人对这个问题进行了实验研究,他们使用错误觉察任务,设计无意义词、经验错误和逻辑错误三种破坏文章意义的错误信息,考察阅读理解困难儿童的理解监控特点。其中无意义词影响表层编码表征,经验错误影响课文基面表征,逻辑错误

---

① N. Yuill, Oakhiu. Children Problems in Text Comprehension[M]. Cambridge, UK：Cambridge University Press,1991：471-490.

② 李伟健.学习困难学生阅读理解监视的实验研究[J].心理与行为研究,2004,2(1)：346-350.

③ 刘新颜,等.语文学困生与学优生阅读理解监控的发展研究[J].心理与行为研究,2006,4(3)：225-229.

④ 迟毓凯.金西文章阅读表征理论述评[J].广东工业大学学报(社会科学版),2002,2(4)：79-82.

影响情境模型表征。通过观察阅读理解困难儿童对不同层次错误信息的觉察水平，来探究他们的理解监控特点。研究结果表明，对不同错误信息的觉察，阅读理解困难儿童对无意义词的觉察水平最高，对逻辑错误的觉察水平最低，这说明他们阅读加工活动更多首先限制于字词解码和理解，其次是局部命题的意义加工，最后才是课文整体意义的情境模型建构。而正常儿童对经验错误的觉察水平最高，对无意义词的觉察水平最低，他们阅读加工活动更多的首先是放在局部命题意义加工，其次是情境模型建构，最后才是字词解码和理解。这表明正常儿童相对于阅读理解困难儿童，建构的心理表征结构和层次更为丰富和成熟。①

字词解码障碍是阅读障碍的初级形式，阅读理解障碍是阅读障碍的高级形式，它们共同构成了儿童的阅读障碍。其实，字词解码障碍和阅读理解障碍是经常混合在一起的。有很多儿童之所以阅读理解成绩落后，是因为他们根本就不能很好地对字词解码，对这样的儿童，只要训练他们的字词解码能力，就可以解决他们所有的问题。对于在阅读理解上存在困难的儿童，主要训练他们的归纳能力、分析能力以及对理解的监控能力。

二、数学学习困难

数学学习困难是指智力正常的儿童由于数学学习能力的缺损而导致在数学学习上明显落后于同年龄或同年级的水平的现象。它是学业性学习困难中的一种重要类型，国外已有的研究表明，比利时约有 3%～8%的小学生和中学生被诊断为有数学学习困难，澳大利亚的数学学习困难发生率为 10%～30%，美国为 6%。目前中国虽然没有相应的报告，但若按美国的研究推算，3.6 亿中国儿童中约有 2160 万儿童有数学学习困难。而数学作为学校教育中一门重要的基础学科，数学学习的成功与否直接关系到其他学科的学习状况。另外，数学也是一门系统性、结构性很强的学科，随着学生年级的升高，儿童的数学学习困难将会越来越严重。因此，应给予数学学习困难这一现象更多的关注。

数学学习困难的特征有很多，如数数困难、一一对应困难、大小和形状辨别困难等，而主要的特征有计算困难、问题解决困难和空间组织困难三个方面，下面分别对这三个方面的表现加以详细说明。

（一）计算困难

计算困难主要是指学生由于计算能力的缺损而表现在进行加、减、乘、除四则运算上的困难。② 这是低年级数学学习困难儿童的主要特征。但是，有时学生即使在数学计算中使用错误的策略，却并不一定导致学业成绩低下，正如表 6-1 所示，甲学生主要表现为计算错误与加法、减法运算法则混乱，如第 2、4 题。乙学生主要表现为计算错误与进位加法法则不清，如 2、4 题。丙学生主要表现为多位数乘以多位数运算法则困难，如 1、3、4 题。这些学生仍然能够达到 50%的正确率。因此，教师或家长仅从学业成绩并不能够准确地分辨数学学习困难儿童与学业正常的儿童。然而虽然在数学学习初期计算困难并不一定导致学业低下，但是计算是数学学习中的基础环节，这一缺陷在儿童学习数学的过程中会越来越明显，并可能会导致更多的数学学习问题，因此只有了解计算困难的主要表现才可以更清楚地分

① 杨双，等. 阅读理解困难儿童的理解监控特点[J]. 中国特殊教育，2006，70(4)：53-57.

② 刘翔平. 中小学生心理障碍的评估与矫正[M]. 南京：江苏教育出版社，1999：130.

辨出数学学习困难的儿童，并能有针对性地解决儿童的数学学习困难问题。

表 6-1　数学计算中使用错误策略在学业表现上的迷惑现象

学生				
甲	$\begin{array}{r}347\\-212\\\hline 135\end{array}$	$\begin{array}{r}142\\-59\\\hline 117\end{array}$	$\begin{array}{r}363\\-51\\\hline 312\end{array}$	$\begin{array}{r}425\\-76\\\hline 451\end{array}$
乙	$\begin{array}{r}214\\+674\\\hline 888\end{array}$	$\begin{array}{r}{\scriptstyle 1}\\91\\+23\\\hline 15\end{array}$	$\begin{array}{r}524\\+174\\\hline 698\end{array}$	$\begin{array}{r}{\scriptstyle 6}\\476\\+292\\\hline 6114\end{array}$
丙	$\begin{array}{r}320\\\times\ 12\\\hline 320\end{array}$	$\begin{array}{r}241\\\times\ 4\\\hline 964\end{array}$	$\begin{array}{r}437\\\times 28\\\hline 916\end{array}$	$\begin{array}{r}623\\\times\ 5\\\hline 3115\end{array}$

计算困难的表现形式有很多，其中最常见的主要有以下几种。

1. 计算错误

这是数学学习困难学生中最常见的问题之一。他们的运算方法和策略都是正确的，却在计算中出现错误。如某一学生把 34 + 45 的答案记成 88，显然他在计算 3 + 4 和 5 + 4 时都发生了计算错误。

2. 运算方法、法则混淆

随着儿童数学学习内容的增多，他们掌握的计算方法也越来越多，而有些学生却经常会出现运算方法或法则的混淆，如儿童在开始计算时运算方法正确，但接着却又变成另一个运算方法：例如，254×4＝258，是由于把乘法当成加法而发生计算结果有误。

3. 没有掌握数学法则

下面是这种计算困难类型表现的 4 种主要问题的范例。

只能完成计算中的部分问题：

$$\begin{array}{r}45\\-\ 2\\\hline 3\end{array}\quad\begin{array}{r}66\\-\ 4\\\hline 2\end{array}\quad\begin{array}{r}51\\\times\ 6\\\hline 56\end{array}\quad\begin{array}{r}271\\\times\ 8\\\hline 278\end{array}\quad\begin{array}{r}39\\+\ 5\\\hline 34\end{array}\quad\begin{array}{r}86\\+\ 8\\\hline 84\end{array}$$

错误地替代和错位：

$$\begin{array}{r}59\\+\ 6\\\hline 515\end{array}\quad\begin{array}{r}74\\+\ 8\\\hline 712\end{array}\quad\begin{array}{r}63\\-\ 7\\\hline 64\end{array}\quad\begin{array}{r}42\\-\ 9\\\hline 47\end{array}$$

$$\begin{array}{r}{\scriptstyle 5\ 18}\\\not{6}8\\-21\\\hline 317\end{array}\quad\begin{array}{r}{\scriptstyle 3\ 17}\\\not{4}7\\-25\\\hline 112\end{array}\quad 3\overline{)624}^{\,28}\quad 7\overline{)749}^{\,17}$$

使用错误的计算程序：

$$\begin{array}{r} 21 \\ +\ 3 \\ \hline 6 \end{array}\qquad \begin{array}{r} 17 \\ +\ 4 \\ \hline 12 \end{array}\qquad \begin{array}{r} 16 \\ +\ 2 \\ \hline 38 \end{array}\qquad \begin{array}{r} 42 \\ +\ 7 \\ \hline 119 \end{array}\qquad \begin{array}{r} 35 \\ +\ 3 \\ \hline 32 \end{array}\qquad \begin{array}{r} 44 \\ +\ 8 \\ \hline 36 \end{array}$$

$$\begin{array}{r} 56 \\ -\ 7 \\ \hline 63 \end{array}\qquad \begin{array}{r} 34 \\ -\ 3 \\ \hline 37 \end{array}\qquad \begin{array}{r} 65 \\ -\ 2 \\ \hline 43 \end{array}\qquad \begin{array}{r} 73 \\ -\ 2 \\ \hline 51 \end{array}$$

$$\begin{array}{r} {\scriptstyle 1}\ \ \\ 38 \\ \times\ 2 \\ \hline 36 \end{array}\qquad \begin{array}{r} {\scriptstyle 1}\ \ \\ 45 \\ \times\ 3 \\ \hline 45 \end{array}\qquad \begin{array}{r} {\scriptstyle 2}\ \ \\ 26 \\ \times\ 4 \\ \hline 164 \end{array}\qquad \begin{array}{r} {\scriptstyle 2}\ \ \\ 35 \\ \times\ 5 \\ \hline 255 \end{array}$$

$$\begin{array}{r} 11 \\ 7\overline{)98} \end{array}\qquad \begin{array}{r} 21 \\ 4\overline{)96} \end{array}\qquad \begin{array}{r} 16 \\ 6\overline{)636} \end{array}\qquad \begin{array}{r} 18 \\ 5\overline{)540} \end{array}$$

对“0”的概念理解错误：

$$\begin{array}{r} 20 \\ \times\ 4 \\ \hline 84 \end{array}\qquad \begin{array}{r} 400 \\ \times\ 7 \\ \hline 2877 \end{array}\qquad \begin{array}{r} {\scriptstyle 2}\ \ \ \\ 507 \\ \times\ 4 \\ \hline 2068 \end{array}\qquad \begin{array}{r} {\scriptstyle 2}\ \ \ \\ 507 \\ \times\ 4 \\ \hline 2088 \end{array}$$

由以上计算错误可以看出，数学计算困难表现为多种形式，教师必须认真分析其错误类型，才能有针对性地进行矫正。

（二）问题解决困难

在数学学习中，另一个主要的困难表现在数学问题的解决中。研究发现，数学学习困难儿童在解决数学问题时往往存在解题策略使用不当的现象，其中最主要的表现是在理解和解决数学问题时元认知策略、问题表征策略使用不当。下面通过对数学学习优良者和数学学习困难者在数学问题的解决中使用策略的比较来说明数学学习困难学生在问题解决中的缺陷。

1. 元认知策略使用不当

元认知是认知主体对自身心理状态、能力、任务目标、认知策略等方面的认识。同时，它又是认知主体对自身各种认知活动的计划、监控和调节。元认知使学习者从过去按部就班的被动学习、对学习方法的盲目摸索转变为高效的讲究策略的学习。在数学问题的解决中，元认知尤为重要。戴维森(Davidson)和斯滕伯格认为问题解决是一种目标导向的思维活动，要解决问题必须有元认知的参与。[①] 元认知通过对人的心理过程的觉察与管理，对目标导向的思维活动进行指导。在问题解决的过程中，元认知可以帮助学生识别并有策略地应付问题的三个要素，即已知条件、目标和障碍，从而成为更好的问题解决者。舍恩菲尔德(Schoenfeld)认为元认知对于数学问题解决的重要性表现在：学习技能的发展部分取决于学生对自己能够学些什么的现

① J. E. Davidson, R. J. Sternberg. Smart Problem Solving: How Metacognition Helps[M]// D. J. Hacker, et al. (eds). Metacognition in Education Theory and Practice. London: Lawrence Erlbaum Associates, 1998: 47-68.

实的评价，以及对学习进行控制或自我调节的能力。[①]

元认知包括元认知知识和元认知控制，而数学学习困难的儿童在元认知这两方面的表现均差于数学学习优良者，尤其表现在数学问题的解决中。

元认知知识是元认知的基础，包括关于个人的知识、关于任务的知识和关于学习策略的知识三个方面。大量关于影响儿童数学学习的认知因素的研究表明：数学学习优良者能够正确地认识自己的学习习惯、能力及其限度，以及如何克服自己在认知方面存在的不足等。并能清楚了解影响数学活动的各种主体因素的知识，如知道人的认知能力能够改变，知道记忆、理解有不同的水平等。他们还能根据数学学习任务的需要灵活应用各种策略，达到特定的目标。数学学习困难者虽然在掌握数学知识的水平上与数学学习优良者基本相同，但他们在学习策略方面的知识却较为贫乏，并且不能灵活地根据数学学习任务的不同运用不同的学习策略，因此在解决数学问题时出现困难。

元认知控制是对认知行为的管理和控制，是主体在进行认知活动的全过程中，以自己正在进行的认知活动为意识对象，不断地对其进行积极、自觉的监视、控制和调节。它包括对认知活动的计划、监控和调节三个方面。这三个方面是解决数学问题的核心，只有制订出合理、优化的解题计划，将问题转化为算式，并且在解题的过程中进行适当的检验和评价，对解题计划中的问题进行进一步的调节后，才能最终达到解题目标。研究发现，在解题计划阶段，对于较简单的数学问题，数学学习优良者和数学学习困难者没有显著差异。然而对于中等难度以上的问题，数学学习困难学生往往缺乏计划性，他们不会计划、思维随意、欠缺逻辑性。在问题解决的监控与调节阶段，数学学习困难学生与数学学习优良者差异非常显著，相比较数学学习优良者，数学学习困难学生这一阶段的用时较少，他们检查时多数情况下只会应付一下，并不会从整体角度监控与调节，他们基本上只是看看自己所列的式子，象征性地口算一下，而不是检查算式是否符合题目要求的解题目标，因此他们无法监控自己解题策略的正确性，造成数学问题解决困难。

2. 问题表征策略使用不当

表征是信息在头脑中的呈现方式。大量研究表明，建构一个恰当的问题表征是解决数学问题的关键环节，正确的表征是解决问题的必要前提，在错误的或者不完整的问题空间中进行搜索，不可能正确解决问题。数学学习困难者和数学学习优良者在问题表征策略的应用方面主要有以下三方面的显著差异。

（1）问题表征时间长短的差异

金志成[②]、胥兴春等[③]多项研究表明，数学学习困难的儿童问题表征时间较短。在这些儿童的概念里，真正的解题活动就是进行数学运算而得到一个答案。他们读完题之后一般不进行情境表征，即使有一些情境表征语句，也多是简单重复问题中的数字。然后要么直接抽取问题中的数字进行运算，要么用已有的图式表征来解决问题。虽然数学学习困难学生在解决数学问题时用时较长，但效果较差，不能根据问题类型使用适当的表征策略，因此问题表征所用的时间在整个数学问题解决过程中所占比率较小。相比较而言，数学学习优良者则不急于寻

① A. H. Schoenfeld. What's all the Fuss about Metacognition? [M]// A. H. Schoenfeld. (ed). Cognitive Science and Mathematics Education. Hillsdale, NJ: Lawrence Erlbaum Associates, 1987: 189-215.

② 金志成，等. 学习困难学生认知加工机制的研究[J]. 心理学报，1999(1): 18-24.

③ 胥兴春，等. 数学学习障碍儿童问题解决的表征研究[J]. 心理科学，2005，28(1): 186-188.

求答案，而一般会考虑问题的类型、条件与目标之间的关系，或者是否有现成模式可以利用等问题，这样他们使用问题表征的时间在问题解决中所占的比率就会比较大。

(2) 问题表征类型的差异

数学学习困难学生使用的问题表征策略往往类型单一。数学问题解决中主要用到两大类表征形式：关系表征和数字表征。数学学习困难学生和数学学习优良者在数字表征方面没有显著差异，而在关系表征方面差异显著。关系表征分为图像表征和图式表征两种，图像表征是以图像的方式在大脑中呈现信息，图式表征是提取文字中的符号和逻辑关系在大脑中呈现信息的方式。研究表明，数学学习优良者能够根据题目类型和难易程度选择适当的表征方式，并且较多地使用图式表征，而数学学习困难学生则常使用图像表征，即使他们也会使用一些图式表征，也是采用现成的或低水平的图式，其解题思路和结果都是错误的。

(3) 问题表征的有效性的差异

数学学习困难学生和数学学习优良者在问题解决中的信息加工方式不同，数学学习困难学生仅仅以问题中的信息进行自下而上的加工，如图 6-1 所示，即他们在阅读文字并建构/更新语义网络后，只选取数字和关键词进行加工，缺乏自上而下的加工，难以建立适当的问题表征，即使能够建立问题表征往往也是无效的或错误的，而不是像数学学习优良者那样根据语义网络建构/更新问题模型，确定适当的解题策略和步骤再考虑如何运用数字。数学学习困难学生表征语句错误与他们不能获取完整、有效信息有关。而且他们在问题解决中采用孤立的"关键词搜索"策略读题，快速提取出最熟悉、使用最频繁的词语，因此这样的表征方式无法有效地解决数学问题。

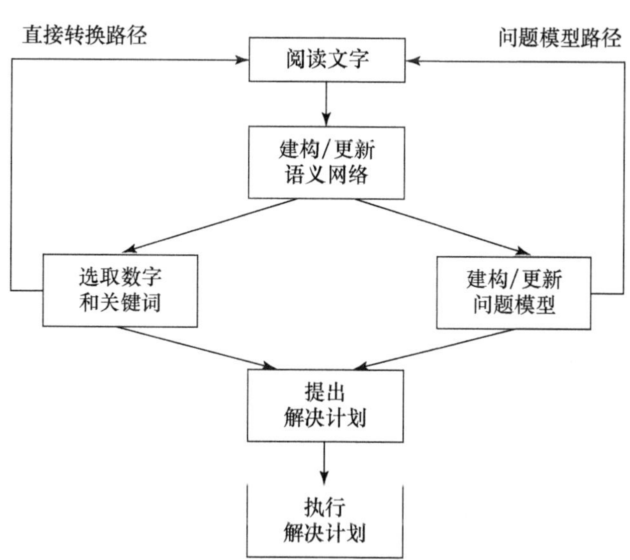

图 6-1 数学学习困难学生和数学学习优良者的问题解决过程的比较图示

(三) 空间组织困难

吉尔里(Geary)提出数学学习困难可以分为语义记忆型数学困难、程序型数学困难和视觉空间型数学困难三种亚类型，[1]其中第三种就是指数学学习困难与视觉-空间能力有着密切的关系。此外，在对工作记忆的研究中，巴德利等人提出了工作记忆模型，这个模型包括三个成分：中央执行系统、语音环和视空间模板，[2]由于在此之后对于工作记忆和数学学习困难的密切关系被多项研究证实，也出现了更多的关于巴德利提出的工作记忆模型中各成分与数学学习困难的关系的研究，其中，视空间模板与数学学习困难的关系不仅表现在算数认知中，还表现在问题解决所需的空间表征中。下面就从空间组织困难对数学学习困难学生在算数认知和问题解决两方面的影响加以说明。

1. 空间组织困难对算数认知的影响

空间组织困难的儿童在做算术题时不能把数字排列成一行，或是不能把数字写在一个正确的位置，其具体错误表现在：把数字颠倒或反向(方向混淆)，如 6 和 9 混淆。读错数字，如把 23 读成 32。或者被减数与减数混乱，如 53－27＝34(列竖式计算时出现混乱)。或者在运算过程中数字的位置排列发生错误。

2. 空间组织困难对问题解决的影响

在问题解决的过程中，空间表征是重要的一环，尤其是对空间表征类型的选择，关系到问题解决的成功与否。空间视觉化能力涉及对空间信息表征的一系列转换，是一种对脑中表征进行复杂转换时建构高质量的、不易衰退的表征的能力，而解决数学问题时图式表征的建构也是形成高质量的空间表征的过程，该过程表征了题目中信息的本质关系，摒弃了不必要的表面信息，而数学学习困难学生解决问题的失败在很大程度上正是由于他们较少使用图式表征导致的。

第 3 节　学业性学习困难的诊断与评定

学业性学习困难的诊断与评定在学习困难研究中具有重要意义。它可以监控儿童阅读发展状况，有助于确定最有效的教育干预措施；可以为干预补救提供指导性信息，从而使教学能够针对儿童阅读成分缺陷进行以提高学习困难儿童的学业成绩。因此，诊断与评定不仅仅是一种识别过程，还是进行有效教育的前提。[3]

一、阅读障碍诊断与评定

（一）阅读障碍评定模式

阅读障碍研究中，研究者以不同的理论基础为出发点，提出了各不相同的诊断与评定标准。其中应用较为广泛的评估筛选标准主要有以下几种模式。

1. 智力成就差异模式

阅读障碍的筛选要基于阅读障碍的界定。最具权威、最常见也是最早被运用于认知心理学研究的定义是由世界卫生组织对阅读障碍进行界定的排除式定义。排除式定义认为，

---

① D. C. Geary. Mathematical disabilities: Cognitive, Neuropsychological, and Genetic Components[J]. Psychology Bulletin, 1993, 114(2): 345-362.

② A. D. Baddeley. Working Memory[M]. New York: Oxford University Press, 1986: 33-34.

③ N. K. Goulandris. Assessing Reading and Spelling Skills[M]// M. Snowling, J. Stackhouse (ed.). Dyslexia, Speech and Language. London: Whurr Publishers Ltd., 1996: 361-375.

阅读障碍儿童是指至少具有正常或正常以上的非言语智力，而且在教育机会、社会环境、经济条件、学习动机或情绪方面与其他儿童没有明显差异，但阅读成绩与其智力所达到的水平相比明显落后的儿童。根据排除式定义，人们多采用“智力成就差异模式”作为诊断阅读障碍的依据，也就是说智力(IQ)在中等水平以上(一般采用韦氏儿童智力测验或瑞文标准推理测验)并且阅读成绩明显低于其智力水平，就可以诊断为阅读障碍。可见，基于智力成就差异模式提出的阅读障碍的诊断必须具有三个条件：阅读成就分数低于平均水平，IQ至少达到平均水平，阅读成就显著低于IQ的预期水平。①

该模式在具体操作过程中，主要有三种具体的办法被用来筛选阅读障碍。

(1) 不一致定义鉴别法，也称智力阅读成就差异法

这种方法是以儿童的阅读成绩与其智力水平之间的差异来进行鉴别的。如果儿童具有正常的智力、教育机会、文化和经济条件，没有明显的情绪与行为障碍，但其阅读成绩明显落后于其智力所应达到的阅读水平，就被鉴别为阅读障碍儿童。比如有依据下面三个标准筛选阅读障碍的研究，语文成绩位于全班成绩最下端的3%～5%；智力在中等水平以上(瑞文标准推理测验成绩的标准分数在25%～75%之间)；数学成绩在中等或中等水平以上。②

(2) 低成就定义鉴别法

根据儿童的阅读成绩与其所处年级或年龄之间阅读成绩上的差异来筛选，通常是低于一点五到两个标准差以上，并且没有智力落后情况，则该儿童就被认为是阅读障碍儿童。例如，有研究用标准化汉字识别测验和阅读流畅性测验筛选出阅读成绩处于下端15%、在瑞文标准推理测验中处于中等以上水平的儿童，把他们作为阅读障碍儿童。③

(3) 智力测验与评估相结合鉴别法

目前在阅读障碍的筛选过程中，有研究者采用两阶段筛选。第一阶段教师和家长对学生的阅读水平和智力水平进行评估；第二阶段运用测验对学生进行诊断。具体做法是首先对团体进行评估，包括教师对所有学生的数学能力和语文阅读能力的评估、汉语阅读水平测验，初步筛选出阅读水平居于同年级后3%～5%的学生。然后进行个别测验，包括非文字智力测验、汉语阅读技能诊断性测验。最后对被筛选出的学生的家长和老师进行访谈，确定其智力水平、学习动机、日常行为、生活环境、神经系统等是否属于正常水平，以排除其他因素的影响。④

从20世纪60年代之后，人们普遍接受了对阅读困难的差异性定义，将阅读成绩和儿童智力测验分数的差异当作诊断阅读困难的关键指标。不过，近年来国外越来越多的研究指出IQ并不适用于阅读障碍的诊断，智力成就差异模式缺乏可靠性和有效性。智力成就差异模式越来越受到质疑。一方面，对IQ在阅读困难诊断中作用的质疑来自对智力成就差异模式的前提提出的挑战。智力成就差异模式实际上隐含了至少两个重要前提。前提一，儿童的阅读学习表现由一般潜能决定，而现有的智力测验能够反映这种潜能。前提二，智力测验成绩与阅读成绩的不平衡性造成阅读困难。对于前提一研究者们对于现存的智力测验是否能够可靠、有效地反映人的整体潜能一直存在争论。目前使用最为广泛的韦氏儿童智力测

① 曹漱芹，等.当前阅读障碍诊断的困惑和出路[J].中国特殊教育，2004，52(10)：31-35.

② 徐世勇，等.汉语发展性阅读障碍儿童心理机制的初步研究[J].心理发展与教育，2001，17(4)：12-16.

③ 周晓林，孟祥芝.中文发展性阅读障碍研究[J].应用心理学，2001，7(1)：25-30.

④ 邹艳春.汉语学生发展性阅读障碍的信息加工特点研究[D].广东：华南师范大学硕士论文，2003.

验、斯坦福智力测验、瑞文标准推理测验等的更多是人们已经学到的东西，而不是将来能够学到什么。随着经济、教育水平的发展和提高，学生已有的知识水平也有一定提高，而IQ中的部分题目和常模分数相对落后。对于前提二多项研究反复证实，智力并非阅读成绩的关键影响因素，IQ与阅读技能存在一定分离。首先，阅读困难儿童和阅读正常儿童分布在IQ的不同等级中，IQ高或低的儿童中都存在阅读成绩低下者。[①] 其次，智力测验对阅读成绩没有独立的预测作用。一项持续7年的追踪研究结果显示，儿童智力测验成绩的变化与阅读成绩的变化并不同步，智力测验不具备对阅读成绩的独立预测作用。[②] 因此，智力成就差异模式前提的合理性受到了严峻的挑战。IQ在阅读困难诊断中的作用受到了质疑。另一方面，智力成就差异模式最严重的挑战来自于其有效性。如果智力-阅读成绩差异标准和模式可以有效鉴别出阅读困难，那么符合智力-阅读成绩差异标准的阅读困难个体不仅应当与阅读正常的个体显著不同，同时也应当与不符合差异标准的阅读不良个体存在本质不同。这种不同应当反映在阅读的认知加工水平以及发展轨迹上。然而，研究却一再发现符合差异标准的阅读困难儿童和不符合差异标准的阅读不良儿童在阅读的认知加工和发展轨迹上均无显著差异，因此，智力成就差异模式对于阅读困难的鉴别缺乏有效性。[③]

近年来，由于智力成就差异模式在有效性、敏感性等方面受到质疑，有关阅读障碍的评估模式出现了新的趋势，研究者分别针对智力成就差异模式存在的不足提出了新的评估模式。

（1）智力成就差异模式缺乏科学合理的阅读理论基础，不能明确阅读过程中包括哪些成分、各成分之间关系如何，以及哪些成分缺陷最容易造成阅读障碍发生，很难将各项测验成绩相互联系起来并进行有意义的识别评估。为弥补这一不足，研究者们提出了阅读障碍成分模式。

（2）智力成就差异模式对阅读障碍的成因的揭示有限，只停留在描述阅读障碍儿童的特征这一层面上，这使得研究者仅仅知道阅读障碍者会有什么特征，但为什么会出现这种现象却无从得知，从而导致筛选有效性较差。针对该模式未能揭示阅读障碍心理过程缺陷的实质这一不足，研究者提出了基于PASS理论的认知加工模式，称为认知加工过程模式。将阅读障碍评估的重点转移到阅读的内部加工过程，从而能够对阅读加工过程进行细致的评估，能够区分不同心理加工缺陷造成的各种阅读障碍亚类型，进而能够根据诊断结果制订有针对性的干预计划。

（3）智力成就差异模式与教育干预脱节，评估结果不能为教育实践者制订教学计划、检测教学效果以及了解特殊儿童语言表现特征提供有针对性的指导信息。除了得到儿童的IQ和阅读分数之外，不能为继续进行的教育矫治提供任何积极的指导，不能为教育者提供任何有价值的信息。为弥补智力成就差异模式这些不足，研究者提出干预应答（Responsiveness to Inter-

① L. S. Siegel. Evidence That IQ Scores Are Irrelevant To the Definition and Analysis of Reading Disability[J]. Canadian Journal of Psychology/Revue Canadienne de Psychologye，1988，42(2)：201-215.

② B. A. Shaywitz. A Matthew Effect for IQ but not for Reading：Results from a Longitudinal Study[J]. Reading Research Quarterly，1995，30：894-906.

③ L. S. Siegel. Evidence That IQ Scores Are Irrelevant to the Definition and Analysis of Reading Disability[J]. Canadian Journal of Psychology/Revue Canadienne de Psychologye，1988，42(2)：201-215.

vention,RTI)模式,这种模式具有良好的信度和效度,与教育实践联系尤为紧密。

2. 阅读障碍成分模式

根据阅读障碍成分理论,[①②]阅读是指根据语言书面表征构建语义的能力,包含字词识别和语言理解两个同等重要的能力,掌握这两种能力是获取阅读成功的唯一途径。字词识别能力是低年级儿童学习阅读的主要技能,也是其阅读发展的最佳预测指标;语言理解能力是高年级儿童学习阅读的主要技能。字词识别是指读出书面单词和提取语义的能力,包括字词解码能力和视词加工能力。[③] 字词解码是指利用字素—音位对应关系将书面单词转换成相应的语音表征,字词解码技能建立在语音意识基础之上,在书面阅读和口语朗读方面都起着至关重要的作用。语言理解是指根据语言口语表征构建语义的能力,包括理解书面语言(阅读理解)和理解口语语言(听力理解)的能力;阅读理解是指儿童准确识别书面单词的能力,听力理解是指儿童理解口语语言的能力。从本质上讲,阅读理解和听力理解二者包含完全相同的认知技能,代表一个统一的认知过程,仅语言输入形式不同而已。[④] 如果儿童能够阅读文本,那么他们就能理解所听到的内容,也能理解阅读文本内容;如果儿童阅读理解能力与听力理解能力表现不相一致,那么就有理由判断其患有某种类型的阅读障碍。字词识别和语言理解是阅读过程中两个潜在的独立成分,其中任何一个成分或两个成分同时存在缺陷都会导致三种阅读障碍亚类型发生:"字词识别障碍"或"诵读困难"(Dyslexia),表现为字词识别能力差而阅读理解能力好;"阅读理解障碍"或"读词者"(Hyperlexia or Word Callers),表现为字词识别能力发展充分而阅读理解能力存在缺陷;"普通认知缺陷"(Generalized Cognitive Deficit)或"普通阅读障碍"(Garden Variety Poor Readers),表现为既存在字词识别困难也存在阅读理解困难。[⑤]

可采用"成分模式"实施阅读障碍检测及亚类型鉴定,其理论前提是阅读过程包含字词识别和语言理解两个潜在的独立成分,听力理解和阅读理解存在显著相关,只有这样才能用听力理解成绩预测阅读理解成绩。"成分模式"检测及亚类型鉴定程序如下:首先,实施标准化阅读理解测验和听力理解测验,然后对阅读理解和听力理解两个变量进行相关性检验,如果阅读理解和听力理解二者之间存在显著相关,则表明听力理解成绩可以预测阅读理解成绩。其次,将阅读理解和听力理解测验数据转换成标准分,然后推导出听力理解对阅读理解的线性回归方程。最后,根据已建立的线性回归方程计算出听力理解所预期的阅读理解成绩,并根据听力理解所预期的阅读理解成绩和个体实际阅读理解成绩之间的"差异"进行阅读障碍检测及亚类型鉴定。实施"成分模型"检测及亚类型鉴定,具体标准如下。

(1) 如果儿童阅读理解成绩低于所在年级平均分以下一个标准差的临界值,听力理解

---

① W. Hoover, et al. The Simple View of Reading[J]. Reading and Writing: an Interdisciplinary Journal, 1990(2): 127-160.

② P. B. Gough, et al. Decoding, Reading and Reading Disability[J]. Remedial and Special Education, 1986(7): 6-10.

③ P. G. Aaron. Componentmodel-based Remedial Treatment of Reading Disabilities[M]//I. Lundberg, et al(ed). Dyslexia: Advances in Theory and Practice. Netherlands: Kluwer Academic Publishers, 1999: 221-244.

④ P. G. Aaron, et al. Can Reading Disabilities Be Diagnosed Without Using Intelligence Tests? [J]. Journal of Learning Disabilities, 1991, 24 (3): 178-186.

⑤ P. G. Aaron, et al. The Impending Demise of the Discrepancy Formula[J]. Review of Educational Research, 1997 (67): 461-502.

成绩达到或超过所在年级平均分以上一个标准差的临界值，实际阅读理解成绩低于听力理解所预期的阅读理解成绩（“差异”达到一个标准差以上），那么该儿童可被鉴定为“字词识别障碍亚类型”。

(2) 如果儿童阅读理解成绩低于所在年级平均分以下一个标准差的临界值，听力理解成绩低于所在年级平均分以下一个标准差的临界值，实际阅读理解成绩与听力理解所预期的阅读理解成绩分值基本接近或“差异”未达到一个标准差，那么该儿童可被鉴定为“阅读理解障碍亚类型”。

(3) 如果儿童阅读理解成绩低于所在年级平均分以下一个标准差的临界值，听力理解成绩低于所在年级平均分以下一个标准差的临界值，实际阅读理解成绩低于听力理解所预期的阅读理解水平（“差异”达到一个标准差以上），那么该儿童可被鉴定为“普通认知缺陷亚类型”。

阅读障碍成分模式采用科学合理的理论模型，可以指导实验研究在理论框架下有条不紊地进行，可以对实验数据进行理论阐释；理论模型还可以为实施教育干预提供直接的诊断结果。鉴于此，使用基于阅读成分理论、以干预为导向、科学合理、简便易施的“阅读障碍成分模式”可以避免单一采用“智力成就差异模式”检测所带来的诸多弊端。

3. 认知加工过程模式

心理学家戴斯等人认为可以从认知加工过程的角度对智力概念进行重构，并提出PASS理论。PASS是Planning（计划）-Attention（注意）-Simultaneous（同时性）-Successive（继时性）Processing的缩写。该理论认为人的认知活动由注意、信息加工及计划三级系统组成。其中注意系统是基础，信息加工系统处于中间层次（包括同时性加工和继时性加工过程），而计划系统则为最高层次。三个系统的协调合作保证了一切智能活动的运行。按照PASS理论，阅读障碍是一种认知过程障碍，即在计划、注意、同时性和继时性操作的一个或几个方面出现了困难。各种过程不同组合类型的缺陷也就决定了阅读障碍类型的多样性。[①]不少研究证明，在字词解码阅读障碍儿童中有相当高比例的儿童存在继时性加工问题，特别是语文方面的继时性加工。阅读理解障碍者则是在将各个单词的意义进行整合，进而理解句子的意义过程中出现困难，即同时性加工过程出现了障碍。这些儿童对信息不能进行完整的统整，常将首句、首段或片段句意当成文章主旨，无法分辨不同语义的差别等，从而无法理解文章的意思，产生阅读理解障碍。例如，字词解码阅读障碍者是在语言学编码这条途径上出现断路，不能进行正确的编码，进而造成了阅读的障碍，这一类阅读障碍者的主要特征是继时性加工过程出现困难。

戴斯等人根据认知的四个过程，编制了标准化的测验，即戴斯-纳格利尔里（Naglieri）认知能力评估（简称CAS）。如前所述，该量表由12种任务类型构成4个分测验，每一个分测验有3种任务，分别对计划、注意、同时性加工和继时性加工进行测量。CAS评定的是人的认知活动最一般、最普遍的四个加工过程，能更为确切地测量人的认知功能，对个体的变化也更为敏感。[②] 戴斯等人经过实验也证明PASS模理论可以对许多儿童所经历的困难做出

① 李芳. PASS认知历程模式及其在阅读障碍儿童中的运用[J]. 中国特殊教育，2003，41(5)：56-59.

② J. A. Naglieri, J. P. Das. Planning, Attention, Simultaneous, and Successive Cognitive Processes as a Model for Assessment[J]. School Psychology Review，1990，19(4)：423-442.

更精确、更全面的解释。比如，计划过程是智力落后最严重的缺陷；注意力缺陷的个体在几个过程中会有缺陷，最显著的是注意力缺陷；而阅读障碍个体的缺陷可能在计划、同时性或继时性加工的一个或多个环节上出现障碍，最明显的是同时性及继时性加工障碍等。[①] 所以CAS经常被用来分析阅读障碍儿童在认知历程中的个别差异及个体的内在差异。而且其敏感性也已得到检验，有研究证明若以四种分历程来辨别阅读障碍儿童与一般儿童，其正确率可达77.5%。在一项应用研究中，根据已测得的400名学生的CAS成绩以及后续的学业等情况的跟踪中发现，若CAS中四个分测验表现出大的差异，则学生多会伴随学习困难；同时，CAS的测验结果还可以为教育实践者提供针对学生学业成长计划等的指导性信息，是为学生制订个别教育计划的重要参考，实践性和指导性都很强。

4. 干预应答模式

与传统的智力成就差异模式强调阅读困难不是由于教育不足所致不同，干预应答模式认为在真实生活中，教育教学质量千差万别，必然影响个体的阅读能力发展。面对现实学校教育中大量存在的"教育不足"的问题，仅仅鉴别出阅读困难的个体远远不能满足教育实践的需求，其诊断结果与教育干预的现实需求相差甚远。因此，研究者提出，在阅读困难的诊断中，应当将教育的充足性作为一个条件，在提供有针对性、有质量保证的短期干预训练基础上，通过观察个体对于干预的反应性来鉴别不同的阅读困难，进一步提出教育干预的建议。[②] 与阅读障碍的"智力—差异"模式相比，这一模式的信度和效度更好，与教育实践的联系更为紧密。[③] 目前，该模式已得到国际阅读障碍协会、美国学习障碍国家研究中心、美国教育部特殊教育办公室等阅读困难研究和实践重要机构的大力倡导。

RTI的基本框架主要包括三个阶段：第一阶段，先实施班级/年级评估，以确认教学环境和条件是否足以促进儿童的学习和发展。如果评估显示班级/年级整体落后于同年级/同学区其他班级，那么应当采取措施改善现有教学环境和条件。如果评估显示班级/年级并没有总体落后的问题，进入第二阶段，找出班级中的落后者，即对现有教学环境和条件应答不良的个体。在第三阶段中，由教师或其他专业工作者对班级中的落后儿童给予调整性训练，进一步监控其发展。[④] 在经过已经被研究验证有效的短期干预后，如果个体仍然存在显著的阅读不良与技能缺陷，那么这些"干预不应者"(Non-responders)可能存在器质性阅读困难，需要给予长期、系统的特别教育训练。如果个体的阅读水平和技能明显提高，那么这些"干预应答者"(Responders)的阅读困难更可能是经验性的。经过短期干预可以观察个体阅读困难的具体表现和认知原因，为开展有针对性的训练提供指导。其中，判断个体对干预是否具有应答性以及应答的程度需要可靠有效的阅读水平和认知能力测量工具。这样的测量工具应具备四个特征：其一，测量必须对发展变化足够敏感，必须排除地板和天花板效应，否

① 杨艳云. PASS模型与特殊儿童的评估与补救[J]. 上海教育科研，2000(8)：47-48.

② D. Fuchs, et al. Responsiveness-to-intervention: Definitions, Evidence, and Implications for the Learning Disabilities Construct[J]. Learning Disabilities Research & Practice, 2003, 18(3): 157-171.

③ J. M. Fletcher, et al. Validity of Alternative Approaches for the Identification of Learning Disabilities: Operationalizing Unexpected Underachievement[J]. Journal of Learning Disabilities, 2005(38): 545-552.

④ S. Vaughn. Redefining Learning Disabilities as Inadequate Response to Instruction: the Promise and Potential Problems[J]. Learning Disabilities Research & Practice, 2003(18): 137-146.

则难以评估个体对于干预是否具有应答性。其二，测量必须具备较高的效度，即测量应当与个体的阅读能力密切相关，否则依据这些测量做出的干预应答性判断便毫无意义。其三，对每一拟测量的结构采用多个指标、多个工具，从而提高测量的信度，控制测量误差。其四，在干预中，测量应多次进行而不仅仅在干预前和干预后。多次测量为刻画个体在干预中的变化趋势、速度与形式提供了可能。随着统计方法论和分析技术的发展和完善，多层模型和随机混合模型等统计分析方法为刻画个体在干预中的变化特征提供了强大的工具。[①]

RTI的主要优势在于有助于区分不同来源的阅读障碍。将干预和诊断有机结合能实现早期干预，减少在出现明显问题后才予以鉴别的“亡羊补牢”模式，以及不依赖某一时间点的“静止”评价，而能够实现动态评价。这一模式强调阅读障碍的鉴别应基于对阅读或密切相关技能的重复测量，通过分析个体在已被验证有效的干预方案下的变化来实现，对个体的评价具有较强的动态性。RTI的另一显著优势是不再被动等待阅读困难发生，而能够实现早期干预和早期诊断。在原来的“智力成就差异”模式下，只有在二年级以上的学校学习中已经出现了显著的阅读问题，个体才能接受阅读困难的诊断以及进一步的干预，这在客观上不利于个体的学习和发展。与此不同，RTI可以从学前期开始进行早期筛查和及时干预，不需要等到个体已经发生困难时才能介入，因此有利于及早鉴别阅读困难的高危个体并实施干预，有效减少阅读困难的发生和降低严重程度。

（二）阅读障碍评估测验

阅读障碍的评估测验分为正式评估测验和非正式评估测验两种类型，[②]这两种类型在评估结构和评估目的上有所不同。正式评估测验是标准化测验，这种测验是以心理测量学的理论为基础的标准化程序实施的。阅读成就测验的编制者选取能够反映出阅读习得理论中各成分的测试项目。然后对测验进行前测，再根据前测的结果删改不合适的测试项目。测验的最终版本所包含的测试项目能够有效区分好、中、差阅读者。正式评估测验在阅读障碍领域是非常重要的，因为教师要确定阅读障碍儿童的类型和程度。非正式评估测验是非标准化测验，这种测验是有经验的教师设置具体问题而编制成的。各种各样学业领域的非正式测验能够对学生语音意识、字词识别、阅读理解、算术以及书写等技能进行精确的测量。与正式评估测验相比，非正式评估测验能对具体的知识和技能进行精准的评估。因此，非正式评估测验有助于教师为学习困难儿童制订个人教育计划。

1. 正式评估测验

为了找出有阅读障碍的学生在阅读中的困难，教师需借用一些正式的标准化测验工具对他们进行测评。由于阅读可分为朗读和默读两种，相应的阅读评估测验也可分为朗读评估测验和默读评估测验两类。

(1) 朗读评估测验

评估者应重视朗读测验，这是由于朗读测验具有可分析性与诊断性功能。首先，朗读测

① D. J. Francis. Introduction to Individual Growth Curve Analysis[M]// D. Drotar. (ed). Handbook of Research in Pediatricand Clinical Child Psychology. NY: Kluwer Acdemic /Plenum Publishers, 2000.

② 刘翔平. 中小学生心理障碍的评估与矫正[M]. 南京：江苏教育出版社，1999：145.

验具有直接性特点。与测试内部心智技能的默读测验相比，朗读测验的观察性强，实施便利，它是语言中最典型的直接测验。其次，朗读测验在测量字词解码能力上有独到之处。与默读测验相比，朗读测验可从学生朗读的流畅性、速度、是否有感情等方面测量学生的阅读能力。由于朗读测验的诸多优点，在西方国家，诊断性朗读测验十分流行。例如，在美国，较为常用的正式的标准化朗读测验从以下三方面对学生进行测评。

第一个诊断维度是朗读习惯，它包括以下诊断：① 在朗读时是否摇头晃脑。② 朗读时是否读着读着不知读到何处。③ 朗读时是否情绪紧张不安。④ 朗读时是否用手指着字读。⑤ 学生是否不喜欢或不关心读书。⑥ 学生读书时捧书是否太近或太远。⑦ 朗读时是否头部歪斜或书本歪斜。

第二个诊断维度是朗读的声音，它包括以下诊断：① 朗读时声音过高或过低。② 朗读时音色单调。③ 声音强度过高或过低。④ 能否清晰地发音。

第三个诊断维度是朗读错误，它包括以下诊断：① 朗读时添加字词。② 朗读时遗漏字词。③ 朗读时重复字词。④ 朗读时某些字词被另外的字词代替。⑤ 朗读时经常进行自我纠正。⑥ 朗读时经常读错行。

在我国尚未有正式的标准化朗读测验。但在“小学语文教学大纲”中，对小学生的朗读要求主要有三方面，即正确性、流利性和有感情。正确朗读的要求是：用普通话，发音清楚响亮，不读错字，不丢字，不添字，不唱读，不重复字句。流利朗读的要求是：不断读，不顿读，不读破句。有感情朗读的要求是：学生能正确处理重音、停顿，运用适当的语调、速度和节奏，做到感情自然流露，不矫揉造作。依据大纲对朗读的要求，并参照国外标准化诊断测验对朗读指标的选取，可根据实际需要，编制我国的朗读测验来测评我国学生在朗读中表现出的问题。

(2) 默读评估测验

默读测验在阅读测验中处于核心地位，这是因为阅读的核心是获取意义和理解阅读材料。与朗读测验相比，它不仅能测量出字词解码技能，也能测量出阅读理解技能。默读测验能很好地测量出学生的理解水平，默读测验的种类繁多，按测验目的可分为两类：综合测验和分析测验。前者是对学生阅读水平的总体测量，其结果一般是以单一成绩表示；后者则将测量目标作精细分解，针对各个项目分别测试，因而能起到诊断作用。我国学者编制的分析性测验主要有艾伟、杨清编制的“小学普通话默读诊断测验”和殷普农编制的“上海市小学生阅读理解标准测验”。在这两个测验中，编者依据他们自己对阅读能力的理解，将阅读能力划分为不同的种类，然后选择合适的材料分别对学生进行测试。通过对测试结果进行分析就可以找到学生在阅读中存在的困难。

2. 非正式评估测验

在实际的教学中，对阅读障碍学生的评估，非正式测验有时比正式测验更实用。在运用非正式的测验前，教师首先应准备好测验材料。教师可以根据各年级程度从课本中选出一组文章，其中每个年级组有两篇文章，一篇用作朗读，一篇用作默读。这两篇文章难度要求一样，内容最好有直接联系，比如一本书中的上下两个节段。低年级词数 60～125 个，高年级约 100～200 个。在选材之后，教师应围绕文章内容设计 5～7 个阅读理解测验题。这些题目既可以是测验学生字面理解能力的，例如，测词的字面意义，也可以是测验学生的理解能力，例如，让学生推断因果关系。在上述两步工作完成之后，就可以让学生朗读和默读这套由易到难，依年级程度递进的测验短文。读完一篇文章后让学生做有关的理解测试题。教师通过记录学生在朗读中的错误并分析学生在理解测验上的得分情况，即可判断出学生的阅读水平。

在判断学生的阅读水平时，通常采用下述标准：若朗读正确率为 95%，理解率为 90%，则该学生对该水平的阅读材料就达到了“独立性阅读水平”。若朗读正确率为 90%，理解正确率为 75%，那么在该水平的阅读材料上，该学生处于“教学性阅读水平”，在此水平上儿童虽不能独立地读懂材料，但通过教师的教学和帮助，能读懂材料。当学生的朗读正确率在25%以下，理解率不足 50%时，该学生对该阅读材料就处于“受挫性阅读水平”，处于该水平的学生即使在教师的教学和帮助下，仍不能理解材料。利用非正式的评估测验，教师可以非常方便地对学生的阅读水平进行评定，找出学生的阅读困难。

二、数学学习困难的诊断与评定

数学学习困难的定义至今尚未统一[①]，大部分研究者只将其作为学习困难的一个分支，描述为由于数学能力的缺损而导致学生在数学学习上的落后。然而仅有的这些笼统的描述并不能在实践中明确并有针对性地诊断与评定数学学习困难。

（一）数学学习困难诊断的差异取向

数学学业成绩与智力水平的差异模式是目前普遍采用的初步诊断与评定数学学习困难的操作方法，这与前文所述的阅读障碍诊断与评定中所采用的智力成就差异模式相似，即在使用不一致定义鉴别法时，以儿童的数学学业成绩与其智力水平之间的差异来进行鉴别——在排除儿童没有智力缺陷、阅读困难、情绪障碍以及其他社会因素的影响后，如果其数学成绩明显落后于其智力所应达到的数学水平，就被鉴别为数学学习困难儿童。在使用低成就定义鉴别法时，根据儿童的数学成绩与其所处年级或年龄之间数学成绩上的差异来筛选，通常是低于一点五到两个标准差以上，并且没有智力落后情况，则该儿童就被认为是数学学习困难儿童。在使用智力测验与评估相结合鉴别法时，将教师和家长对学生的阅读水平和智力水平的评估与运用测验对学生进行诊断相结合。首先对团体进行评估，包括教师对所有学生的数学能力和语文能力的评估，初步筛选出数学水平居于同年级后3%～5%的学生。然后进行个别测验，包括非文字智力测验和数学能力测验等。最后对筛选出的学生的家长和老师进行访谈，确定其智力水平、学习动机、日常行为、生活环境、神经系统等是否属于正常水平，以排除其他因素的影响。

同样由于智力成就差异模式的种种缺陷和低效性，使得数学学习困难的界定至今仍然悬而未决，因此，数学学习困难研究者一方面呼吁更为灵敏有效的鉴别模式的出现，另一方面则审视自身发展中存在的问题：数学学习困难的核心缺陷尚未被确认，因而数学学习困难的界定也就无据可依，更不要提对其的诊断与评定了。这一启示得益于与阅读困难研究发展现状的比较。在阅读困难研究领域，语音解码缺陷已被鉴定为核心缺陷，它在阅读困难的各种亚类型间表现出一致性和时间上的持续性。由此，被普遍接受的阅读困难操作定义

① Mazzocco, G. F. Mayers. Complexities in Identifying and Defining Mathematics Learning Disability in the Primary School-age Years[J]. Annals of Dyslexia, 2003(53): 218-253.

应运而生，从而进一步提高了对阅读困难的鉴定能力。与此相比较，数学学习困难也应在明确了其核心缺陷的基础上才能进一步建立数学学习困难的统一定义和灵敏的鉴别模式。在数学学习困难研究中，虽然对影响数学学习困难儿童数学能力低下的认知因素及其关联强度有比较一致的研究结论，却没有一个公认的核心缺陷，或者说数学学习困难各亚类型间没有共同的核心缺陷，这导致了数学学习困难诊断与评定的复杂性与困难性。

工作记忆被认为是影响数学成就的一个最重要的一般性认知支持技能，因此成为数学学习困难研究中的一个焦点，很多研究者认为工作记忆缺陷是数学学习困难的一个核心缺陷。在巴德利和希契(Hitch)于1974年提出工作记忆模型后，基于此模型所做的很多研究都表明数学学习困难儿童在工作记忆的"语音环路""视空间模板"和"中央执行系统"三个方面都有明显的障碍。不少研究表明，阅读困难工作记忆的缺陷部分涉及语音环路，而数学学习困难涉及工作记忆更高一级的技能，比如中央执行系统的加工、策略的选择、算法知识、描述性的记忆策略等。① 另外，吉尔里等人对正常儿童、数学学习困难儿童、双困儿童(即数学和阅读均存在困难的儿童)、阅读困难儿童的工作记忆比较研究表明，虽然数学学习困难儿童和双困儿童均存在工作记忆的缺陷，但内在的机制是不一致的，数学学习困难儿童的中央执行控制系统可能有特定的困难，如控制注意资源困难。而双困儿童可能在工作记忆的语音环路系统中有特定的缺陷，而要确定这种不一致性，需要更进一步的研究和更精致的研究手段。相信这方面研究的进展将有助于探明数学学习困难的核心缺陷，并能有针对性地设计诊断与评定数学学习困难的方法。

(二) 数学学习困难诊断的标准化取向

为了确认儿童是否有数学学习困难，可以进一步根据其数学学习困难的主要特征对数学学习困难儿童进行标准化测查，包括以下三个方面。

1. 数学学习基本能力的测查

心理学家塞斯顿(Thurstone)及其同事认为，在数学学习和教育中涉及以下几种能力：

(1) 一般能力。包含在除计算以外的大多数数学学习中。

(2) 数学能力。与计算有很大的关系。

(3) 空间能力。在几何学习中是重要的因素。

(4) 言语能力。在应用题解决以及代数学习中有重要作用。

(5) 推理和记忆能力。与所有的数学学习有关。

因此，在诊断与评定数学学习困难儿童时应首先了解他们在这些能力方面的缺陷，这样不仅能够细致地了解其数学学习困难可能存在的问题，而且有助于对这些儿童进行有针对性的教育干预。具体的测查内容范例如表6-2所示。②

---

① M. L. Keeler, H. L. Swason. Does Strategy Knowledge Influence Working Memory in Children with Learning Disabilities: Both Executive and Phonological Processes are Important[J]. Journal of Experimental Child Psychology, 2001,34(5): 418-434.

② 刘翔平. 中小学生心理障碍的评估与矫正[M]. 南京：江苏教育出版社，1999: 135.

表 6-2　数学基本能力的测查范例

数学基本能力	测查方式		
	口头说明	用物体证明	匹配、选择及其他
分类			
按功能	儿童能说明为什么汽车玩具不属于家具	儿童能按照功能对物体进行分类，如按海、陆、空对交通工具分类	儿童能按功能把物体与它们的功能匹配
按颜色	儿童能说明为什么红木块不属于绿木块	儿童能按颜色对物体进行分组	儿童能按颜色匹配物体
按大小	儿童能说明为什么大的旗子不属于小的旗子	儿童能按大小把物体进行分组	儿童能选择群体中大的或小的物体
按形状	儿童能说明为什么圆形不属于方形	儿童能按形状分类	儿童能辨别房间中圆形或矩形的物体
同时按多种标准	儿童能说明在以前整理过的蓝正方形与红正方形、蓝正方形与红圆形之间的差别	儿童能同时按大小和功能、大小和形状、形状和颜色等对物体进行分类	儿童能选择出哪一物体不属于同时有两个分类标准的物体
顺序			
线性的	儿童能在大小递增的基础上说明线性的基础系列	儿童能按颜色强度的增强而排列物体	儿童能选出在一个系列中缺失的物体
基数	儿童能说明一、二、三、四之间的关系	儿童能识别物体或数字的顺序	儿童能数到 10 或 20，儿童能说出 3 或 6，4 或 8 谁大
时间的	在一项简单任务中儿童能说明先做什么后做什么	儿童能遵从简单指示，例如先把水放入瓶中，再把瓶放到窗台上	儿童能形成时间感
一一对应的	儿童能说出包含三个儿童的小组所需的铅笔数	儿童能按在座的同伴数分发蛋糕	休息之后，儿童自己知道要做什么，儿童能把鞋子、手套与他们的主人匹配
对空间关系的理解	儿童能说明相对于另一物体，哪一物体在上、下或旁边	儿童能把几何物体与它们适合的空缺匹配	儿童能区分左、右
守恒			
形状	儿童能说明为什么一团黏土无论搓成球形还是绳形，其数量不变	儿童能表演把球形的黏土搓成绳形，而且还可以恢复成球形	儿童能把黏土分成小块并且还能使它恢复成球形
体积	儿童能说明哪一个杯子盛的水多	儿童能证明把水从一个杯子倒入另一个杯子，体积相等	儿童能证明把水从一个杯子倒入许多小杯子，而总体积相等
数字	儿童能说明哪一排的木块多	儿童能在多排木块中找出相等数量的排	儿童能认识到不管铅笔是堆在盒子里还是散放在桌上，它们的数量不变

2. 计算困难的诊断

用于诊断计算困难的测验有很多,下面介绍几种常用的测验。[①]

(1) 广域成就测验(Wide Range Achievement Test)

广域成就测验含有一个计算子测验,这个子测验是测量计算成就的限时测验。它可以用来测验儿童的计算知识、算术、一般能力以及对内容的掌握程度,可以把计算困难与阅读困难、脑损伤、学习迟钝、智力落后等其他障碍区别开来。

(2) 沙利夫等人编制的计算测验[②]

沙利夫(Shalev)等人根据麦克洛斯基(McCloskey)等人的数字加工和计算的认知神经模型编制了一套计算测验,主要测量数字理解、数字生成及计算加工三个方面的内容。此测验的内部一致性信度为0.88,可以用来诊断发展性计算困难。

(3) 儿童数字加工和计算神经心理测验(Neuropsychological Test Battery for Number Processing and Calculation in Children)

这是在欧洲的一个研究团体编制的一套测验。这套测验已在瑞士和法国的2～4年级学生中得到了广泛应用。它可以评价对数字概念、数学知识和计算程序的掌握程度。很多国家都有这个测验的译本,例如,德国、英国、葡萄牙、法国、西班牙、希腊和土耳其,中文版译本也将投入使用。

(4) 伍德科克-詹森心理教育测验第三版的学业成就测验(Woodcock-Johnson Psychoedu Cational Battery-Ⅲ: Tests of Achievement)

伍德科克-詹森心理教育测验最早发表于1977年。1989年伍德科克等人将其拆分成两个独立的测验,一个是我们前面提到的WJ认知能力测验,一个是WJ学业成就测验。2001年他们对该量表进行了第三次修订,就形成了今天的伍德科克-詹森学业成就测验的第三版,即WJ-Ⅲ ACH。该测验分为两个测验:标准测验和扩展测验。标准测验包括12个子测验(测验1～12),全面地评价一个人的学习能力。扩展测验包括10个子测验(测验13～22),能够更深入地了解一个人在某个特定的学科上的优势和弱势,从而提供诊断信息。测试者可以单独施测标准测验,也可以同时施测两个测验。这个测验可以把计算困难和阅读困难以及其他障碍区分开来。具体内容如表6-3所示。

表6-3　WJ-Ⅲ ACH分测验内容[③]

领　域	测验名称	内　容
阅读	测验1 字母—单词识别	发出单个字母或者单词的读音
	测验2 阅读流畅性	快读阅读并理解简单句子
	测验9 理解短文	默读一段短文,然后填空
	测验13 造字	依照英语拼音规则读假字
	测验17 理解单词	说出同义词、反义词和类比推理
	测验21 语音意识	语音删除或者语音替代

① 张树东,等.发展性计算障碍的诊断与矫治[J].中国特殊教育,2004(2):21-25.

② R. Shalev, et al. The Acquisition of Arithmetic in Normal Children: Assessment by a Cognitive Model of Dyscalculia[J]. Developmental Medicine and Child Neurology,1993,35 (7):593-601.

③ 韦小满.特殊儿童心理评估[M].北京:华夏出版社,2006:203-204.

续表

领域	测验名称	内容
数学	测验 5 计算	做计算题，如 3+8=
	测验 6 数学流畅性	速算一位数的加、减、乘法计算
	测验 10 应用题	
	测验 18 数量概念	分析数量关系
书面语言	测验 7 拼写	
	测验 8 书写流畅性	呈现三个字和三张图片，迅速生成一个句子
	测验 11 造句	按不同的要求写出句子
	测验 16 编辑	修改拼写、标点、大小写、单词使用错误等
	测验 20 拼音	
	测验 22 标点符号及大小写	
	测验 3 故事回忆	
口语	测验 4 理解方位	听一段短文，回忆内容
	测检 14 图片词汇	听指令指出方位
	测检 15 口语理解	给图片命名
	测验 12 故事延迟回忆	听句子填空
		在 30 分钟至 8 天内回忆所呈现的故事内容
知识	测验 19 学业知识	回答与各学科内容有关的问题

以上测验是关于诊断计算困难的标准化测验，测试者或教师可以根据实际情况选择不同的测验。当然，除此之外教师也可以通过前文所述的计算困难的几种主要表现进行基本判断，辅以标准化测验的诊断方法，达到鉴定数学学习困难儿童计算困难的目的。在学校环境中，教师可以根据不同阶段数学学习重点初步判断数学学习困难儿童，如低段学生出现进位计算困难、计算时不能摆脱具体形象事物支撑等，中段学生出现应用题题目理解困难、做题时不会使用策略等。

3. 数学问题解决困难的诊断

目前尚没有关于数学问题解决困难诊断的标准化测验，这主要是由于数学问题解决的程序较复杂，影响问题解决成功与否的因素也比较繁杂，而且研究领域对于这方面的研究不够完善，因此没有现成的诊断测验可用。然而也并不是说无法诊断数学问题解决困难，研究者和数学教育者可以根据数学问题解决各阶段的主要特征和可能出现的问题进行诊断和评定。

下面通过对前面图 6-1 所示的数学问题解决的程序进行分析，以期为读者提供诊断思路。

(1) 阅读文字、建构/更新语义网络阶段的诊断

阅读文字是解决数学问题的首要阶段，这部分需要：辨别题目类别，辨别事物真相，提取与解决问题有关的信息，在理解文字内容后需要将其与自己已有的语义网络进行比较，重新建构或更新语义网络。这阶段的诊断需要测试者提取出数学问题的关键词、关键句、关键数字，以提问的形式考查测查对象是否完全理解题目内容以及事物之间的真实数量关系。

(2) 选择策略阶段、提出解决计划阶段的诊断

此阶段是数学学习困难学生和数学学习正常儿童表现出显著差异的关键阶段，因为儿

童需要在此阶段选择适当的元认知和问题表征策略，而数学学习困难儿童恰恰容易在这部分出现困难而导致他们无法提出解题计划或提出错误的解题计划，因此这也是诊断数学问题解决困难的关键阶段。测试者可以根据上文所述的数学学习困难学生在元认知和问题表征策略选择方面可能出现的问题进行有针对性的测查，例如，数学学习困难学生往往欠缺元认知知识，测查者可以在测查对象阅读并理解题目内容后提问他们相关的元认知知识。另外，数学学习困难学生在问题表征时往往会选择图像表征而很少选择图式表征，测查者可以选择一些测查对象不熟悉的题目，要求他们在读题之后将自己的问题表征内容以图的形式画出来，以此考查他们的表征类型以及他们的关系表征能力。

(3) 执行解决计划阶段的诊断

此阶段包括列算式和计算两个主要步骤，是比较外显的测查阶段，测试者可以通过儿童所列的算式正确与否判断他们是否存在问题解决困难以及是否存在元认知监控问题，并可以通过计算结果判断儿童是否存在计算困难。

数学问题解决困难的诊断需要测试者一对一地进行测试，测试程序较多，涉及的问题也较复杂，因此对测试者的要求就会比较高，不仅要求测试者清楚了解不同学龄段的儿童应该达到的数学能力，还要了解数学学习困难儿童可能出现的问题和障碍，目前关于这个方面研究还不足，因此需要研究者进行更深入的探查，以使数学问题解决困难的诊断方法日臻完善。

第4节 学业性学习困难儿童的教育与干预

一、阅读障碍的教育与干预

由于阅读障碍儿童总体的异质性，其背后必然隐藏着一种甚至多种原因使得这些儿童不能在阅读上取得正常进展，因此，研究者应针对各种因素，利用不同的教育干预策略来帮助不同类型的阅读障碍儿童。陈丹等人对西方阅读障碍儿童的干预研究进行梳理归纳的综述研究，为我们呈现了较全面、较系统的西方阅读障碍儿童的教育干预策略。现将已被大量研究证实能有效提高阅读障碍儿童阅读能力的教育干预策略程序介绍如下。[①]

(一) 字词解码障碍的教育与干预

西方大量干预研究证明语音意识训练可以显著影响语音意识技能，而且影响阅读能力，由此可见语音意识在字词解码中的显著作用。巴斯(Bus)等人总结了美国 20 个干预研究，表明相对于控制组而言，语音意识训练在语音技能上和阅读技能上有较强的影响作用。[②] 艾瑞(Ehri)等人对 52 个研究进行了元分析，也发现语音意识训练对语音意识能力有较大的影响，对阅读能力有中等程度的影响。[③] 为了提高阅读障碍儿童的字词解码能力，除了进行语音训练外，直接的单词认读训练也有显著的干预效果。旨在提高阅读障碍儿童字词解码能

① 陈丹. 西方阅读障碍儿童干预研究的进展及其启示[D]. 东北师范大学硕士论文，2007：1-34.

② A. G. Bus. Phonological Awareness and Early Reading：a Meta-analysis of Experimental Training Studies[J]. Journal of Educational Psychology，1999(91)：403-414.

③ L. C. Ehri，et al. Phonemic Awareness Instruction Helps Children Learn to Read：Evidence from the National Reading Panel's Meta-analysis[J]. Reading Research Quarterly，2001，36 (3)：250-287.

力的教育干预策略主要有以下三种。

1. 语音意识训练法

常用的语音意识训练方法有：音素分割、音素组合、音素分辨、音素删除、音素转换。

（1）音素分割。音素分割也叫音素分析，是对单词中单个音素的感受性或外在的确认，如对单词 pet，个体需清楚地意识到有几个音素，并准确地一一指出/p//e//t/。

（2）音素组合。音素组合也叫音素合成，是把一系列单独的音素拼在一起，变成一个整体的单词。如向个体依次呈现/p//e//t/三个音素，让其拼出/pet/这个词。音素组合和音素分割是语音意识中最基本、最常用的两种技能。

（3）音素分辨。音素分辨中含有多种形式，如在口语发音中确定某个音素是否存在。首音尾音比较，呈现一个目标词和两个以上的其他词，要求被试分辨出目标词。在一组词中发现不同类的词，找出哪个词没有此组中的其他词都共有的音素等。

（4）音素删除。音素删除是让被试按要求从某音词中删去一特定的音素，如先向儿童呈现 cat 的图片或字形，让他读出这个词，然后问他这个词如果没有了/k/这个音，应该怎么读？

（5）音素转换。音素转换源于“pig-Latin”游戏，例如，要求把 pig 的第一个音素移到最后的位置上，并加上另外给定的音，如 ay，这样 pig 就变成了 ig-pay，最后念出这个新词。

2. 自然拼读法

自然拼读法即形—音规则语音训练法。语音意识是获得形—音对应规则的基础，而掌握形—音对应规则是编码技能的关键。于是研究者开始研究形—音对应规则的语音训练，目的在于培养儿童的编码技能，从而提高阅读能力。常用的训练法有以下六种。

（1）合成式(Synthetic)的语音法。合成式的语音法采用从部分到整体的练习途径，首先教儿童根据字母形状转换成音素。例如，对 stap 一词中的每个字母进行发音：/s/—/t/—/æ/—/p/，然后再把这些音素合成一个可识别的词。

（2）分析性(Analytic)的语音法。分析性的语音法是使用从整体到部分的方法，避免让孩子指着单词单独发每个字母的音，而是教给他们形—音对照的规则，例如，教师写几个首字母是 P 的单词：put，pig，play 等，他会先帮助学生读单词，并使学生意识到这些词都是以 P 开头的单词。

（3）类推性(Analogy)的语音法。类推性的语音法是使用已知单词的某些部分去认识新的单词(如学生之前学过 tent，make，pig，就可以把这些词拆分并进行新的组合以解码不熟悉的单词，如 rent，bake，jig)。

（4）看字读音(Phonics)语音法。看字读音的语音法就是分割并写下每个音素，使用字母—声音对应规则和课文背景线索认识不熟悉的单词。很多系统的语音指导项目包括这些方法中两种或两种以上的成分。

对于拼音文字来说，语音意识可由音节意识、首音—韵脚意识和音位意识三个语言层级进行表征。音节意识是指在音节层级上将单词切分成音节所必备的一种语音意识，音节是受具体语言的语义和结构制约的最小的自然发音单位，汉字的最小语音单位是音节；在汉语中一个汉字是一个音节，因此汉语语音干预要注重音素的组合和分解、音—形的联系和声调变化。

(5) 嵌入式(Embedded)的语音法。嵌入式的语音法就是将自然拼读知识嵌入在英语语言学习的综合教材中，常在每一个模块或话题中嵌入一些自然拼读知识。

(6) 声母—韵母(Onset-Rime)的语音法。学生在认读单音节词汇的时候，将声母(单词首位的辅音)和韵母(辅音后的元音)进行拆分，再组合的练习。

近年来，研究者们将重点从内容研究转向探讨教育形式的研究，致力于讨论哪一种教育形式可以更有效地提高干预效果，更满足一线教学的需求。2017年，吉伦(Gillon)和麦克尼尔(McNeill)总结出以下几种有效的干预形式：

① 语音意识训练与字母知识教学相结合。

② 语音意识训练与言语输出等语言能力目标相结合。

③ 教学组织形式，教学场所多样化(一对一，小组，家庭教学，班级教学)。

④ 数据化教学评估。

⑤ 老师和家长的课内外共同教学。

⑥ 单一语言教学与情景教学相结合。

⑦ 以游戏活动等方式代替机械式重复训练。

⑧ 必要时进行言语康复训练和治疗。

3. 单词认读训练法

为了提高阅读障碍儿童的字词解码能力，除了进行间接的语音训练，直接的单词认读训练也有显著的干预效果。林娜尔(Linnea)等人总结前人对儿童单词阅读的研究，提出了儿童阅读单词时可以使用的四种读词方法。

(1) 解码(Decoding)。解码需要将单词中每个字母都转换成其各自的发音，然后在头脑中记住每个发音，并将它们组合出一个单词的发音。

(2) 类比(Analogy)。类比是指利用已经学会的单词来认识生词。需要找出生词与已知单词相似之处，将已知单词的发音加以调整，就可以知道生词的发音。例如，可根据“night”而读出“light”的发音。研究者发现刚入小学的儿童就会利用单词的拼写形式进行类比读词。

(3) 预测(Prediction)。预测就是利用各种外部提示和信息推测单词的意思，如上下文语句、图画、首字母等线索。预测法无法解释大部分课文中的单词是如何读出的。

(4) 记忆(Memory)。记忆读词首先要掌握字母的形—音对照规则，并将所建立的连接储存在记忆中。

前三种策略是针对陌生的词，也有人称为读词策略；第四种是针对熟悉的单词。

在单词认读训练中可采取的活动有：① 把单词印在卡片上，并配以图片或在正字法分类游戏中使用。② 在卡片上印上一些高频的首音、韵脚和后缀等，进行正字法学习，使用它们介绍一些字词单元，让学生练习组合和拆分单词。③ 至少用图片表示出每个单词的两种意思，介绍单词的语义背景，和正字法卡片一起使用进行匹配和记忆游戏。④ 单词网，每周用一个单词的多种意思及与每种意思相联系的语义内容组成一个结构图。这样可以增强语义联系，并更多的了解与该词有关的其他词，扩大词汇量。⑤ 一分钟故事，在一两分钟内读一个简短的故事。这个故事包括一周学习的核心词，讲解文章的结构联系及理解技巧。通过阅读这个故事，使学生可以应用学到的语法和语义策略，并增强阅读流畅性。⑥ 单词语义游戏，给学生提供明显的语义及与单词相关的线索。⑦ 神秘单词游戏，学生两人一组，一个学生给出单词的意思及相关联的内容等，另一个学生在有限的时间内猜出单词。⑧ 车票游戏，每天结束时进行两分钟的正字法或语义活动，需要学生快速反应，并作为复习和课程总结。以活动形式进行的单词干预训练法是对以往只强调语音解码的干预的一种补充和扩展。

需要注意的是，由于这些方法多是拼音文字字词阅读教育干预所采用的方法，汉语阅读困难的字词解码教育干预不能全盘照搬使用，必须根据汉语语言的特点加以改进。例如，对汉语来讲，字词的学习应该关注语音的敏感性训练、音—形对应、形—意对应、音—形—意对应关系。

（1）汉语词意识的训练。词的掌握是阅读的基础，词意识的发展从学前期就开始了。随着口语词汇的积累，4～5.5 岁是儿童词意识发展比较快的时期，到 6 岁词意识发展速度减慢，在这个词意识由萌芽到初步成熟的发展过程中，分为四个阶段：一是模糊无词概念阶段，该阶段儿童对词概念认识上和反应策略上的共同特点是对词概念没有认识，反应策略上猜测性、直观性和具体性非常明显；二是字、词混淆阶段，该阶段儿童对词概念认识上和反应策略上的共同特点是将字等同于词；三是初步认识到词在语言中存在的阶段，该阶段儿童对词概念认识上及反应策略上的共同特点是认识到词具有一定的长度，但过于机械；四是“词”的概念在幼儿认识中逐渐清晰的阶段，该阶段儿童对词概念认识上和反应策略上的共同特点是对词概念有了基本的认识并趋于较完善、成熟的水平。采用字词重复和圈字、圈词任务，如真假词判断，长、短、难、易词判断，分割句子为词，重复尾词等方法都可以帮助学生提高词意识，改善词汇概念。

（2）语素意识的训练。语素是语言中完整的、稳定的、最小的音义结合体。语素意识指儿童对口语中最小的音义结合体的敏感性和操作的能力，一定程度上反映了儿童的语义加工技能。大量的汉语阅读困难研究越来越发现，语素意识的缺陷可能是汉语阅读困难的核心因素。汉语的语素有着不同于拼音文字的特点，同音语素、同形语素、形旁意识、复合语素、解释性语素等都可能成为学习汉语的难点，也容易造成汉语学习困难。因此，在阅读困难的干预训练中，应加强对语素意识的学习和训练。例如，可以通过同音判断任务、一字多义判断，连字组词，拆词组词任务，利用偏旁判断词义，造句等学习任务，加强语素意识的学习。

（二）阅读理解障碍的教育与干预

拼音文字系统中的大量研究已表明，就单纯解码障碍儿童而言，除了间接语音训练能有效提升字词解码能力，进而提高阅读能力，直接干预其解码能力也能有效提升他们的阅读成就。有趣的是，一些研究同时指出解码技能的训练并不能使所有阅读困难儿童的阅读成绩都明显提高。这说明这部分儿童的阅读障碍不是由于解码障碍，而在于理解障碍。对于阅读理解障碍的儿童，他们更需要理解策略的训练，包括一般认知策略、理解监控和文章结构知识等。研究表明，策略教学对阅读理解障碍学生十分有效，以下是常见的几种教学干预策略。

1. 组织策略

组织策略就是通过线、箭头和空间组织来描述课文内容、结构、关键的概念关系等。它包括：语义地图、语义特征分析、认知地图、故事地图、框架图等。组织策略能提供一个有意义的框架把学生已有的知识和新知识联系起来。很多研究者都使用故事语法帮助学生组织、分析并记住故事的内容。组织策略最重要的就是确定故事的基本因素，如人物、时间、地点和事件等信息。

2. 自我调节策略

阅读障碍者很难把文章不同部分的观点综合到一起，即使他们能正确地解码单词，也不能掌握文章的整体意思，更不能监控自己的理解过程。菲利普(Philip)于1998年根据自我调节策略发展模型①，介绍阅读理解策略的使用。自我调节策略发展模型在理解过程中应用的具体步骤包括以下几方面。

(1) 描述目标策略，说明策略实施步骤以及讨论为什么使用这些策略，何时在哪实施。

(2) 激活背景知识，概括以前了解的有关学习目标策略的知识。

(3) 回顾现在的成绩水平，让学生知道自己现在的水平，并重申使用策略的必要性。

(4) 示范策略和自我指导，给学生证明怎样在有意义的文章中使用策略，并通过出声思考的方法进行自我调节。使用自我监控时可以问自己：我应该先做什么？是否使用了策略我就能更好地理解所阅读的内容？

(5) 合作性的练习，给学生提供机会练习使用策略和自我陈述，监督学生的进步，并在必要时给以重复解释和示范。

(6) 独立练习和掌握，在学生了解策略步骤后，让每个学生使用目标策略和自我陈述，并继续给以指导、强化和反馈。逐渐撤销帮助直到学生在没有帮助的情况下能熟练使用策略。

(7) 概括总结，和学生讨论什么时候成绩提高，在哪应用策略效果好。还要给学生提供不同类型的材料练习，使学生更灵活地使用策略。

3. 问题产生策略

一个好的读者在阅读时会监控自己的理解，确定自己能抓住文章重要的信息。而阅读理解困难的学生总是不能把信息整合起来获得对主题的理解，他们不能积极地参与到信息的加工过程中，缺少元认知技能以及对自己元认知过程的意识和控制。② 他们不能理解文章更不用说阅读的流畅性问题了。问题产生策略就是在阅读时使读者产生并回答相关问题，最终使他们能有策略地监控自己的阅读理解过程。所以在整个过程中读者要创造、调整并回答问题，这样能使他们对文章有更深刻的理解。有阅读困难的学生不能独立地获得这种策略性的知识。教师给他们提供程序性的提示比没有提示要更有效，还要根据学生的技能和材料的类型，调整提示的难易水平。使用问题产生策略的步骤包括：在开始阅读前提示学生快速认真地阅读文章，之后要产生并回答问题，提出的问题要与主要内容相关。在阅读过程中提醒学生不断进行自我提问，注意故事的时间、地点、人物等要素。反复阅读。对学生的错误进行纠正，并给予奖励和反馈。阅读文章后让学生回答相关问题。经常回顾问题和答案，思考每个问题和答案给自己提供了什么信息。在提出问题并回答的过程中，学生不

---

① N. S. Philip, D. L. P. Susan. Teaching Effective Comprehension Strategies to Students with Learning and Reading Disabilities[J]. Intervention in School and Clinic, 1998, 33(4): 209-218.

② J. T. William. Boosting Fluency and Comprehension to Improve Reading Achievement[J]. Teaching Exceptional Children, 2006, 38(3): 22-26.

仅能注意重要信息，也能更好地记住文章内容。在阅读的过程中学生要不断地进行自我监控，不断地问自己我正在做什么。

4．总结策略

在一般性的教育课堂中教学生怎样总结文章可以提高他们的阅读理解能力和信息的记忆力。总结策略通常包括：要点总结（Gist Summaries）、规则性总结（Rule-governed Summaries）、分层总结（Hierarchical Summaries）。

要点总结就是用一个句子总结段落的信息。教学生逐渐用最短、最精练的词语概括段落的大概意思。在教给学生该方法时，先让学生学习单个的句子，概括句子大意，在成功完成任务后再给学生提供两个句子练习，长度控制在15个词以内。以后逐渐增加材料的长度，直到学生能完整概括段落的大概意思。在此过程中要给学生必要的指导和反馈，使学生更好地掌握该技能。还应该根据学生当前的水平，设置恰当的目标，这对学生有激励的作用，比如限制自己用多少词概括文章，监控过程，并逐渐提高目标。

规则性总结就是按照建立好的一系列规则进行总结。最有效的概括规则包括：删除琐碎信息，删除重要但多余的信息，选择或概括主题句，把重要的支持信息联系起来。在教给学生该方法前要先让学生理解概括的规则，要充分激活相关的背景知识。教师还要帮助学生分辨哪些是重要信息，哪些是多余的信息。为了更好地促进理解，还可以把每个概括规则转化成问题，比如我是否删除了琐碎多余的信息？这样就包含了自我提问的程序，让学生更好地进行自我监控。

分层总结帮助学生掌握文章的大体结构，根据课文的结构找出每部分的主题思想。教学生使用该策略，能有效提高学生对不熟悉材料的理解能力。学生先大体浏览全文，注意文章的中心思想和各部分的主题，然后把各部分的主要思想综合起来形成文章的整体框架。之后从每个子部分中找出几个关键词，并组合成反映主要意思的关键句，然后学生再写出2～3个包含重要细节的句子。最后，在理解的基础上学生要学会用自己的话语把文章的主要内容总结出来。

5．录影带自我示范性策略

2004年，卡里尔（Caryl）、玛丽和皮特（Mary & Peter）在夏威夷的农村进行了一项研究。[①] 教师和家长选取了4个在阅读流畅性和理解上有困难的一年级学生，让其接受辅导和录影带自我示范性治疗（Video Self-modeling）。其中有两个学生被认为有特殊学习障碍，一个有发展性延迟，另一个需要特殊教育。该研究使用两种干预方法：社区助手指导和录影带自我示范性治疗。录影带自我示范性治疗就是让被试观察自己表现出适当行为的录像。设计包括6个阶段：① 基线水平的确定。② 提高阅读流畅性的相关指导（TRF）。③ 流畅性指导和录影带自我示范（TRF＋VSM1）。④ 提高阅读理解的指导（TRC）。⑤ 阅读理解指导和录影带自我示范（TRC＋VSM2）。⑥ 跟踪阶段。两个因变量是：阅读流畅性和理解技能。流畅性以每分钟正确阅读的单词数计算，阅读理解用对15个理解问题的正确反应数计算。具体过程如下：一共给每个学生制作两个2分钟的录像，一个是自我示范关于阅读

① H. H. Caryl. Mary Anne Prater, W. Peter. Dowrick Reading Comprehension and Fluency：Examining the Effects of Tutoring and Video Self-modeling on First-grade Students with RD[J]. Learning Disability Quarterly，2004(27)：89-104.

流畅性的，展示的是学生流畅地读一本书，指导者给予鼓励，并玩记忆游戏；另一个是自我示范关于阅读理解的，展示的是学生应用故事地图，并成功地回答由指导者提出的阅读理解问题。每个学生每天进行30分钟的阅读流畅性指导训练。选择大约100个词的新材料，使用三种阅读方法：老师和学生一起读(Unison Reading)、老师读完学生读(Echo Reading)、独立阅读。在第一阶段，老师和学生一起大声读，指导者示范如何流畅的阅读。在第二阶段，老师一句一句地读，然后学生跟着大声重复，如果学生在第一阶段没有达到理想的阅读率，那么可以反复阅读，之后进行一分钟讨论，把课文内容和学生经验联系起来。最后学生独立阅读文章。还要使用记忆游戏复习看到的单词。当在流畅性指导阶段的效果比较稳定时，给学生增加观看关于流畅阅读的录像，在每天指导前看2分钟的自我示范录像，直到学生达到预先设置的标准，这时看录像的次数就可以减少，一周两次。在实施阅读流畅性指导之后进行阅读理解的指导。指导者使用故事地图和故事结构图帮助学生组织、记忆重要信息，如背景、人物、主题等因素。之后也在每天指导前学生看2分钟关于阅读理解的自我示范录像。根据测量画出了4个学生的个人阅读流畅性和理解成绩的图表。结果说明社区助手的指导和学生观看自我示范录像能提高学生的阅读理解能力和流畅性。当学生观看自我流畅阅读的录像时，流畅性的提高是最明显的；增加观看阅读理解录像能使获得的技能更稳定。分别持续1个月和6个月的跟踪研究都发现了阅读流畅性和理解技能的保持，并且阅读技能可以迁移到课堂环境中。

6. 同伴指导策略

同伴指导就是让同班学生作为在学校有困难学生的指导者。在这个过程中所有学生的学习经验都会有所提高。指导者通过对同伴学习过程的解释加强了自身的学习，而被指导的同学也会从一对一的指导中受益，这是在课堂环境中老师所无法提供的。同伴指导的方法使学生有更高的积极性参与到活动中，参与的时间是教师指导的2～3倍，并且能从同伴那里获得及时的反馈。玛丽(Mary)等人检验了同伴指导的方法对中学阅读障碍学生的语音技能和阅读理解的效果。[①] 该研究把被试分成两组，一组是实验组，一组是控制组。实验组接受16个同伴指导的语音技能训练项目(Linguistics Skill Training，LST)，另一组接受同伴指导的阅读理解项目(Peer Assisted Learning Strategies，PALS)。PLAS项目要求在大声读课文的同时，学生要参加三个阅读理解活动：合作阅读、缩写(Paragraph Shrinking)、预测传递(Prediction Relay)，从而使学生有更多机会练习回顾、总结、陈述主要意思、预测故事结果等。在干预的过程中使用小组指导、直接提问和回答、把任务分成小的成分并逐渐撤销提示线索、及时反馈并有足够的机会进行练习。控制组接受传统的全班形式的阅读治疗项目。结果表明接受LST/PALS指导的学生在字母、单词辨别、猜测词义、段落理解上都比控制组好。说明LST和PLAS两个项目的方法联合使用，干预效果比传统的全班治疗项目好。

7. 交互式教学策略

交互式教学(Reciprocal Teaching)是佩林萨(A. S. Palincsar)和布朗(A. L. Brown)所设

---

① B. C. Mary. Effects of a Peer-Mediated Phonological Skill and Reading Comprehension Program on Reading Skill Acquisition for Middle School Students with Redding Disabilities[J]. Journal of Learning Disabilities，2005，38(5)：424-433.

计的，用以促进阅读理解的教学模式，是通过师生有结构的对话来促进阅读理解的教学方法。[①] 他们认为通过“对话”的方式形成师生间教学的互动，进而循序渐进地发展至学生之间彼此提供支持并形成互动，这样学生轮流担任“教师”的角色引导课堂教学的方法可以有效地促进阅读理解能力的发展。交互式教学的大部分实验研究都支持了这一观点。交互式教学中策略的应用已经超越了具体策略本身而使学生阅读的习惯和方式发生改变。由于交互式教学能最大限度地激发儿童的阅读动机，并逐渐端正儿童的阅读态度，因此，在交互式教学中策略的学习和运用，能使儿童对所读的文章内容做更深的加工并赋予意义，能使学生认识到自己阅读中产生的困难，并想办法去解决它。这使得学生认识到阅读是一个怎样的过程，同时也意识到策略在阅读理解中的作用和意义，从而逐渐端正阅读态度。科学的阅读态度一旦形成便有动机作用，它能激发和维持阅读过程中认知策略的进一步学习与积极运用。交互式教学的中心环节是预测、提问、总结、澄清四个环节，用以促进认知加工的阅读理解策略发展。当学生习得了这四个理解策略后，就可按交互式教学的程序进行阅读理解的对话。这种对话是预测、提问、总结、澄清等阅读理解策略的应用过程。这四个阅读理解策略建立在综合—分析—综合的认识方式基础上，反映了学生阅读活动的一般步骤，可以有效地促进对阅读材料的深加工。交互式教学既是学习者与学习材料之间不断相互作用的过程，同时又是师生之间和学生之间进行积极交互作用的过程。这种交互作用有力地促进了学生对文章意义的建构能力。交互式教学促进阅读理解的核心是理解监控。交互式教学十分重视阅读元认知和自我调节学习能力的培养。交互式教学之初，教师的示范起着关键作用。随后，教师支持学生轮流作为领导者引导小组的阅读活动。当学生能够独立地引导小组的阅读活动时，教师的支持便渐渐引退，主要提供帮助、指导和反馈等服务，鼓励学生自我调节。这为学生自我调节学习能力的发展提供了良好的机会。这是交互式教学取得成功的关键。实践也表明，学生角色的变换和教师作用的变化是交互式教学取得成功的重要标志。同时，在交互式教学中师生之间主要是通过对话进行课堂教学。这种对话本身可以说是一种外化的元认知，可以有效地促进小组每一个成员的理解监控能力的发展。

8. 视觉辅助策略

由南希·贝尔（Nanci Bell）开发的语言理解及思维训练课程（Visualizing and Verbalizing® for Language Comprehension and Thinking（V/V®）workshop by Lindamood-Bell Learning Processes®）侧重用视觉辅助和语言表述来提高孩子的理解能力。学生在教师的帮助下，先看图表述图中内容，继而练习用语言描绘和图中相似的生活中的事物，最后将自己对故事或文章的理解视觉化，并用自己的语言描述。学生会在图片等视觉工具的辅助下完成这些训练，与此同时，这样的训练通常与交互式教学相结合。交互式教学总共有以下四个步骤：澄清概念（Clarification），总结（Summarization），预测（Predication），提问（Question Generation），教师同样会利用相关的视觉卡片并结合以上步骤帮助学生完成整个训练过程。

9. 词汇拓展训练

埃勒曼（Elleman）等人于2009年进行的元分析表明，词汇拓展训练对于学生的篇章理

① A. S. Palincsar, A. L. Brown. Reciprocal Teaching of Comprehension-fostering and Comprehension Monitoring Activities[J]. Cognition and Instruction, 1984(1): 117-175.

解有促进作用，针对阅读理解的词汇拓展训练包括以下三点：① 联想(Association)，将新单词与词义或近义词进行配对。② 理解(Comprehension)，学生通过词义归类，提供反义词加深对词义的理解。③ 推演(Generation)，学生用新学会的单词组词造句，或用自己的话复述新词的含义。克拉克(Clarke)等人于2007年的研究也证明词汇拓展训练可以提高阅读理解能力，由此证实口语能力和阅读理解有着紧密的关系。

10. 中国阅读障碍干预研究

相比之下国内阅读障碍干预研究就很薄弱，关于阅读障碍的干预的实证研究较少，不过，近年来，汉语阅读障碍的干预研究也逐渐开展起来。在字词识别方面华中师范大学的硕士刘娜于2006年通过对识字困难的学习障碍儿童实施语音、识字策略和知觉加工的干预训练，发现儿童的识字量有显著提高，改善了障碍情况，这说明识字困难型汉语阅读障碍儿童的阅读能力可以通过训练得到改善。[①] 在教学干预方面，李伟健、姚静静2004年以浙江金华市某中学初一年级52名学生为实验对象，其中阅读优生28名，阅读困难学生24名，进行交互式教学。结果表明交互式教学组的阅读理解成绩、阅读理解监控和阅读态度得分明显高于常规教学组。[②] 在阅读理解监控方面，易琳对36名阅读理解困难儿童的阅读理解监控能力进行干预训练，[③]训练程序主要包括三个方面：第一，教师传授并引导学生积累阅读理解监控知识。第二，采用交互式教学法训练阅读监控能力，通过互动式课堂、创造问题情境来激发学生体验自己的思维过程。第三，结合具体课文，将已经传授的知识导入课文，感知课文，解析课文到最后小结，从而系统地训练阅读理解能力。研究结果显示，通过对阅读理解困难儿童实施干预训练后，其阅读监控能力有一定的改善，而阅读水平也有了相应的提高，阅读理解监控能力与阅读理解之间有紧密的内在关系。阅读理解监控训练可以提高学生的阅读理解成绩。

与西方阅读障碍干预研究比起来，汉语阅读障碍的干预研究只是处于刚刚起步的阶段。由于汉字有着不同于拼音文字的特点，所以西方阅读障碍的干预研究的结论是否适用于中文阅读困难者还应该进行进一步的实证研究。有汉语语音意识的干预研究显示，在汉语阅读障碍中，语音意识在表义文字中似乎没有在表音文字中的作用大，而字形意识却占有相对重要的地位。所以汉语阅读障碍的干预要加强字形干预的研究。阅读困难儿童不善于对汉字的结构进行合理的拆分，不能借助字形结构的意识来帮助识记，而是随意猜字。阅读困难儿童缺少语音和语义的编码方法和技巧，不能理解汉字的各部件或偏旁的组成的形、音、义的匹配，不能自觉地利用汉字本身的特征来学习汉字。因此识记汉字的根本原则和思路就是把汉字作为一个音、形、义相联系的整体加以学习。根据中文文字特点，汉语的识字教学应该包括以下方面的训练：看字读音，看字写注音，考察组字规则知识，部首表义、声旁表音知识，声韵觉知，声调觉知，词素觉知等。比如可以按字形、字音、部首的性质先对汉字归类，将同字音、同部首或字形相似的字当成一组字来教，这样可以减少学生的记忆负担。教学生汉字的组字规则，汉字的组合不是乱无章法，如“竖心旁”“三点水”“金”字部首永远放在字的左边，熟悉组字规则有助于改正部首错置的情形，更好地记忆字形。赵微等人于2013年在西安创建的学习困难儿童学习支持中心，通过认知、学业、心理综合干预，以及配套语音干预

① 刘娜.对识字困难型阅读障碍儿童的干预研究[D].武汉：华中师范大学硕士论文，2006.

② 李伟健，姚静静.初中学习困难学生阅读交互教学实验研究[J].应用心理学，2004(3)：18-22.

③ 易琳.阅读理解障碍儿童的阅读监控及其干预研究[D].南京：南京师范大学硕士论文，2008：1-52.

训练、语素干预与字词识别训练、分级指导性阅读小组三级教学干预等手段，成功改善了学习障碍学生的学习能力与学业成绩，探索出有效的学习困难儿童教育干预模式。总之，汉语阅读障碍的干预研究应在借鉴国外干预模式的基础上，结合中文特点，探索更多的有效的汉语阅读障碍的教育干预策略。

二、数学学习困难的教育与干预

（一）数学学习困难的认知干预策略

1. 工作记忆干预策略

随着心理学、特殊教育工作者对数学学习困难的研究越来越深入，数学学习困难的成因和重要影响因素之一“工作记忆”已成为此类研究的焦点。针对数学学习困难儿童的工作记忆缺陷，李国红等提出了多媒体教学干预策略。[①] 多媒体教学策略将学习材料以视听结合的方式呈现，使智力资源可以合理分配，促进意义学习的完成。如用动画、声音、文本结合的方式呈现材料，视觉与空间相结合以减少注意分散现象，清除多余材料的呈现方式以消除冗余现象等。这种教学干预方式针对数学学习困难儿童在三个工作记忆成分上的缺陷设计了不同的教学干预策略。

（1）针对数学学习困难儿童的语音环路特点设计的教学干预策略

数学学习困难的儿童在进行算术认知的时候容易忘记部分计算结果或是最初呈现的信息，可以根据其认知特点，给出同步的语音或文字提示。如在呈现 18 ＋ 65＝？后，用语音提示儿童其计算步骤应先是 8 ＋ 5，然后 1 ＋ 6，并在 1 ＋ 6 得出结论后别忘记再加上 1。也可用视觉的形式呈现策略支持。另外，可以把复杂的教学材料按意义分段，分步呈现，这种方法专门针对数学学习困难儿童无法同时进行复杂的认知加工的现象，在教学中可以把一个完整的材料按意义逻辑分割成更小的单位，在每相邻两个单位间有一个时间间隔，以方便学习者有足够的时间进行深加工。当其认为已经掌握并理解所加工的内容后，再呈现下个单位的内容。这种方法的实施最好由学习者自己控制停留间隔的时间，这样不仅能够适应不同学习者的认知水平，还可以运用触觉加强学习的真实感以提高学习兴趣。

（2）针对数学学习困难儿童的视觉-空间认知设计的教学干预策略

数学学习困难的儿童在复杂的算术认知中，需要在学习当前内容时努力回忆上一步骤的结果，以致产生注意分散效应。这种教学策略通过多媒体在同一界面呈现所有的解题步骤，帮助数学学习困难儿童减轻工作记忆负荷以促进其学习。另外，可以利用动画，对计算的位数进行标记，对有视觉-空间认知能力障碍的儿童用直观、形象的方式呈现教学材料。还可以视听结合，用语音的形式提醒数学学习困难儿童对数字或符号的辨别能力，减轻其认知负荷。

（3）针对数学学习困难儿童的中央执行系统特点设计的干预策略

根据 1986 年巴德利的研究，中央执行系统包括双任务的协调（Coordinate Performance on Dual Tasks）、抑制无关信息的干扰（Inhibit the Disrupting Effect of Others）、策略转换（Switch Retrieval Strategies），以及对于长时记忆中信息的更新（updating）这四种执行功能，后三种均参与在数学认知加工过程中。针对这一现象，在教学中应尽量消除多余呈现，

---

① 李国红，等. 数学学习困难儿童的多媒体教学策略[J]. 中国特殊教育，2007(3)：48-52.

减少无关信息的干扰，呈现的材料应尽量简洁，减少一切与当前学习不直接相关的分心物。另外，在数学学习中，可以用符号标示法帮助学习者选择和组织材料，减轻认知负荷，如在应用题解决中，用红色下划线等标示符号来标识题目中的关键词，使学习者能集中注意力。

2. 元认知干预策略

元认知能力包括元认知知识的掌握和元认知监控能力。数学学习困难儿童在元认知能力方面的缺陷是影响其数学能力的一个重要的认知因素，因此应对其进行有针对性的干预，可以从以下两方面着手。

(1) 在数学教学中渗透元认知知识

在教学中，数学教师应通过适当的途径与方式丰富学生的元认知知识。首先，应主动引导数学学习困难学生自我剖析对数学的看法、态度，认识自己的数学观念和数学认知风格。反省自身在数学学习中的长处和短处。其次，帮助学生了解数学认知目标和认知任务。最后，在数学认知过程中，根据认知任务及目标的特征，让学生认识到要完成认知任务或达到认知目标有哪些可用的策略以及如何应用这些策略。通过教学不仅让学生知道学什么，更应让他们掌握怎么学的方法，意识到学习的过程，懂得各种学习策略的特点和效用，有效利用各种策略掌握知识。

(2) 在数学教学中培养元认知监控能力

让数学学习困难学生学会对学习任务制订计划，并在学习活动进行的过程中学会不断检查、反馈和评价学习活动进行的各个方面。另外，在课堂教学中，教师应有意地提出自我监控的问题让学生回答，通过及时评价引导学生自我监控。教学中还可设计和制定自我检查评价表，指导学生定期填写，以便有效地培养学生的元认知监控能力。

3. 问题表征干预策略

近年来，关于数学学习困难儿童问题表征干预策略的研究越来越丰富。其中，2002 年，胥兴春在数学问题解决方面，通过加强学生的一题多“表”的训练，极大地提高了数学学习困难儿童数学问题解决中问题表征的质量，由此也提高了数学学习困难学生的数学学业成绩。2004 年，李新宇等在补救性干预研究中，对学生进行不同图式的干预训练，学生的数学成绩也有所提高。因此，在数学教学中，尤其是关于数学问题解决的教学中，教师应开发学生的表征能力，鼓励学生多用图式表征，尤其是对于中等难度的题目，可以尝试让数学学习优良生示范解题时正确的表征方式。此外，解决数学问题时的表征包括图示(如画图表)、具体操作、言语表征等，其中很重要的一点是指导学生辨别问题中各种成分之间的关系，学会选择正确的表征方式。

以上三方面的干预策略可以根据数学学习困难学生的具体情况有针对性地进行。此外，对数学学习困难学生的干预在内容上应注重生活性和功能性教学，教学内容选取应密切联系学生现实生活或选取来源于自然、社会或科学中反映一定的数学价值、对学生来说具有一定挑战性的现象和问题，运用学生关注和感兴趣的实例作为认识的背景，激发学生的学习兴趣与动机，使学生感受到数学与现实、数学与生活的密切关系。除了教学干预外，还可辅以同伴辅导或协作，即以学习小组作为干预的基本单位，在学习小组内，包括学习困难学生、学优生和一般的学生，通过他们之间的相互观摩、交流和协作，促进数学学习困难学生的发展和学业成绩的提高。

(二) 不同类型的数学学习困难干预策略

1. 计算困难干预策略

由于导致计算困难的原因既有神经心理方面的又有运算技能方面的问题，因此，可以从以下两个方面着手进行干预与矫正。

(1) 提高数学学习困难儿童的知觉统合能力

知觉统合能力低下是导致儿童数学学习困难的主要神经心理因素。所谓知觉统合能力一般是指儿童的感觉器官在接受信息之后，将信息传达至大脑，并将之组合成为正确信息的能力。[①] 如果这个信息处理过程出现问题，行动一定会出差错。看到的、听到的与做到的无法协调起来。我们可以通过训练其知觉-动作统合能力，来解决数学学习困难儿童所面临的问题，比如可以通过前滚翻、丢球、拍球、滑滑板、跳袋鼠跳、跳羊角球、坐荡独木椅、荡网缆、滚圆筒、跳绳等需要手眼配合的活动来提高儿童的知觉统合能力，帮助他们建立平衡能力、控制能力及协调能力。知觉统合能力还可以通过描绘训练、视觉-动作协调能力训练等训练活动来提高。

(2) 训练运算技能

在对计算困难的儿童进行干预时，首先，应让他们理解所做运算的含义，因为很多计算困难儿童不能理解加法、减法、乘法、除法的含义，只是机械地记住口诀或进位方式等，这时需要用直观的方法来辅助，例如用图来表示运算的含义，要求儿童在运算时大声地说出运算过程，或是要求儿童用实物（水果或积木等）来解释另一个儿童的运算过程。其次，可以运用学习层次理论帮助儿童解决运算混淆的问题。学习层次理论是加纳和布里格斯（Gagne & Briggs）于1974年提出的一种学习理论。他们认为，在学习层次中，每一个技能都要儿童依次地掌握。如果这些技能中一个或几个没有被掌握，那么就会导致儿童建立不正确的算法。图6-2是减法的学习层次例子。通过分析正确学习层次的任务和儿童的错误，来建立各种任务的学习层次。教师在教学时，必须从最低层次开始，儿童学会以后，才能进入下一层次。

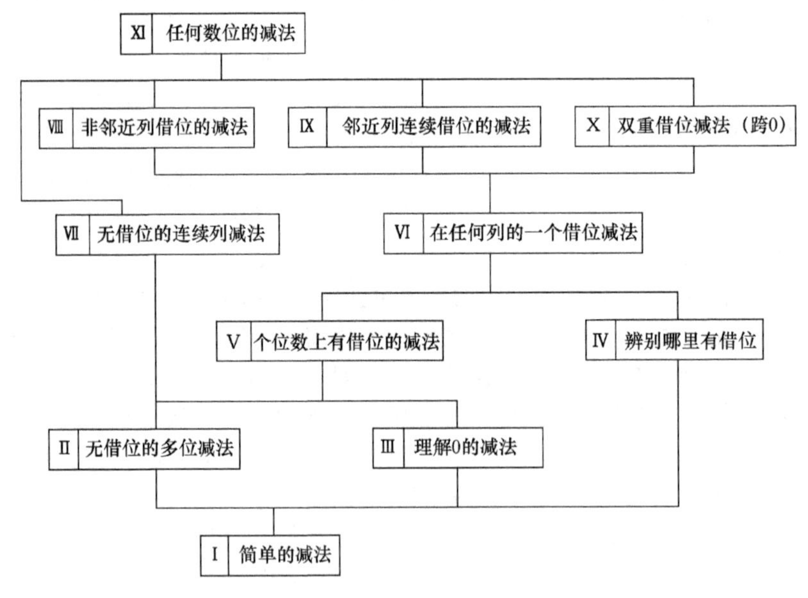

图6-2 减法的学习层次

2. 问题解决困难干预策略

关于这方面的研究很多，不少研究者提出了相应的干预策略，下面介绍其中三种具体干

---

① 张树东，等. 发展性计算障碍的诊断与矫治[J]. 中国特殊教育，2004(2)：21-25.

预策略。[1]

(1) “一步接一步”策略

1981 年史密斯和艾莉(Alley)提出了“一步接一步”策略。具体步骤如下。

① 读题目。一是发现不认识的词语,一是发现“提示词语”。

② 再读题目。首先,认识到已知条件,是否需要重新组织?它们的单位是否需要变化?其次,决定要求是什么?需要什么过程?要求的单位是什么(如时间、重量、货币等单位)?

③ 利用实物来表示问题,决定运用什么类型的运算。

④ 把问题写下来。

⑤ 进行计算,写出答案。

史密斯和艾莉强调,儿童首先是要学习策略,在教师的帮助下进行练习;然后自己独立进行练习,直到能够成功地应用这个策略。

(2) 弗来希纳和纽泽姆的干预策略

1987 年弗来希纳和纽泽姆等(Fleischner,Nuzum & Marzola)提出了用于问题解决困难的教学干预策略。具体步骤如下。

① 阅读。问题是什么?

② 再阅读。必需的信息是什么?

③ 思考。放在一起——加法;分开——减法。

我需要所有的信息吗?

是两步问题吗?

④ 解决问题。写下算式。

⑤ 检查。再计算一次。

⑥ 符号是否正确。

(3) 蒙塔古和波士的干预策略

1986 年,蒙塔古和波士(Montague & Bos)认为对于问题解决困难的学生来说,下述内容是一个有效的学习策略。

① 大声读题目。当学生遇到不认识的词汇时,教师帮助其发音并解释含义。

② 大声地解释题目。让学生陈述一些与问题中数字有关的重要信息,同时培养学生自我提问的能力。

③ 具体化(或形象化)。可以用各种各样的图把问题形象化。

④ 陈述问题。大声地完成下面的问题:“我有……”“我要发现……”在题目中关键信息处划上横线。

⑤ 假设。完成下面问题:“如果我……那么……”我要用多少步骤才能得到答案?写下运算符号。

⑥ 估计。写下大概的答案。“我的答案应该大约是……”

⑦ 计算。列式并进行精确的计算,圈出最后的答案,然后问自己:“这个答案正确吗?”检查运算符号是否正确。

⑧ 自我检查。再看一下问题,然后检查每一个步骤,确定所选的运算和计算结果是否正确。

---

① 徐芬.学业不良儿童的教育与矫治[M].杭州:浙江教育出版社,1997:297-306.

总之，对数学学习困难儿童的干预是可行的，是帮助数学学习困难儿童今后适应学习和社会生活的最佳途径，教育工作者应尽量较早地发现和诊断出数学学习困难儿童，并为他们做有针对性的及时的干预与矫正，帮助他们走出数学学习困难的阴影。

3. 利用蒙台梭利教学法改善早期数学困难

数概念是人类高级数能力的基础，它的发展不仅关系到其他数学内容的学习，也是个体学习其他数学内容的基础，而且会影响早期的抽象思维和推理能力的发展。[①] 数概念实际上就是人们关于抽象的、独立于具体事物而存在的数的概念。数概念的获得是建立在实物的基础上的，从最初的用数来表示多少的具体事物到后面用数表示多少的数量，进而脱离了数所表示的事物，成为独立的概念。

皮亚杰认为，儿童数概念起始于对物体的动作操作，逻辑数理知识要求心理活动和身体活动的协调，逻辑观念不可能由言语直接传达，它必须由儿童通过自己对客体的动作来感知和建立，因此，数概念的发生发展离不开儿童对客体的动作操作。蒙台梭利数学教学法正是基于这样的理念，结合其研发的学习材料帮助初学者初步形成数学概念，掌握简单的数学运算方法，促进数学学习。由于数概念的抽象性，小学低年级数学学习困难儿童常常表现在数概念掌握的困难上。而蒙氏数学能够使抽象的数概念具体化，通过实物操作，帮助理解数概念，极大降低了学习数概念的难度。

(1) 蒙氏数学学习材料的特点

① 蒙氏数学学习材料符合儿童身心发展特点及兴趣

蒙台梭利非常注重为儿童的学习提供有准备的环境，因此其精心设计了诸多符合儿童身心发展特点和兴趣的学习材料，内容具有较强的逻辑性与系统性。如红蓝相间的数棒是学习数与计数的一种材料(如图 6-3 所示)，它既可以学习自然数1～10 的顺序，也可以给予儿童一个清晰的数概念，当儿童拿 10 根数棒时，他手上所拿的棒子就本身而言，是一个整体之物，然而却包含了 10 个可以计数的等量单位，它可以代表整体与个别及可计数的单位。另外，数棒是由 1～10cm 的 10 根木制角棒组成，每隔 10cm 分别涂上红、蓝两色，红色的代表奇数，蓝色的代表偶数，最短的代表“ 1”的量，最长的则代表“ 10”的数量。两个相邻棒之间相差“1”。这种实物操作活动以数学具体感知经验的积累为基础，将抽象的数概念具体化以培养儿童初步的数量概念。再如，有学习材料“分数小人”(如图 6-4 所示)非常形象直观地帮助儿童学习和理解整体、部分概念，初步感知等分的内涵。

图 6-3　数棒

图 6-4　“分数小人”

① 周欣. 小班儿童数学认知的发展[J]. 儿童教育，2007(6)：22.

② 蒙台梭利教学法注意感官教育

蒙台梭利数学教学注重教育过程中系统的数学感知经验的积累，遵循由具体到抽象、由简单到复杂、由低级到高级的发展规律。而这些感知经验的积累是靠感官活动进行的。感官教育中的配对、序列、分类这三种基本操作是数学教育的预备课程，通过这些基本练习，可以培养儿童明确事物或现象结构的能力。例如，感官练习活动中的认识长棒就为学习数棒奠定基础；借助“配对”活动学习辨别相同性；感官练习活动中的“串珠”为计数与排序做好了准备工作。

③ 科学教育原理与具体操作方法相结合

蒙台梭利数概念教学是把抽象的概念化作可以操作的数学活动和具体材料。它按照数学科学的知识体系，结合儿童心理发展的特点建立起来的。例如数棒，利用数棒学习1～10的组合与分解，在活动延伸时，儿童会发现1与9、2与8、3与7、4与6、5与5组合为10等有趣的知识，并会发现“1＋2＋3＋4＋5＋6＋7＋8＋9＋10的总数等于55”等有趣的现象，从而对自然等差数列产生兴趣。

④ 注重系统学习

蒙台梭利数学学习材料是按照数学的“十进制”原理设计的，包括数前教育的感官材料，如粉红塔、棕色梯长棒、插座圆柱体数棒、彩色串珠、金色串珠等是按照算术级数递增规律设计的。例如，学习材料金色串珠（见图6-5），蒙台梭利将10个十位串珠串联为“百位正方形”，再用10个百位正方形合并为一个“千位的正方体”，如此儿童可以清楚地看到10个10是100，10个100是1000，了解10、100、1000三者的相互关系，将抽象的数学概念转变为具体形象、可操作的材料，然后进行抽象的数学运算，为真正学习数学奠定良好的基础。

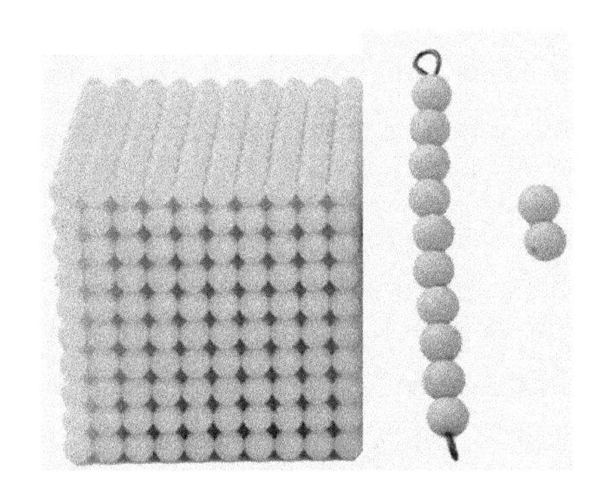

图6-5 金色串珠

图6-6 纺锤棒箱

⑤ 蒙氏数学学习材料具有“错误订正”功能

蒙台梭利数学教学注重的是儿童自己的操作过程，她设计的学习材料具有“错误订正”功能，即如果儿童操作不符合要求，材料就无法正确组合或放入教具盒内。她认为“错误订正”是使蒙氏材料的操作效果趋于完美科学原则之一。订正错误本身并不重要，重要的是要让儿童能够认识到自己的认知是否错误，而且要有检验错误的方法；要明白认知是否正确，以便及时确认和纠正。否则儿童得不到反馈，将会无所适从或者建立起错误的关系模式，从而影响后续的学习。例如，插座圆柱体数捧，摆放的基座正好与10个圆柱体数捧的大小一样，所以一个插错，就会剩下一个圆柱体无洞可插。再如，数棒最短的一根“1”是测量的单位，儿童利用“最短棒1”作为控制错误的媒介，就能顺利地完成自然数的排列。

(2) 蒙氏数概念教学的内容

① 数量概念的基本练习

数量是定位在10以内的量，以10为基础的数，这部分的材料有：第一，数棒：长度有1～10的量，练习量对应数名。第二，沙数字板：掌握1～10的数字。第三，纺锤棒与棒箱：认识0的概念，掌握1～10的数量概念。第四，数字与筹码：了解奇数与偶数。第五，彩色串珠棒：认识连续数、学习数量名的结合。

② 十进位法的练习

认识十进位：从1变10，从10变100，从100变1000，材料主要有数字卡、串珠。

③ 使用数棒的基本计算练习

认识数的合成与分解，初步学习加减法。材料主要有：金色串珠棒、黑色串珠棒、灰色串珠棒。引导儿童认识算式，利用接龙游戏的方式，认识加减法和十进位的初步运算，加强10的构成和分解练习。

④ 连续数的认识

主要让儿童认识连续数。材料主要有：第一，塞根板：主要练习认识11到19、10到90、11到99的数量，学习数字与数名的对应，以及练习十位数和个位数的排列。第二，100块板：是1～100的连续数板，主要练习1～100的数字排列。

⑤ 导入初步的平方和立方

材料主要有：彩色串珠链、邮票游戏及大串珠组(包括平方珠链，立方珠链等)。

⑥ 基本四则运算

主要掌握加减乘除法的原理，主要材料：加法板、乘法板、除法板、减法板。

⑦ 分数导入

了解整体与部分的概念，材料主要是："分数小人"。

本章小结

本章主要围绕学业性学习困难，其中以学习困难中的阅读障碍和数学学习困难这两类为主介绍。阅读障碍包括字词解码障碍和阅读理解障碍，数学学习困难有计算困难、问题解决困难、空间组织困难，不同类型的学业性学习困难有着各自的亚型和不同的学习困难产生机制。在此基础上进行学业性学习困难的诊断与评定，阅读障碍的诊断与评定模式有：智力成就差异模式、阅读障碍成分模式、认知加工过程模式、干预应答模式，其评估测验有正式和非正式两种形式，在实际的教学中，对阅读障碍学生的评估，非正式测验有时比正式测验更有实际应用价值。由于数学学习困难定义至今未统一，其评估与鉴定的针对性较弱，采用智力成就差异模式筛选此类型的学习困难者，亟待灵敏有效的鉴别模式。数学学习困难也应在明确了其核心缺陷的基础上才能进一步建立数学学习困难的统一定义和灵敏的鉴别模式。因此，该领域仍需进一步探究，探明数学学习困难的核心缺陷，并能有针对性地设计诊断与评定数学学习困难的方法。蒙氏数学教学是非常有效的早期数学学习困难干预教学方法。针对不同的阅读障碍和数学学习困难儿童有不同的教育与干预方法。

思考与练习

1. 试分析学业性学习困难的特点及其与其他学习困难的不同。
2. 阅读困难主要表现在哪些方面？如何对阅读困难儿童进行教育干预？
3. 数学学习困难主要表现在哪些方面？如何对数学学习困难儿童进行教育干预？
4. 试分析标准化评估与非标准化评估各自的优点与局限性。

第7章　社会性发展不良学习困难儿童的发展与教育

学习困难不仅涉及学习成绩差,认知能力存在障碍,还涉及社会性发展方面的障碍。因此,我们对学习困难儿童的研究和教育不能只停留在认知因素层面,还要关注他们的社会性发展。有研究表明,儿童社会性发展不良会影响其社会适应能力,从而影响学习成绩。学习困难又会影响儿童的社会适应能力,导致其社会性发展不良。因此,学习困难与社会性发展不良之间的影响是相互的。本章将从发展和教育的角度出发,介绍社会性发展不良学习困难儿童的含义、特征、诊断和教育。

学习目标

1. 了解社会性发展不良学习困难的含义及特征。
2. 掌握社会性发展不良学习困难的诊断和教育干预的方法。

案例 7-1

李丹是一个普通小学四年级的女孩,学习成绩排在全班倒数第三名。她不喜欢上学,提起学校就烦躁、害怕,因而经常逃学。她目前没有朋友,总是独来独往。她自述自己并不是不愿和别人交朋友,只是由于自己学习成绩差,害怕被别的同学瞧不起甚至被人取笑,因此不敢主动和别人交往,常常一个人躲在角落,遇到心事也从来不和别人讲,宁愿自己憋在心里,久而久之变得焦虑、抑郁,这些不良情绪使她无法集中注意力听课。另外,李丹自述十分痛恨老师偏心,说老师都把一些好的机会留给他所偏爱的学生。她又自称不愿和老师有太多接触,觉得老师对自己态度冷漠,只喜欢好学生。她个性敏感,情绪波动很大,经常为一些小事发脾气,觉得被伤了自尊,常感到寂寞、无助、郁闷、精神空落。

案例 7-2

小宇,小学三年级男生,学习成绩全班倒数第一。经常性地迟到、早退,老师多次批评也无济于事。他喜欢在教室的桌子、凳子和墙壁上胡乱刻画,有时候还会在别的同学的本子上乱画,或是写上什么不文明的话。自己忘带学习用具时就会向别的同学要或是把别人的东西抢过来。常常因为一点小事就和同学吵起来,打起来。爱搞各种各样的恶作剧,欺负同学。上课不遵守课堂纪律,喜欢说话,注意力不集中。据班主任老师说,他在班上的人际关系很差,同学们都不喜欢和他一起玩,觉得他霸道、动不动就翻脸,总是用骂人、打架等极端的方式解决同学之间的矛盾。他对老师的批评置之不理，还和老师顶嘴，觉得老师就像是敌人一样。在家，小宇和父母的关系也很紧张。父亲脾气不好，在他犯错误时只会通过打骂来解决，母亲则是自己的保护伞。小宇自述自己特别讨厌父母吵架，讨厌自己的家。

第1节 社会性发展不良学习困难儿童的含义

社会性发展不良学习困难是指儿童除了学业成绩差，认知能力落后外，还表现为社会认知缺陷、社会交往技能差、社会行为偏离、情绪出现障碍等。因而，他们在生活中不能与别人进行正常社会交往、建立良好人际关系，不能很好地掌握和遵守行为准则，不能控制自身行为，独立性较差。有研究表明，学习困难儿童的社会适应能力低于学习正常儿童，以独立生活能力和自我管理能力差为主要表现，在其他领域如运动、作业、交往和参加集体生活的适应能力等方面表现不足。学习困难儿童学业上的失败往往导致其丧失信心，人际关系不良及社会适应不良。①

近年来，关于学习困难儿童社会性发展的研究有很多。俞国良将学习困难儿童的社会性视为一种结构，包括社会认知、社会交往和社会行为。认为学习不良儿童在社会交往中形成的亲子关系、同伴关系和师生关系是其社会性发展的基础；社会认知中的核心——自我概念，是其社会性发展的内部动力因素；而社会行为中的行为问题如适应不良以及焦虑、攻击、违纪等是学习不良儿童社会性发展的外显行为。② 社会性发展不良学习困难儿童在社会认知上存在缺陷或表现出消极的偏好；在社会交往上存在一定的障碍，例如，表现为亲子关系不和谐、与同学关系不好、与老师关系冷漠。

第2节 社会性发展不良学习困难儿童的特征

为了全面了解社会性发展不良学习困难儿童的特征，我们从社会认知、社会交往、社会情绪和社会行为这几个方面来阐述学习困难儿童的特征。

一、学习困难儿童的社会认知

社会认知指以人及人的活动为对象，考察人们如何看待他人(包括其内部心理状态)以及与他人有关的自我。它包括对个人心理事件的观察或推断，同时也涉及人际关系的某些心理品质。因此，社会认知的研究包括三种不同层次水平：第一是对个人的认知，第二是对人与人之间各种双边关系的认知，第三是对团体或团体之间各种社会关系的认知。针对学习困难儿童社会认知的研究表明，学习困难儿童在社会认知的诸多方面存在着缺陷或消极

① 孙朝琪，等.学习困难儿童的家庭因素和社会适应能力分析[J].中国儿童保健杂志，1999，12(4)：225-226.

② 俞国良.学习不良儿童社会性发展特点的研究[J].心理科学，1997，20(1)：31-37.

偏好。[①]

（一）学习困难儿童的自我概念

自我概念是社会认知的重要组成部分，是个体对自我的认知，是社会性发展的内部动因。与一般儿童相比，学习困难儿童的自我概念总体水平偏低。乔恩（Jones）的研究发现，学习障碍儿童在智力、社交地位和外表等方面的自我概念评估较低，但在社会适应方面的自我概念评估并未与正常儿童存在显著差异。[②] 史密斯的研究结果表明，学习障碍学生在一般智力、阅读能力、拼写能力、数学能力、社会接受性和行为品行方面的自我评价比非学习障碍学生低。[③] 我国学者雷雳在学习不良少年的自我概念的研究中发现：学习不良少年的自我概念总体上比非学习不良少年消极，尤其是在学业及一般自我表现方面。赵敏等研究结果显示，学习困难儿童自我意识水平低于一般儿童，存在某些情绪、社会适应或行为问题：有自信心不足、自暴自弃、自我贬低的倾向，学业不良儿童有严重的自我意识受损、自我评价低、更多的焦虑和不合群、主观幸福感低等诸多问题。[④]

研究者认为学习困难儿童自我概念偏低可能与他们消极悲观的归因有关。在对儿童的评价上，学习困难儿童的父母对其子女的评价常常是消极否定的，这相应地影响了他们对自己的评价，势必不利于儿童对自我概念的发展。研究者认为学习不良学生在形成自我概念的过程中表现出一种褊狭的倾向，他们误会社会性暗示，对信息做出不准确的解释，依据片面的个别方面信息来形成某方面的自我概念。这会使他们更容易受到不利因素影响，导致更严重的问题。[⑤]

（二）学习困难儿童的自我归因

归因是人们对他人或自己的行为进行分析、推论出这些行为内在的原因的过程，反映了个体社会认知的重要方面。研究发现，学习困难儿童的一个共同特点就是对学习不感兴趣、缺乏信心和动力，自我效能感低，原因主要在于他们不能不正确归因。[⑥] 俞国良的研究发现，学习困难儿童的归因特点与一般儿童存在显著差异，如对积极事件的归因，一般儿童的归因风格更积极，更多地把积极事件归因于内部的、稳定的、普遍性存在的，而学习困难儿童的归因则更消极，认为成功具有偶然性，且这种倾向较稳定，无年级差异。对消极事件的归因，正常儿童认为消极事件的出现原因归于个人内部因素且是可控的，而学习困难儿童更多的认为消极事件的原因是稳定的，在各种情境下都会出现。学习困难儿童常将原因归于内部不可控因素，学习困难儿童较少将学习失败归因于努力的程度不够，却归因于能力低。[⑦]不良的归因模式往往会带来更大的学习困难。

---

① 雷雳. 学习障碍学生的社会认知特点[J]. 高等师范教育研究，1997(4)：64-68.

② C. J. Jones. Analysis of the Self-concepts of Handicapped Students[J]. Remedial and Special Education，1985，6(5)：32-36.

③ D. S. Smith，et al. Self-perceptions and Social Comparisons Among Children with Learning Disabilities[J]. Journal of Learning Disabilities，1995，28(6)：364-371.

④ 赵敏，等. 学业不良儿童自我意识的研究[J]. 实用儿科临床杂志，2002(64)：412-413.

⑤ 雷雳. 学习不良少年的自我概念与父母评价的特点及关系[J]. 心理科学，1997，20(4)：340-342.

⑥ 杨心德. 学习困难学生自我有效感的研究[J]. 心理科学，1996，19(3)：185-187.

⑦ 俞国良，等. 学习不良儿童归因特点的研究[J]. 心理科学，2004，27(4)：786-790.

（三）学习困难儿童的社会信息加工过程

道治（Dodge）等人提出的社会信息加工模型认为，社会信息加工就是儿童在社会交往中对各种社会性刺激（如他们的表情、动作、话语等）赋予意义，并据此决定如何做出反应的过程。这一模型将儿童的社会信息加工过程划分为五个步骤：编码、解释、搜寻反应、反应评估与执行反应。[①] 大量研究表明，学习困难儿童在社会信息加工的各个阶段均表现出较低的水平。

1. 编码阶段

此阶段是指儿童对社会性刺激给予充分的注意和感知，并选取有意义的信息。学习不良儿童的编码准确性和全面性显著低于一般儿童。[②] 与一般儿童相比，学习困难儿童在社会情境中更可能误读社会性线索，做出不当的反应，造成其社会关系上的差别。比如，研究者巴治亚（Bachara）考察男生对不同实验情境中儿童情绪体验的设想时，发现学习困难男生对实验情境中儿童情绪的确定，不如非学习困难男生准确。其他研究者发现，学习困难青少年在关于如何想办法影响一个同伴去参与一项不会让人满意的活动方面，也与非学习障碍青少年不同。研究表明，学习困难学生在关于不同情境的期望上与非学习困难学生不同，所以我们会看到他们在这些环境中表现出不同的行为。[③] 诺维凯（Nowicki）的元分析结果表明，学习困难儿童对社会刺激进行编码的准确性不高，他们在编码时倾向于加入更多的无关信息。[④]

2. 解释阶段

此阶段是指将获得的信息与已有的知识经验（图式、原型等）进行对照和比较，解释该信息的意义。有研究表明，学习困难儿童在解释社会信息上表现出技能低下的特点，这可能是造成他们社会交往水平低下的一个重要原因。学习困难儿童在理解他人观点上的困难比非学习困难儿童多。这种角色获得技能上的欠缺常常会表现在他们的日常行为中。虽然学习困难儿童也能和其他儿童一样认清谎言的虚假性，但是他们却很少能够认清说话人的欺骗性意图。

韦斯让儿童看一段关于男孩交往的录像或听录音描述并据此判断在该模糊情境下男孩交往的友好程度。学业不良男生与非学业不良男生相比，他们认为这种交往更不友好，这表明某些学业不良男生看待交往时可能有一种消极的偏好。不过，如果学业不良儿童有丰富的线索可资利用，或者激发他们的动机以对社会知觉任务予以特别注意，那么他们的表现与非学业不良儿童没有差异。即在信息资源不充分的模糊情境下，较之一般儿童，学习不良儿童将对社会线索做出偏于消极或敌意的解释；而在意义清晰的情境下，两类儿童对社会线索的解释没有显著差异。[⑤]

3. 搜寻反应阶段

搜寻反应阶段是指在理解社会性刺激意义的基础上产生一系列可供选择的反应计划，

---

① K. A. Dodge. Social-cognitive Mechanisms in the Development of Conduct Disorder and Depression[J]. Annual Review of Psychology，1993(44)：559-585.

② 俞国良，等. 学习不良儿童社会信息加工的特点[J]. 心理学报，2002，34 (5)：505-510.

③ 雷雳. 学习障碍学生的社会认知特点[J]. 高等师范教育研究，1997(4)：64-68.

④ A. Elizabeth，Nowicki. A Meta-analysis of the Social Competence of Children with Learning Disabilities Compared to Classmates of Low and Average to High Achivechievement[J]. Learning Disability Quarterly，2003，26 (3)：171-188.

⑤ 雷雳. 学习障碍学生的社会认知特点[J]. 高等师范教育研究，1997(4)：64-68.

从中选择合适的行为反应。此阶段主要从反应数量与反应质量这两方面来考察反应计划的生成。学业不良儿童能搜寻到的合适的社会反应数量偏少，确定出的社会目标也较少，且他们能搜寻到的反应与他们所确定的社会目标的相关性不高。[①] 学业不良儿童在社会信息加工过程中的反应数量与质量总体上不如学业优良儿童；学业优良儿童更能注意到特质线索对他人行为的影响，他们在自我估计时体现了有别于他人的行为倾向，而且具有策略性。[②]

4. 反应评估阶段

儿童在形成各种反应计划后，要对各种计划进行比较评估，预测各种反应的效果。此阶段直接影响到儿童采取何种行为反应。在反应评估阶段，主要考察社会信息加工过程中儿童的人际效能感与工具效能感。1985 年，皮尔（Pear）等通过设置一些假想情境，迫使参加研究的儿童向同伴报告坏消息，比如告诉同伴在班级排演的话剧中他没被选为主角，研究者询问儿童他们会对同伴说些什么。结果发现学业不良学生不如学业优良学生那么机智，他们报告这条坏消息的方式很少能顾虑到听者的面子。[③] 这说明学业不良儿童在搜寻反应或反应评估时存在缺陷。在模糊同伴的情境下，学业不良儿童的消极或侵犯性的反应多于一般儿童。[④]

5. 执行反应阶段

最后，儿童必须执行所选择的行动计划，做出真正的行为反应。此阶段主要考察儿童执行反应计划的技能。一般要求儿童进行角色扮演，做出一种有能力的反应，由访谈者对其行为进行评分。研究者发现，虽然学习障碍儿童与非学习障碍儿童在如何交朋友的角色扮演上没有差别，但对他们进行观察的成人却认为他们更缺乏社会技能。相似的情形是，虽然学习障碍儿童与非学习障碍儿童一样能意识到不同迎合策略的效益，但是，询问他们究竟采用哪种策略时，他们的选择却往往难以让人满意。[⑤]

随着研究的深入，研究者趋于将各阶段的特点进行整合。1994 年，特・凯斯帕（Tur-Kaspa）和布莱恩（Bryan）对三、四、七、八年级儿童研究发现，学业不良儿童在道治的社会信息加工模型五个阶段的表现显著慢于一般儿童。另外，他们的研究还显示出学业不良儿童的信息加工方式与一般儿童不同，这主要表现在理解社会信息和决定反应阶段。[⑥]

俞国良等人对学习困难儿童的社会信息加工特点进行研究，他们通过设置儿童与同伴、成人相互作用的三类情境，每种情境又分为模糊情境和清晰情境两种情况。研究表明，与一般儿童相比，学习困难儿童无论是在模糊情境下还是在清晰情境下，对编码的准确性和权威性都低于一般儿童；在模糊情境下，学习困难儿童的反应数量显著多于一般儿童，其消极或者侵犯性的反应也多于一般儿童。[⑦]

可见，学习困难儿童在社会信息加工方面存在缺陷或消极偏好，可能是导致他们的社会

---

① N. Bauminger, H. Schorr Edelsztein, J. Morash. Social Information Processing and Emotional Understanding in Children with LD[J]. Journal of Learning Disabilities, 2005, 38(1): 45-61.

② 郑信军. 学习不良和优良儿童社会信息加工中反应特点比较[J]. 心理发展与教育，2002(4)：17-21.

③ 雷雳. 学习障碍学生的社会认知特点[J]. 高等师范教育研究，1997(4)：64-68.

④ 俞国良，等. 学习不良儿童社会信息加工的特点[J]. 心理学报，2002，34(5)：505-510.

⑤ 雷雳. 学习障碍学生的社会认知特点[J]. 高等师范教育研究，1997(4)：64-68.

⑥ 刘在花. 小学生社会智力的结构、特点、影响因素及干预研究[D]. 北京：北京师范大学博士论文，2004.

⑦ 俞国良，等. 学习不良儿童社会信息加工的特点[J]. 心理学报，2002，34(5)：505-510.

交往问题和更多心理行为问题的原因之一，过多的社会交往问题与心理行为问题又可能加重其学习困难。

二、学习困难儿童的社会交往

儿童只有参加社会生活，了解社会规范，尊重和热爱他人，与他人建立积极和谐的人际关系，才能加强其社会性行为的发展，促进个体学习能力的提高。学习困难儿童的社会交往主要指学习困难儿童在社会交往中形成的亲子关系、同伴关系和师生关系。

（一）亲子关系

大量研究发现，学习困难儿童与父母的关系比较紧张。俞国良等人研究发现，学习困难儿童的亲子关系受家庭心理环境（父母教育态度、父母期望、父母关系）和父母教养方式的影响大。家庭心理环境对学习困难儿童亲子关系中的父母监控维度和亲子依恋程度有一定影响。[①] 学习困难儿童的家长与一般儿童家长相比，父母对教育孩子的态度不一致、对孩子的学习期望相对较低，父母关系不和谐，家庭成员之间交流较少，家庭氛围冷漠、紧张。另外，父母教养方式对其亲子关系有直接的影响。学习困难儿童与一般儿童的父母在教养方式上有很大差异。和一般儿童相比，多数学习困难儿童的父母采取惩罚严厉、过分干涉和拒绝否认的教养方式，对孩子关心、理解和鼓励不够。这既影响了亲子关系，同时又加剧了孩子的学习困难，形成恶性循环。

（二）同伴关系

同伴关系在儿童青少年的发展和社会适应中起着重要作用。有无同伴会影响到中学生的亲社会行为水平、学业成绩和情绪障碍。学习困难儿童在同伴中的地位低下，同伴接受性差，同伴关系不良。一些研究者对不同性别和种族的学习不良儿童被同伴接纳和拒绝的相关性进行了研究，结果表明，学习不良儿童更少被同伴接纳，更多被同伴拒绝。[②]

俞国良在采用同伴提名法和教师评价法对同伴关系进行的研究中表明：与一般儿童相比，学习困难儿童被提到不受欢迎的次数更多，更多的属于被拒绝型，更少的属于受欢迎型，孤独感显著偏高，同伴接受性明显低下。学习困难儿童普遍具有被拒绝儿童的特征，如适应不良、焦虑、具有攻击性、违纪、不成熟等。[③] 国外的研究也发现学习困难儿童很少有相互的朋友，而且他们的朋友也多为学习困难或比他们小的儿童。不管在友谊数量还是质量上，学习困难儿童都不如一般儿童。俞国良根据同伴提名法调查学习困难儿童在交往中受拒绝、排斥的原因，其中提到最多的原因是学习困难学生的各种攻击性行为，提到最少的是学习不好。这说明，学习困难儿童之所以社会交往差，原因在于社会行为不良和社会能力缺乏，使他们在班级群体中处于孤立或受排斥地位，以至于会受到一般儿童，甚至其他学习困难儿童的拒绝，导致同伴关系不良。

（三）师生关系

师生关系是教师和学生在教育过程中为满足交往需要而建立的心理关系，它体现了儿

---

① 俞国良.学习不良儿童的家庭心理环境、父母教养方式及其与社会性发展的关系[J].心理科学，1999，22(5)：389-393.

② 俞国良.学习不良儿童的社会交往、自我概念与社会行为[J].北京师范大学学报(社会科学版)，1995(1)：76-83.

③ 俞国良.学习不良儿童社会性发展特点的研究[J].心理科学，1997，20(1)：31-35.

童的人际交往力、社会适应力。教师的教学水平、个性等影响着学生的社会化进程、课业成绩和学校行为。而学生的学习成绩、活动表现则影响着教师对其的评价。国外研究表明，师生关系对儿童的心理发展有着重要的影响，良好的师生关系利于儿童形成积极情感体验，发展良好的个性品质，形成较高的社会适应能力。不良的师生关系可能使儿童形成消极的情绪体验，表现出孤独、退缩、不合群、攻击行为，与教师和同学关系疏远，影响其课业成绩和心理健康。[①][②]

一方面教师在教学中常常以成绩的好坏来衡量学生，看不到学习困难儿童的优点和长处，对他们的评价较低，有时甚至是冷落和歧视，还加以言语上的挖苦和讽刺，这对他们造成情感和心理上的极大伤害。另一方面，由于学习困难儿童学习成绩差，他们多数不愿意和教师主动沟通，对教师有抵触情绪，采取回避和对立的态度，因而师生关系淡漠、疏远。有研究表明，学习困难儿童很少向教师讲知心话，而优秀生大多喜欢向教师讲知心话。实际上，教师对学习困难儿童的评价与态度是至关重要的，教师自觉不自觉地流露出的不公正态度，还会影响到其他儿童对学习困难学生的看法，这对于学习困难儿童而言，无疑是雪上加霜。失去师生关爱的学习困难儿童可能会从此萎靡不振、自卑冷漠、消极对待学习、漠然对待周围的人与事。

那么，究竟是什么原因造成学习困难儿童在社会交往上的问题？

研究发现学习困难儿童存在一定的社交障碍，导致他们与同学、老师的人际交往困难。[③]社会技能是指那些为社会所接受的有修养的行为，这些行为的习得能使个人与同龄人有效交往，避免不为社会所接受的行为。社会技能主要包括社会知觉能力、社会性行为的判断与推理能力以及建立良好人际关系（包括人际交往）的能力等方面。[④] 社会技能是工作与生活中必不可少的，许多学习困难儿童与同伴相比，在社会技能上有显著的迟滞。与学业性学习困难一样，学习困难儿童在社会技能的学习中也可能发生困难。皮尔等人比较了学习不良儿童和一般儿童在同伴安慰任务上的言语行为。研究者要求被试向同伴传递一则虚拟的不幸消息。结果发现，学习困难儿童在意图传递的准确性上与一般儿童并无显著差异，但与一般儿童相比，学习困难儿童意图表达的形式更为直接，在语言的委婉功能上的得分显著偏低。[⑤] 另外，学习困难儿童在情绪表达规则上和一般儿童存在显著差异。学习困难儿童表情调节知识水平显著低于一般儿童，较少的社会定向目标，自我保护目标得分与一般儿童差异不显著；儿童缺少根据不同人际关系类型，灵活运用情绪表达规则知识的能力，而且较少把情绪表达规则的使用和目标联系起来。[⑥]

有研究者对学习困难儿童的社会技能问题进行研究后发现，这些儿童的社会技能缺陷

---

① S. H. Birch, G. W. Ladd. Children's Interpersonal Behaviors and the Teacher - Child Relationship[J]. Developmental Psychology, 1998, 34(5): 934-946.

② S. H. Birch, G. W. Ladd. The Teacher - Child Relationship and Children's Early School Adjustment[J]. Journal of School Psychology, 1997, 35 (1): 61-79.

③ 顾蓓晔，赵健.学习困难学生的行为特征及相关原因探索[J].上海教育，1991，35(12)：33-34.

④ 徐芬.学业不良儿童的教育与矫治[M].杭州：浙江教育出版社，1997：203.

⑤ R. Pearl. Psychological Characteristics of Learning Disabled Students. Learning Disabilities: Nature, Theory, and Treatment[M]. New York: Springer Verlag, Inc., 1992: 96-125.

⑥ 俞国良，等.学习不良儿童对情绪表达规则的认知特点[J].心理学报，2006，38(1)：85-91.

与他们的学习成绩、社会适应能力直接相关。学习困难儿童的社交能力往往低于同年龄的学习正常群体,他们与教师、同伴甚至家人的关系处理不好;不能在与别人接触时体察别人并适度表现自己;易忽视关键的社会线索,而对不重要的社会线索过度敏感;更容易错误地解释情境的和人际关系的线索。例如,由于学习困难儿童的消极被动,他们在课堂上与教师的交往机会比其他同学少得多。师生间缺乏交流不仅使其学业更加不良,而且使他们的心理障碍更加严重。在与同伴交往中也常常多疑、自我贬低、认为自己不受欢迎,在这样的氛围下学习,其结果可想而知。

总之,与一般儿童相比,学习困难儿童的社会知识缺乏,社会交往技能存在障碍,这势必会导致其社会交往不良。

三、学习困难儿童的社会情绪情感

学习困难儿童在社会化的过程中由于在学业中遇到挫折,导致出现焦虑、抑郁等情绪、情感问题;在跟同伴的交往中由于自卑心理,遇到小小的冒犯就会情绪失控,因此常会独来独往,孤独感就会日益加剧。一般说来,如果学习困难儿童在学习中的困难没有得到改善,还会产生学业无助感,这种无助感进一步影响其与社会的相互作用,使他们不相信自己在社会交往中会成功,他们的社会情感调节能力明显偏低,社会性发展出现困难。早期对情绪、情感干扰学生的研究发现,这类学生中有30%～60%表现出了某种程度的学习困难,这些学习困难集中在阅读和数学方面。后来的研究者也发现,情绪、情感干扰学生在很多方面的学业成就都显著低于其他学生。大量研究表明,较高的焦虑水平会干扰学习成绩;患抑郁障碍的儿童,在智力、学业方面存在缺陷,尤其是一些抑郁症状,如难于集中注意力、失去兴趣、思维和活动缓慢等对儿童的智力和学业功能产生明显的损害。由此导致的孤独感和学习无助感更会加剧学习困难儿童的学习困难问题。下面就对学习困难儿童在社会情绪、情感方面出现的焦虑、抑郁、孤独感等问题的具体特征进行详细介绍。

(一)焦虑

焦虑就是当个体预感到有潜在的危险或不幸时,产生强烈的负性情绪和紧张的生理反应,它是一种类似于担忧的心理反应。一个高焦虑的人经常是一个容易激动紧张、唤醒程度高的人。关于学习困难儿童焦虑的研究得出了比较一致的结论,即认为学习困难儿童比一般儿童更容易产生焦虑。

在学习中最常见的焦虑就是考试焦虑了,考试焦虑是个体对考试过于紧张,担心自己考试失败有损自尊而形成的一种高度忧虑的负性情绪,是考试带来的较为严重的心理问题之一。其实适度的焦虑会使人分泌少量肾上腺素,在行动和思考时变得更加迅速,如果在考试时适度焦虑会使学生对考试准备得更加充分。然而,过度的焦虑不仅会对儿童的生活造成危害,削弱身体的机能(如出现睡眠障碍等),而长期的考试焦虑容易引起紧张、恐惧、烦躁、抑郁等负性情绪,对人的认知、情感、心理状态及人格都会造成损害,还会严重影响儿童的学业成绩。考试焦虑是学习困难儿童最常见的一种焦虑表现。沈烈敏对学习困难学生的焦虑状况以及考试焦虑形成的心理机制和学习年限特点进行了实证研究,结果表明,无论小学、初中还是高中学习困难学生的考试焦虑程度均高于学习优秀者,说明学习困难与考试焦虑有较大的关系。此研究还通过个案访谈进行进一步的分析,得出考试焦虑水平与学习困难之间的关系可能互为因果的结论。即由于学习困难而惧怕考试，产生考试焦虑；由于考试焦虑水平过高影响学习效果和学习成绩，导致学习困难。沈烈敏对考试焦虑形成机制进行探究后发现，考试焦虑形成的心理机制是：由正常的智力活动挫折与学科测查的挫折所组合的学习活动挫折，使学生产生较高的考试焦虑，较高的考试焦虑影响学习效率和学习成绩，由此使学生体验到更大的挫折，由于急切希望摆脱学习困难又产生更高的考试焦虑。在学习困难者中这种循环是反复经常的，它成为后天学习活动中习得的不良心理机制，是一种获得性学习心理障碍。[①]

此外，儿童的社交焦虑与学习困难之间的关系也相当密切。儿童社交性焦虑障碍又称儿童社交恐惧症，是指儿童持久地害怕一个或多个社交场合。在这些场合中，儿童被暴露在陌生人面前，或者被其他人过多地关注时出现焦虑反应。儿童社交焦虑不仅指主观上的焦虑，还包括社交回避和害怕否定评价。[②] 相关研究发现，学习困难儿童的社交焦虑都显著高于优生和中等生，[③]这说明学习困难学生的学业成绩影响了其情绪情感和社会交往。由于学习困难学生的学习成绩低下，他们常有一种自卑感，怕被同伴拒绝而不敢与其交往，于是产生了社交焦虑。

考试焦虑、社交焦虑是学习困难学生焦虑性情绪、情感干扰问题的主要表现，了解这两方面与学习困难之间的关系有助于教育工作者了解学习困难学生的焦虑问题，并能进一步实施教育干预。

除考试焦虑和社交焦虑外，学习困难学生一般被认为较非学习困难学生有更高程度的特质焦虑水平。特质焦虑指一种一般性的人格特点或特质，它表现为一种比较持续的担心和不安的倾向。尽管直到现在学习困难与特质焦虑两者的因果关系依然没有得到确定，但研究者普遍认为特质焦虑和学习困难之间亦相互作用。近年来，俞国良和王浩对学习困难学生和非学习困难学生的特质焦虑水平差异进行了元分析，同时对可能存在的调节变量进行了考察。研究结果表明，学习困难学生的特质性焦虑水平显著高于非学习困难学生，两者差异的效应量处于中等水平，这表明从总体上看，尽管学习困难学生的焦虑水平较高，但并没有达到临床上的焦虑症水平，我们不能过分夸大学习困难学生焦虑的危险性。此外，他们还发现，从小学到大学，学习困难学生都有着较高的特质焦虑水平，表明学习困难学生的焦虑问题具有跨年龄的一致性。尽管如此，但对不同学习层次的学生来说，学习困难学生与非学习困难学生焦虑水平的差异程度存在差异。具体而言，尽管小学学习困难学生的焦虑水平高于非学习困难学生，但两者的差异程度与中学和大学相比较小。这表明，随着年级升高，由于存在升学与毕业的压力，学习困难对学生的特质焦虑水平影响逐渐增高。[④]

（二）抑郁

抑郁是以情感低落、哭泣、悲伤、失望、活动能力减退，以及思维、认知功能迟缓等为主要特征的一类情感障碍。抑郁可以从心境、行为、态度、思维和生理的变化等多方面来影响儿童和青少年的身心健康。

---

① 沈烈敏.关于学业不良学生考试焦虑及考试焦虑形成机制的研究[J].心理科学，2003，26(5)：839-842.

② 汪向东，等. 心理卫生评定量表手册[J].增订版.中国心理卫生杂志，1999：303-304.

③ 张妍，等.小学生社交焦虑和孤独感与学业成绩的关系研究[J].中国学校卫生，2006，27(11)：559，659.

④ 俞国良，王浩.学习困难学生焦虑的元分析[J].中国特殊教育，2016(04)：53-59.

学习困难领域中对抑郁的研究已有30多年的历史。20世纪80年代开始，国外研究者斯蒂文森等人就发现学习困难儿童存在抑郁倾向，其中14%的学习困难学生得分接近或超过临界分数19。[①] 20世纪90年代，怀特(Wright)等人以8到11岁的小学学习困难学生为被试，结果表明，有35.85%的学习困难学生有抑郁，超过了临界分数13，这个概率相对斯蒂文森等人研究报道的学习困难学生的抑郁概率要高，可能是因为用了相对低的临界分数。之后，帕罗蒂诺(Palladino)等人以11～14岁的学生为被试，以儿童抑郁问卷中的13为临界分数，发现43%的学习困难学生有抑郁，并且有显著高的抑郁水平，而没有一个非学习困难学生组抑郁得分高于13。我国目前关于学习困难学生抑郁的研究很少，但已有的相关研究也证实了学习困难学生抑郁症的存在，李艳红对学习困难初中学生的抑郁症状进行分析后就发现了这一现象，同时她还对影响学习困难学生抑郁的因素进行分析后发现，学习困难学生家庭成员的亲密度、情感表达、成功性和家长的抑郁、焦虑、敌对情绪和精神病性等方面是导致学习困难学生抑郁发生的主要因素。[②] 由此可见，学习困难学生的抑郁性情绪干扰是客观存在的，而且相对于学业正常的儿童来说明显偏高，因此这一现象应得到教育工作者的高度重视。

抑郁与学习困难之间的关系究竟如何？大量研究表明，二者之间不是单向的因果关系，它们之间是相互影响的。研究者大卫·古德斯汀(David Goldstein)及其合作者在一个持续5年的追踪研究中发现，他研究的159名学习困难学生中有大约1/3的学生似乎是情感紊乱导致的学业失败，其余大多数学生则是学业失败导致抑郁。因抑郁导致学业失败的儿童，在接受特殊小班教育及每周2小时的个别治疗后，阅读和数学成绩得到了极大的提高，但是仅有50个案例。因学业失败导致抑郁的儿童，其抑郁得分可能还受到学业外其他因素的影响。[③]

为什么学习困难儿童相比较学业正常儿童而言，更易产生抑郁？这可能是由两方面的原因造成的：一方面，儿童不能忍受重复的学业上的失败和挫折。因为由此产生的挫折感长期不能消除，就会使他们产生无助感、不充实感和绝望感；另一方面，学习困难儿童更易产生抑郁，例如，被单独照顾、贴标签或者具有其他一些与一般儿童不同的标志，使儿童产生了孤独感，易被同伴拒绝等，这些都是学习困难学生更易产生抑郁的原因。

（三）孤独感

孤独是当个人感受到缺乏令人满意的人际关系，自己对交往的渴望与实际的交往水平产生差距时所引起的一种主观心理感受或体验，常伴有寂寞、无助、郁闷等不良情绪反应和难耐的精神空落感。严重的孤独感会影响学业的顺利完成以及成年后的社会适应。凯西格(Cassidy)和亚瑟(Asher)研究表明，在三至六年级的儿童中就可以稳定地测到孤独感，而且

---

① D. T. Stevenson, D. M. Romney. Depression in Learning Disabled Children[J]. Journal of Learning Disabilities, 1984,17(10): 579-582.

② 李艳红. 学习不良初中学生的抑郁症状及其影响因素分析[J]. 中国学校卫生，2003,4(5): 472-473.

③ D. Goldstein, G. G. Paul, S. Sanfilippo-Cohn. Depression and Achievement in Subgroups of Children with Learning Disabilities[J]. Journal of Applied Developmental Psychology, 1985, 6(4): 263-275.

受同伴拒绝的儿童比其他儿童更感孤独。① 学习困难儿童通常是同年龄学生中的“孤星”，这一点得到了国内外多项研究的证实，如在马格丽特（Margalit）的一项研究中发现，在各种社会环境下，学习困难儿童明显缺乏社会能力，而且比一般儿童更孤独。② 学习困难儿童孤独感的产生与陌生、封闭、孤单、不和谐或突遇挫折的环境有关，但更受个人的主观心理条件的影响。国内研究者李艳红对学习困难儿童与一般儿童的孤独感的比较研究也得出了一致的结论。③

学习困难儿童由于抱负水平不能与能力相匹配，在学习中常缺乏足够的勇气和动力去争取学业上的成功，而学业上的多次失败反过来又进一步加深了消极的自我概念，使其自尊水平降低，进而产生自卑和退缩行为，与同伴的关系渐趋疏远，孤独感增强。此外，社会认知理论中的自我效能知觉也有助于进一步解释学习困难儿童的孤独感。许多研究发现，中小学生评价同伴是否被接纳的标准主要是学习成绩，被同伴拒绝或不受欢迎的儿童的学习成绩普遍低于受欢迎的儿童；被同伴拒绝的儿童易出现情绪问题，如孤独、焦虑和退缩等，更为严重的是，他们认为自己无法改变学业和人际交往方面的现状，挫折感强，这种消极的认知方式，削弱了儿童改变人际交往方式的动机和个人的自我效能感，增强了他们对社会和群体的疏远感，于是就产生了孤独感。

由此可见，提高学习困难儿童应对挫折的心理素质，给予社会支持，并塑造其完善的个性特征有助于减轻其孤独感，提高心理健康水平。

四、学习困难儿童的社会行为

行为问题是学习困难儿童社会性发展的最终结果，也是其不良社会交往和自我概念相互作用的必然产物。国内外的研究者对学习困难与行为问题之间的关系进行研究并得到了一致性的结论，即学习困难儿童与非学习困难儿童相比，表现出较多的行为问题，如较低的社会熟练性，任务定向能力、语言表达能力和组织能力差，责任感低下，有更多的任务放弃行为，注意力不集中以及更多的干扰课堂的行为。贝克（Backer）等人将学习困难儿童与正常儿童进行了比较，也发现学习困难儿童的情绪问题常有行为伴随，如易冲动、好攻击、不合群、孤僻等，并认为这是儿童对失败压力的反应，他们常将失败归因于外部因素而不是内部因素。马格丽特在研究中还发现，学习困难儿童的孤独感通常是和同伴关系困难联系在一起的。儿童之所以不被同伴接纳，是因为他们存在侵犯、退缩等不良的社会行为，同时缺乏社会交往能力。④ 总的来说，这类学习困难儿童主要表现为以下三种行为特征。

（一）攻击性行为

攻击性行为是儿童的一种社会行为，是儿童个性和社会性发展的一个重要内容。其发展状况既影响儿童人格、品德和良好行为的形成和发展，同时也是个体社会化失败的重要指

---

① J. Cassidy, S. R. Asher. Loneliness and Peer Relations in Young Children[J]. Child Development, 1992, 63(2): 350-365.

② M. Margalit, I. Ben-Dov. Learning Disabilities and Social Environments: Kibbutz Versus City Comparisons of Loneliness and Social Competence[J]. International Journal of Behavioral Development, 1995, 18(3): 519-563.

③ 李艳红.学习不良儿童的孤独感及其相关因素研究[J].淮南师范学院学报，2003，22(5)：123-124.

④ B. Dell. Evaluating Parental Concerns about Children's Friendships[J]. Journal of School Psychology, 1993(31): 431-447.

标。攻击性行为是指有意伤害他人、损坏或抢夺他人物品的行为。它表现在三个方面：一是直接身体攻击，包括打、扭、拧人，手指戳人，踩人，推、碰撞人及抓咬他人等；二是言语攻击，包括说脏话骂人、取笑嘲讽人、给他人取外号等；三是间接攻击，包括恶意造谣、散布坏话、唆使打人、社会排斥等。

学习困难与攻击性行为之间的关系表现在以下两个方面：一方面，有生理性攻击行为的儿童容易产生学习困难。心理学研究证明，在儿童攻击性的影响因素中，遗传大约占50%。所谓遗传，就是与生俱来的解剖生理方面的特点，尤其是大脑及其神经系统的结构与功能。有些儿童具有神经过程过强、情绪容易冲动、认知方式过激等自然特征，这些自然特征只要遇到适宜的诱发刺激就会滋生攻击性行为。这类儿童在班集体中往往不受欢迎，同伴拒绝性高，同时家长和教师也会反感，这样不仅会降低他们在学习上的自我效能感，还容易产生逆反心理，甚至出现反社会行为，影响他们的学业成绩，导致学习困难的发生。另一方面，学习困难儿童较之非学习困难儿童，更易出现攻击性行为。学习困难儿童出现的攻击性行为通常属于挫折性攻击行为，由于他们在学习上的表现和成绩较差，受到教师的忽视、家长的指责、同学的排挤等，这些都易使他们受挫折而产生攻击性行为。

（二）退缩性行为

与攻击性强或多动个体相反，有些学习困难学生常表现得无生气、安静、没有太多的行为，他们对课堂的干扰很少甚至不被教师与同学所注意等特征。这种学生的行为被称为退缩性行为。有退缩性行为的学生往往被老师所忽视，他们似乎也尽可能地想被同伴或教师所忽视。根据考夫曼(Kauffman)的研究，退缩性行为的学生缺乏探索性行为，例如，与同伴和成人接触频率较低等。此外，这些学生也缺乏对其他积极的社会接触的反应。

退缩性行为可能是由多种因素造成的，如父母过分限制、社会能力差、缺乏社会学习的机会以及早期在社会相互作用(与父母或同伴交往)中受到挫折等因素，这些都会使儿童学会独处或避免与社会接触。儿童的退缩问题通常可以逐渐地得到改变。常用的方法是创造条件或情境让儿童慢慢地对种种人际关系做出反应，同时给予积极的奖励与支持。帮助儿童改变自我概念。

（三）注意力缺陷

注意力缺陷是影响学习困难的重要因素之一。对学习困难儿童的注意特征所做的大量研究表明：学习困难儿童与学习一般的儿童相比，存在着更多的注意问题。如朱冽烈等人对学习困难儿童的注意、行为特征进行实证研究后发现：学习困难儿童通常注意力不集中，更容易分心。他们更多动，冲动性更强，行为问题更多。① 注意力缺陷的儿童通常有两种表现：易分心和有多动症。

1. *分心*

分心是学习困难儿童中最常见的行为特征之一，学习困难儿童不能长时间地把注意集中在某项活动中，哪怕是几分钟。他们很容易被无关的和外界的刺激所干扰而分心，自己也会发现很难专心完成某一特定的任务。大量的实验研究表明，学习困难儿童非常容易分心，他们在所有有关学业任务以及社会刺激方面有注意持续性困难。一些研究还表明，他们花

---

① 朱冽烈，等. 学习困难儿童的注意、行为特性及同伴关系的研究[J]. 心理科学，2000，23(5)：556-559.

在学业任务中的时间很少，总是把更多的时间花在无益的行为上。

2. 多动症

注意力缺陷多动症又称多动综合征。以注意力不集中，动作过多，冲动，参与事件的能力差，但智力基本正常为特征。主要特征表现如下。

（1）注意力不集中，易受外来影响而激动。有此特征的儿童无监督时难以有始有终地完成任务，难以持久性地集中注意（作业、游戏），听不进别人在说什么，经常丢失生活及学习用品。在课堂上注意力分散，成绩不佳。不能组织达到一定目的的活动，一事未完又做另一事。

（2）活动过度。有此特征的儿童表现出与年龄不相称的过多活动，在学龄前或学龄早期易被发现，在此之前较难判定。主要表现有在教室里常常离开座位，未加思考即开始行动，集体活动中常不按次序，常在别人的问题尚未说完时即抢话，难以安静地玩耍，做出过分行动如爬高、乱跑，参加危险活动，坐立不安，动手动脚，常干扰别人，说话过多。此类儿童在婴儿期常有睡眠不安，喂养困难，情绪反应强烈，哭闹，不易养成大小便习惯，活动多等现象。

（3）行为改变，是继发性的。因有此特征的儿童多动和学习失败而导致周围人的反感或歧视，此类儿童对此反应或是退缩、回避，或产生攻击性、破坏性行为，易被激惹、无礼貌，有时说谎。他们常无视规则的存在，出现反抗或不守规则行为，或是不受先前惩罚经验的教训，或是无责任感、无秩序感的样子。他们也无法持续控制自己的反应，无法延迟对需求的满足，无法以社会要求的规范或情境控制自身的行为等。

（4）成就表现不稳定。难以根据先前学习经验规范自己，难以保持稳定的表现，成就表现极端不稳定。

多动症会干扰儿童学习。学业成就的缺乏、相应的失败情感以及动机低等与过多的不适应行为直接有关。

随着社会信息加工心理学的发展，人们开始用社会信息加工过程中可能存在的障碍来理解学习困难儿童的社会性发展。以往对学习困难儿童的社会目标、社会行为和同伴接纳的研究主要考察两两之间的关系，宿淑华和袁书华运用社会信息加工模型来系统考察三者之间的关系。研究结果发现，在敌意和非敌意归因情境下，学习困难儿童的社会目标对社会行为发展和同伴接纳程度都有影响，这为教育者通过干预学习困难儿童的社会目标来改善他们的社会行为和人际关系提供理论依据。① 社会目标被界定为个体与他人互动时设法获得的预期结果，一般指个体所偏爱的社会结果，包括那些令个体满意或个体极力回避的。也有人称之为社会价值，即个体所重视的结果。随着年级升高，学习困难儿童越倾向于选择具有亲社会性质的目标，越不倾向于选择具有攻击性的目标。但是，小学儿童在他人的动机模糊、不明确时，仍然缺乏良好的辨别能力。尤其是对学习困难儿童来说，随着他们在校学业失败体验次数的增多，学校环境可能会导致各种负性应激反应，致使他们在加工社会信息的过程中常出现偏差。尽管他们能认识到这些目标的重要性，但由于他们缺乏与同伴交流的技能和问题解决技能，因此他们可能表现出更多的攻击性行为和退缩性行为等社会行为问题，进而同伴关系也不会得到改善。社会目标应成为教育者对学习困难儿童进行干预的重点考虑因素之一。

---

① 宿淑华，袁书华. 学习困难儿童社会目标、社会行为和同伴接纳的关系研究[J]. 中国特殊教育，2011(03)：42-46.

有一点值得注意：学习困难儿童的社会发展性问题可能会导致青少年犯罪！这一点并非危言耸听，因为对青少年犯罪者的调查表明：不良的学习成绩、缺乏学习动机以及注意短暂不仅是学习困难青少年的特征，也是青少年犯罪者的一般特征。其他相似的特点包括对挫折的耐受性低、有消极的自我概念以及解决社会认知问题的技能不良，如坚持不良的观点、对冲动的控制能力差、对问题性质的定义有困难、缺乏有效的解决问题的方法、不能理解与运用有关的社会线索、监督操作过程的能力差等。多项研究结果表明，早期严重的多动症状以及品行问题(如攻击性行为和违纪行为)是青少年与成人时期反社会行为的预测指标。也就是说，与非学习困难青少年相比，学习困难青少年犯罪的可能性更大。因此，学习困难儿童的社会发展性问题应引起教育工作者以及学生家长的足够重视，及时地对其进行教育干预，防止和杜绝学习困难儿童走向犯罪的可能。

第3节　社会性发展不良学习困难儿童的诊断与评定

对学习困难儿童社会性发展的诊断与评定有着重要的意义。儿童的社会性发展状况直接影响到他们的社会适应状况和学习状况。只有通过全面了解社会发展不良学习困难儿童的具体表现及其严重程度，才能有根据地有计划地制订个别化教育方案，并对他们进行全面的辅导。

社会性发展不良学习困难儿童的诊断与评定主要分以下四个步骤：第一，搜集学生、家长、教师和其他专业人员的报告，做出客观的综合分析。第二，系统地记录在不同环境及情况下直接观察所得的表现。第三，由儿童、家长及各专业人员共同参与，以获取最新及全面的意见及资料。第四，个别会谈及测试，教师及心理学专业工作者等通过会谈或利用各种测试工具，对儿童的各种问题做更深入的了解及分析和评估。

一、社会认知不良学习困难的诊断与评定

鉴于学习困难社会性发展诊断与评定的复杂性，这里主要介绍儿童社会性发展各个方面的评估问卷和方法，关于评估的其他有关内容见第3章。

(一) 自我概念的评定

1. 自我描述问卷(Self-Description Questionnaire Ⅱ，SDQ - Ⅱ)

该问卷是由马什(Marsh) 于1988年编制的，共设有76个项目，分为运动能力、生理外貌、同伴关系、亲子关系、语文学习、数学学习、一般学校表现、一般自我等8个分量表。问卷由儿童自己填写，采用5分制评分，分数的高低表示儿童自我概念水平的高低。此问卷已被国内很多学者修订采用。

2. 皮尔斯-哈里斯儿童自我概念量表(Piers-Harris Children' Self-Concept Scale，PHCSS)

该量表是美国心理学家皮尔斯及哈里斯于1969年编制、1974年修订的儿童自评量表，主要用于评价8～16岁儿童自我概念的状况，含6个分量表，各分量表凡得分高者表明该项目评价好，即无此类问题；总得分高则表明该儿童自我概念水平高。该量表在国外应用较为

广泛，信度与效度较好。① 可用于临床及科研，也可作为筛查工具用于调查。

（二）社会认知能力测验

社会认知能力测验主要由三部分构成：一是社会观点采择能力（简称观点采择），二是对故事角色的个性特征的认知能力（简称特征认知），三是对社会事件的记忆能力（简称故事复述）。② 我国学者方富熹等人曾使用这种研究模式，采用寓言图画故事《东郭先生与狼》及其相应的12张图画作为研究工具。故事有17个问题要求被试回答。问题1～13探查观点采择能力发展，包括四个子任务：子任务1由问题1,2组成，要求被试能理解别人行为的简单目的；子任务2由问题5,6,7和13组成，要求被试能认识事件的明显的前因后果关系；子任务3由问题3,4组成，要求被试观点的脱中心化；子任务4由问题8,9,10,11,12组成，要求被试有复杂的观点采择能力。问题14～16探查被试对故事角色的个性特征评价能力。第17题探察被试复述故事的能力。③

（三）社会认知偏离问卷

张倩，杨小柳等以道治提出的心理异常的社会认知机制框架图，作为编制社会认知偏离问卷的理论依据，进一步参考《中国精神障碍分类与诊断标准》第3版（CCMD-3）中有关焦虑的描述，设计了"社会认知偏离问卷"（简称认知问卷）。该问卷共51道是非题，从3个部分、11个方面，对具有攻击、抑郁和焦虑3个维度的社会认知偏离进行评定。该问卷中一些题目为某一特征维度独有，一些题目为两种特征维度或所有特征维度共有。问卷内容涉及的方面有：① 早年经验9题，包括负性经历、依恋模式、榜样类型等。② 认知结构16题，包括社会图式、社会技能、自我防御。③ 评价和选择26题，包括归因方式、自我效能、信息采择、决策读取、结果预期等。④

二、社会交往不良学习困难的诊断与评定

（一）亲子关系的评定

1. 测验法

亲子关系诊断量表（PCRT）由周步成老师编制，他把亲子关系分为5大类，即拒绝型、支配型、保护型、服从型和矛盾、不一致型；每大类分为2小类，共10小类，即消极拒绝、积极拒绝、严格型、期待型、干涉型、不安型、溺爱型、盲从型、矛盾型和不一致型，共100个题目。数据处理转换成百分位等级，分数越低，表明越可能具有不良的亲子关系。⑤

2. 观察法

观察法是心理学常见的研究方法之一，也是行为科学搜集资料的重要方式之一。观察法包括实验室观察和自然情境观察法。在观察的过程中要配合使用适当的观察记录表，进一步了解学习困难学生亲子关系的历史背景、发展过程、问题成因、亲子双方的内心世界、思想观念与困惑、苦恼。

---

① 汪向东，等.心理卫生评定量表手册[J].增订版.中国心理卫生杂志，1999：306-310.

② 钟毅平，等.听障学生与正常学生社会认知能力的比较研究[J].心理科学，2006，29(1)：73-75.

③ 方富熹，等.中澳两国儿童社会观点采择能力的跨文化对比研究[J].心理学报，1990，22(4)：345-352.

④ 张倩，等.社会认知偏离量表的编制及其军队青年常模[J].第四军医大学学报，2004，25(22)：2031-2034.

⑤ 吴念阳，等.青少年亲子关系与心理健康的相关研究[J].心理科学，2004，27(4)：812-816.

3. 个案分析法

分析个案时要搜集的资料有文字记录、录音带和录像带等。个案的文字记录内容包括个案的成长史、辅导记录、综合记录和学业成就记录等。

以上多种方法结合综合诊断与评定，对学习困难儿童亲子关系存在的主要问题做出认真、谨慎、明确的判断。

（二）同伴关系的评定

目前，关于同伴关系的评定大都是采用传统的社会测量法。其中有同伴提名法、花名册5点量表评定和友谊质量评定等。

1. 同伴提名法

同伴提名包括正向提名和反向提名两部分，题目为："在你们班中，可能有你最喜欢和最不喜欢的同学，请你分别写出3个你最喜欢的和最不喜欢的同学的名字。"根据考克艾(Coie)和道治1983年提出的分类标准，以班级为单位将正向提名(ML)、反向提名(LL)的次数标准化，二者之差为社会喜好(SP)分数，二者之和为社会影响(SI)分数。在此基础上将儿童分成五类：受欢迎儿童(SP＞1，ML＞0，LL＜0)、被拒绝儿童(SP＜－1，ML＜0，LL＞0)、被忽视儿童(SI＜－1，ML＜0，LL＜0)、有争议儿童(SI＞1，ML＞0，LL＞0)和普通儿童(所有其他儿童)。

2. 花名册5点量表评定

要求每个成员根据具体化的量表对同伴群体内其他所有成员进行评定，并且给出一个"喜欢与不喜欢"的评定量表。例如，给被试一个同班同性别同学的名单，让他在一个5点量表上表明他对每个同学的喜欢程度。把同班同性别同学给予每个人的平均分数转为标准分数即为这个人的同伴接纳度。主试按照同伴接纳水平，将被试分为受欢迎、不受欢迎和一般三组。

另外，还有的研究者将积极提名法与花名册5点量表评定相结合，划分出受欢迎、一般、被拒绝、被忽视和矛盾五类同伴接纳水平不同的被试。

3. 友谊质量评定

友谊质量评定常用的是问卷法。研究者基于自己对友谊质量的理解编制问卷，从不同的维度对友谊质量进行评价。

1984年，弗曼(Furman)等人编制的友谊关系问卷(FRQ)，从三方面评价友谊。(1)热情亲密，由友爱、亲密、亲社会行为、接纳、忠诚、相似和相互赞赏分量表构成。(2)冲突，由争吵、对手、竞争三个分量表构成。(3)关系的排他性，用两个分量表评价被试和他的朋友多大程度上只愿和对方做朋友。

1986年，伯恩特和派瑞(Berndt & Perry)的友谊特征评价问卷由20个问题构成。其中12个问题涉及3个积极特征：亲密的自我袒露、亲社会行为、自尊肯定，8个问题涉及消极特征：冲突和竞争。

1989年由帕克和阿瑟(Parker & A sher)编制的友谊质量问卷(FQQ)是在1987年巴库斯基(Bakuski)等人原有问卷的基础上发展起来的。问卷包括40个项目，共6个维度：肯定与关心；帮助和指导；陪伴和娱乐；亲密袒露和交流；冲突和背叛；冲突的解决。

上述问卷虽说是各具特色，但是可以看到编制者都或多或少考虑到友谊的心理功能，而且承认冲突和不一致同样普遍存在于儿童青少年的友谊之中。迅速、友好地解决冲突而不是回避冲突的能力也是友谊质量的维度之一。[①]

（三）师生关系评定

师生关系的评定根据研究需要而有所不同。根据评定主体是教师还是学生，评定可以分为教师评定师生关系问卷和学生评定师生关系问卷。学生评定师生关系问卷还可分为两类：一是与某一教师的关系；一是与所有教师的关系状况。评定师生关系状况的问卷主要有以下几种。

1. 派尼特（Pianta）师生关系量表（Student-teacher Relationship Scale，STRS）

该量表由美国心理学家派尼特编制，其中有 28 个项目，是教师与学生评定师生关系量表。该量表用来评定某一教师与特定学生关系的情况。适用于评定从幼儿园到小学的教师与学生的关系，具有较高的信效度。该量表是世界范围内最常用的研究师生关系的量表之一。国内很多学者在研究师生关系时，都以此量表为基础，编制出适合我国使用的师生关系量表。如张磊在参考派尼特问卷并对教师和学生进行访谈的基础上编制的量表。该量表共 22 个条目，包括四个维度：冲突性、依恋性、亲密性和回避性。冲突性是指师生之间在情感或行为上的不和谐与不一致，题目如“教师背后议论学生”。依恋性是指学生非常关注和钦慕教师的态度和行为，题目如“总希望得到教师的表扬”。亲密性是指学生与教师亲密相处，在态度和行为上能相互接纳，题目如“所有教我的教师我都喜欢”。回避性是指学生在态度或行为上回避与教师的沟通、交往，题目如“不愿与教师接触”。问卷采用 5 点记分制，从“完全是这样”(1) 到“完全不是这样”(5)，该量表有较好的信度和效度。

2. 瓦伯斯（Wubbels）教师互动问卷（Questionaire on Teacher Interaction，简称 QTI ）

该问卷在研究师生交往的关系中，得到了广泛的应用。QTI 来源于 1957 年利里(Leary)建构的人际行为的交流模型。该模型有亲密性与影响力两个维度。亲密性维度（也叫合作性/敌对性维度）反映了师生交流中的合作程度。影响力维度（又叫支配性/服从性维度）反映了师生交流中的支配与服从程度，分别以这两个维度为横轴和纵轴，可以将平面空间分为四部分。在此基础上将每一部分角平分两部分共得到八部分，分别代表 8 种行为类型：领导、友好帮助、理解学生、自主、犹豫、不满、惩戒、严格。对于每种行为都有若干种陈述项目，这样就组成了 QTI 问卷。多年以来瓦伯斯等人进行的大量的研究证明了该问卷具有较好的信度和效度，是研究师生交往的有效工具，在应用中 QTI 不但有 100，65，48 等不同项目数的多个版本，而且还被译成多种语言在许多国家使用。

三、社会情绪发展不良学习困难的诊断与评定

由于社会环境的改变，现在的青少年与以前相比，社会压力、学业压力更大，罹患心理疾病的风险也日趋升高，而学习困难儿童作为学校中的弱势群体，他们面临的压力会更大，因此，情绪问题的发生率也较高。为了使学习困难儿童尽早摆脱情绪问题和情感障碍的困扰，应在被鉴定为学习困难学生时就开始对他们的心理健康状况做持续的评估，这样有利于及早对学习困难学生进行干预，让更多的学习困难儿童受益。

① 邹泓. 同伴接纳、友谊与学校适应性的研究[J]. 心理发展与教育，1997，17(3)：55-59.

(一)学习困难儿童焦虑性情绪、情感干扰的诊断与评定

对学习困难儿童焦虑性情绪、情感干扰的诊断与评定可以从三个方面进行,即一般性焦虑、考试焦虑和社交焦虑,下面分别介绍适用于这三方面的一些测验量表。

1. 一般性焦虑测验量表(General Anxiety Test,GAT)

此量表是由日本学者铃木清编制的测查中小学生一般性焦虑的量表。一般性焦虑又称慢性焦虑,是反映受测者人格特质的重要指标。通过 GAT 的测查,可对中小学生的焦虑诱因和成分做较为细致的分析研究。1981 年,我国台湾学者在《临床学习心理学——以学业不振儿童为中心》一书中,曾详细介绍了 GAT 作,但未提供该量表的信度、效度资料。1987 年,陈永胜对 GAT 量表进行修订,并做了详细的信度、效度分析。GAT 由 100 道题目组成,包括学习不安、对人不安、孤独倾向、自责倾向、过敏倾向、身体征候、恐惧倾向、冲动倾向 8 个焦虑分量表以及 1 个信度量表,信度量表用来检查学生的说谎和掩饰情况。整个量表为累加模式,计分采用"是""否"两级。

2. 儿童焦虑性情绪障碍筛查表(The Scale for Child Anxiety Related Emotional Disorder, SCARED)

此量表是伯马赫(Birmaher)于 1997 年编制的一种儿童焦虑症状的筛查表,用于评估 9~18 岁儿童自评焦虑性障碍。在国外使用的信度、效度都较好,是一种有效的筛选工具,可为临床儿童焦虑性障碍的诊断提供帮助。量表由 38 个条目组成,1999 年修订为 41 个条目(其中 5 个条目为简明条目),包括躯体化/惊恐、广泛性焦虑、分离性焦虑、社交恐怖、学校恐怖 5 个因子,按 0~2 三级计分。后由王凯、苏林雁等人将其翻译成中文,并于 2002 年在全国 14 个城市采样 2019 例制定出中国城市常模,常模样本具有一定的代表性,信度和效度指标均符合测量学要求。[①] 此量表项目数量适度,内容简单易评,对焦虑儿童的诊断较敏感,对学习困难儿童的焦虑性情绪障碍的诊断与评定具有一定的应用价值。

3. 儿童社交焦虑量表(Social Anxiety Scale for Children,SASC)

此量表是拉格丽莎(La Greca)编制的一种儿童社交焦虑症状的筛查量表,用于评估儿童焦虑性障碍。[②] 此量表先用于 2~6 年级儿童,后由温尼伯格(Vernberg)等人又用在了 7~8年级的少年前期,适用年龄为 7~16 岁。该量表由两个因子组成,即害怕否定评价、社交回避及苦恼,包括 10 个条目,按 0~2 三级计分。之后由马弘等人于 1993 年修订[③],信度与效度较好,可为学习困难儿童社交焦虑障碍的诊断与评定提供帮助。

4. 考试焦虑测验量表(Test Anxiety Inventory,TAI)[④]

考试焦虑研究始于 20 世纪初,50 年代得到迅速发展并且有研究者在这一时期发表了考试焦虑问卷,乔治尔·曼德尔(Georger Mandler)和沙瑞森(S. Sarason)于 1952 年发表了第一个考试焦虑问卷(Test Anxiety Questionnaire,简称 TAQ),在此之后许多量表相继问世,

---

① 王凯,苏林雁,朱焱,翟静,杨志伟,张纪水. 儿童焦虑性情绪障碍筛查表的中国城市常模[J]. 中国临床心理学杂志,2002(04):270-272.

② A. M. La Greca. Development of the Social Anxiety Scale for Children: Reliability and Concurrent Validity[J]. Journal of Clinical Child Psychology,1988,17(1):84-91.

③ 马弘. 儿童社交焦虑量表[J]//汪向东,等. 心理卫生评定量表手册(增订版). 中国心理卫生杂志,1999:248-249.

④ 刘广珠. 沙拉松考试焦虑量表试用报告[J]. 中国健康心理学杂志,2000(04):458-460.

而沙瑞森考试焦虑量表是目前世界上影响较大的量表之一。此量表受文化因素影响较小，含有 91 个与考试测验焦虑有关的项目，包含 5 个因素，即对考试的担忧与不安、由考试引起的生理反应、注意力集中困难、意识状态不清晰、联想和记忆能力下降。此量表在中国的中学生和大学生中进行试用后表现出良好的区分和辨别能力。

（二）学习困难儿童抑郁性情绪、情感干扰的诊断与评定

对学习困难儿童抑郁性情绪、情感障碍的诊断与评定应首先对他们的行为、人际关系及学业表现等重要指标进行持续筛查，再进行抑郁鉴别。此外，不同性别的学习困难儿童，其抑郁时所表现出的行为不同。女孩抑郁时常表现出安静与退缩行为；与此相反，男孩抑郁时有可能表现出破坏性、攻击性以及不顺从行为。因此，仅仅以教师或家长平常的观察和评价无法准确地诊断与评定出学习困难儿童的抑郁性，有必要用标准化量表对其进行测查，下面介绍测量抑郁的量表的有关内容。

目前国内测量儿童和青少年抑郁的量表很少，主要有三个。

1. 温伯格青少年抑郁量表（Reynolds Adolescent Depression Scale，RADS）①

RADS 量表由美国研究者温伯格（Reynolds）及其同事于 1981 年为 13～18 岁的青少年专门设计的抑郁自评量表，评定内容涉及心情烦躁、易激惹、发愁、发怒、悲观、想哭、孤独、无助感、无价值感、无望感、对生活不满、自责、自罪、自伤意向、社会退缩及躯体症状如易疲劳、食欲下降、疑病、胃病及睡眠障碍等方面。在条目内容的编排上多为学生的生活内容，如“我对上学发愁”“感到父母不喜欢我”“很想和其他同学一起玩”等，符合青少年生活的特点。此量表在分析美国各州 12000 余名中学生资料基础上于 1985 年制定出常模，信度、效度较高，被美国心理学界认为填补了青少年抑郁评估领域的空白，并已得到广泛应用和普遍好评。刘德华等人对此量表进行修订，并在全国选 1～2 个大城市为代表，选取初一至高三 6 个年级共计 3905 名学生作为被试进行施测，表现出较好的信度和效度。但与美国施测的结果比较有一定的差异，即我国青少年抑郁程度没有美国青少年高，这可能与社会文化背景以及生活压力等因素有关。研究者和教育工作者可以参照国内施测的常模做出结果分析。

2. 布雷温武儿童抑郁量表（Bullevue Index of Depression，BID）

郭兰婷等人修订的临床布雷温武儿童抑郁量表是在其中文译本的基础上进行改编的。②它适用于 6～12 岁儿童，由 40 个项目组成，分属 10 个因子：心境恶劣、自卑和自杀、攻击性行为、睡眠障碍、学校表现、社会交往、对学校态度的改变、躯体症状、精力不足、食欲和体重改变。根据每个项目的严重程度和持续时间，分别评为 0，1，2 和 3 分四个等级。按 BID 评定标准，心境恶劣、自卑和自杀两个因子同时存在症状，且总分≧ 20 分者，可诊断为抑郁症。

3. 儿童抑郁量表（Children’s Depression Inventory，CDI）③

儿童抑郁量表在国外研究中应用较广泛，是柯瓦茨（Kovacs）于 1992 年根据成人的贝克抑郁问卷（Beck’s Depression Inventory，BDI）改编的用于测量儿童和青少年抑郁情绪的量表，是西方最早出现的儿童抑郁量表。该量表适用年龄在 7～17 岁之间。此量表具有较高

① 刘德华，等. RADS 抑郁量表的修订[J]. 中国心理卫生杂志，1995，9(3)：110-120.

② 郭兰婷，等. 学龄儿童的抑郁[J]. 中国心理卫生杂志，1998，12(3)：151-154.

③ 俞大维，李旭. 儿童抑郁量表（CDI）在中国儿童中的初步运用[J]. 中国心理卫生杂志，2000，14(4)：225-227.

的信度和效度。它包括来自重度抑郁症(Major Depression Disorder,MDD)27个条目的诊断标准,另外加测了不顺从和躯体忧虑两项症状。俞大维等人将CDI量表翻译成中文后对其进行修订,并在中国进行抽样测试,测试结果表现出较好的结构效度和信度。CDI的分数与精神科医生对儿童抑郁评定分数呈中度相关($r = 0.54$)的关系,它能够有效地区分抑郁症和其他行为问题或厌食症等心理疾病。由于CDI对儿童阅读水平的要求很低,被试一般能在15分钟或更短的时间内完成,因此它较适合对学习困难儿童抑郁性的测查。

以上三种抑郁性测查量表适用的年龄范围不同,测查的内容也有差异,研究者和教育工作者可以根据需要选择适当的量表施测。

(三)学习困难儿童孤独感情绪、情感干扰的诊断与评定

对学习困难儿童的孤独感的诊断与评定可以用儿童孤独量表(Children's Loneliness Scale,CLS)进行测试,此量表用于评定儿童的孤独感与对社会不满程度。

该量表由24个条目组成,可用于评定3～6年级学生的孤独感—社会不满程度。其中有16个条目用来评定孤独感、社会适应与不适应感以及对自己在同伴中的地位的主观评价。另外8个为补充条目,用于询问课余爱好和活动偏好。测试这8条的目的是为了使儿童在说明对其他问题的态度时更坦诚、放松。该量表用五级记录分数,两级选项分别为“始终如此”和“一点都没有”,可采用团体施测。

四、社会行为发展不良学习困难的诊断与评定

社会行为发展不良学习困难的诊断与评定一般在自然的状态下进行,可以在学校、家庭、团体中、同伴相互作用等自然环境下通过观察、测试等方法评定。为了使所搜集的数据全面而精确,在诊断与评定的过程中,应该考虑到各种可能的情况与问题。1975年,莱顿和凯兹(Laten & Katz)提出了比较完善的诊断与评定模式,此模式包括五个阶段。

第一阶段,形成对环境的最初描述。包括对问题初步的认知,在问题最可能被注意到的情境下搜集信息,在问题最不可能被注意到的情境下搜集信息。

第二阶段,对学生期望的认识。包括搜集在问题情境下出现的对学生期望的信息,搜集不在问题情境下出现的对学生期望的信息。

第三阶段,形成对行为的描述。包括搜集在有问题情境下人们相互作用与技能的数据(目前的数据、历史数据、相互作用分析、功能分析及行为分析)、搜集成功情境下人们相互作用与技能的数据(目前的数据、历史数据、相互作用分析、功能分析及行为分析)、学生在不同环境下成功的行为所需要技能的诊断与评定。

第四阶段,总结数据。

第五阶段,在问题最可能被注意情境下对学生与教师期望的推断。

在诊断与评定中,采用的诊断工具要根据不同的情境而有所不同,一般采用的有系统观察、行为问题测验量表,以及社会测量技术等。

1. 系统观察

直接观察社会行为问题可获得有效的和可靠的信息。在实际观察以前,要对所要观察的行为进行精确、具体的定义,以便对观察的行为有一个统一的标准。行为问题或行为不良一般有行为过度(过多)或行为缺陷(有行为问题或行为不足,或退缩性行为)两种。

1986年华莱士(Wallace)和考夫曼建议根据下面的问题来评定行为是否过度：

(1) 学生有哪些不良的适应行为？

(2) 在目前条件下学生经常怎样表现这些不良的行为？

(3) 什么环境条件使这种行为得以维持？

(4) 如何消除不良行为的环境条件？

他们还建议根据下面的问题评定行为是否有缺陷：

(1) 我要学生做什么？

(2) 在目前情境下对于所要求的行为学生做得怎么样？

(3) 最接近要求的行为是什么行为？

(4) 对教师、父母或同伴来说，什么样的强化物是最有效的？

(5) 强化物如何系统地强化最接近要求的行为？

应系统地记录社会行为问题的观察情况。记录的关键是，当目标行为(所要记录的行为)出现时，立即记在记录纸上，要求记录每个具体的事例(个案)。

2. 行为问题测验量表

行为问题测验量表可用于测查学习困难儿童是否存在行为问题，出现哪一类型的行为问题，以及行为问题的强度如何等。目前可用于学习困难儿童行为问题测查的量表主要有2个。

(1) 问题行为早期发现量表(Prediction Test of Problem Children，PPCT)

该量表是根据日本长岛贞夫等人编制的PPCT修订的。它由6个分量表和L量表(信度量表)构成，6个分量表分别为：R量表(反抗倾向)；O量表(被压迫感)；I量表(欲求不满的耐受性低)；A量表(孤独感倾向)；S量表(学习热情缺失)；N量表(成就欲求缺失)。每个分量表各由10个项目组成，每个项目有“是”“不是”“难以确定”三个备选答案，被试可任选其一。根据评分标准可获得被试在每一份量表上的得分，得分越高，问题行为越严重。

(2) 阿彻巴克儿童行为评定量表(Achenbach Child Behavior Check List，CBCL)

此量表是目前国际上评定儿童行为问题最常用的测评工具。根据报告者不同，CBCL有家长报告、教师报告(the Teacher Report Form，TRF)、青少年自评(the Youth Self-Report，YSR)和直接观察者用表。四种用表除个别条目外大同小异。我国在1980年引进适用于4～16岁儿童的家长用表，应用表明，家长用CBCL有较好的信度和效度，适合于我国儿童行为问题的评定；另外，通过刘贤臣等人对此量表中的青少年自评量表和教师报告表的信度、效度及应用情况进行调查研究后表明，此量表具有较好的信度和效度，而且简单易行，是我国青少年行为问题评定的有效测量工具。[①]

3. 社会测量技术

社会测量技术主要用于估计某个体被某团体接受的程度(或受同伴欢迎的程度)，由此可以确定个体在团体中的作用与所处的地位，也可以确定个体在团体中所存在的关系，发现团体本身的结构的关系。

最著名的社会测量方法之一是同伴提名法，它要求班级(或其他社会群体)中的每一个

---

① 刘贤臣，等. Achenbach青少年行为自评量表的信度和效度研究[J]. 中国心理卫生杂志，1997，11(4)：200-203.

人按照一定标准挑选出一定数量的同学。儿童所得的提名次数就是其分数。积极提名的分数被看作是儿童的人缘或同伴接纳的指标。一般将提名的积极标准与消极标准结合使用，消极提名一般是让儿童挑出最不喜欢或最不愿意一起玩的同伴。消极提名分数高的儿童被看作是被拒绝者。

这种技术有助于教师确定在班级中最受欢迎与最不受欢迎的学生，也可以帮助教师或研究者认识到在班级结构关系中起核心作用的学生、相互排斥的团体以及小集团、被孤立的学生、各种社会接纳与拒绝的团体模式等。但是应该谨慎使用消极提名法，因为这可能使得被拒绝儿童和同伴可能会更清楚地意识到其被拒绝的地位，进而造成对被拒绝儿童更为不利的影响。如果儿童之间相互讨论他们的选择，就可能会一致明确某人是大家都不喜欢的。有研究发现，学前儿童在积极和消极提名之后并不讨论其选择，施测前后的相互交往也不发生什么变化。但年龄较大的儿童却不一定这样，1986 年，拉蒂纳(Ratiner)等人发现六年级儿童中很多人在施行社会测量之后讨论了他们的评定。因而，考虑到消极提名法的潜在影响，除非必要时应尽量少使用。

在进行社会行为干扰性学习困难的诊断与评定时，应注意不要认为问题行为只会发生在学习困难学生身上，因为儿童表现出问题行为可能是由多种因素影响而成的，不一定是由学业成绩单方面影响的；同样，问题行为也不一定是造成学习困难的唯一干扰因素，因此在诊断时应从家庭环境、个性特征等多方面进行了解，从而更加详细、准确地对社会行为干扰性学习困难进行诊断与评定。

第 4 节　社会性发展不良学习困难儿童的教育干预

一、社会认知不良学习困难儿童的教育干预

（一）努力提高学习困难儿童的自我概念水平

社会认知是儿童社会性发展的内部动力，而自我概念是社会认知的核心。学业自我效能感被定义为他们对成功完成任务的能力的判断。[①] 它常被用于学生对学习任务的选择、努力程度和坚持性等方面的测试，在学习活动中它包括学生对学习及完成学习任务的认知技能的自信。因此，我们应从培养学习困难学生积极的自我概念入手。国内外关于自我概念的干预研究主要包括以下三个方面。[②]

1. 后团体赞赏效应

马什等人发现当个体顺利参与并完成某一团体任务后，会有一种愉快的感觉，他们称这种现象为后团体赞赏效应。他们利用后团体赞赏效应设计了一系列标准课程，用于改变个体的自我概念。结果发现，实施这一系列标准课程，并配合以父母的支持，将提高学业成绩较差的在校男生的学业成绩和学业自我概念。盖布里埃尔(Gabriel)等采用相似的干预手段，也获得了良好的效果。

---

① A. Bandura. Self-efficacy[J]. The Corsini Encyclopedia of Psychology, 2010: 1-3.

② 宋剑辉，等. 青少年自我概念的特点及培养[J]. 心理科学，1998，21(3)：277-278.

在帮助学习困难儿童建立积极自我概念的过程中，家长和教师要努力帮助孩子体验到成功的喜悦。因为成功和失败的经历是影响自我概念的重要因素，经历成功无疑是积极自我概念的发展的最有力的催化剂。家长和教师应该为孩子提供、创造一些成功的机会，尤其重要的是帮助他们获得学业上的成功。有研究证实父母教养方式在学习困难学生情绪与行为发展中具有重要作用。例如，陈羿君等在考察学习困难儿童焦虑情绪与行为问题的影响因素的研究中发现，家长教养方式是重要的影响因素之一。侯金芹的研究结果显示读写困难不仅直接预测学习困难学生抑郁情绪和问题行为的产生，还通过父母教养方式间接影响学习困难学生的情绪和行为。具体来说，一方面，学生学业上的挫败影响了父母的教养满意度和效能感，这与已有的研究所发现的父母的教养方式受到孩子的影响这一结果相一致。另一方面，低的父母教养满意度和效能感又进一步加剧了读写困难学生的情绪和问题行为，使得亲子之间的互动陷入恶性循环。家庭是个体成长的第一重要环境，对小学生来说，家庭教养环境依然重要。父母教养方式会影响小学生在学校环境中的适应程度。小学生在学校环境中遭遇的学习困境一方面引发了自己抑郁情绪和问题行为的升级；另一方面引发了父母家庭教养方式的恶化，造成了学校环境和家庭环境的双重困境。

因此，改善父母的教养方式至关重要，提升父母的教养效能感以及满意度是其中重要的一环，当父母对扮演好“父母”这个角色有信心时，他们更可能采用积极正性的教养方式，而积极正性的教养方式可以有效促进孩子学习、情绪和行为各个方面的积极发展。父母的教养方式具体可以从以下几方面加以改善。首先，向家长普及学习困难的知识，让家长了解其成因和表现，扭转家长将学习成绩差归因为学习态度不认真等错误观念，打破亲子教育的恶性循环。其次，从发现孩子的闪光点和挖掘孩子潜能的角度入手提高家长的自我效能感，从认知以及行为两个角度改善父母的教养方式。再次，家长应控制和调整好自己的情绪，尽量避免让孩子学习的无助感影响自己，努力提供更多的爱与支持等。最后，学习困难儿童家长要及时与孩子进行沟通，增加感情交流，建立和谐民主的家庭氛围。在对孩子的教养方式上，一方面以温情教育为主，不要因为他们在学业上的失败就多加指责，否定他们的能力。另一方面，家长又不能过分宠爱孩子，任其所为，否则会使儿童养成过分依赖，什么事都要父母帮其完成的习惯，导致独立性和适应性都很差。[①][②]

在我国现行的教育制度下，学习成绩仍然是衡量一个学生的重要指标。取得好的成绩，不仅会给他们带来愉快、兴奋等积极情绪体验，将成功归因于自己的努力和能力，而且能得到家长和教师的赞扬，同学的认可，使他们产生积极的、肯定的自我体验，增强自信心和自尊心，对自己有较高的评价和认可。此外，家长和教师还可以鼓励学习困难儿童积极参加能发挥他们特长和优点的活动，比如运动会、文艺演出，让他们体会到成功与受人赞赏的乐趣。

2. 动机训练

动机训练有两种基本方法：一是引导个体在预先设定的领域中取得高成就。引导过程中，主要培养个体的特定技能与能力。二是帮助个体形成追求成就的倾向与态度，具体的行为目标由个体自己来确定。1985 年，泰兹（Tice）根据第二种方法设计了一个动机训练方案

① 陈羿君，等. 学习困难儿童焦虑情绪与行为问题影响因素分析[J]. 中国公共卫生，2014，30(07)：853-857.

② 侯金芹. 读写困难对情绪和行为的影响——父母教养方式的中介作用[J]. 中国特殊教育，2014(12)：49-54.

(Pathway to Execellence,PTE)用于青少年的动机训练,方案假定,通过改变个体的习惯、态度、信念与期望等能够使个体的潜能转化为真正的成就。这套方案的内容涉及动机、认知失调、问题解决、自尊、自我决策及目标设计等众多因素。珀迪(Purdie)等采用 PET 对青少年进行动机训练,结果显示,PET 能够提高学生的深层成就动机水平和自信心,从而有助于提高学生的学业成绩。

3. 归因训练

有人认为,个体自我概念的形成一定程度上与"个体自身的行为归因"有关。学生的自我归因倾向有积极与消极之分。凡是将成败因素视为自己的责任者(如努力),在心态上是较为积极的。凡是将失败归因于自己能力不足或其他外在因素者,在心态上是较为消极的。教育心理学家科温顿和比(Covington & Beey)称积极归因的学生为求成型学生(Success-oriented Student),称消极归因的学生为避败型学生(Failure-avoiding Student)。惯于追求成功的学生,他们相信自己能够应付学业的挑战,即使难免有失败经验,但他们并不把自己的能力视为失败的原因,而是把成败的关键归于个体是否努力。惯于逃避失败的学生,他们对应付困难缺乏信心,将失败归因为能力不足,而对成功则归因于运气或工作容易。基于以上的分类,逃避失败型学生的归因倾向如果成为应付学业的一种习惯,那就可能演变成习得性无助感(Learned Helplessness)。习得性无助感是指个体面对挑战情境时的一种绝望心态,纵使轻易成功的机会摆在面前,他也鼓不起尝试的勇气。逃避失败的习惯演变到此地步,势必对他学习以及人格的成长极为不利。研究表明,对中小学生进行积极的再归因训练将有助于增强其成就动机水平,从而提高学业成绩,而这又将有助于提高个体的自我确认感和自尊水平。因此,教会学生积极归因可以有效改善其学习困难。

习得性无助的儿童表现出以下行为:① 慢慢吞吞地开始做功课而且经常做不完。② 不寻求帮助。③一旦遇到困难就放弃。④ 使用身体语言(如耸肩、皱眉、叹气)来表达自己的失助感,看起来疲惫沮丧。⑤ 交作业时总是把作业面朝下放着,这样不到最后一刻没有人能够看到。

下面是一个通过归因训练帮助学生纠正习得性无助的例子,它帮助学生摆脱负面的自我对话和避免学生寻找逃避学习的理由。训练包括六次课程(连续三周内,每次一个小时),学习的内容以阅读课为例。

(1) 在纸条上写出 16 个句子,其中 10 个句子对学生而言比较简单,而另外 6 个句子比较难。在纸条的背面,把每个简单的句子都标上"E",把较难的句子标上"D"。

句子的顺序:E=容易,D=较难。

第一次:EEEDDDEEDEEEDDEE。

第二次:EEDEEDDDEEEDDEEE。

第三次:EEDDDEEEDDEEDEEE。

第四次:EEEDDDEEDEEEDDEE。

第五次:EEDEEDDDEEEDDEEE。

第六次:EEDDDEEEDDEEDEEE。

(2) 准备两套卡片让学生在看完句子后念出来。一套(针对正确答案)上面写着:"不错,我努力了,所以我做对了!"或"我的阅读能力越来越优秀!"另一套(针对错误答案)上面写着："我犯了一些错误，但是不要紧，不犯错误就不会进步。"或者"下次我再尝试用另外的方法，再努力点儿，我会做得更好"。

(3) 在第一次上课开始时告诉学生："下面我们要尝试的方法，会教你如何自我帮助来获得学习的成功，而且使你更喜欢学校生活。你们要大声念一些句子给我听。每次念完后，我会出示一张提示卡，你再念出提示卡上的话。"

(4) 向学生示范一遍正确与错误念句子的方式，并念出相应的提示卡。

(5) 说："现在我要请你念第一句。"先呈现一个简单句子，学生朗读后再向他出示提示卡。允许学生在大声朗读提示卡上的内容前先小声念一遍。

(6) 按照上面的方法反复练习。指导学生在每次读完句子后选择相应的提示卡念出。当学生念错时，教师都要直接示范纠正错误。

(7) 此后按照上面句子的顺序来编排各句子的难易度。也可以安排学生自己准备句子，包括简单句和复杂句，以及让他们自己制作提示卡。①

二、社会交往不良学习困难儿童的教育干预

(一) 发展良好亲子关系，营造和睦家庭气氛

1. 家长要正确看待自己的孩子

人无完人，每个人都有自己的优点和缺点，作为家长不仅要看到孩子身上的缺点，还要看到孩子身上的优点，并且要学会欣赏孩子身上的优点，不断鼓励孩子，增强孩子的自信心，这对于学习困难儿童尤为重要。因此，学习困难儿童的家长首先要接受并正视孩子的缺点和不足，帮助他们找出原因、分析原因，并帮助他们寻找解决问题的方法，鼓励他们努力上进。其次，要善于发现孩子身上的闪光点，及时地鼓励强化，培养孩子的自尊心和自信心。

2. 家长要运用合理的教养方式

惩罚严厉、过分干涉否认的父母教养方式，对学习困难儿童的各种行为会有很大的影响，进而会使他们在学习上更加困难，亲子关系更糟。而父母用情感温暖的教养方式，可以在某种程度上减少儿童学习困难问题。因此，学习困难儿童家长要及时与孩子进行沟通，增加感情交流，建立和谐民主的家庭氛围。

3. 家长要保持良好的家庭关系，特别是父母关系

父母之间和睦相处，有利于建立温馨的家庭气氛和良好的家庭环境。父母经常性地冷战、吵架甚至打架等不良行为，会给孩子造成负面影响。他们无法在这样的环境中学习，会引发孩子的刻意模仿，以至于缺少基本的社交技巧而导致人际关系不良。

(二) 增强社会技能，改善同伴关系

发展同伴关系首先要从提高学习困难儿童的社会技能入手，对他们进行系统的社会技能训练。学习困难儿童的社会技能训练主要包括基本交往技能、情绪情感表达和控制技能、社会关系技能、课堂交往技能、决策与问题解决技能和冲突管理技能训练等内容。训练方法主要有六步直接教学法、隐性课程法和社会解析法。

---

① 瓦恩布雷纳. 学习困难学生的教学策略[M]. 刘颂，等译. 北京：中国轻工业出版社，2005：67-68.

1. 六步直接教学法

六步直接教学法是指教师按照固定的教学时间和安排，以课堂教学的形式将社会技能有计划有系统地传授给学生。教师每节课传授一种社会技能，学生像学习其他课程内容一样在教师的指导下学习人际交往知识和技能。每种社会技能都有一个相关的行为目的、使用步骤、教学策略和评定活动。六步直接教学法步骤如下。

(1) 展开讨论。教师给出某种社会技能的定义并解释社会技能的使用步骤，教师和学生共同讨论社会技能的作用，列举一系列使用社会技能的交往情境和时机，预测使用社会技能将产生的结果。

(2) 模仿示范。教师与合作者以角色扮演的方式展示技能的使用过程和步骤。学生认真观察教师的活动，做好回答问题与参加练习的准备。教师既要向学生演示身体动作，又要使用出声思考法向学生演示使用技能的心理过程。

(3) 言语练习。教师指导学生理解和熟记技能的各个步骤，学生反复复述技能的使用过程，直至达到熟练使用的程度。教师还要求学生讲解技能的使用过程和具体步骤，并向学生提出有关技能使用的各种问题，保证学生充分理解和掌握技能。

(4) 角色扮演。教师设置角色游戏情境，让每个学生都有机会练习使用新技能。为了帮助学生记住技能的使用步骤，教师可以向学生提供提示性的图表或者图片。教师要保证所有学生都能参与，让不扮演角色的学生作为观察者和评估者在角色游戏评定表上给扮演角色的学生打分。在此过程中，教师要不断地给予指导和反馈，及时矫正行为偏差，使学生最终能够独立熟练地操作技能。

(5) 技能应用。教师与学生共同讨论使用技能的各种情境和可能性，向学生布置作业：要求学生在课堂上默写技能的具体步骤，列出使用所学技能的情境和时机。此外要求他们记录在课堂内外使用技能的结果并对自己的行为做出评价。教师应及时检查学生作业，必要时给予个别指导。

(6) 评估总结。教师对学生的技能操作水平给予积极、具体和矫正性的评定和总结。教师要为每个学生准备一个评定表，由教师、家长和学生本人对技能的学习和进步情况进行评价，力求准确反映学生对每种技能的掌握程度。在完成一个单元的教学后，教师对学生的学习情况进行测评，及时了解学生的学习情况和教学效果，根据测评结果调整教学内容和进度。

2. 隐性课程法

隐性课程法(Hidden Curriculum)是针对学习障碍学生判断力缺乏和情感识别能力缺乏的特点，促进他们对所处的社会交往情境的领悟，并根据交往情境的特点选择适当的社会行为的团体训练方法。隐性课程内容包含学生所处社会情境的特点与交往规则以及学生对此的认识和评价。隐性课程法既重视向学生传授社会技能的具体步骤，又注重将社会技能与各种交往情境相对应。隐性课程法的具体步骤如下。

(1) 了解学生所在学校的规则。这些规则包括学校的重要活动、规章制度、管理条例、各科教师对作业和上课的要求等，可以通过教师、教辅人员和学校发放的书面材料中获得。

(2) 评价学生对规则及有关知识的掌握和理解程度。教育者对学生进行评估，看看学生是否了解学校的日常安排以及学校对各项活动的要求，是否能够识别一些社会团体，是否知道如何得到学校有关人员的支持和帮助。

(3) 指导学生认识各种情境对行为限度的要求。学习障碍学生常常表现出冲动行为，不考虑自身行为的后果或行为是否适当。此外，他们对可接受行为的限度没有一个明确的认识，不知道行为限度因社会情境和交往对象的不同而有差异。教育者可以通过具体的事例分析各种情境的特点及其对行为的要求，向学生传授与情境相关的社会技能知识和行为。

(4) 帮助学生分辨学校的各种情境以及每种情境中他人能够接受的行为，使行为与具体情境相匹配。社会技能问题的出现是因为学生无法解读显示行为是否能够得到他人接受的环境线索，教育者应该帮助学生认清社会情境，学习识别不同的社会提示和信号，根据情境的要求做出正确的行为选择。

3. 社会解析法

社会解析法(Social Autopsy) 是一种矫正学生人际交往行为的及时有效的个别训练方法。教师与学生共同分析学生错误的社会交往行为，找出问题产生的原因并设计一系列有效的替代策略。学生按照正确的交往策略及相应方式进行新的交往活动。它通过分析具体的交往行为使学生认识自身的社会行为与环境及他人的关系，帮助学生识别交往行为的特征，掌握正确的交往策略并在以后的交往活动中避免同类错误的出现。社会解析法能够有效促进学习障碍学生社会技能的发展，提高其处理人际问题的能力。

此外，我们还可以通过团体心理辅导的方法来改善儿童的同伴关系。如李文权，李辉等采用系统式团体咨询对儿童同伴关系进行干预并取得了良好的效果，干预方法如下。

研究者将实验班中社会距离最远的 5 名儿童，另加 1 名最受欢迎的假被试组成实验组（该假被试起迷惑作用，避免有同学猜出实验组性质而产生消极影响，也是楷模儿童）。研究者借鉴系统家庭治疗的做法，把需要辅导的实验组成员放在原来的自然班级中，整个班级举行全班性的团体活动共 10 次，1～2 周 1 次，每次持续时间 40 分钟。

研究者在实验班进行的 10 次团体心理咨询活动的主题是：① 优点轰炸（目的：提高儿童自我评价、自信心）；② 小天使与守护神（目的：增进儿童之间的关系）；③ 他是谁？（目的：了解受欢迎的原因）；④ 课堂模仿秀（目的：观察学习）；⑤ 解疙瘩（目的：培养合作精神）；⑥ 课外模仿秀（目的：观察学习、行为演练）；⑦ 盲人走路（目的：培养相互的信任感）；⑧变在何处（目的：培养对人观察的敏感性）；⑨ 老鹰抓小鸡（目的：培养集体意识）；⑩祝福与道别（目的：全程活动总结）。活动方式有游戏、角色扮演、小组讨论、脑力激荡等。[①]

（三）改善师生关系，发挥教育潜能

1. 教师要更新教育观念，尊重每一位学生

教师要树立以学生为主体的，尊重学生的人格和个别差异，促进学生主动和谐发展的教育理念。对于学习困难儿童，教师要改变对他们歧视的观念、淡薄的情感，改变不适合学习困难儿童的教学方法。教师要以平等、亲切、尊重、关心的态度对待学习困难儿童。倡导教师的情感教育，公平对待每一个学生。教师对学生要一视同仁，这是获得每一个学生对其尊重的前提。尤其是学习困难学生，教师绝不能忽视他们，应对他们的学习和生活多关心，并注意与他们的交流方式，主动与其建立亲密的师生关系，赢得学习困难学生对教师的信任和喜爱。

---

① 李文权，等. 系统式团体咨询促进儿童同伴关系的干预研究[J]. 中国临床心理学杂志，2003，11(2)：121-122.

2. 教师在课内外都要注意和学生进行心理沟通，形成心理相容的师生关系

教师要以情启心、以情促学。教师对学生应该具有移情的理解，与学生进行情感交流，了解和尽力满足学生的情感需要，帮助学习困难儿童摆脱消极情感。学习困难儿童常常伴随着一定的心理障碍，因此，教师应该用诚恳、善意而真诚的态度找他们谈心，不要当众批评他们，更不轻易请家长，维护他们的自尊心。

3. 教师要积极实施鼓励性评价

教师要在课堂教学中设计一定比例的适合学习困难儿童水平的问题，及时对他们的细小进步给予肯定和鼓励性评价。课外活动充分创设机会，以提供学习困难儿童展现长处的机会，获得成功的体验。教师应关心学习困难儿童的学习、生活中的点滴进步，使他们长期拥有一种“温暖感”和“受重视感”，才能逐渐培养学习困难儿童的信心。

三、社会情绪、情感发展不良学习困难儿童的教育干预

从前文所述的社会情绪、情感问题与学习困难之间的关系来看，对学习困难学生情绪问题的干预是相当重要的，因为情绪不良、情感障碍对学习困难儿童的学习、生活、社会交往等方面都会造成影响，因此我们有必要采取适当的有效措施来干预和改善学习困难儿童的情绪、情感问题。

（一）提高自我意识水平，增强学习困难儿童的自信心

父母的态度表现为温暖和理解的教养方式与学习困难自我意识水平成正相关，而父母的惩罚、拒绝否认、偏爱、过度保护等消极教养方式与儿童自我意识的不同侧面呈负相关。[①] 由于青少年正处于发展自我意识，获得自我同一性的重要时期，而学业成绩又是此阶段儿童取得社会认可，建立自尊和正常的自我意识的重要来源，因此，一个学习困难儿童已经处于自我意识发展的不利地位，此时父母若操之过急，或方法不当，如严厉惩罚、拒绝否认等，则无异于雪上加霜，更不利于儿童自我意识的正常发展。对于学习困难儿童，唯有宽容理解、支持鼓励、饱含爱心的积极态度，才能使他们的自我意识健康发展。

（二）增强学习困难儿童积极的情绪、情感体验，提高耐挫能力

社会支持对维护一般的良好情绪体验具有重要意义，有助于儿童形成一种积极和建设性的方式对所处的环境进行重新建构的能力。有调查显示，学习困难儿童社会支持显著低于一般儿童。[②]如斯凯德（Raskind）和库德伯格（Goldberg）等对 41 名曾经被诊断为学习困难的儿童进行了长达 20 年的追踪研究，并根据成功标准比较了成功与不成功者的差异，结果表明，成功的学习困难者在成长过程中逐渐发展起一整套应对压力和挫折的有效策略，而且在困难面前能够保持积极、乐观的态度。他们与同伴之间关系融洽，在需要时善于寻求同伴和社会的支持，因此情感和压力调节成为其成功的主要因素之一。[③] 提高学习困难儿童应对挫折的素质并塑造其完善的个性特征，社会、家庭、学校给予支持，将有助于减轻其孤独感和

---

① 凌辉. 父母养育方式与学习不良儿童行为问题及自我意识的相关研究[J]. 中国临床心理学杂志，2004，11(1)：50-52.

② 俞国良，等. 学习不良儿童孤独感、同伴接受性的特点及其与家庭功能的关系[J]. 心理学报，2000，32(1)：59-64.

③ M. R. Raskind, et al. Patterns of Change and Predictors of Success in Individuals with Learning Disabilities: Results from a Twenty-year Longitudinal Study[J]. Learning Disabilities Research and Practice，1999，14(1)：35-49.

冲动性。

（三）运用心理疗法，帮助学生克服情感障碍和情绪不良

特殊教育工作者可以用一些心理治疗方法帮助学习困难学生克服情感障碍和情绪不良。学习困难学生在学习过程和考试情境下，焦虑水平明显高于学习优、中等生，其中考试焦虑水平比学习焦虑水平更高，差异更大。认知疗法是缓解焦虑和减轻抑郁的最常用也是较有效的心理疗法。[①] 这种方法可以引导学习困难学生正确归因，激起他们为改变自身状况而努力的积极性。让他们在面对成功和失败时分别用正确的方式去归因：在失败时，使他们更多地做努力不够和方法不当等归因；在成功时，使他们树立起自信心，相信自己有能力通过努力去获得成功，从而改变消极的情绪体验。此外，放松疗法和系统脱敏疗法对于治疗学习中的情绪不良和情感障碍也相当有效。

（四）通过家庭干预改善家庭环境

李艳红的研究发现家庭环境是影响学习困难学生心理尤其是抑郁症状的一个重要因素，因此改善家庭环境可以有效地减轻或改善学习困难学生的抑郁症状。家庭干预是通过改善家庭环境，提高家庭功能以及父母自身的心理健康水平，增加家庭成员之间的和谐、融洽程度，尽可能地为学习困难学生创设一个温馨、健康的家庭心理环境的做法。

此外，社会情绪、情感干扰性学习困难儿童的教育干预还可以采取以下方式：课堂上教师教授适当的情绪调节策略，小组咨询和个别咨询相结合。

四、社会行为发展不良学习困难儿童的教育干预

学习困难儿童的社会行为发展问题容易影响其心理健康和社会适应，也会由此而进一步加重其学习困难，因此，应对其不良行为进行有效的干预，干预可以从以下几方面着手。[②③]

（一）转化不良行为习惯，提高学生交往技能

行为问题的出现不是偶然的，师生关系、家庭心理环境中的父母期望、父母教养方式对其违纪、不成熟和攻击性等行为问题有重要影响。如德克亚若（Radke-Yarrow）等人的研究发现，家长富有情感的、民主的教育方式可以诱发儿童对他人的友好倾向等，其子女表现出较多的亲社会行为，在与同伴交往中多为受欢迎儿童。学习困难儿童的父母对子女理解、接纳和关心，对子女做出合乎实际的期望，并参与其活动，其子女的行为可表现出独立自信、社交能力强、为同伴所欢迎等特点。青少年时期是行为习惯养成的关键时期，教师和家长要帮助学生形成良好的日常生活行为习惯、社会行为习惯、学校行为习惯，以及学习行为习惯，给其创造良好的被尊重与接纳的环境，逐步改善其不良行为，达到改善学习结果的目的。以下方法可以帮助教师提高学生的交往技能。

① 不要以为学生自然而然就知道合适的行为，应该有具体的教育方法让学生知道合适

---

① 李建芳.学习不良儿童的心理健康特点及其学习心理辅导[J].文教资料，2007，12(36)：156-157.

② M. Radke-Yarrow, C. Zahn-Waxler, M. Chapman. Children's Prosocial Disposition and Behavior[J]. Handbook of Child Psychology: Formerly Carmichael's Manual of Child Psychology，1983.

③ M. Deković, J. M. Janssens. Parents' Child-rearing Style and Child's Sociometric Status[J]. Developmental Psychology，1992，28(5)：925.

的行为是什么。② 如果任何人因为不良的行为伤害了他人，期望他可以通过直接道歉来弥补。③ 教师、家长以及学生要学会忽视不良的行为，除非该不良行为已经威胁到他人的安全(身体安全和心理安全)。④ 确保所有的学生都明白不良行为的后果。在没有生气和过激情绪的情况下运用自然后果的规律，让学生体会到不良行为的后果。⑤ 教师、家长和学生要学会辨别所有人的积极行为并立即给予强化。①

(二) 帮助学习困难儿童塑造良好个性

教师和家长要特别注意关心、鼓励学习困难儿童，使之树立自信心。学习困难儿童往往认为自己不够聪明，学习能力不强，缺乏应有的自信心。不良的意志品质是学生产生学习困难的重要原因之一。做事情没有持久性、稳定性，遇到小问题便退缩，对自己的行为缺乏控制能力，容易被外界无关刺激所干扰。因此，教师和家长要鼓励他们积极地迎接困难，鼓起克服障碍的勇气，使他们懂得怎样去排除障碍，征服挫折。此外，教师和家长应多给他们独立处事的机会，以提高他们的社会交往能力。

(三) 运用心理疗法，帮助学生克服行为问题

特殊教育工作者还可以用一些心理疗法帮助学习困难学生克服行为问题。学习困难学生由于长期的成绩不良或学业失败，损伤了其自尊心与自信心，以致有的对学校、教师、家长产生敌视对抗心理和攻击行为。

心理疗法是治疗学习困难学生行为问题的行之有效的方法，教育工作者可以用行为矫正法和认知干预法对学习困难学生的问题行为进行干预。

1. 行为矫正法

行为矫正法采用行为矫正技术对学习困难学生的各种行为问题进行矫治和干预。它可以帮助学生纠正对知识和抽象概念的误解或偏差，减少攻击性行为，强化良好行为。其原理是人的行为绝大多数是后天习得的，而行为从偶然发生到最终形成的重要条件是，行为结果得到强化的结果，如果某个行为发生后得到了奖励性的刺激，那么这一行为在以后的发生率就会大大提高。反之，如果在这种行为发生后得到一个惩罚性刺激，那么该行为在以后的发生率就会降低，甚至消失。既然多数行为都是后天习得的，我们就可以采取恰当的方式强化正性行为，消除不良行为。

行为矫正法的实施阶段大体包括以下四点。

(1) 选择所要矫正的靶行为即矫治目标，如儿童注意力分散，小动作过多，某些冲动行为等。

(2) 确立所要达到的“新”目标，先从简单、容易的开始，一步步慢慢进行，不可操之过急。

(3) 强化，新的目标行为建立以后，为使新的可接受行为能保持下去，要进行适当的强化。

(4) 强化物的选择：所给的强化物要明确，让问题行为儿童能心领神会，明确理解。

在问题行为矫正过程中，可以选择的方法很多，具体有以下几种。

(1) 正强化法。通俗地说就是奖励，在儿童表现出某一良好行为以后，加以奖励，强化

① 瓦恩布雷纳. 学习困难学生的教学策略[M]. 刘颂，等译. 北京：中国轻工业出版社，2005:39.

所期望的行为，增加以后这种行为发生的可能性。

（2）负强化法。负强化是指当个体表现出所期望的良好行为时，减少或消除他不喜欢的刺激或情境，以促进该个体以后此种良好行为的出现。例如，对于回家后不认真完成作业的儿童，家长可以先剥夺儿童观看他所喜欢的电视节目的权利，一旦儿童能够认真做作业了，就允许他观看有关电视节目。

（3）惩罚。惩罚是当个体发生不良行为时，通过给予厌恶刺激，或者减少、消除正强化物的方法来减少或终止该行为。惩罚虽然可能造成儿童不良的心理影响，受到了一些教育学家和心理学家的批评，但是在家长和教师等实际教育工作中，这仍然是一种应用比较广泛的方法。在实际生活中，人们常常把负强化等同于惩罚，这是不对的。正强化、惩罚和负强化的关系是这样的：正强化是利用奖励来促进良好的行为，惩罚是利用不良刺激制止或减少不良的行为，而负强化是通过减少或消除不良刺激促进良好的行为。

（4）示范法。根据社会学习理论，儿童的许多行为可以不直接通过现实生活中的强化或惩罚来建立或消除，而通过观察别人的行为及其后果来学习。教师最好能够根据儿童的心理发展水平，利用电视或多媒体技术，用现场示范、参与示范或角色扮演的方法，给学生提供一个学习的榜样或参考，让学生亲眼看一下在某种情境下不同的行为方法及其不同的效果。如有些学生在交往时因为不知道如何行动而出现退缩行为，就可以用示范或角色扮演的方法来进行辅导。

（5）行为契约法。这种方法是指有问题行为的儿童与家长或教师达成一个协议，承诺自己为达到某一目标所实施的基本行为策略。同时又作为矫正评估的工具，以此改变问题行为的一种心理矫治方法。具体实施步骤为：目标选择，目标行为的监控，改变环境事件，建立有效的督促指标，效果巩固。①

2. 认知干预法

认知干预法是由临床心理领域提出，通过认知途径对人的心理问题进行干预的认知改变技术。该技术认为，认知是客观条件或外部刺激与个体情感和行为的中介因素，是造成个体情感和行为等诸多心理及行为问题的重要原因，因此要解决心理及行为问题就必须以个体的认知，主要是认知方面的偏差和失调为干预的对象和切入口。

通常，认知干预法干预过程主要包括以下几方面。

（1）问题行为的重新界定。即教师和家长对孩子的问题行为做一种新的界定，把某种往常认为是消极的、不合情理的行为重新定为积极的、合乎一定情理的行为。如有多动症的儿童，在参加课外活动时将其爱动的行为界定为主动积极参与活动的行为，并将儿童看作是活泼开朗的性格。

（2）积极理解问题行为儿童动机。即对儿童的行为动机想象为并非受到某种不好的、甚至很坏的动机的支配，而是受到正确良好的动机所支配。

（3）正面理解行为结果。所谓正面理解行为结果是指对儿童的行为要从积极方面去发现，而不是仅仅着眼于所造成的消极后果，研究它所产生的结果功能。

（4）行为表现规定。即允许儿童的问题行为继续存在，但不能再继续按照自己的喜好

---

① 尹秀艳. 儿童问题行为的评估及其对策[J]. 鞍山师范学院学报，2006，8(6)：82-85.

来做，必须遵循规定的方式表现行为。

(5) 积极行为评价。教师选择问题行为儿童身上能进行积极评价的行为、特征进行积极评价，在儿童没有表现出问题行为的情境下继续对儿童进行积极评价，通过改善师生关系来间接地达到纠正儿童问题行为的目的。

(6) 转移视线。即不再单纯注意儿童所表现出的问题行为，把注意力从不能接受的问题行为转移到导致儿童产生这些问题行为的因素上，通过改变相关因素来促进问题行为的变化。

行为矫正法和认知干预法都是矫治学习困难儿童行为问题的好方法，教育工作者可以将二者结合起来使用，也可以分选其一进行有针对性的干预。

总之，为帮助学习困难儿童改善现状，家庭、特教专家和学校里的相关教师应该通力合作，为儿童提供支持和指导，同时也应从全盘着眼有效地解决学习困难儿童的学业缺陷和社会化问题，对待社会性学习困难问题应该用一种全面系统的生态观，促进学习困难儿童的全面发展。

本章小结

本章从个人成长的角度关注学习困难儿童的社会性发展，儿童社会性发展不良会影响其社会适应能力，进而影响学习成绩。反之，学习困难又会影响儿童的社会适应能力，导致其社会性发展不良。

社会性发展不良学习困难是指儿童除了学业成绩差，认知能力落后外，表现为社会认知缺陷、社会交往技能差、社会行为偏离、情绪出现障碍等。学习困难儿童在社会认知、社会交往及社会情绪这几个方面有自身的特点。如学习困难儿童存在消极的自我概念、消极自我归因、在社会信息加工的各个阶段(编码、解释、搜寻反应、反应评估与执行反应)均表现出较低的水平；学习困难儿童一般与父母关系(亲子关系)比较紧张，常处于被拒绝的环境中。同伴关系不良、与教师关系疏远；学习困难儿童在社会化的过程中由于在学业中遇到挫折，导致焦虑、抑郁等情绪、情感问题，在跟同伴的交往中由于自卑心理，遇到小小的冒犯就会情绪失控，常有孤独感。同时行为问题是学习困难儿童社会性发展的最终结果，也是其不良社会交往和自我概念相互作用的必然产物。如攻击性行为、退缩性行为、注意力缺陷。教师与家长针对以上不同的表现特征进行相应的诊断和教育干预来预防或减轻学习困难儿童不良的社会性发展。

思考与练习

1. 何谓社会性发展不良？
2. 学习困难学生社会性发展不良的表现有哪些？
3. 如何针对不同的社会性发展不良的儿童进行教育干预？

第3部分
学习困难儿童的教学

在第二部分，我们分别介绍了四种主要类型的学习困难儿童及其教育干预策略，其教育策略主要是针对学习困难个体而言的。对学习困难儿童群体而言，其学校教育有也别于正常儿童，需要根据学习困难儿童的特征来组织教学过程。本部分主要介绍学习困难儿童的学校教育。包括两章内容：第8章创造支持性教育教学环境和第9章学习困难学生的学业技能教学。

第8章　创造支持性教育教学环境

1. 掌握支持性教育环境的含义。
2. 了解如何创造支持性环境。
3. 掌握个别教育计划的制订的方法。

王强是一名四年级的学生。提起他，几乎所有教过他课的老师都会感到头痛。王强是一个学习成绩很差也很好动的学生，上课时一刻也不能安静下来，不是摸摸其他同学，就是心不在焉地玩弄玩具或者其他东西。他从来不会安静地坐在座位上，经常突然站起来削铅笔，嘴里还发出滑稽的声音。他常常上课嚼口香糖或者其他糖果，如果老师把这些东西强制收走了，他就会玩铅笔、衣服袖子或者鞋带之类的。从一到四年级的操行评语来看，王强的这些问题似乎很早就存在了，每一年的家长会和学校报告，都是在说他的此类问题。老师认为，他一定是多动症儿童，应该接受医院的检查并需要药物治疗。

通过对王强的观察和评估，我们发现王强是一个肢体-动觉智能型学生。也就是说，他的学习风格是需要动觉的参与才能完成。于是我们给他制定了以下的干预措施：

把他的座位安排在最少干扰其他同学的地方。

以他的座位为中心，以1米为半径在地板上用彩色胶带贴了一个圆形，然后告诉他可以在胶带纸围成的圆形内随意走动，但不能超出界限。

允许他上课时保持他最喜欢的姿势，单腿跪在椅子上，并斜靠在桌旁，并不要求他上课坐端正。

允许他上课时嚼口香糖，因为口香糖可以帮助他消耗多余的精力。但是他不能在教室以外的地方嚼。应该把嚼过的口香糖包在纸里，扔到套有袋子的垃圾桶里。

既然敲打铅笔是他消耗精力的方法，教师示范如何用铅笔在袖子、胳膊和裤腿等柔软的地方敲打，不要敲击桌子。

根据王强的认知风格，我们和他的任课老师讨论，为他安排更多的适合肢体-动觉型学习者的学习任务。例如：

安排他使用图片或者绘画形成在表格中记录自己的工作进展。

在开始学习前总让他看到学习任务的"结果"。

通过押韵的儿歌、简单的歌谣、动作来学习基本的技能。

安排他在语文或者其他课程上用动作来表达学习内容。

教给他在学习前如何有目的地放松自己。

给他提供柔软的球让他抱着或者用手挤压。

让他明白上课时要遵照来时的规定并保持良好行为，这样他就能够自由选择是否走动、嚼东西或者斜靠在桌旁。如果违反了规定，就在后面的一两天里取消他的这些特权。

这些调整措施极大地减少了王强上课分心的行为。因为基于学习风格产生的需要已经得到满足。所以他能够很容易地把精力集中在学习上。①

在我国，学习困难儿童尚没有被列入法律意义的特殊教育范畴内，因此，学习困难儿童多在普通学校接受着与普通学生相同的教育。这不仅不利于减少其学习困难，还有可能带来更大的学习困难。其实，这一状况可以通过营造支持性的教育环境加以解决。如何在普通学校为学习困难学生创造支持性的教育教学环境，帮助学生克服学习困难，提高学习效能？我们可以从教学环境的改善、个别教育计划的制订、建设性的评估与教育干预、良好的教学组织与设计等方面入手，为在普通学校接受教育的学习困难儿童提供符合其特殊需要的教育教学。

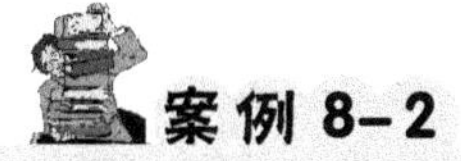

案例 8-2

阿莲是一个正读五年级的女孩，她出生在东莞市一个得益于改革开放政策而富裕起来的农村家庭，在家排行第二，上有一个哥哥，她总感觉父母对哥哥的关爱更多一些。她性格内向，行为拘谨，缺乏自信心，不主动与人交往。尽管家庭条件比较优越，但家长文化程度较低，不懂得该如何培养孩子良好的学习习惯，她积累的基础知识缺失较多，成绩一直不理想，但家长对她的期望较高，在一、二年级的时候曾给她请过家教，效果却并不令人满意。

她的学习成绩比较差，入学考试在班上排在倒数第一。对她在学习上的观察发现，她对学习缺乏兴趣，课堂上不能集中注意力听讲，有时在下面做小动作，但却很少说话，有时她会坐在那里发呆，很少举手发言。从对她的作业分析来看，她各科作业书写潦草，错误率很高。她的

① 瓦恩布雷纳. 学习困难学生的教学策略[M]. 刘颂，等译. 北京：中国轻工业出版社，2005：44.

识字能力和阅读理解能力跟同龄人相比都表现出明显的差距。阅读理解能力不足直接影响了她分析解答数学应用题的水平，她弄不清楚题目中各种条件之间的关系，因此，根本不知道应该从何入手进行解答。在各科学业成绩中，她的数学成绩最差。总而言之，该学生学习基础薄弱，缺乏学习方法和策略，学业上长期遭受挫败。

根据对她进行全面的分析了解，她的问题主要归结于以下两个方面：

1. 性格内向、敏感自卑，不喜欢和人交往。

2. 基础学力差，属于学业不良型学习困难。最为突出的是她的语文基础极差，表现在两个方面：第一，掌握的基础字词数量非常有限，不理解汉字的音形义之间的内在联系，没有掌握正确的识记生字词的方法。第二，阅读理解能力差。在阅读过程中，她很难把握文章的主要内容，缺乏概括能力。

针对以上情况分析，我们认为她是学力不足型学习困难学生。同时，由于长期的学业上的失败，导致她缺乏学习信心和兴趣，再加之她性格内向，不善于与人交往，因此，我们为她制订了一个集体教学与个别化辅导相结合的综合教育干预方案，从情感干预、认知干预、学业干预三个方面给予她具体的教育指导。具体如下。

1. 情感干预

阿莲是个自卑敏感的女孩，为了帮助她树立信心，我向她传达老师也喜欢她的信息，并常有意接近她。每次带她到学习支持中心的时候，我总是先对她进行一些情绪的辅导，听听她的心里话，理解她心中的苦闷，及时为她疏导困扰她学习的生活问题。

有一次，敏在床上和她玩，敏意外地从床上摔下来，手骨折了。同寝室的其他同学本来就不太喜欢她，这一次看到敏受伤了，大家都责怪她，有的甚至说她是故意的。一时间，大家都不理睬她了。她又开始沉默了，连辩解的欲望都没有，在寝室里，她常常是默默地做着自己的事，剩下的时间就是坐在床上看小说。了解了这些情况之后，我就利用星期日下午学生到校的时间到她们的寝室去。她看见我来了，显得局促不安，也许担心我要批评她。我让她坐在我的身边，牵着她的手问："你最近好像不开心？"

她不说话，但眼眶已经红了。

"告诉老师为什么好吗？"

"我把敏的手弄伤了。"声音很低，快哭出来了。

"这事不能全怪你，再说，敏的手很快就会好了，你别太自责。"

这时，我能感觉到她轻轻地"吁"了一口气，一种如释重负的样子。我又叫敏来安慰她。在我的影响下，同寝室的同学也慢慢地改变了对她的态度，也能主动和她聊天和做游戏了。在之后的一段时间里，我常常当着其他同学的面夸奖她有进步，并有意无意地放大她的优点。渐渐的，她不再像原来那样孤独了，脸上也开始有了一些笑容。偶尔还会来到我的身边跟我说说话或问我一些问题，学习也更主动了。

2. 认知干预

心理学研究认为，学习活动所依赖的基本的或主要的心理因素是注意与智力。注意是心理活动的组织形式，只有维持注意的正常水平与力量，心理活动才能有效进行，根据信息加工的观点，患有注意缺陷的儿童，其信息加工通道的有效容量缩小，个体在单位时间内存储、转移和加工信息的能力必定薄弱。

阿莲的瑞文标准推理测验结果表明，她的智力情况是良好的，但是在学习活动中，她能够集中注意力听讲和思考的时间非常有限。注意力集中能力薄弱是导致她学业不良的重要因素。对阿莲的认知干预，应从培养她的注意力入手。因此，每次来到学习支持中心，我都会利用十分钟时间对她进行一些注意力的训练。例如，听写句子，从较短的句子逐渐到较长的句子，要求她全神贯注地听，然后准确地写下来。听数，老师按一定的速度读数，要求她认真听，然后让她进行复述。每周有两次共20分钟的形式多样的专项训练，这样坚持了一年时间，有关的测试显示，她在有意注意方面的进步是比较明显的。

3. 学业干预

尽管对阿莲的情感干预和认知干预收到了比较好的效果，但她存在的最突出的问题是学业问题，对她的学业情况的全面了解和分析表明，造成她学习困难的主要原因是缺乏学习方法和学习策略，因此，我们决定从两方面对她进行学业干预。

(1) 识字方法的指导

从对她的作业分析中我们发现，她特别容易写错别字。错字主要表现在多写或少写笔画，别字主要使用了一些同音字，很多字她都是信手拈来，只要读音相同或者字形相近她就写上，也不管它是否正确。

经过一段时间的观察，发现她记生字有时匆匆看一眼就下笔写，有时一个字她要看几遍才能写完，而没有总体观察的习惯，因此常常是照抄也会错误连篇，如："润"字，她会很随意地把"王"写成"玉"，"诚实"的"诚"写成"成"，有些错误不是出现一两次，即使老师当面指出她的错误，她还是会在之后的作业中反复出现同样的错误。

通过分析发现，她出现这些错误的原因之一是她不知道应该怎样观察字形结构，也不知道汉字是有它的构造规律的。原因之二是她没有借助字义去分析字的结构的能力。比如：带"三点水"的字，一般都跟水有关；"言字旁"的字一般都与说话有关，因为缺乏了这些基本的识字技巧，所以她会把"溢"字左边的"三点水"写成"两点水"。

针对她的这些情况，我们认为应该重点指导她掌握正确的识字方法。

我们在课文中找到一些同类型的生字集中在一起，首先让她仔细观察这些生字的共同特点，然后让她思考这些相同的部分和这个字的意思有什么联系，让她体会到汉字是有一定的构字规律的，如果了解这些规律，就不容易弄错字词。我还让她试着将一个笔画相对复杂的字进行拆分，体会一下这样识记生字的好处。例如"瑞"字，让她观察这个字可以分成几部分来记。经过一段时间的举一反三、学以致用、反复实践，她渐渐地体会到这种识记生字的方法的高效性了，学习的热情也越来越高了。

(2) 通过实际操作学习阅读技巧和方法，提高理解能力

在对她的语文试卷的分析中，我发现她的阅读理解能力比较差，于是在语文课上有重点地对她进行了细致的观察，发现她阅读的时候不知道应该怎样把握文章的主要内容，思维显得凌乱，缺乏条理性。面对考试中的阅读题，她不知道该从何入手，常常会答非所问。为了提高她的阅读兴趣和阅读能力，学习支持中心为她设置了有针对性的阅读课程。每周对她进行至少三次的专门训练。

下面是一个具体的案例：有一次，我指导她学习《采访外星人》这篇文章。这是一篇小学生写的幻想作文，文章内容浅显易懂，在字词方面她没有遇到什么障碍。

在她读完之后我请她描述文章的主要内容，在整体描述事件时她表现出明显的困难，几乎是没有重点地把整篇文章都复述一遍，无法概括出文章的主要内容，更无法分析文章的结构。于是我采用情境教学法，为她创设一个情境来诱导她阅读，教授阅读技能。

我用书本卷了一个"话筒"递给她，下面是我们之间的一段对话：

教师：现在你就是文中的那位记者，我是外星人，你要来采访我，你想想，你首先要做什么？

阿莲：要想好问你的问题。

教师：那你先把你要问的问题写在卡纸上（她马上知道在文章里找到相关的句子）。

等她写好了，我递给她一个用纸卷成的"话筒"，和她分别扮演了记者和外星人进行了对话。接下来又进一步引导她：

教师：如果你是一名记者，采访完了，你还要做什么呢？

阿莲：要写采访稿。

教师：写一篇采访稿，要交代清楚什么内容呢？

阿莲：要交代清楚时间、地点、人物和主要的事件。

教师：那你能在文章中找到这些内容吗？

（她很快把有关内容找到并清楚地说出来）

教师：你看，这样读书就能够很快抓住主要内容了，只要掌握方法，阅读就不会困难了，是吗？

她很高兴地笑了笑。

这样的情境化的、专门的阅读指导，结合了她的具体经验，使她对阅读产生了浓厚的兴趣，也在具体的操作过程中逐渐形成了阅读的技能。经过近一年时间的系统训练，不仅使她的阅读理解能力有了很大的提高，而且培养了她浓厚的兴趣，发展了积极学习的情感。

效果

阿莲在我校学习支持中心接受帮助一年时间，我们从情感、认知、学业三方面对她进行有针对性的训练和指导。现在，她渐渐自信了，能够比较和谐地与人相处，性格也变得开朗多了。已经基本掌握了识记生字的方法，识字量大幅提高，作业中的错别字也少了，更可喜的是她的阅读能力和阅读兴趣有了很大的提高，上课能够主动举手发言了。各科成绩都在稳步上升。（附图）

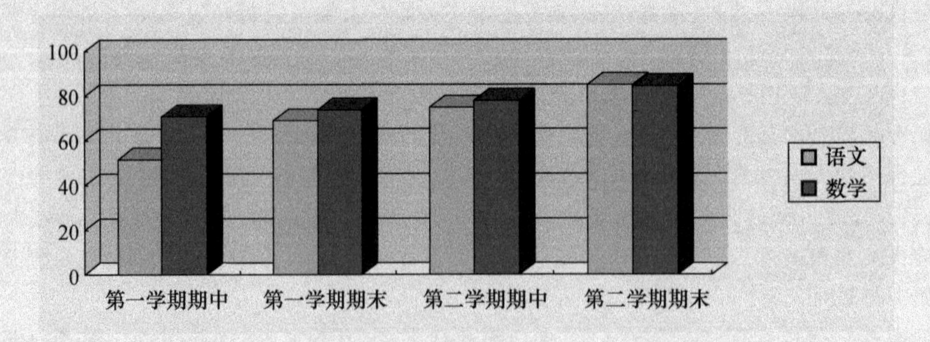

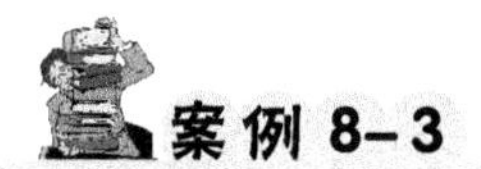

案例 8-3

亮亮，男，8岁，汉族，小学二年级学生，一年级时成绩不理想，一直在班里排最后一名，在整个学年也一直处于最后的三名。尤其是数学学习，一年级时表现出数—形结合的能力较弱，当其他同学已经能够运用经验进行口算时，他还需利用手指进行帮助。升至二年级后，在上数学课时他基本听不懂老师所讲的内容，不能理解题目意思及数与数之间的关系。课上常常发呆，小动作较多。他的父亲文化程度不高，从事个体经营，母亲平日里负责他的生活和学习，家里还有个小弟弟，父母较为配合学校工作。

由于学业误差累积越来越多，亮亮逐渐对于学科中的知识盲点和作业中的错题逃避，形成懒惰的心理，缺乏主动学习的习惯；面对老师也不像其他孩子一样主动打招呼，能逃则逃，避免接触，自卑感逐渐形成。随之而来的，在人际交往中出现胆小、不主动交往等情况，班级中与之要好的同学非常少。

在教师与家长把他推介至本校的学习支持中心后，经由专业评估，家长、教师访谈等结果，综合分析亮亮的问题主要有以下几方面：第一，长期的学习不良，造成了他基础学力差，缺乏必要的自主学习技能，存在数学学习困难；第二，基础学力不足又与他性格内向、胆小，做事缺乏主动性、依赖心理强，不自信，缺乏积极向上的情感等因素交织在一起。由于学习成绩不好，产生了挫败感，同学有时可能会冷落他，加之本来性格内向，所以，他就越发逃避交往，越来越封闭，不愿与同学交流，有问题也不敢问老师，导致成绩越来越差。

经过诊断分析，认为亮亮是由于认知能力欠缺引发的学习困难，进而导致学业成绩低下。由于长期的学业上的失败，继发缺乏学习信心和兴趣等问题，加之性格内向，不善于与人交往，导致学业问题越来越严重。根据他的情况，为他制订了一个集体教学与个别化辅导相结合的教育干预方案，从情感干预、认知干预、学业干预三个方面给予具体指导。

1. 情感干预

(1) 家校互助

首先，指导家长，为该生创设积极的家庭情感氛围。例如，指导家长在孩子回到家以后，不要急于询问他在学校的学习情况，如上课有没有认真听讲，主动发言等，也不要问他是否学会了今天老师讲的知识，而是要想办法调动他的积极情绪。可问其他方面，回避学习问题，因为谈到学习，他会最没有信心，不要只注重他的学习，要更多的关注他在学校的生活情况。建议每天家长可以与孩子交流三件事：第一，今天课堂上，老师的哪句话让他非常赞成？（侧面了解到今天学会了哪些知识）；第二，今天班里发生了哪些有趣的事情？（侧面了解到他与同学之间相处如何）；第三，还有哪些地方妈妈可以帮助你的吗？（告诉孩子，妈妈是非常关注你的，告诉孩子需要帮助时一定要说出来）。

(2) 集体氛围

在教师的影响下，引导同学们不歧视他，而是大家一起来鼓励他。因为他很少发言，无论是回答问题还是表达想法，一旦有回答欲望，教师就会给他发言的机会。如果答案正确，大家就会表示肯定；如果对于题意的理解有偏差，教师会将他的思考作为启发，肯定他的付出，让其内心小小的成就感最大化。这既是对亮亮的鼓励和鞭策，也是对同学们的一种鼓励，渐渐地，在课堂上，能看到他举起的手，也能听到他发言的声音，尽管不确定是他自己的成果还是照搬别人的，可是老师和同学们都会为他鼓掌。在小组合作中，为亮亮分配了学生小教师主动帮助他。在运动会上进行团体项目拔河比赛时，亮亮自告奋勇站在队伍最后位置（要知道最后的一名同学是最重要的！），他胖墩墩的，力气很大，比赛过程中非常卖力气，经过一路过关斩将，他们班最终获得年级第二名的好成绩。

（3）教师投入

教师在他表现出进步时，及时表扬。每次到支持中心辅导时，教师主动与他聊天，让他产生信心，不断地肯定和鼓励他，诱发他的积极情感。例如：亮亮的基础很差，上学期的乘法口诀到现在都存在漏洞。于是，教师为他专门设计了一张计划单，是每天必须给妈妈和老师背诵一遍乘法口诀，根据完成时间的长短和出错次数来评价，采用在卡片上盖印章的方式，如果能够顺利背诵下来，自己就选一个喜欢的印章图案，渐渐地用时越来越短，也基本不会出错。这种积极的鼓励与肯定，作用较大。

2. 学业干预

虽然经过情感干预，他的学习积极性有了很大提高，但是他的学业基础太薄弱，这又会影响其学习的自信心。因此，积极地对他进行学业的干预十分重要。首先，找准亮亮的学业基准点，从最基本的基础知识开始，比如计算能力、图形辨识、概念理解等。在支持中心接受学业干预的过程中发现，亮亮在学业上存在的困难，并不是因为缺乏学习能力，而是长期地对自己缺乏信心，没有上进心，总是觉得不行，不愿意花时间思考，即使是一个非常简单的任务，也觉得完成不了，喜欢胡编一个答案蒙混过去。针对这种情况，我们利用其他空余时间，每周安排他两次来支持中心，进行学业干预。除了补习他的基础知识外，重点放在如何使他提高学习的自觉意识，学会利用已经学会的方法解题等。

3. 认知干预

亮亮的测验结果表明，他的智力正常，注意力薄弱和同时性加工能力弱是导致他学业不良的重要因素。对亮亮的认知干预从注意力和同时性加工两方面着手，每次来到学习支持中心，都会利用十分钟时间对他进行一些注意力的训练。例如，在一定的时间内找出相同图案的练习；还有描线的训练等，都是由浅入深由易到难，他开始速度有些慢，随着经验的积累，渐渐找到了方法，速度和正确率都有了较大提高。

通过对亮亮6个多月的个别辅导方案的实施，他在各个方面都取得了进步。课堂上他不再玩文具或东张西望，能跟上老师讲课的速度，并且在老师没有提醒的情况下主动拿起笔来做笔记。难度不大的作业，他能够按时完成，遇到不会做的题目他会主动请教身边的同学，学业成绩已经能够达到班级的平均水平。回归到正常的教育环境中。

在基础教育阶段，像王强、阿莲、亮亮这样有学习困难的学生有很多，如何对这些学生提供有效的帮助，这一问题困扰着从事一线教育的教师。面对这样的学生，我们不能主观地认为他的问题就是单纯的学习态度或智力缺陷的问题。每个孩子都是一个独立的个体，即使同属于学业不良，其背后的原因也是千差万别的。我们必须透过学业不良这一表面的现象去分析和探究深层的原因，找到导致学业不良的症结所在并给予有效的指导和帮助。但是在我们常规的班级授课教学中，这些学生很难得到老师的特别的关注以及有针对性的指导，他们存在的问题往往不能得到及时的解决，我们对像阿莲这样的学生实施个别化教育和集体化教育相结合的方法，就是想为他们提供一个最适合学习需要的环境，通过对他们的情感、认知、学业等方面进行个别化的干预，发掘他们的学习潜能，帮助他们成功学习，成功享受快乐的学校生活。

第1节　创造良好的教育教学环境

良好的教育教学环境，首先是一种接纳性环境，让儿童感受到被环境接纳的喜悦。良好的教育教学环境还是一种支持性环境，让儿童在遇到困难时会获得所需要的及时帮助。从案例8-1、8-2和8-3三个不同的学习困难学生教育干预案例中可以看到，如果能够根据儿童的特殊需要提供有针对性的教育支持环境，可以有效地改善其学习困难情况。

一、营造被接纳的环境

与学习正常学生相比，学习困难学生由于学业挫败，往往在学校接受更多的批评和指责，或者被放任自流。这样的负面教育和忽视对学习困难儿童来说，很容易使得学校和课堂成为他们被拒绝的场所，使他们在学校和课堂上感觉有压力和紧张，或者产生被忽视的失落感，形成低的自我概念，影响他们对学校和学习的喜爱和投入程度，进而影响学习结果。营造被接纳的教学环境，就是要让学习困难学生感受到被接纳和关注，这是减少学习困难的一个重要的外部条件。

首先，对学习困难儿童要与其他儿童一视同仁。尽管案例8-1中的王强在班级中行为多动，甚至影响课堂教学秩序，但作为教师首先应该看到的不是问题的表面，而是要了解他为什么表现出这样的异常行为。分析原因，找到教育矫治的方法，而不是指责他或者忽视甚至排斥他。越是表现异常的学生，越应该引起教师的关注，积极寻求办法，帮助学生。

其次，关注学习困难儿童在课堂上的学习需要。学习困难儿童多半是由于长期积累的学习误差而造成学习上的困难。因此，他们在课堂上往往因为缺乏学习新内容的背景知识而带来进一步的学习困难，从而很难融入有效的课堂学习中。作为教师，在上课时可以通过提问、讨论、便捷的小测验了解学生学习的基础，根据学生现有水平给出适合于他的学习任务，让学习困难学生在课堂上也能获得因学会而带来的成就感，产生在集体中共同学习而获得的快乐，改善其对课堂教学环境的适应。

再次，允许学习困难学生用自己的方式学习。案例8-1中，王强是一个肢体-动觉智能型学生。也就是说，他的学习风格是需要动觉的参与才能完成。因此，他在上课时不能完全像其他同学一样安静地学习，会表现出与其他学生不同的行为。教师应该接受学生这种行为表现，可以把它限制在最小影响课堂持续的范围内。如，如果王强一边跟教师朗读，一边用铅笔敲桌子，教师就可以让他用铅笔敲自己的衣袖等。再如，有的学习困难学生容易受周围环境的干扰，教师就可以把他安排在比较隔离的位置或者单人单桌。有的学习困难学生习惯于听觉加工，教师可以把重要的书面教学内容变成听觉材料交给学生学习。允许学习困难学生按照其优势学习风格来学习，学生就会体会到环境对他的接纳，产生热爱学校和学习的愿望。

最后，营造相互平等的班集体环境。学习困难学生不仅存在学习上的困难，往往还表现出社交困难和不成熟的社交行为，从而使他们成为班级中不受欢迎和被忽视的人。在班级中除了教会这些学生社交的适当行为外，教师应该引导班级同学尽可能忽视学习困难学生的不良行为，除非该行为可能影响到某人安全。确保所有学生都明白不良行为的后果。用直接的方式告诉不良行为的发起者，如："我们不喜欢你这样""请你马上停下来"等，但不要用鄙夷的态度、生气或者情绪激动的方式告诫学生。教会学生对学习困难学生的积极行为进行鼓励。此外，要有具体的方法。例如，利用一些游戏活动让学习困难学生感受到班级对自己的接纳和欢迎，提升自我概念。或者让他们承担一些班级事务，创造主动融入集体中的有利环境。

二、创造支持性学习环境

为学习困难学生创造支持性学习环境是一项涉及教学全过程的复杂任务。恰当的教育安置形式会对学生的学习态度、学业成就和社会性发展等产生重要的影响。特殊儿童教育安置经历了受限制环境（特殊学校）到最少受限制环境到回归主流运动再到今天的融合教育运动，这使得特殊儿童受公平和平等教育的愿望成为现实。然而，特殊儿童的特殊需要是否能够在融合教育条件下得到满足，却是特殊教育领域一直致力于解决的问题。在我国，学习困难儿童没有被确定在法律意义的特殊儿童类别，这些儿童多在普通教育环境中接受教育，而普通学校缺乏满足学习困难学生特殊需要的支持系统，事实上，他们并没有享受到他们所需要的特殊教育。鉴于我国学习困难儿童学校教育的现实，对学习困难的教育安置采取以"普通班为基础"辅之支持系统的教育安置模式。为创造支持性学习环境的支持系统的主要形式有以下几方面。

（一）资源教室和资源教师

资源教室是附设在普通学校中的特殊教育支持系统。一般而言，每所接收特殊儿童的普通学校都应配套相应的资源教室和资源教师。资源教室是专门为有特殊教育需要的学生设立的辅导教室，资源教师是掌握特殊教育理论知识和教育方法的特殊教育专业人员。学习困难学生大部分时间在普通课堂上学习，只有部分时间在资源教室上课，由资源教师提供特殊的教育帮助和辅导。资源教师对学习困难学生的辅导，带有很强的专业性，不是一般意义上的补课。他们首先要对学生的学习困难做出评估，然后制订相应的个别教育计划，再实施专门的个别化教育。资源教师还要为普通教师提供指导，具体如下：

（1）与普通教师会谈，知道如何在课堂上发现学生的学习困难。

（2）制订个别教育计划，知道在课堂上如何实现个别教育计划的内容。

（3）讨论学生的学习进展情况。

（4）提供学生行为特点的信息。

（5）提供评估资料。

（6）提供在资源教室进行校正性学习的状况和信息。

（7）提供教学材料。

（8）提供对教学材料的选取的教学建议。

(9) 提供对学生学习活动和学习进展的报告。

(10) 与家长进行沟通、咨询,了解、分析家庭环境等基本信息,并与教师反馈家庭情况。

在我国,由于特殊教育资源的有限性,每个学校都附设资源教室很困难。结合我国普通教育的特点,对班主任进行特殊教育的专门培训,在一定程度上可以代替资源教师的工作,也可以取得良好的教育效果。案例 8-2,为我们提供了一个利用资源教室(学习支持中心)帮助学习困难学生的成功案例。学习支持中心是附设在普通学校中,为有特殊教育需要的学生提供针对性、个性化教育服务的场所,也是资源教室在普通学校中的改良和发展。有效解决了普通学校中有特殊教育需要学生的学习等问题;同时在普通学校中也培养了一批具有特殊教育能力的教师。学习支持中心的资源教师是受过专门特殊教育培训的班主任老师。案例的资源教师其实是受过专门特殊教育培训的班主任老师。一旦班主任老师掌握了学习困难学生的诊断和教育的专门知识,他们可以像资源教师一样开展工作。

(二) 巡回教师教育服务

有时候,普通教师会遇到一些有轻度学习困难的学生,他们不一定需要资源教师的专门辅导。如果普通教师能够掌握一些特殊教育的理论知识和方法,就可以在普通课堂上帮助这些儿童改善其学习困难情况。普通班教师在巡回专业教师的指导下,逐步掌握学习困难的理论和教育实践技能,在实践中成长为一名专业的特殊教育指导教师。并且,跟巡回辅导的专家保持长期稳定的联系,就能够顺利开展对学习困难儿童的教育。当然,这种巡回教育服务应该是经常性的、计划性的,最好有教育行政部门设立专门的机构,保证对本学区有特殊教育需求的学校教师的指导,资源教师(学科老师)多次接受巡回服务的特殊教育专业人士的指导。

(三) 学习困难学生教育的咨询服务

学习困难学生教育的咨询服务多由设有特殊教育专业的大专院校、社会上的各种心理与教育咨询机构承担。这些机构可以提供学习困难的评估以及相应的教育建议,也可以为学习困难学生提供一定的矫正性帮助。普通学校的教师经常会面临教育学习困难学生的问题。面对学习困难学生,他们常常束手无策。这主要是因为他们缺乏对学习困难学生这一特殊群体特征的了解,不清楚他们的学习特点、形成原因以及教育方法。普通教师可以通过与这些机构建立联系来学习关于学习困难教育的相关知识和技能,更好地为学习困难学生提供教育服务。同时,相关教育行政部门和相关高校也可以通过定期开展特殊教育培训,为教师提供学习困难教育的专业知识和技能培训,提高在职教师的专业化水平,提高教师服务学习困难学生的能力。

(四) 在普通师范院校开设特殊教育的相关课程,做好职前培训

我国长期以来实行的是普通教育师资与特殊教育师资培养的“双轨制”。普通师资由普通师范院校培养,特殊教育师资由特殊教育师资培养机构或者普通师范院校的特殊教育专业院系培养。前者培养的师资主要在普通学校任教,而后者培养的教师主要在特殊学校任教。这种“分离式”培养和任用机制使得普通学校教师在职前很少受到特殊教育的培训,工作后很难适应普通学校中特殊学生的教育需求。因此,在普通师范院校开设特殊教育的课程,如,特殊教育概论、学习困难学生心理与教育、特殊教育心理学等成为现代学校所必需的内容。这直接关系到普通学校特殊学生教育需求的满足。同时,师范生特殊教育能力的培养也体现了现代教师的专业化成长的要求。

三、营造学习的内部环境

教师在课堂上要认识到个体的差异性，有责任了解学习困难学生的学习特点和教育需要，有责任帮助学生寻找到新知识的增长点，有策略地设计与组织教学。对学习困难学生而言，教师需要提供大量的直接指导，采用交互式教学，监控学生的学习进展情况，给予学生积极的反馈。教师可以根据三级干预模式（课堂干预→小组干预→资源教室干预）对学习困难学生开展针对性辅导，同时根据学习困难学生的学习特征采用不同的教育方法：如，对学习速度慢的学生，应给予一定的时间，让学生做出反应。对基础学力差的学生，应该提供先行组织者，帮助学生理解和掌握。对注意力不集中的学生，应随时提醒学生集中注意力。对缺乏学习自我管理能力的学生，应提供学习任务序列监控表等。同时在所有教学环节专门针对学习困难学生进行个别化学习任务的设计，制订个别教育方案。

第2节　学习困难儿童教学

在我国学习困难儿童一直在普通教育环境中接受普通教育。然而，由于其学习困难的存在，普通教育很难满足学习困难儿童的教育需要，往往造成其新的学习困难或者加重其学习上的困难。为了改善普通教育环境中学习困难学生的学习条件，促进其学业成绩的提高，本节主要讨论学习困难儿童的教学。

一、学习困难儿童教学的理论基础

（一）行为主义学习理论

行为主义学习理论中对学习过程产生重要影响的是斯金纳（Skinner）的强化学习理论。斯金纳认为心理学是一门直接描述行为的科学，必须使用纯客观的自然科学方法，以实验的方法进行研究。他主张只描述而不解释行为，也只研究那些可观察的行为。并认为科学研究的任务在于在行为实验者控制的刺激条件和有机体随后的反应之间建立函数关系。

斯金纳的学习理论是根据他在特制的实验装置——斯金纳箱中的一系列动物实验结果提出的，如图8-1所示。斯金纳设计了一种特殊的阴暗的隔音箱，箱子里有一个开关。早期斯金纳用老鼠做实验（后来改用白鸽）。老鼠在箱子里可以自由活动、探索，当老鼠或快或慢偶然按下一个开关（杠杆），食物就掉进盘内，老鼠得到了食物。箱子外面还有一种装置，可以把老鼠的动作记录在纸带上，方便实验者观察。斯金纳用这个巧妙的装置做了大量研究，结果发现，老鼠的行为是通过操作环境（按压杠杆）而获得食物的，即强化物只有在条件反应出现后才会出现。并且操作性活动受到强化后，其明显后果是这一操作活动频率增加了，而在反应之后不予强化，则反应就会减弱。

操作性条件作用理论。斯金纳把有机体的反应分为两类，由刺激引发的“应答性反应”和由机体发出的“操作性反应”。前者往往是一种不随意的行为，后者大多数是随意的或有目的的行为。在应答性行为中，有机体是被动地对环境刺激做出反应，而操作性行为不是由已知刺激引起的，是由有机体自身发出的。最初这些行为是自发的，由于受到强化

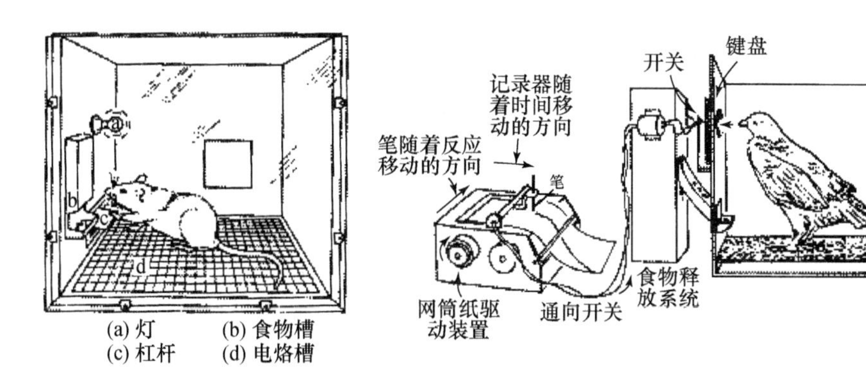

图 8-1 斯金纳箱

而在特定情境中随意或有目的地操作，有机体主动进行这些操作，作用于环境以达到对环境的有效适应。这类行为可以利用安排结果性刺激（强化物）而得到巩固或消退。斯金纳认为人类行为大多属于操作性行为，比如读书、写字、开车、说话等，而只有少数行为属于应答性行为。

关于学习的实质，斯金纳认为，学习是有机体在某种情境中自发做出的某种行为，由于得到强化而提高了该行为在这种情境中发生的概率，即形成了反应和情境的联系，从而获得了用这种反应应付该情境以寻求强化的行为经验。也就是说，学习是通过建立操作性条件反射，形成反应与情境刺激的联结，从而获得行为经验的过程。

斯金纳认为经典条件作用只能用来解释基于应答性行为的学习。有机体只有很少的行为经验是通过这种方式获得的；另一种学习模式，即操作性或工具性条件作用的模式，则可以用来解释基于操作性行为的学习，而由于有机体的绝大多数行为都是属于操作性的，因此几乎所有情境下的学习都可以看作是在操作条件作用下获得的经验。

斯金纳通过实验发现强化作用在操作性活动中起着重要作用，于是对强化问题进行了一系列深入细致的研究。这方面的成果成为他对学习理论的一大贡献。斯金纳认为强化物是指“使反应发生概率增加或维持某种反应水平的任何刺激”。也就是说，凡是能提高反应概率的事件就是强化物。利用强化物诱使某一操作反应概率增加的过程就叫作强化。

斯金纳按照强化的性质区分了两种强化类型：正强化和负强化。当在环境中增加某种刺激，有机体反应概率增加，这种刺激就是正强化物。当某种刺激在有机体环境中消失时，反应概率增加，这种刺激便是负强化物。他把强化原理运用于教学中，就产生了程序教学的方法。所谓的程序教学法是指将各门学科的知识，按其中的内在逻辑联系分解为一系列的知识项目，这些知识项目之间前后衔接，逐渐加深，然后让学生按照由知识项目的顺序逐个学习每一项知识，伴随每个知识项目的学习，及时给予反馈和强化，使学生最终能够掌握所学的知识，达到预定的教学目的。斯金纳基于他的操作条件作用理论提出的程序教学理论观点被当今的教育、教学所普遍采用，并且随着电子计算机的进一步发展与普及它将发挥更大的潜力。

（二）认知主义学习理论

认知主义的学习理论把学习视为个体对事物经过认识、辨别、理解而获得新知识的过程。个体在这个程中学会的是思维方式，也称为认知结构。个体运用已经有的认知结构去认识、辨别以及理解各个刺激之间的关系，增加自己的经验，从而改变并发展自己原有的认知结构。认知主义的学习理论认为学习是内发的、主动的和整体性的。对学习过程产生重大影响的认知主义学习理论是布鲁纳(Bruner)的认知结构学习理论。

布鲁纳认为学习的实质就是主动地形成认知结构，而学习过程实际上就是主动地形成认知结构或知识的类目编码系统的过程。所谓认知结构，是指由个体过去对外界事物进行感知、概括的一般方式或经验所组成的观念结构，它的主要成分是类别编码系统。认知结构既是在先前学习活动过程中逐步形成的，又是理解和学习新知识的重要的内部因素和基础。

布鲁纳认为学习的最佳方式是发现学习。所谓发现学习是指学生利用教材或教师提供的条件自己独立思考、自行发现知识、掌握原理和规律这样一种学习方式。他认为学生的这种发现和科学家在科学研究领域里对人类以前未知的现象、规律进行探索而获得的新知识的发现，其本质是一样的，都是把现象进行重新组织转换，超越现象本身，在更一般的层次上进行类别组合，从而获得新的编码系统，得到新的信息或领悟。

布鲁纳认为发现学习法有诸多优点：第一，发现学习法可以提高学生的智慧潜能，培养学生的直觉思维。第二，发现学习法有助于培养学生的内在动机，使学生对知识和学习过程本身发生兴趣。第三，发现学习法有利于培养学生发现的技巧，通过把丰富的实践经验加以总结，并提炼成技巧，并在以后的情境和问题中自觉地加以迁移。第四，发现法有利于知识的记忆、保持和提取。

布鲁纳强调学习的结果是形成认知结构，因此教学活动的最终目标是“学科结构的一般理解”。学科的基本结构包括基本概念、基本原理及其内部规律。他提倡将学科的基本结构放在编写教材和设计课程的核心地位。所以，布鲁纳认为编排教材的最佳方式是以“螺旋上升”的形式来呈现学科的基本结构。一方面便于儿童尽早学习学科的重要知识和基本结构，另一方面有利于学生认知结构形成的连续性和渐进性。[①]

布鲁纳的认知-发现学习理论强调学习的主动性，强调学习的认知过程，重视认知结构和学生的独立思考在学习中的重要作用，把学习理论研究的重点转移到学生的知识学习和课堂教学方面来，这对学习理论的研究和课堂教学实践都具有重大的意义。

（三）多元智力理论

多元智力理论由哈佛大学心理学家加德纳(H. Gardner)于1983年首先提出，并不断改进。加德纳认为，现代的智力测验因偏重对知识的测量，事实上狭窄化甚至曲解了人类的智力。他认为，智力应该是指在某种文化环境的价值标准之下，个体用以解决问题或生产创造时所需的能力，据此他提出了多元智力理论。人类的智力应该至少包括八种不同的且相对独立的智力。每一个都是一个独立的功能系统，但是各种系统可以相互作用，从而产生整体的智力活动。这八种智力是：① 言语智力，即学习和使用语言文字的能力。② 逻辑-数学智

① 莫雷．教育心理学[M]．广州：广东高等教育出版社，2005：111-112.

力，即数学运算和逻辑推理的能力。③ 空间智力，即凭知觉识别距离，判定方向的能力。④ 音乐智力，即对音律之欣赏及表达能力。⑤ 肢体-动觉智力，即支配肢体以完成精密作业的能力。⑥ 人际智力，即与人交往且能和睦相处的能力。⑦ 内省智力，即认识自己并选择自己生活方向的能力。⑧ 关于自然的智力，识别自然界中的模式的能力。①

加德纳认为还可能有另外一种智力：与存在有关的智力（existential intelligence）。这种智力比较高的人善于发现生命的意义，而且能够理解有关人的存在的基本问题。

表 8-1　多元智力理论②

智力类型	该智力的核心成分	经常使用这种智力的人举例	有助于发展这种智力的学校活动
1. 言语智力	对声音、韵律和词的意义敏感，理解语言的不同功能	诗人、记者	讨论修辞和象声词
2. 逻辑-数学智力	对识别逻辑或数学模式敏感，能够进行比较长的逻辑链条的推理	科学家、教育家	根据三角形的面积公式，计算建筑物两对角之间的距离
3. 空间智力	能够准确地感知视觉-空间世界，并能够进行知觉转换	航海家、雕刻家	借助于透视法来画图
4. 音乐智力	能够谱写和欣赏节奏、音调和节拍，鉴赏各种形式的音乐	作曲家、小提琴家	确定一首歌的旋律和节拍
5. 肢体-动觉智力	控制身体的运动和灵活操作物体的能力	舞蹈演员、运动员	玩老鹰捉小鸡的游戏，跳方形舞
6. 人际智力	对人的各种情绪、气质、动机和需要作出正确判断和反应的能力	治疗师、售货员	听同学之间的辩论
7. 内省智力	了解自己的情绪，能够辨别这些情绪，并能够根据这些情绪指导自己的行为；了解自己的长处、不足、动机和智力	演员、小说家	通过角色扮演了解一个人的内心世界
8. 关于自然的智力	能够发现并理解自然界的模式	地理学家、探险家	到森林中观察动物的生活模式

加德纳认为，每一种智力都是一种单独的智力，而不仅仅是一种单独的能力。与能力不同，不同的智力适用不同的符号系统。比如，言语智力将词进行不同的组合，逻辑-数学智力使用数字和逻辑符号，音乐智力使用各种形式的音符。而且他还把每种智力看作一个模块，每一种智力都发源于特定的脑区。加德纳的理论极大地拓展了传统智力概念的含义，并对差异性教育和教学有着重要的意义。

① 斯滕伯格，等．教育心理学[M]．张厚粲，译．北京：中国轻工业出版社，2003：117.

② 同上书，118。

二、学习困难儿童教学的原则

学习困难儿童的教学是一门科学，它必须遵循一定的原则，只有在科学的教学原则的指导下才能使教学活动取得更好的效果。学习困难儿童的教学原则是人们基于对其教学活动中各种现象之间关系的规律性的认识而提出的，是从人们长期的教学实践中总结出来的，对教学具有指导意义。从学习困难儿童的特殊性出发，学习困难儿童的教学应该遵循以下教学原则。

（一）个别化原则

个别化原则是指根据学习困难学生的特点和需要所进行的有针对性的个别化教育。个别化原则是特殊教育教学的基本原则之一，也是学习困难儿童教学应遵循的基本原则。由于每个学习困难儿童在教学过程中所面临的困难不同，影响其学习的条件不同，学习过程中的反应不同，所表现出的特征和学习困难的性质也各不一样，因此，每个儿童的教学应该按照其特点和需要进行，以保证其所接受的教学是最适合自己需要的教学。

这就要求在个别化原则教学过程中，首先，要做到每个学习困难学生有适合于自己教育需要的个别教育计划。由专门的人员负责其教育和发展，除了在课堂中实现教育计划的内容外，还要有专门的帮助时间。其次，要在普通课堂上对学习困难儿童给予特别的关注，以便及时发现问题，对其开展校正性教学。最后，学习困难学生还应该有自己专门的档案，以记录其各方面的情况，为针对性教育教学提供准确的信息。

（二）循序性原则

循序性原则是指在对学习困难学生进行教学过程中，要针对其困难的性质和难易程度，由易到难，由浅入深逐步地、分步骤地进行校正性教学。在学习困难学生中，有的表现为单科学习困难，有的表现为多方面的困难。但无论怎样，造成学习困难的原因是多方面的。面对多方面的困难因素，在教学中教师不能同时全面解决所有的困难，而是要按照困难的难易程度对各种因素进行排列，循序渐进地逐个予以解决。否则就会使教育双方都感到困难重重，失去信心。即便是单科学习困难，也要根据学习内容难易程度，由浅入深，由基础、基本问题开始逐步解决，不可操之过急。

这就要求教师在教学做到以下几方面。首先，要认真分析造成学生学习困难的主要因素是什么，从最主要的最关键的因素入手开始教学。其次，要对儿童的每一点进步与成功给予肯定，尽管有时这小小的进步离目标还太远，但让学生感受到进步和成功的喜悦对其增强学习信心，激发学习动机有着至关重要的作用。最后，对教学内容进行细致分析和划分，并按照难易程度以及逻辑顺序进行排列，保证每一步都能使学习困难学生胜任。然后有步骤有计划地进行教学。及时评价获得反馈信息，及时给予矫正性帮助。

（三）分散性原则

分散性原则是指在教学的每个阶段对学习困难学生的教学尽量做到使其困难化整为零，突出重点，逐个解决，实现小步子、低起点教学。这条原则也是行为主义学习理论在学习困难学生教学中的体现。这一原则也可以用于解决学生的行为问题。

要做到这一原则就要求教师做到以下几点。首先，对学习困难学生的学习问题和行为问题进行细致的分析，列出明细表，再分析其中的关键的影响学习和行为的一两个因素，然后有针对性地设计教育教学计划和实施。其次，教师和学生都要有耐心，有信心，并坚持以鼓励为主的原则，让学生在每一步产生成功体验，强化其学习行为和动机。在学习困难学生的目标行为出现反复的现象时，教师要及时给予纠正和强化。最后，经常性地进行诊断和评估，及时了解学生的变化，及时调整要校正的学习与行为问题。

（四）针对性原则

与分散性原则相联系，针对性原则是指在解决学习困难学生的困难时。要针对其主要因素来进行，治本抑标，从而从根本上改善其学习困难的情况。例如，如果一个学生表现为学业上的学习困难，而引起其学科学习困难的原因是基础学力不足，那么就应该针对其基础学力进行补偿性教学。如果其学习困难主要是由于其学习行为不良，缺乏良好的学习习惯，那么其教育的重点是帮助其建立良好的学习行为和习惯。如果表现为认知加工方面的缺陷，则要从心理训练入手，改善其信息加工的能力。因此，针对性原则就是要针对造成学习困难的主要因素进行教育教学。

要贯彻这一原则，就要注意以下几点：第一，要综合多方面因素认真分析学习困难的表现和形成原因，确定主要影响因素。第二，针对主要因素设计教学计划和教育教学措施。第三，及时评估进展状况，分析针对性教学是否有效，如若发现教育教学效果不明显，要认真分析原因，重新制定教学措施。第四，针对性的措施有时并不直接指向学业，因此可能会出现短时间内学业无太大进步的现象，不可操之过急。

（五）心理教育原则

学习困难学生多多少少都存在心理上的问题，特别突出的是在长期学业失败情况下产生学习动机缺乏、兴趣缺失、信心丧失，以及情绪困扰、人际关系紧张和行为异常等问题。因此，单纯地干预其学业往往不能从根本上解决问题，需要同时对学习困难学生开展心理辅导，帮助其重新激发起学习的动机和兴趣，树立学习的信心，改善不良的心理状态。双管齐下才能取得好的教育教学效果。

这就要求在教学中，首先，要培养学生的安全感，避免挫败感。对于学习动机缺乏，对学校生活总感到失败与沮丧的儿童，最重要的是在教学中让他们获得在集体中学习的安全感，体验到集体对他们的关心、爱护和帮助。因此，教师要特别关注他们在教学中表现出的学习行为，设法鼓励他们，努力提高他们在班集体中的地位，让他们有机会体验成功和主人公感，并形成前进的动力。其次，要避免产生孤独感和拒绝感。尽可能为他们创造被接纳的环境，尽量不让他们感到不如其他同学，教育班级同学要与他们一起学习，互相帮助。最后，针对学习困难学生的心理问题展开教育。

（六）合作性原则

合作性原则是指在对学习困难学生开展工作的过程中，要集合多方面力量，形成合力，共同推进学习困难学生的教育。如教育行政部门相关人员、学校领导、各科任课教师、特殊教育专业教师、家长等都要行动起来，共同研究和实施学习困难学生的教育干预，才能使教育效能最大化。学习困难学生是一个异质性较强的群体，每个学习困难学生的困难表现和原因都可能不同，不是依靠特殊教育教师或者班主任教师就能够完成干预，只有联合多方面力量，才能取得事半功倍的效果，让学习困难学生尽快适应学校生活。

这就要求在教学中，首先，教师要联合其他学科教师、家长等综合制订学生的个别教育计划，并要取得学校和家庭的支持及配合。其次，在个别教育计划实施过程中，要求其他学科教师和家长配合，形成个别教育计划实施的良性系统。最后，对于过程中出现的问题，系统内的主体间要进行沟通、及时反馈，调整个别教育计划时也是在系统内主要人员都参加的情况下进行。

综上所述，学习困难学生群体是一个极其复杂的群体。在教学中，教师要熟悉教学原则并要灵活运用各种教学原则，以提高学习困难学生教育教学效能。

三、学习困难的教学策略

（一）期望动力教学策略

学习困难学生一旦形成学习问题，就会产生对教师以及教师布置的教学任务的抵触和放弃情绪，丧失学习的需要和动力。而要唤醒这种动力，教师的期望与关注是最有效的策略。

海威特(Hewett)认为，教师成功教育学习困难学生的关键是与困难学生形成有意义的接触。而要形成这种有意义的接触，就必须首先了解他们。他设计了学习困难儿童教学任务层(Hierarchy of Educational Tasks)，包括七个层级，通过这七个层级的帮助，教师可以与学习困难学生建立有效的教学关系，如图 8-2。

(1) 注意(Attention)：教师在学生自己愿意的时候设法与学生接触，使二者之间建立关系。

(2) 反应(Response)：教师时常表示可以接纳学生和喜欢学生，于是学生开始把教师视为可以信赖的对象，并对教师做出对应的反应。

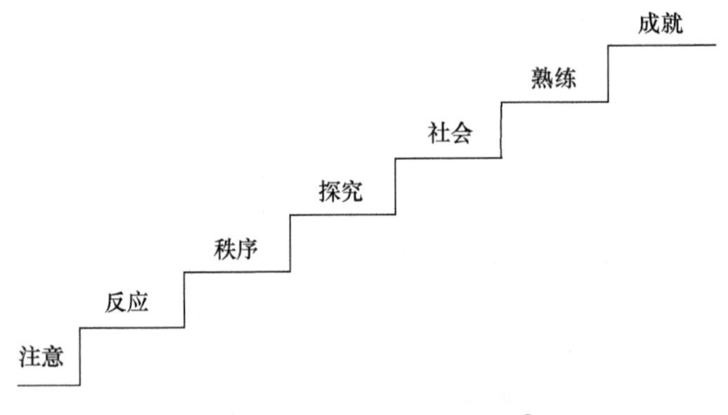

图 8-2　海威特教学任务层级[①]

(3) 秩序(Order)：一旦学生产生了安全感，教师便可以提出行为的标准与规范，学生也开始接受这些与学习有关的条件。

(4) 探究(Exploratory)：师生之间建立有意义的关系后，教师便开始分析探究学生遭遇困难的各种因素。

① R. F. Biehler. Psychology Applied to Teaching: Guide[M]. Houghton Mifflin Harcourt (HMH), 1974.

(5) 社会(Social)：学生不但可以接受教师对他的注意，而且还希望得到教师的夸奖和鼓励，教师也开始引导学生与其他同学多接触。

(6) 熟练(Mastery)：学生认真用功克服其学习上的困难，并由此而获得学习技能和策略。

(7) 成就(Achievement)：学生的学习表现和学习成就接近其真正的学习潜能，能够自动学习，也渴望学到新的经验，而且其社会适应也得到发展和进步。

海威特的教学任务层次主要依据的是行为主义的强化学习理论。他认为教师应该首先设法接触学习困难儿童并利用外在的奖励作为增强动机的工具。其次利用其任务完成以及社会性奖赏作为鼓励的方法，最后再过渡到内部的奖赏——体验到学习的过程和结果的快乐。这样就能够在教学中改善学习困难学生的情况。

(二) 现实性教学策略

因为学生的学习困难是通过教学过程中学生的学习行为表现出来的，就学习困难学生的教学过程而言，关注其学习行为以及行为的改变，就能够改善其学习困难。盖兹和伯瑞纳(Gage & Berliner)提出在教学中应该遵循现实性原则。在处理学生学习困难时，应该注意以下四个方面。

(1) 客观描述 。因为学生的学习困难是通过行为表现而推知的，因此，学习困难儿童的教育辅导应该从观察和描述行为开始。例如，“某某学生在十五分钟的教学活动中，只有两分钟用心听讲”。说明其困难在于学习过程中容易分心。“某某学生在写拼音字母时总是把字母上下或者左右顺序写颠倒”则说明其困难可能在于知觉方面有问题，等等。因此对学生的特殊学习行为进行客观描述，有助于了解学习困难问题的实质。

(2) 参照比较。所谓参照比较就是不能以成人的眼光看待儿童的行为。儿童的行为与成人行为有很大不同，在成人眼里判断有问题的行为，就儿童而言可能是正常行为。例如，儿童常常把字上下顺序写颠倒、无法注意成人的一连串旨意、只能理解句子的表层含义等，表现在某个特定年龄阶段的儿童身上都可能是常见现象。因此，要把所描述的儿童行为与其他儿童的行为相比较，如果发现其行为与其他多数儿童有很大不同，就要引起注意，判断其是否有某些方面的学习缺陷。

(3) 鉴别协商。在观察的基础上，判断儿童问题行为的严重程度和研究补救措施。制订教育方案，实施有效的教育教学。如果课堂教师无法解决，就要转介给相关专业人士、心理学家或者特殊教育机构。

(4) 行为治疗。利用行为主义的学习原理，对儿童的问题行为进行改变。通常校正某一特定的行为要比改变问题的根本性质容易见效。如果儿童表现出问题行为，可以直接根据这一行为特征设计相应的教学，而不一定要针对该问题的根本性质设计教学。例如，如果儿童经常把字写颠倒，通常直接去校正这一问题比设计课程来增强学生的感觉运动能力效果要好。

所以，现实性教学策略就是在教学现实中发现学生的学习行为问题，采用直接教学的策略，有针对性地开展教育矫治教学，取得及时的教育效果。

(三) 安全启发性教学策略

根据认知主义学习理论，布鲁纳强调安全感对学习困难学生教育教学的重要性，提倡用启发式教学方法来帮助学习困难学生。他认为要给儿童创造安全的学习氛围，调动学生学习的积极性。安全启发性教学策略可以采用以下方法。

（1）刺激（Stimulation）。在小学阶段最重要的是提供促进儿童发展的刺激。让儿童尽快从动作表征、映象表征过渡到符号表征期。

（2）游戏（Play and Playfulness）。在游戏中使儿童知道所有活动的结果并非想象中那么可怕，获得一种客观的态度。知道所从事的活动都有结果，并且结果都不是绝对的。这种对他事物以及结果的态度，是通过游戏活动发展起来的。

（3）认同（Identification）。有些学习困难儿童对学习的认同感差，表现出不愿意学习的态度。因此，要改变学习困难儿童对待学习的认同感很重要。可以通过树立学习榜样的方式，让学生看到学习的价值或作用，引导其改变对学习的态度。特别是在一些不重视教育的家庭环境中成长的儿童，对学习的认同感的引导更为重要。

（4）动机（Motivation）。布鲁纳特别强调学习的内部动机在学习中的作用。他认为如果过分强调学习之外的诱惑，会使学习兴趣变得狭窄，也不利于产生学习的迁移，而且，容易给学生带来压力和焦虑。因此，要尽可能激发学生学习的内部动机。

综上所述，布鲁纳认为有学习困难儿童要克服学习上的障碍，必须有一种明确的、积极的而有力的楷模作为认同对象；同时接受各种各样没有心理压力的刺激，得到教师精神上的支持，获得学习的安全感，最终自愿地和自发地学习。

（四）群体教学策略

群体教学策略关注的是如何在课堂集体教育环境中对学习困难学生进行针对性教育。主要依据的是掌握学习理论。掌握学习理论是美国著名的教育学家布卢姆（Bloom）在20世纪60年代末提出的。他认为教育的基本功能是“使每个学生得到发展”。他主张“教育必须日益关心所有儿童与青年的最充分发展，而学校的责任是寻找能使每个学生达到他可能达到的最高学习水平的学习条件”。他说我们应该“创造适合儿童的教育，而不是选择适合教育的儿童”。

所谓的掌握学习，通俗地说，就是指如果教学条件适当，所有学生而不是少数几个学生能够真正掌握学校所教的绝大部分学科内容。布卢姆认为学习能力的差异只不过决定了学生之间学习速度的不同，造成学生学习成绩的差异并不在于学习能力的差异，而在于我们用相同的教学。如果为某一学生提供足够的时间与适当的帮助，95%的学生能够达到高水平的掌握。他认为：“凡一个学生能学习的，几乎所有学生都能学习。”传统的观念认为差生的出现是由于学生的智力低下造成的，布卢姆则认为差生是由学习过程中误差的积累造成的。如果能及时提示出现的误差，及时矫正、补救就可消除误差，从而避免失误的积累，防止差生的出现。所以，教学最重要的一个方面是要为学生的学习提供一个反馈校正程序，让其学习误差降低到最低程度，最大限度地消除其学习误差。为此，他提出了掌握学习理论的基本教学模式，如图8-3所示。

群体教学策略，并不是一种方法，而是诸多方法的综合运用，更确切地说是一种思想，一种教学和学习的指导思想。它对于在集体教学中如何对待学习有困难的学生提供了积极有效的教学策略。

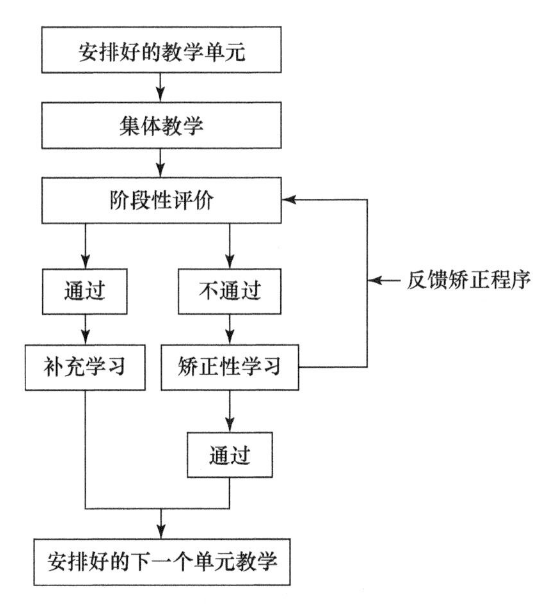

图 8-3　掌握学习理论的基本教学模式

（五）个别化教学策略

美国学者利比格(Junc Lcc Biggc,1999 年)指出,个别化计划是特殊教育最重要的核心,特殊儿童与青少年的特殊教育需求正是通过个别化计划的拟定与实施得以实现的。个别教育计划是学习困难儿童教育的重要支持手段。

所谓个别教育计划(简称 IEP)是指根据每个特殊儿童的身心特点和教育需要制订的最大限度满足其发展需要的教育方案。1975 年美国国会颁布的 PL94-142 公法《所有特殊儿童教育法》规定了特殊教育的六条基本原则,其中,每个特殊儿童都必须有个别教育计划包含其中。

在个别教育计划中,要反映以下内容:第一,特殊儿童目前的成就表现。这一部分主要描述 IEP 小组对特殊儿童的评估结果。如,他的现有能力达到的水平,还需要哪些能力?这一部分应该包括该儿童的障碍状况对其参与普通教育课程的影响。第二,长、短期教育目标。长期目标一般以学年为单位,是根据儿童现有的教育成就水平确定在一学年结束时应该达到的教育目标。短期目标是在实现长期目标的过程中儿童应该在各个阶段达到的教育目标。短期目标可以以月为单位,也可以以周为单位来制订。第三,所提供的特殊教育和相关服务、支持性服务和辅助说明等具体内容。第四,特殊儿童可参与普通班课程与活动的情况。第五,对学生成就评估标准的适当调整。例如,确定学生是否参加学校、教育局以及更高层次水平考试的评估,采用什么样的特殊评估方案等。第六,提供特殊教育及其相关服务的起止时间。第七,对特殊儿童转介与衔接服务的说明。第八,对特殊儿童评估标准、程序和方法以及结果的说明。

个别教育计划的制订与实施。个别教育计划的制订是一个复杂的过程。首先,要确定参加计划制订的人员。一般而言,当一个儿童被鉴定为学习困难儿童,就要为这个儿童制订个别教育计划,计划的制订涉及的与该儿童教育有关的人员,都应该参与到该儿童个别教育计划制订小组中。主要包括:(与学习困难学生有关的学科的)老师、班主任、资源教师、学校心理学家、家长、学校行政人员。其次，讨论制订个别教育计划草案。其内容主要包括：第一，通过评估确定儿童现有的学业成就水平以及心理与社会发展水平。例如，在学科领域，哪些内容学生已经掌握，哪些还没有掌握？现有学业水平与平均水平的差距在哪里？在心理与社会性发展方面如认知能力、语言发展、社会适应等方面发展的状况说明。第二，根据评估的结果所确定的目前水平，分析其特殊教育的需要以及据此确定长短期教育目标。第三，根据长短期目标制订教学计划。第四，根据已确定的教学计划对应地设计相关的教育服务的内容、时间、服务方式等。第五，定期对教学目标实施情况进行评估的标准与方式方法。最后，制订好的个别教育计划草案经反复讨论和论证后，形成正式的文件，由学校与家长共同签字后生效。

个别教育计划是儿童享有特殊教育权利的重要体现，也是使其特殊教育落到实处的重要保障。因此，如果一旦儿童被确定为学习困难学生，学校以及教师和家长就要高度重视，通过个别教育计划的制订确保其接受适合于其需要和发展的特殊教育服务。

第3节　学习困难儿童的课堂管理

教学过程与课堂管理是同步实施的。良好的教学过程可以减少课堂管理的负担，当然，有效的课堂管理也会提高教学的效果。因此，成功的课堂管理是有效教学的开始。有效的课堂管理可以通过以下方式体现。

一、营造课堂气氛

课堂气氛的好坏直接影响到学生学习的参与程度，进而影响学生学习的效果。因此营造良好的课堂气氛是课堂管理的首要任务。

首先，教师的态度、注意力、工作热情、期待都强烈地影响着学生学习过程的始终，教师的一举一动都会影响学生的课堂行为。教师上课精神饱满、情绪高涨、心情愉悦、语言妙趣横生都会极大感染学生的情绪，调动学生学习的积极性；教师对待教学严肃认真、一丝不苟、严格要求也会影响学生的学习态度，使学生形成严谨认真的课堂学习氛围。

其次，帮助学习困难学生参与到教学过程中。学习困难学生很难真正充分参与到教学活动中，教师要利用各种教学技巧和学习机会提高学生的参与度，采用分层教学方式，设计专门的教学辅助材料都是常用方法。

二、形成课堂纪律

课堂纪律是指在课堂学习环境中，学生必须共同遵守的课堂行为规范，是对学生课堂行为所施加的外部准则和控制。它具有标准性、约束性和自律性。良好的课堂纪律是有效教学的保证，也是学生最大限度获得学习效益的条件。课堂纪律的制定，应该遵循以下原则：第一，把课堂纪律的条数降为最低数量。第二，确定积极的课堂纪律的行为标准。第三，制定违反行为标准后的处理措施。第四，课堂纪律的制定要体现学校的纪律规定。

制定课堂纪律的一般程序是如下。第一，公布所规定的纪律内容，逐条讨论其重要性和对学习的意义，让学生切实理解为什么要有该条纪律。第二，明确每条纪律所期待的行为要求。对每条行为进行示范，并要求学生模仿，对正确的模仿行为给予肯定，及时纠正不正确的模仿行为。第三，立即执行行为要求。课堂纪律的行为要求一经确定，就要立刻认真执行，对正确的课堂行为及时鼓励，对错误行为及时制止，并说明错误行为的原因。第四，讨论违反课堂纪律的各种后果。让学生明确知道如果破坏了课堂纪律后会受到什么样的惩罚。这种惩罚一定是学生所不希望的。

对于学习困难学生而言，因为在课堂学习过程中缺乏成功体验，很少受到教师的关注，往往会采取破坏课堂纪律的方式吸引同学和教师的注意力。还有的学习困难学生多动、注意力难以集中，也会出现上课做小动作、不专心听讲等行为。因此，教师在制定课堂纪律时，应该考虑学习困难学生各自的特点，给予一定的特殊要求。例如，喜欢引起注意的学生，教师上课要有意多关注他们。多动的学生，可以有一定的活动范围，同时告诉全班同学，某某同学正在克服他的纪律问题，我们应该给他机会等。否则，就会引起其他同学对纪律严肃性的怀疑，引发破坏课堂纪律的连锁反应。

教师还可以利用行为监控表和行为改进表帮助学生形成良好课堂行为（见表 8-2 和表8-3）

表 8-2　课堂行为监控表

课 堂 行 为 监 控 表		
学生姓名：	日期：	
教师姓名：	班级：	
第几节课	行为表现级别	教师评语
	1　2　3　4	
	1　2　3　4	
	1　2　3　4	
	1　2　3　4	
	1　2　3　4	
	1　2　3　4	
	1　2　3　4	
	1　2　3　4	
	1　2　3　4	
	1　2　3　4	

等级评分方式——用笔圈出一个数字

1＝需要改进　　2＝基本可以　　3＝一般　　4＝很好

如果教师同意学生给自己评的等级，在圈中的数字上画斜线。

如果教师不同意学生给自己评的等级，在圈中的数字上画“×”。

被评级的行为：

____

____

____

____

表 8-3　课堂行为改进表

学生姓名__________　　　　　　　　　　　　　　日期__________

1. 你做了什么违反纪律的事情？违反了哪条（或哪些）规定？

____

____

____

2. 你对刚才发生的事情怎么看？

____

____

____

3. 如果再发生类似的事情，你会采取什么不同的做法？

____

____

____

____________________　　　　　　　____________________

学生签名　　　　　　　　　　　　　　审查人

三、建立课堂常规

为学习困难学生建立课堂学习的常规，帮助其形成学习行为期待并长期坚持，久而久之学生就会形成良好的课堂学习行为和习惯。每天教学活动的序列化程度越高，就越容易被预期，学习困难学生就越容易应对。序列化的行为往往也是习惯形成的前提。

例如，Smart 思考法。教会学生运用首字母缩写词 Smart 来为课堂学习做好准备。[①] 在开始上课之前，让学生对自己说："如果我能用 Smart 思考，我就能学好。"每天强化，形成课堂学习常规。Smart 思考法具体如下：

(1) 聪明的(Smart)学生运用学习策略。

(2) 学习材料(Materials)准备好了（书本、纸、文件夹、铅笔等）。

(3) 作业本(Assignment)也摆好了。

(4) 记住(Remember)不懂的时候要提问。

(5) 想着(Think)自己能完成（"我能做"）。

① 瓦恩布雷纳. 学习困难学生的教学策略[M]. 刘颂，等译. 北京：中国轻工业出版社，2005：175.

再如，SLANT 记忆术①：

（1）S(sit)：坐直。

（2）L(lean)：轻轻前倾向课桌。

（3）A(act)：积极行动。

（4）N(nod)：偶尔点头，示意理解。

（5）T(track)：跟上教师的授课进度。

在建立常规，形成序列化行为时，要注意以下问题：第一，要从最简单和最短时间的常规开始，一开始时仅提出 1～2 条常规。第二，及时强化学生的正确行为。第三，确定新的最邻近的目标，即增加 1 条至多 2 条新的常规，让学生检查完成情况。第四，制定检查表，逐一核对自己的行为是否完成。第五，重复该常规多次，直至形成行为习惯。

四、培养使用检查表的习惯

制定检查表并养成使用检查表的习惯，是学习困难学生管理自己学习和行为的有效方法。制定检查表就是要把一项学习任务分割成序列化的学习行为，然后按照要完成的顺序排列，逐一完成每一项行为，每完成一项，检查一项，直至完成所有的行为。例如，让学生学习写一篇关于巴金的作文，可以制定下面学习行为检查表：

□ 1. 上网或者在图书馆查阅关于巴金的资料。

□ 2. 阅读和分类搜集的资料。

□ 3. 根据要求写关于巴金的作文的草稿。

□ 4. 修改草稿。

□ 5. 检查作文中的语法、段落、标点、写作格式。

□ 6. 检查意义的完整性和语言的准确性。

□ 7. 将写好的作文抄写在作文本上。

□ 8. 提交。

学生每完成一步，就在前面的方框中打钩，直至最后完成。在教学组织中，教师在布置教学任务时，同时提供检查表，就可以帮助学生不仅学好要学习的内容，而且逐步形成良好的学习行为习惯。这对于矫正学习困难学生的学习行为、形成良好习惯、改善学习能力有重要作用。

本章小结

由于学习困难儿童没有被列入法律意义的特殊教育范畴内，学习困难儿童多在普通学校接受着与普通学生相同的教育。本章从创造支持性教育教学环境角度出发，帮助教育者了解如何营造良好的教育环境帮助学习困难学生。首先，营造一种被接纳的环境、创造支持性学习环境、营造学习的内部环境。其次，针对学习困难学生运用一定的教学策略，以行为主义学习理论、认知主义学习理论及多元智力理论为基础提出以下教学策略：期望动力教

---

① 默瑟．学习问题学生的教学[M]．胡晓毅，谭明华译．北京：中国轻工业出版社，2005：170．

学、现实性教学、安全启发性教学、群体教学、个别化教学策略。同时也应注意到课堂的管理，如营造课堂气氛调动学生学习积极性、形成有原则性的课堂纪律、建立课堂常规、培养学习困难学生使用检查表的习惯。

思考与练习

1. 分析案例 8-1，8-2 所运用的教学策略和管理方法。
2. 学习困难儿童课堂教学应该采取怎样的教学策略？
3. 如何为学习困难儿童营造支持性的教育环境？

第9章　学习困难学生的学业技能教学

在第6章我们概要地介绍了学业性学习困难儿童的发展与教育，主要从个体学习困难的教育干预为出发点。本章则从学科教学的角度具体介绍学习困难学生的学业技能的教学，包括语言技能的教学、数学技能的教学和学习策略的教学。

1. 在学业性学习困难已有知识的基础上，了解对其针对性的教育教学方法。
2. 从学科教学角度，认识不同学业性学习困难的表现。
3. 掌握不同类型学业性学习困难的教学策略。

第1节　语言学习困难学生的教学

语言的复杂性决定了语言学习困难的复杂性。语言学习困难儿童是一个高异质性的群体，并且在不同的年龄阶段表现出不同的特征。例如，在学前期，儿童的语言困难会表现为语言准备技能方面的缺陷，例如，不会计数和辨别颜色、无法命名玩具名称，无法遵从简单的指令、无法理解故事书中的情节。有的儿童还会发音不清楚、不稳定，有语音代替现象。平均语句长度低于正常儿童；无法用正确的语词描述事物和自我感受。在小学阶段，学生的语言困难会表现出辨音能力有限、词汇提取困难、语言表达不清晰、语言加工速度慢、语言缺乏复杂性和丰富性、出现语用障碍等。

一、语言的构成要素

语言是指在交流过程中使用规定的符号系统来表达对世界的看法和认识。语言活动涉及两种方式：语言表达和语言接收（理解）。语言表达是指利用语言符号交流意见和想法。语言接收是对所表达的语言进行的理解活动。布卢姆和莱希（Lahey）按照语言的形式、内容和使用，对语言的要素进行了分类，把构成语言的基本要素分为语音、词法、句法、语义和语用。具体内容见表9-1。语言构成要素中每个要素的缺陷都可能造成语言学习困难。

表 9-1　语言的构成要素[①]

构成要素	定　　义	接收水平	表达水平
语音	某种语言的声音体系和支配这些声音组合的语言学规则	辨音	发音
词法	依照意义的基本成分来支配单词的结构和形式的语言学系统	理解单词的语法结构	在单词中使用语法规则
句法	决定句子组成的单词次序及其组合的语言规则，以及句子中的各种成分关系	理解短语和句子	在短语或句子中使用语法规则
语义	形成话语的内容以及单词或句子的目的、意义	理解单词的意义和各单词的关联	词义和单词关联系统的使用
语用	在交流过程中由于语言的使用而形成的社会语言学系统，该交流可能是行为的交流、口头交流或者声音交流	理解语境中的语言暗示	在语境中使用语言

研究表明，儿童的语言学习困难可以表现在表 9-1 所列内容的各个方面。

二、语言学习困难的定义及表现

1992 年，美国语言听力学会把语言障碍（Language Disorder）定义为：语言障碍是指在理解和/或使用口头、书面或者其他符号系统方面存在损伤或者异常发展。这些障碍可能表现在：① 语言的形式（语音、词法和句法系统）。② 语言的内容（语义系统）。③ 在各种组合形式下语言的交流功能（语用系统）。

语音缺陷导致的学习困难常表现为发音障碍、辨音困难等语音表达与接收上的困难。正如我们前面提到的语音意识障碍。这种作为前语言技能的不足，会导致语言学习上的障碍，特别是阅读障碍。语素与词素是传达意义的最小语言单位。词法能力发展缓慢的学生在掌握语言的构词规则和语词的意义上出现困难，这会影响其掌握词汇的数量和速度，也会带来语言编码的困难。句法作为句子形成的规则体系是比较复杂的语言系统，儿童一般从第 18 个月开始出现句法意识，大约到 10 岁才能掌握基本的句法。句法能力发展缓慢的儿童表现为所使用的句子达不到本年龄阶段儿童应该达到的句子长度与句法复杂程度，理解句子有困难，有对复杂的句子，如复合句、多重否定句等加工的困难。语义是指语言的意义以及与单个单词或者单词组合的意义。有语义缺陷的儿童理解和使用的词汇非常有限，在选择合适的词汇进行语义表达时需要很长的反应时间，不能用准确的语言表达自己的想法和愿望，难以掌握单词的完整意义，不能在不同情境下对单词有正确的理解，难以理解隐喻、比喻性语言。语用是在交流过程中使用适当的语言表达自己的目的，影响听者的行为和态度的过程。例如，请求、质疑、主张等。3 岁的儿童已经会使用间接的方式表达自己的请求，四五岁的儿童已经能够在请求时使用礼貌语言，使得请求更容易被接受。儿童在语用方面发展起来的理解成人隐讳、婉转以及暗示性的表达都是语用能力发展的表示。如果儿童不能反映出所在发展阶段应掌握的语用功能，表明其语言发展迟缓。

① 默瑟. 学习问题学生的教学[M]. 胡晓毅，谭明华译. 北京：中国轻工业出版社，2005：228.

三、语言学习困难学生的评估

对语言学习困难学生的评估是实施有效教学的前提。语言学习困难的异质性使得对他们的评估变得困难和复杂。语言学习困难学生的评估主要评估其语言技能。对语言技能的评估,一般包括两个方面:语言理解和语言表达评估。对语言技能的评估,可以采用标准化评估,也可以采用非标准化评估。

(一)语言技能的标准化评估

对语言技能的标准化评估多采用的是测验法。研究者根据语言发展的规律和特点编制了一系列标准化量表,用于评估儿童语言发展的各个方面。比较有代表性的有以下两个。

1. PPVT图片词汇测验(Peabody Picture Vocabulary Test,PPVT)

PPVT由邓恩(Lloyd M. Dunu & Leoba M. Dunu)夫妇于1959年首次编制,并分别于1981年、1997年进行了修订。主要用于测验儿童的词汇理解能力。1990年,我国学者桑标和缪小春教授对1981年版的PPVT进行了修订,并制定了上海地区的常模,成为在我国广泛使用的儿童词汇理解测验的标准化工具。

PPVT测验使用若干张图板,每张图板由四幅图片组成。测验时,主试口头说出一个词语,让受试者根据词义在每张图板的四张图片中找出与词义相一致的图片来。回答正确记1分,回答错误得0分。所有题目得分的总和为原始分,根据受试者的年龄再把原始分转换成量表分、年龄当量、百分等级和标准分数。修订后的PPVT测试的年龄范围在2岁半至老年。测验时间约为20分钟。该量表由于优良的信效度和设计被广泛运用于儿童与成人词汇理解能力的评估中。

2. 伊利诺伊心理语言能力测验

伊利诺伊心理语言能力测验(ITPA)由美国的柯克和麦卡锡于1968年编制并发表,用于测验儿童在理解、加工和产生语言和非言语性语言的能力。ITPA由12个分测验组成,其中10个为必测项目,2个为备用分测验。

该测验施测年龄范围为2岁4个月至10岁3个月。施测时,主试按照测验手册中的指导语施测和计分。然后将测验所得的原始分数转换成量表分和心理语言年龄当量,最后计算出受测者的心理语言商数。[①]

标准化的语言能力测验,需要专业人员施测和解释结果。技术要求高,不易掌握。同时,虽然能够为准确评估儿童的语言提供证据,但是与教育教学关系不够密切。在教学中,我们常常采用非标准化的语言能力评估。

(二)语言能力的非标准化评估

非标准化的语言能力评估主要测验儿童在某一特定语言情境下语言的技能和水平,它不仅能够提供儿童语言技能的描述性信息,最重要的是可以根据评估的结果确定教学的目标和教育干预方案。

1. 语音评估

如前所述,语音识别与表达是语言学习的最初形式,语言学习困难的学生有一部分表现

---

① 韦小满.特殊儿童心理评估[M].北京:华夏出版社,2006:223-224.

为早期的语音掌握的困难。对儿童早期的语音识别和表达能力的评估，可以帮助我们在教学中早期发现有可能存在学习困难的学生，并通过早期干预减少其语言学习困难。语音的非标准化评估可以通过分析儿童单个词汇中的因素的发音来进行。儿童在发音时经常出现的语音加工错误有构音障碍、声音障碍和口吃。

语音的非标准化评估可以通过以下方式进行。

（1）听觉辨别能力测验。主要测验儿童接受性语音能力。可以就儿童容易混淆的字词的发音进行识别测验，如，“害怕”可以发成“hai pa”或者“hai pia”、“太阳”发成“tai yang”或者“tai ang”；也可以说出一个句子，其中个别词汇发音错误，让儿童进行辨别。教师可以把学生学习中常常发音错误的和容易混淆的字词发音用来编制测验。

（2）语音因素辨别测验。主要测验儿童语言的敏感性。语音因素辨别测验并不需要跟具体的字词对应，主要测试儿童对语音的敏感意识。例如，可以辨别一个词发音中有无某个音，音的位置等。常用的测验可以是音的辨认，如“图画”的“图”中有无“t”这个音。也可以采用音的删除测验，如“图画”的“图”中，去掉“u”这个音，发什么音？还可以采用音位的辨认测验，如“t”的发音在“图画”的“图”的前面还是后面？

2. 词法的评估

词法的非标准化评估主要帮助教师了解儿童对词素体系词汇的掌握程度。常用的方法有以下几方面。

（1）填空。给儿童呈现一句不完整的语句，让儿童填空。例如，王老师正在给我们（　　　），我们正在（　　　）。

（2）看图填词。给儿童呈现一个句子，留出要填写的内容。用图片展示内容，让儿童根据图片内容填空。

（3）图片描述。给儿童呈现一系列图片，让儿童用自己的语言表述图片内容，看其使用词汇的正确性。

（4）对话式测验。就某个问题跟儿童进行对话，看其使用词汇的准确性。

3. 句法的评估

句法的评估分析儿童的自发语言。自发语言是儿童在真实和自然的情境下没有预先准备的语言表达。搜集并分析儿童的自发语言可以看出其句法表达的正确性。搜集儿童自发语言的方法很多，可以通过观察儿童的语言表达、询问家长、布置情境引发自发语言等方式进行。

（1）句子重复。教师给出儿童系列的句子，句子由短到长，让儿童逐个复述，在复述的过程中，随着句子长度的增加，儿童会难以记忆完整，于是用自己的语言进行重复。因此，通过对儿童模仿性语言的分析也可以分析其句法的正确性。

（2）语法考试。采用中小学教学中常见的语法测验也可以分析其句法能力。

4. 语义的评估

语义的评估可以是词汇水平的，也可以是句子水平的，还可以是阅读理解水平的。例如，词汇水平的语义评估方式有同义词测验、反义词测验、词汇关联测验等。句子水平的语义评估可以采用改写句子、句法关联测验等进行。篇章语义理解是阅读理解水平测验的主要测验方式。

5. 阅读流畅性评估

阅读流畅性是指准确、快速地用合适的韵律（或情感）自动化地阅读文本，并能深入理解阅读内容的能力，是成熟阅读的重要标志。美国国家阅读小组（National Reading Panel）于2000年指出，流畅性是阅读理解所必需的关键因素之一。阅读困难儿童常常表现为阅读流畅性上的障碍，这跟其词汇解码能力以及加工速度都有关系。因此，阅读流畅性的评估可以从阅读的准确性，如对读错字、漏字、别字等，阅读的速度、停顿和语音语调等方面来考察。教师可以通过发展流畅性的教学法来补救阅读困难学生，帮助他们不只能正确读字，还要能进步到自动化阅读的程度。

四、语言学习困难的教学

（一）按教学内容划分

1. 语音教学

如前所述，语音教学主要包括两个方面。一个方面是关于语音敏感性方面的教学，主要是针对语言初学者的教学；另一方面是汉语拼音的教学。

语音敏感性方面的教学策略有以下几个方面。

（1）听音与辨音。要求儿童对一系列声音或者语音进行辨认。主要包括三种，首音（韵母）辨别、尾音（声母）辨别和声调辨别。以首音辨别为例：让儿童听三组语音“ma tu ti”，让儿童辨别哪个发音与其他两个发音的首音不同，或者让儿童辨别出哪两个发音的首音相同。

（2）分割音和组合音。要求儿童对语音进行分割和组合。例如：给出音节“zh a”，让儿童将这两个发音组合起来，生成一个新的发音。

（3）删除音与添加音。要求儿童对一个字或者词的发音的构成进行练习。以删除音为例，给出一个音“lian”，要求删除其中的“i”，让儿童读出剩下的音。

（4）汉语拼音教学。汉语拼音对早期汉语语言的学习有重要的桥梁作用。有研究表明，早期汉语拼音成绩优秀的儿童与其语文成绩有较高的正相关，汉语拼音对于汉语初学者有着重要的意义，首先可以帮助儿童读准字音，可以借助它查字典，从而加快识字速度、培养独立的识字能力，是提高识字质量的有效工具。第二，汉语拼音能够帮助儿童写作，避免儿童因为缺乏足够的识字量而难以进行语言的书面表达。第三，汉语拼音可以使学生在识字不多的情况下，阅读比较丰富的内容，激发阅读兴趣，开阔视野、丰富知识。第四，通过学习汉语拼音，能够纠正书面或口语中的错误发音，在语言的学习初期能说出一口规范、标准、流利的普通话。因此，早期对汉语拼音的学习将会影响此后的汉语学习。我国大部分地区将汉语拼音的教学安排在小学的第一学段，汉语拼音教学的方法主要有以下两种。

（1）拼读法教学。即将声母、韵母及声调按照拼读规则正确拼出。拼读法是我国汉语拼音教学中最传统和常用的方法。

（2）直呼法教学。即让学生看到每一个音节并能按照整体认读音节直接读出来。直呼法能培养学生对汉语拼音准确的判断力和敏锐的反应力，能够减少拼读时间，提高阅读纯拼音读物或注音读物的速度，为孩子大量阅读提供有利条件。

对于刚接触到汉语拼音的一年级学生来说，汉语拼音是抽象的，所以必须在教学中注重联系儿童的生活经验，并结合儿童的已有认知特点和水平设计教学，要善于利用具体的情境、事物或者口语词汇，帮助儿童认读拼音，课堂活动安排也要生动有趣，形式多样。

在汉语拼音的课堂教学中，通常会借助儿歌或者其他“道具”，设置多样的教学环节，在汉语拼音教学中一般要遵循以下原则。

① 激发学习兴趣，乐中学习，轻松记忆。让儿童从熟悉的生活环境中提炼出对拼音符号的认同和理解，利用儿歌等帮助儿童识记，激发其学习兴趣，将枯燥的记忆内容转换为朗朗上口、通俗易懂的内容，儿童在不自然的重复中就会将知识内化。

② 及时重复和巩固。6～7 岁儿童的注意力、观察力、记忆力、思维力等都相对较低，可能很快遗忘所学的知识，所以要经常复习，如果一味强调速度和课程进度，不仅达不到理想的效果，对之前所学习的内容也会遗忘。

③ 教学中给予儿童一定的自主权和动手机会。在教学中给儿童创造自己动手的机会，使其手脑并用。比如制作拼音卡片，在动手过程中儿童不仅巩固了知识，而且发展了智力。

④ 教学方式不拘一格。对于一年级儿童而言，知识的传授必须辅助以丰富多样的课堂环节设置和生动有趣的游戏教学，才能吸引儿童的注意力，所以教学方式不能死板僵化，教师应该以让儿童获得知识和发展能力为目的，在教学方式的选择上应不拘一格。

⑤ 学习拼音要与识字相结合，与发展语言和培养能力相结合。在拼音教学中要充分发挥教材中的拓展因素，不仅仅局限在课本之内，还要高于教材，注重儿童的拓展练习和迁移学习，使儿童的拼音思维更加广阔，也能锻炼其学习能力。在拓展中将汉字学习融入拼音学习中，使其对汉语学习的概念更加立体和全面。

⑥ 让生活走进拼音课堂，让拼音走出课堂教学。拼音课堂中应融入更加生活化的元素，加深儿童对知识的理解。拼音学习也不仅仅局限于课堂中，在生活中也可以抓住学习的契机，在潜移默化中学习和巩固拼音知识。

例如，基于语音学规律，儿童认知语音教材中设计的声母“b”的内容导图（见图 9-1）。

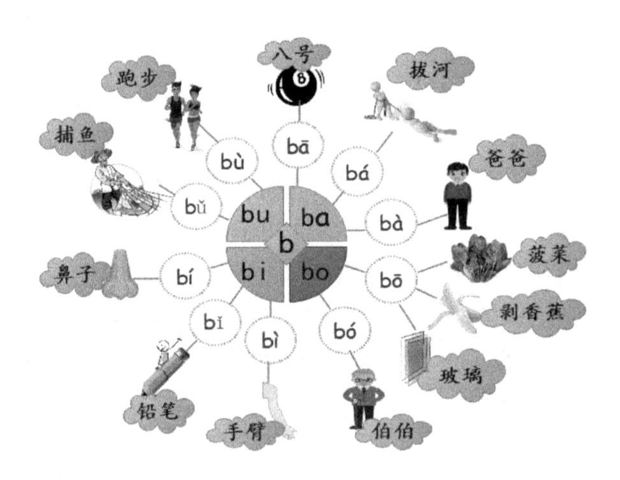

图 9-1

2. 词汇教学

字词是学习者进行阅读理解与写作的基础，只有充足的识字量和准确的字词理解才能进行有效快速的阅读活动和高质量的写作。所以字词教学在低年级语言教学中尤为重要。

识字教学的形式多种多样，除常见的侧重从音入手的注音识字，侧重从字形入手的集中识字，侧重从字义入手的分散识字(随课文识字)及目前被广泛使用的多媒体计算机辅助识字外，下面列举几种侧重音、形、义结合的识字教学方法。

(1) 韵语识字教学，依据“字不离词，词不离句，句不离篇”的原则，将需识记的汉字编写进短篇的韵文中。通过学习生动的韵文而学习其中的字。

(2) 字理识字教学，学理识字即识一字，明一理。教师需掌握汉字的表意性这一重要特点，对生字进行认真的研究分析，以字理为中心，体现汉字的音、形、义的统一性。字理识字教学主要有以下两种方法：一种是分析明理法，如教“跟从”的“从”时，教师只需用简笔画勾勒出一个人跟在一个人的后面，学生即可理解“从”的意思，并从图画中观察到“从”字的写法，进而促进对“从”字音、形、义的理解。另一种是演绎明理法，展示汉字的演变过程，如教“山”“马”“流” 等字时，可以展示事物图片和该字的演变过程，再让学生观察该字的构成，这就是通过分析字形，并形义结合，明确字理。①

(3) 生活识字教学，将需学习识记的汉字从抽象的课本方格字中挖掘出来，放在学生日常生活化的场景中进行教学，使识字和认识事物自然地结合在一起，和听说读写的实践活动结合在一起，做到在认识和实践中有理解地记忆，在记忆中加深理解，并激发学生的识字兴趣。

(4) 形声字规律教学，利用形声字的形旁表义，声旁表音的规律进行教学。如“惊”“披”“湖”“露”等字。

(5) 字族文识字教学，该法认为在汉字中存在一定数量具有派生能力的“母体字”，“母体字”可以衍生出几乎所有的常用字，即“子体字”。将“母体字”衍生出的一系列音形相近的合体字，组成一个个“字类”“家族”，称之为“字族”。以一个“字族”中的字为主，编写出课文，称作“字族文”。然后利用一篇篇“字族文”来识字。例如，在以“青”为“母体字”的一族字中，选出常用字“菁、清、请、情、晴、睛”，编成“字族文”(顺口溜)，“草菁菁，水清清，请你来，做事情，太阳出来是晴天；看东西，用眼睛”。教学中，一边学文，一边识字，利用汉字“字族”特点进行举一反三的识字学习。

(6) 一字多义教学，对字的不同语义分别进行解释，用学生可以理解的话进行表述，对不同语义组词、配图、造句，将字词放在具体的语境中解释，便于学生理解和应用。

(7) 同音字教学，依据学生已有的口语经验和识字经验，对同音字进行比较。通过配图示意、字形分析和组词造句，对相同读音的字进行字形和语义辨别。如“艳、雁、燕、厌、咽”等。

(8) 形近字教学，从字形结构、字族、字形意义上来区别相似字形。如“袋、装”——下半边的“衣”表示这与布有关，(解释字的语义)上半边字表示读音。

词汇的教学可以根据词汇的性质来进行分类教学，如分别教授名词、动词、代词、介词、副词、连词等。也可以通过词汇的功能进行分类教学，如按照物品的功能分成，厨房、浴室内的物品等，让学生尽可能多地列举出同样功能的词汇。还可以按照物体的种属来分类教学，如动物、食物、交通工具等。还可以按照同义词、反义词来对比学习词汇。配对词汇教学也是常用的方法，一般是把动词和相应的名词进行搭配。

① 施利承，谭顶良. 小学汉语拼音直呼法与拼读法教学的比较研究[J]. 课程·教材·教法，2018，38(03)：81-86.

字词教学不仅仅是让学生认读，更为重要的是正确地理解字词。在字词教学中注重对字义、词义进行标准解释，用学生可以理解的方式和语言进行解释。为了帮助学生更好地理解字词语义，教师需要帮助和鼓励学生组词造句，组词造句要结合学生已有的学习经验和口语词汇经验，在贴近学生自身经验和学习水平的具体句义、语境中理解字词含义。也可以鼓励学生对一些字词进行解释性描述，如“灰心”（考试没考好，心里特别难过、伤心）。也可以让学生进行亲身实践体验，如“甩、捕、迎”等词可以让学生通过动作表演来识记学习；“潮湿”一词可以让学生通过亲自摸一摸潮湿抹布的方式来理解。还可以运用图片来支撑解释字词语义；用同义或反义来解释字词语义。

字词教学也可以采用具有趣味性的游戏教学方式，发挥学生的多种感官功能。如利用自制的“字词卡”来辨认生字，供学生间相互检查；也可进行拼词、拼句练习。又如让每名学生自制常见偏旁和独体字的“识字卡”，在活动课、早读课时，组织小组开展“拼字、拼词”游戏。这种教学方式具有较大的练习量，且趣味性浓，竞争性强，可以达到很好的效果。

3. 语言理解教学

语言理解教学的策略很多。下面列举一些常见的教学策略。[①]

（1）如果学生经常不能遵循教导或者很难理解复杂信息，教师可以加强眼神交流或在讲述内容时要求学生保持注意力，还可以使用沉默暂停、指令或者无声注视等方法引起学生注意。

（2）当介绍新的概念或者技能时，使用学生熟悉的词汇或术语。

（3）为了帮助学生更好地理解语义和词序之间的关系，教师要鼓励学生将句子转换为行为，做出相应的动作。

（4）使用讲解性语言，并给学生提供内容的组织结构，帮助他们在学习某项任务前做好准备。例如，提醒学生“这就是重点”“下面讲的内容要注意听”等。

（5）了解学生的语言能力，并据此调整和确定授课的语速和用语的复杂性。使用结构简单的比较短的句子。每节课使用学生不熟悉的词汇数量最好不超过5个。

（6）指导学生使用记忆策略来帮助组织、分类和储存新的信息，以便日后提取。

（7）提高学生记忆新词的能力，可以使用关键词方法，将新词汇或者概念与熟悉的词汇结合起来。

（8）让学生参与解决真实问题的活动，以此确定学生在哪些方面存在迁移困难或者思维推理困难。

4. 语言表达教学

教师可以使用下列策略来提高语言困难学生的语言产生和表达技能。

（1）教师让学生明白信息的有效传达是交流的关键，要对学生的话做出反应，然后再修改学生的句法错误。

（2）当试图扩充学生的语句时，要为学生提供额外的单词让他们再重复一遍，教会他们如何扩充自己语句的内容。

---

① 默瑟. 学习问题学生的教学[M]. 胡晓毅，谭明华译. 北京：中国轻工业出版社，2005：252-255.

(3) 创造情境,在真实的或者模拟的情境中进行语言教学,将语言技能的教学与学科内容结合起来。

(4) 教师给学生提供语言示范,然后要求学生模仿和复述。

(5) 使用猜谜活动或者角色扮演等来提高学生在不同情境下使用语言的能力。帮助学生意识到非语言技能(如,眼神、动作、姿势等)在交流中的重要性。

(6) 通过语义训练来提高学生的单词提取技能,如使用词汇分类策略和词汇联想策略等。

(7) 鼓励学生讲故事、描述自己的生活经历和有趣事件等来提高学生的口语表达能力,使用教师提供的词汇或者图片内容进行有指导的表达。

(二) 按教学组织划分

语言学习困难儿童的教学按照教学组织划分主要包括以下几个方面。

(1) 集体教学。开发教育方案,由学科教师按照共同讨论的方案进行教学。

(2) 集体教学与资源教室相结合。对于有语言学习困难的学生,部分时间与全体同学在一起学习,部分时间专门接受语言教育专家的辅导。

(3) 个别辅导。可以是小组式的个别辅导,把有共同困难的学生集中在一起,进行小范围的小组教学,也可以针对学习困难学生的某个特定的语言学习困难进行一对一的个别辅导。

(四) 按教学方式分

语言学习困难学生的教学按照教学方式划分主要包括以下几个方面。

(1) 专门的语言教学。专门的语言教学一般由专门的语言学家来教学。通过开设相关课程以及开发专门的教育方案来直接解决语言学习困难学生的学习困难。一般具有矫治的作用,针对性强,并以掌握策略为主。其目的是帮助学生从根本上克服语言学习的困难。

(2) 情境教学。情境教学是指通过创设各种教学情境来激发学生语言学习的动机和积极性,让学生在真实的或者模拟的情境中学习语言的各种知识和技能。

(3) 游戏教学。语言类的教学游戏是提高学生语言学习兴趣、增强记忆力、提高学习效果的有效方法。特别适合在年幼的学习困难儿童教学中使用。下面是一个游戏教学的例子①。

游戏名称:造句。

游戏教学目标:进行“造句”教学。

材料:55个词汇卡片,包括9个名称,9个代词,15个动词,12个形容词,3个连词,3个介词,3个冠词,1个副词。

指导语:发给每个学生5个词汇卡片,余下的卡片面朝下放在桌子上。每个学生对自己手上的卡片进行整理,看能否组成一个完整的句子。如果不能,按顺序在桌子上的卡片中取一张,看能否与手中的卡片构成句子,判断出多余的卡片并把它排除。学生轮流摸卡片,直到有人第一个将手中的所有卡片组成完整的句子获胜。

① 默瑟.学习问题学生的教学[M].胡晓毅,谭明华译.北京:中国轻工业出版社,2005:263.

(4) 分级指导性阅读教学

指导性阅读,作为美国最广泛实施的早期阅读教学形式之一,常常作为课堂阅读教学的组成部分或作为阅读的补充干预来实施。[①] 教师通过指导学习困难学生阅读不同层级文本,对其的独立阅读能力进行干预和辅导。

指导性阅读包括以下八个步骤。

第一步,选择文本。教师应该选择一个水平适合且能够为学生群体提供新知识的文本,并对文本进行从简到难的分级处理。由易到难分为 3～4 级,每一级中都包含完整的篇章内容,但是又相对简单,并配上有关文章内容的题目。阅读障碍儿童根据阅读水平选择相应的文章等级,在教师的指导和帮助下、由易到难地完成对篇章的理解任务,进而逐步提升阅读能力。

第二步,介绍文本。教师应该对文本的一些背景知识做简单的介绍,并通过提出一些与文本相关的主要问题让学生在阅读中思考。

第三步,阅读文本。教师要求学生自己默读或朗读文本。在此期间,教师会与每个学生进行短暂交流,去纠正和指导阅读,特别要指导和强调阅读策略。

第四步,讨论文本。随着学生完成阅读,教师引导学生结合问题对课文进行讨论。这要求教师作为阅读的促进者或引导者,指导学生讨论并加深对课文的理解。

第五步,要点讲解。教师要明确地指明(示范)教学要点,对文本进行深入讲解,指导学生把握知识要点并使用适合的阅读策略。

第六步,解决词汇问题。通过明确的阅读指导,帮助学生灵活有效地识别词语。

第七步,拓展阅读,这一步是有选择性的。根据学生的需要,教师可以通过写作、绘画或其他方式来拓展学生对文本的理解。

第八步,每完成一级,接着进行下一级的阅读指导。[②]

(5) 审辩式思维阅读教学

审辩式思维阅读是一种审辩式思维的阅读活动,审辩式思维阅读教学是以发展学生审辩式阅读能力为根本目的,积极促进学生思维能力和阅读能力综合发展的重要教学方式。学习困难学生的阅读教学,不能仅仅停留在字词解码和简单的阅读理解上,在阅读过程中还要发展学习困难学生的审辩式思维,这是最高级的阅读教学,也是最难的阅读教学。

审辩式思维阅读教学的基本模式需要综合考虑学生审辩式的思维结构特征和学生阅读能力的一般发展规律,其基本模式的构建如图 9-2 所示:

从图 9-2 可以看出,审辩式思维阅读教学基本模式是在学生阅读能力发展过程中突出审辩式思维的发展,同时将阅读教学问题的设置贯穿在阅读教学过程中。从学生阅读能力发展的层次看,阅读可以分为基础阅读、深度阅读和创造性阅读等三个层次。其中,基础阅

① R. Gersten, D. Compton, C. M. Connor, et al. Assisting Students Struggling with Reading: Response to Intervention and Multi-Tier Intervention in the Primary Grades[J]. National Center for Education Evaluation and Regional Assistance, Institute of Education Sciences, 2009: 1-54.

② R. Anderson, E. Hiebert, J. Scott & Wilkinson, I. Becoming a Nation of Readers: The Report of the Commission on Reading[M]. Washington, D.C.: The National Institute of Education, 1985.

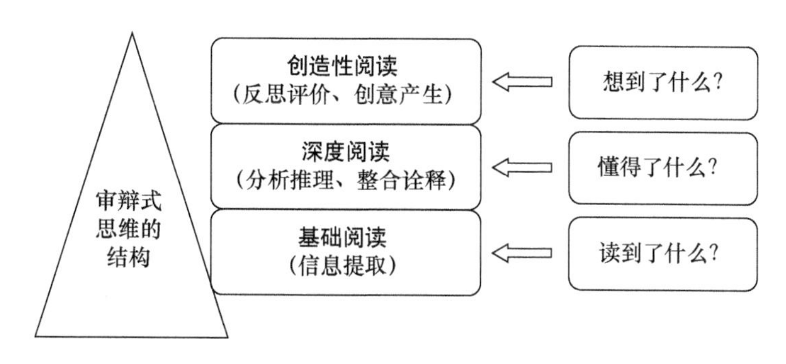

图 9-2 审辩式思维阅读教学基本模式

读层次着重强调学生对阅读文本信息的有效提取;深度阅读层次需要引导学生对阅读文本信息进行合理分析与有效推理,并对阅读文本相关观点进行全面整合和准确表达;创新性阅读层次主要引导学生对阅读文本所表达的观点与蕴含的意义进行深入、全面的反思,对文本形成客观的评价,同时将阅读文本中新颖的观点和创新的思路加以利用,从而形成具有创意的思想。

学习困难学生审辩式思维阅读教学策略的选择与使用需遵循以下基本原则。首先,教学目标的双重性。审辩式阅读教学的目的是促进学生阅读能力和审辩式思维的综合发展,通过阅读能力的发展和审辩式思维的发展改善学习困难学生落后的阅读学习,以及提高语文学习能力。其次,审辩式思维阅读教学在课文类型选择方面比较适用于议论文和说明文,议论文有利于让学习困难学生就文本中的论点,展开由浅入深的讨论;说明文可以引导学习困难学生依据文本对不同事物性质的描述进行不断探究。再次,学习困难学生审辩式思维阅读教学与学校常规阅读教学是互为补充的,审辩式思维阅读教学可以按每一单元安排一次,或者按每学年平均几次等方式进行合理安排,也可以按课文重点或难点进行审辩式思维阅读教学设计。比如,将课文重点设计为审辩式思维阅读教学,则可以引导学习困难学生加深对课文重点知识的有效理解与准确把握。最后,在审辩式思维阅读教学评价中,应该超越常规阅读教学中仅有的对学生阅读能力的考察,还应关注对学生审辩式思维和语言学习能力的综合评价。

根据审辩式思维阅读教学基本模式,学习困难学生审辩式思维阅读教学可以按阅读发展的不同层次进行教学设计和策略选择。首先,在阅读导读中,通过介绍文章故事背景、文化背景,不仅让学生了解文本的大致信息,还能激发学习困难学生阅读学习动机。其次,对于信息梳理,通过引导学生通过思维导图、概念图等理清时间顺序、人物关系、逻辑关系。再次,在整合诠释中,着重引导学生整合信息、归纳观点、收集证据。然后,在反思评价中,通过合作、探究、辩论等方式让学生表达观点、反驳观点、提供证据。最后,在创意产生中,引导学生根据文章内容进行写日记、手工制作、艺术设计等,并进行交流与分享。①②

① 谢小庆.审辩式思维[M].上海:学林出版社,2016.

② 教育部.义务教育:语文课程标准(2011版)[M].北京:北京师范大学出版社,2011.

第2节　数学学习困难学生的教学[①]

研究表明，学习困难儿童的数学缺陷多在年幼时期就有所表现，并可以持续到中学阶段。在幼儿园或者小学低年级阶段，表现为分类、配对、理解数学用语或者掌握有理数运算的困难。到了高年级表现为理解分数、小数、百分数和度量衡等的困难。低年级的数学困难也会进一步影响高级年级时的基本运算能力。数学是一门技能性很强的学科，学生首先要构建各种数学概念以及各个概念间的基本关系，然后才学习解决各种复杂的关系。学生只有在不断掌握相关数学知识与提高解决问题技能的基础上，才能发展其解决更复杂困难问题的能力。在第6章中，我们对数学学习困难学生的评估与策略教育干预进行了介绍，本节主要从数学技能的直接教学以及课堂教学加以说明，为教师在课堂上教育数学学习困难学生提供指导。

一、数学学习常见错误的诊断

标准化和非标准化的评估提供了数学学习一般技能的评估，帮助全面鉴定学生学习数学的优势和劣势，是确定学习困难的客观标准。而数学学习常见错误的诊断方法，帮助发现学生数学学习的特定问题所在，以据此制定具体的教学目标，进行教育干预。这种评估方法也叫真实性评估，即在有意义的任务中评估学生对学习内容掌握的程度。

（一）计算错误的诊断

计算错误可以分为四类：粗心导致的计算错误、基本运算错误、运算错误、运算法则误用。鉴定一项特定的错误很重要，因为特定的错误类型决定了学生需要何种干预。豪威尔和诺利特(Howell & Nolet)提出了分析错误的指导方针。[②]

(1) 选择可能发现各种各样运算错误的评估材料。

(2) 鼓励学生大胆尝试，并随题交上所有演算稿纸。

(3) 整理出尽可能多的有意义的运算错误(如，检查那些学生只列出部分正确的解题步骤的题目，或者是那些看起来花费了很大工夫来解决的题目)。

(4) 通过学生所犯的错误类型和解题思路加深对学生解题过程的理解。

(5) 按照内容、行为、条件或者思路(基本运算、概念、规则、解题策略)将学生的错误进行分类。

(6) 标出学生未能按照要求运用的技能。

(7) 思考或者问学生“你是怎样得到这个答案的”。

(8) 当你认为你已经找到一种错误类型时，试试看其能否预测学生今后可能会犯的错误，然后判断这一错误类型是否存在。[③]

---

① 默瑟.学习问题学生的教学[M].胡晓毅，谭明华译.北京：中国轻工业出版社，2005：271-281.

② K. W. Howell, V. Nolet. Tools for Assessment[J]. Curriculum-Based Evaluation, Teaching and Decision Making, 2000.

③ 默瑟.学习问题学生的教学[M].胡晓毅，谭明华译.北京：中国轻工业出版社，2005：276.

学生的课堂和家庭作业是非常好的评估材料，教师在批改学生作业时，不仅要看学生作业的对错，还要分析对错的原因，特别是要对典型的错误进行归类，并把它们整理成有针对性的评估材料，日积月累，就会形成很真实的、有效的、非标准化的评估内容，成为鉴别数学学习问题的有效工具。

（二）问题解决技能的诊断

许多研究表明数学学习困难表现为问题解决的困难，这种困难在解决比较复杂的应用题时更为明显。影响问题解决的因素有问题本身表述的难易程度、学生的理解水平以及对数学基本技能的掌握程度。

1. 改变问题的提问方式

问题的提问方式不同，问题的难易不同。改变问题的提问方式，可以帮助鉴别学生的问题意识水平。下面的例子表明问题因提问方式的不同而难度加大。

（1）汤姆有 5 根胶棒，帕姆给了他 3 根，汤姆现在有几根胶棒？

（2）汤姆有 5 根胶棒，他再得到几根才能有 7 根胶棒？

（3）汤姆有一些胶棒，帕姆给了他 3 根，他现在有了 7 根胶棒。汤姆最初有几根胶棒？

教师可以通过由难到简的顺序排列题目，诊断学生对问题的意识水平。

2. 鉴别学生的理解水平

学生的理解水平直接影响到其问题解决的技能。根据布鲁纳的理论，学生的理解水平可以分为三个阶段：具体阶段、半具体阶段和抽象阶段。理解水平处于具体阶段的学生，往往要借助实物来进行运算和解决问题。处于半具体阶段的学生在解决数学问题时往往需要借助图例解题。例如，评估这阶段的学生时，教师写出试题，学生往往要借助画线、画图等方式进行辅助才能完成计算，也就是说要通过建立视觉符号与数学运算的关联，在符号和问题解决过程中确定意义。处于抽象阶段的学生能够完全借助数学符号进行问题解决。

3. 诊断学生技能掌握的水平

数学技能掌握得好坏，直接影响学生的数学成绩。很多有学习问题的学生会表现出解题速度慢、步骤烦琐、不理解数学概念和运算法则等。这些都是缺乏数学技能的表现。教师可以通过诊断性数学访谈的方法了解学生掌握数学技能的好坏，这种方法也是“真实性评估”的具体化。具体做法是让学生在数学问题解答过程中，通过与教师的交谈，报告出自己解题的思路和过程、使用的策略、采用的知识点和运算法则。教师从学生的口头报告中发现其问题所在，然后诊断其数学学习的问题。采用这种方法时应注意以下 5 个方面的问题。

（1）与学生建立和睦的师生关系，在访谈中密切注意学生对学习的态度，从容易的题目开始。

（2）关注学生在数学难度等级中处于低级的错误，每个访谈部分只讨论学生的一种错误类型。

（3）允许学生按照自己的方式解题。

（4）记录学生的思考过程，并分析其错误类型和解题技巧。

（5）一旦发现错误类型或者错误的解题技巧，使用诊断性测验评估学生的理解水平。

（三）利用数学教学目标分层进行诊断

数学技能的发展有一定的顺序性，各国的数学教科书都会反映出数学学习的逻辑顺序。我们可以把数学技能按照领域分层，根据层次目标设计评估标准。例如，加法运算的技能包括以下各方面。

（1）理解 10 以内的数字的数值大小不同。

（2）理解 10 以内的数字的顺序。

（3）理解加数、和的概念。

（4）理解“＋”的含义。

（5）计算和不超过 10 的加法运算式。

（6）理解个位数和十位数的位置。

（7）计算和在 10～19 之间、两个加数都不大于 10 的加法算式。

（8）计算不需要进位的、加数分别为一位数和两位数的加法算式。

（9）计算不需要进位、加数皆为两位数的加法算式。

（10）理解个位和十进位数值的位置。

（11）计算需要进位的、加数分别为一位数和两位数的加法算式。

（12）计算需要进位、加数皆为两位数的加法算式。

（13）计算三个加数皆为两位数且个位数的和大于 20 的加法算式。

（14）理解百位、十位和个位的位置。

（15）计算需要进位的加数皆为三位数的加法算式。

（16）估计和。①

也可以按照年级水平划分应该达到的目标：下面是部分一年级数学教学目标以及诊断方法举例。

例 9-1　6～10 的学习

教学目标

1. 使学生熟练地数出 6～10 各数，会读、会写这些数，并会用这些数表示物体的个数或事物的顺序和位置。

2. 使学生掌握 6～10 数的顺序，会比较它们的大小，熟练地掌握 10 以内各数的组成。

3. 使学生进一步认识“＞”“＜”“＝”的含义，知道用这些符号来表示数的大小。

4. 使学生比较熟练地口算 10 以内的加、减法运算。

5. 使学生比较熟练地进行 10 以内的连加、连减和加减混合计算。

6. 使学生用 10 以内的加减法解决生活中的简单问题，初步感受数学与日常生活的密切联系，体验学数学、用数学的乐趣。

7. 让学生在学习中得到热爱家乡、热爱自然、保护环境、讲卫生等方面的教育，促进学生在情感、态度等方面的健康发展。

---

① 默瑟. 学习问题学生的教学[M]. 胡晓毅，谭明华译. 北京：中国轻工业出版社，2005：301.

例 9-2 6 和 7 的认识

教学目标

1.使学生能正确地数出数量是 6 和 7 的物体的个数,会读、会写数字 6 和 7。

2.使学生知道 7 以内数的顺序,会比较 7 以内数的大小。

3.使学生掌握 6 和 7 的组成。

诊断(一)

1. 口算

1+2= 3+1= 1+3=

1+4= 2+3= 3+2=

2. 填空

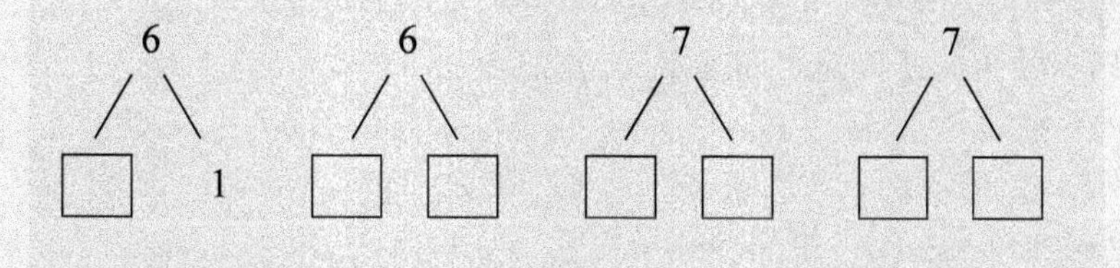

3. 口答

(1)4 的前面是几? 3 的后面是几?

(2)和 5 相邻的两个数是几和几?

诊断(二)

1. 口算

6-5= 7-3= 2+3=

5+0= 0-0= 7-1=

2. 口答

(1)比 4 多 1 的数是几? 比 1 少 1 的数是几?

(2)比 6 少 1 的数是几? 比 6 多 1 的数是几?

3. 看图填空

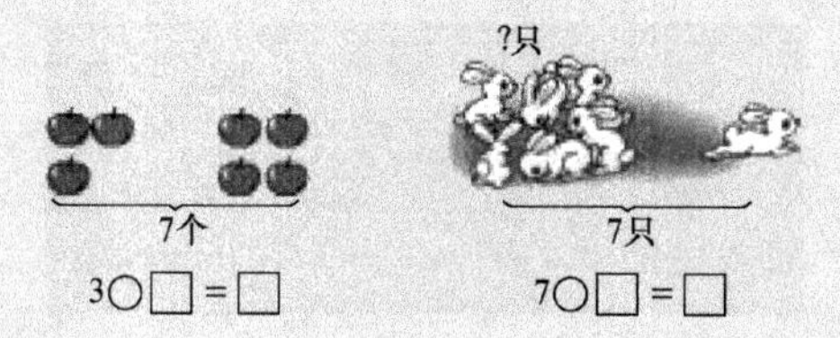

诊断(三)

1. 口算

7-6= 0+4= 2+1=

4-3= 3-3= 2+3=

2. 填空

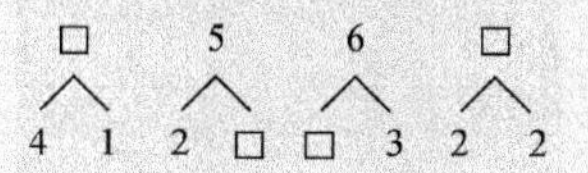

3. 仔细观察小鸟图，请回答：

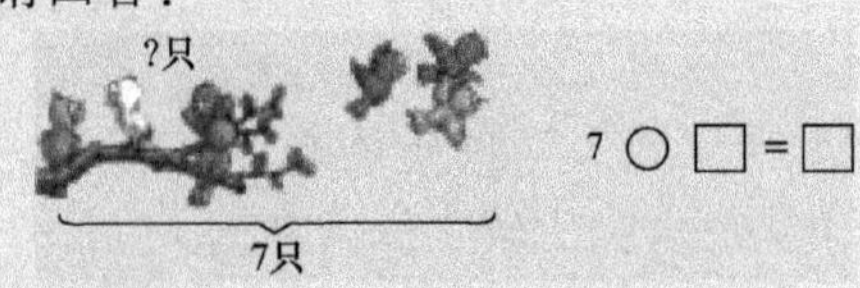

树上原来有几只小鸟？飞走了几只？还剩几只？

例 9-3　8 的认识

教学目标

1.使学生学会数数量是 8 的物体的个数，会读、会写数字 8，知道 8 以内数的顺序，会比较 8 以内数的大小，掌握 8 的组成，认识 8 的序数含义。

2.初步培养学生的迁移能力和观察、操作能力。

诊断(一)

1. 口算

2＋2＝	3＋4＝	1＋2＝
5－2＝	4＋1＝	5－5＝

2.按顺序填空

3　□　□　6　□　8

□　7　6　□　□　3　□　□

3. 看图填空

☆☆▲□▲☆☆▲☆▲▲☆☆☆

一共有(　)颗☆。

在右起第 7 个图形下面画√。

任意圈出 3 颗☆。

诊断(二)

1. 口算练习

3＋5＝	2＋6＝	8－1＝
8－2＝	4＋4＝	1＋7＝

2. 看图填空

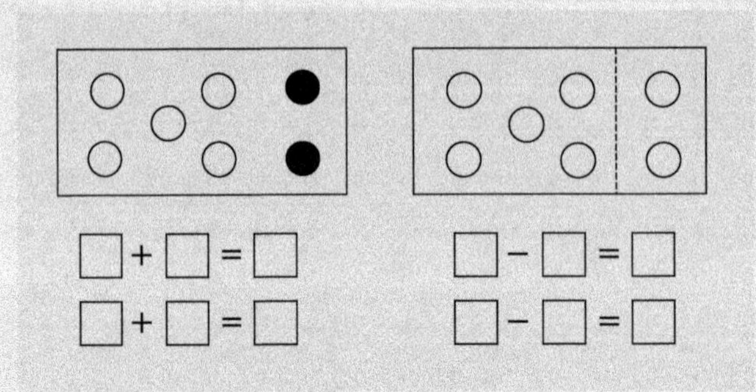

3. 填空

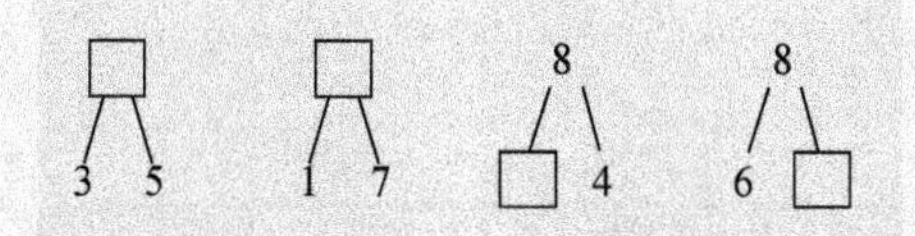

诊断(三)

1. 口算

7+1=　　　　8-7=　　　　8-5=

8-4=　　　　2+6=　　　　8-3=

2. 哪两张卡片上的数目相加得8,用线连起来

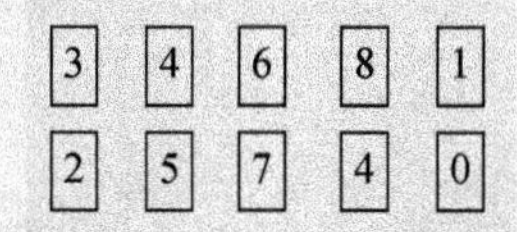

3. 连线

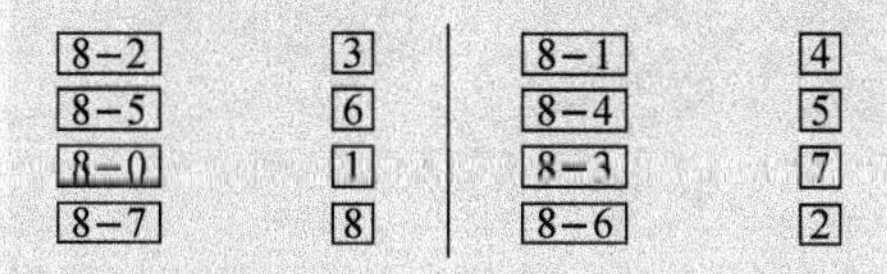

例 9-4　加减混合的掌握

教学目标

1. 引导学生从实际情境中抽象出加减混合计算数学问题的过程,直观地理解加减混合计算的意义。

2. 掌握加减混合运算的计算顺序,能正确地进行10以内数的加减混合计算。

3. 初步学习用加减混合计算解决日常生活中一些简单的实际问题,体会加减混合计算与生活的密切联系。

诊断(一)

1. 计算下面各题

3+2+1=5+3+2=

8-2-3=10-5-3=

2. 做做小医生

8　2+4-6　处方__________

3+5-3=3　处方__________

6+2+2=9　处方__________

3. 在□里填上合适数

8=□+3+□+□

诊断(二)

1. 在□里填上合适数。

9＝3＋□＋□＋□

2. 出示图片：看图你能列出几个算式？

□○□○□=□

诊断(三)

1. 填数

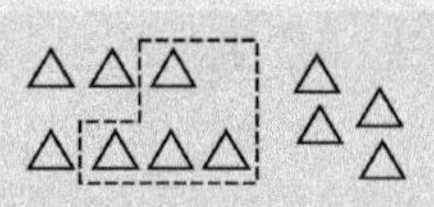

7−4+□=□

2. 填数

6−□+□=□

3. 填数

6＋□＝8　4＋□＝10　3＋4－5＝□　3－3＋6＝□

5＋□＝9　2＋□＝7　1＋7－3＝□　8－2＋3＝□

例 9-5　10加几和相应的减法的混合练习

教学目标

通过10加几和相应的减法，以及从前所学内容的混合练习，为教学20以内的进位加法和退位减法做准备。

诊断(一)

1. 按顺序填数

		12						
19			16				12	

2. 读出下面各数

12　18　14　17　19　20

3. 填出适当的数

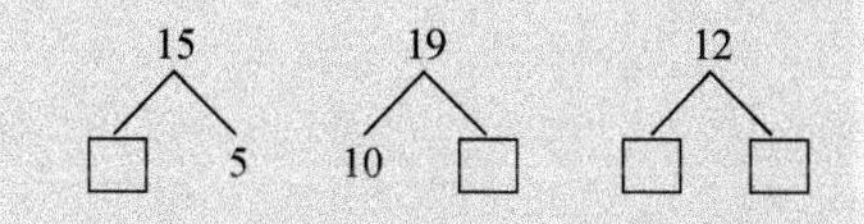

诊断(二)

1. 按顺序填数

2. 按要求写数

(1) 写出13后面的四个数(　)(　)(　)(　)。

(2) 写出比15大，比19小的数______________。

(3) 写出17和19中间的数______________。

(4) 个位上和十位上都是1的两位数是(　)。

(5) 写出个位是0的两位数______________。

诊断(三)

1. 口算

10＋3＝　　　　15－5＝　　　　12＋3＝

7＋10＝　　　　12－10＝　　　　2＋11＝

14－1＝　　　　16－0＝　　　　10＋10＝

2. 列式解答

(1) 两个加数都是10，和是多少？

(2) 减数是6，被减数是16，差是多少？

3. 在括号里填上适当的数。

10＋(　)＝15　　　　(　)－10＝7

(　)＋2＝13　　　　15－(　)＝10

例 9-6　认识钟表

教学目标

1. 使学生结合生活经验学会看整时和半时。

2. 培养学生初步建立时间观念，从小养成珍惜和遵守时间的良好习惯。

3. 培养学生的观察能力。

听故事做练习

小山羊为了庆贺自己的生日，准备请小猴到他家去做客。他给小猴打电话，说："喂！是小猴吗？今天我过生日，请你来我家做客，请你再过两个小时来。"小猴看了看钟表，这时钟表的分针指向 12，时针指向 10。请你帮小猴想一想：他应该什么时候到小山羊家去呢？

诊断(一)

1. 练习

(1) 在钟面上拨出下面的时间：

3 时　　9 时　　12 时

(2) 给下面的钟面画上时针或分针。(图略)

4 时　　6 时　　8 时

2. 请同学仔细观察这两个钟面，看看 6 时和 12 时，钟面上的时针和分针有什么特点？(图略)

3. 猜谜：公鸡喔喔催天明，大地睡醒闹盈盈，长针、短针成一线，请问这是几时整？

诊断(二)

由老师给大家做几个手势。看看哪个小朋友能根据老师的手势马上说出是几时整？(3 时、6 时、9 时、12 时)

诊断(三)

说出每个钟表所表示的正确时间

诊断(四)

1. 认一认 说一说

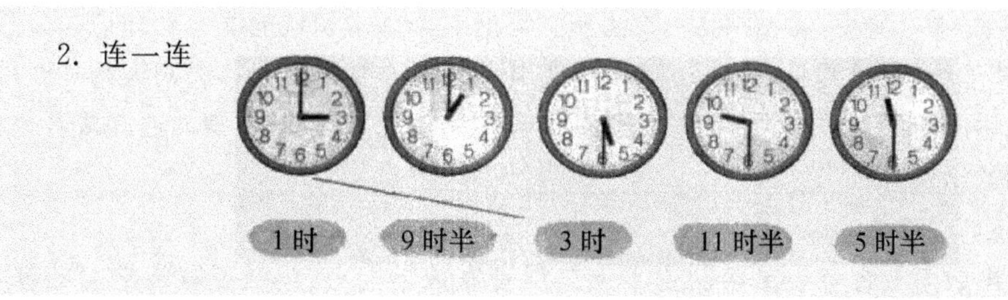

二、数学技能教学

(一) 数学教学的基本原则

徐芬列举了艾希罗克(Ashlock)一些基本的教学观点,可以视为数学教学的基本原则:

(1) 鼓励儿童进行自我奖励。

(2) 进行基础概念和基本过程的教学。

(3) 保证儿童头脑中有清晰的教学目标。

(4) 保护和加强每个儿童的自我形象。

(5) 个别化地改正教学。

(6) 以诊断为基础进行基本的改正教学。

(7) 教学设计要以一系列的小的步骤为基础。

(8) 为学业不良儿童选择与以前不同的教学程序。

(9) 利用大量的已有的各种教学程序与活动。

(10) 鼓励学业不良儿童利用一些辅助工具,如计算器、学习机等,只要他们觉得有价值。

(11) 让儿童自己从学习材料中选择有用的、符合他们需要的材料。

(12) 逐渐引进更多的数学符号。

(13) 帮助儿童组织他们学过的东西。

(14) 让儿童用自己的语言来说明对概念的理解。

(15) 加强评价能力。

(16) 强调认真仔细的书写和合适的数学组合。

(17) 在进行练习之前保证儿童已经理解了所学的内容与过程。

(18) 选择一些实习活动来帮助儿童理解知识。

(19) 把实习活动分成较小的单元。①

(二) 数学教学的基本策略

1. 激发学生的学习动机

有效的数学教学的第一步就是要让学生有兴趣。学习困难学生大多在学习上遭受失败,失去学习的信心和兴趣而放弃学习。所以,要想让学生的学习实质发生,首先要激发其学习的动机和兴趣。

2. 掌握基本术语和运算步骤

教师在教授数学前要对教学内容的基本结构有清晰的了解,并能够把他们分解为有顺序

① 徐芬.学业不良儿童的教育与矫治[M].杭州:浙江教育出版社,1997:288.

的教学步骤。例如，学习加法、减法、乘法、除法所必需的五个基本领域的能力和知识，有理解能力力、基本运算能力、位值知识、运算法则和位值组合知识。要用的运算法则大约 390 种。位值关系到运算中的借位和错位等。数学教学的运算步骤也尤其重要，步骤的遗漏或者错误会直接导致结果的错误。

3. 选择合适的教学内容

1988 年，美国数学教育者委员会制定了十二项基本数学能力，包括了数学学习的基本内容。主要有：① 问题解答；② 掌握数学语言；③ 数学推理；④ 将数学知识运用于日常生活；⑤ 判断结果的合理性；⑥ 估算；⑦ 一定的计算技能；⑧ 代数思维；⑨ 度量衡；⑩ 几何学；⑪ 数据（搜集和整理数据以解决日常问题）；⑫ 概率。①

4. 提供学习的支架

数学是一门逻辑性很强的学科，其概念和运算法则按照严格的顺序排列，教学必须在学生已掌握的知识的基础上才能进行新知识的教学。成功的教学应当包括教给学生与新知识密切相关的基础知识或者利用学生已经掌握的知识。否则就会增加学生理解和掌握的难度。

5. 遵循教学计划的步骤

针对有学习问题的学生的数学教学，必须严格按照教学计划的步骤进行。

(1) 了解学生已有的数学技能，并据此设定教学目标。

(2) 取得学生愿意学习该数学技能并达到教学目标的承诺，通常需要在此环节激发起学生的学习动机。

(3) 采用有效的教学步骤来传授技能。包括教师的有效示范、学习策略的显性化、指导学生进行有效的联系，使学生逐步理解概念、法则、运算过程，学会独立操作，提供反馈信息的以及迁移和概括所学知识。

6. 及时的评估和反馈

及时的评估和反馈对学习很重要，教师可以根据教学内容提前编制好评估的程序和内容，及时提供评估后的反馈信息。教师对学生的正确反应给予鼓励和表扬，及时强化。对错误的反应给予分析，找出原因，并提醒错误的根源在于哪些方面，让学生及时了解和更正，并提供进一步的练习以继续巩固所学知识。

第 3 节　学习困难学生的学习策略教学②

缺乏学习策略被看作是学生学习困难的重要特征，掌握学习策略是成功学习的保障，也是今后终身学习能力获得的体现。

一、学习策略的概念

关于学习策略的概念，学界存在不同的看法，有人把学习策略看作是学习过程中信息加

① 默瑟. 学习问题学生的教学[M]. 胡晓毅，谭明华译. 北京：中国轻工业出版社，2005：307-308.

② 莫雷. 教育心理学[M]. 广州：广东高等教育出版社，2005：217-255.

工的程序、方法或者规则，即学习方法。例如，梅耶(R. E. Mayer)认为“学习策略是在学习过程中用以提高学习效率的任何活动”，是“学习者有目的地影响自我信息加工的活动”。[1] 有人把学习策略看作是学习过程中对信息加工进行调节和控制的技能。例如，加涅(Gagne)从认知策略作为内部组织化技能的角度，把学习策略看作是学习者从内部组织起来用来调节自己注意、记忆、思维等过程的一般技能。[2] 还有人把学习策略看作是学习过程中信息加工的方法与调控技能的结合。例如，斯滕伯格指出，学习中的策略(他称为“智力技能”)是由执行技能(Executive-skills)和非执行技能(Non-executive-skills)整合而成的，其中前者指学习的调控技能，后者指一般的学习技能。他认为，要达到高质量的学习活动，这两种技能都是必不可少的。[3] 我国学者认为，凡是有助于提高学习质量、学习效率的程序、规则、方法、技巧及调控方式均属于学习策略范畴。[4][5]

综上所述，学习策略是个人调控自己的认知活动以提高认知操作水平的能力，是学习方法与学习的调节与控制的有机统一体，它包括具体的学习方法或技能与学习的调节和控制技能。

二、学习策略的分类

迈克卡等人(Mckeachie et al.)对学习策略的成分进行了总结。他们认为，学习策略包括认知策略、元认知策略和资源管理策略三部分(见图9-1)。认知策略(Cognitive Strategies)是信息加工的策略，元认知策略(Meta Cognitive Strategies)是对信息加工过程进行调控的策略，资源管理策略(Resource Management Strategies)则是辅助学生管理可用的环境和资源的策略。学生的动机具有重要的作用。成功的学生使用这些策略帮助自己适应、调节环境，从而使之适合自己的需要。

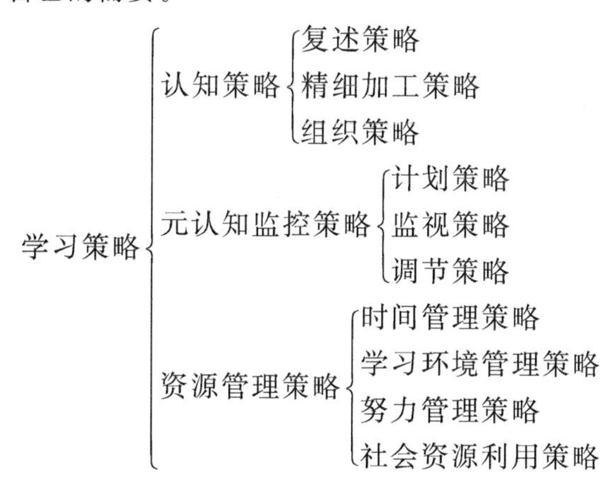

图9-3 迈克卡等人对学习策略的分类

---

① R. E. Mayer. Learning strategies: An Overview in Learning and Study Strategies[M]. Academic Press, 1988: 11-22.

② 加涅学习的条件和教学论[M]. 皮连生，等译. 上海：华东师范大学出版社，1999: 137-153.

③ R. J. Sternberg. Criteria for Intellectual Skills Training[J]. Educational Researcher, 1983, 12(2): 6-26.

④ 刘电芝，黄希庭. 学习策略研究概述[J]. 教育研究，2002, 023(002): 78-82.

⑤ 林崇德. 学习与发展：中小学生心理能力发展与培养[M]. 北京：北京师范大学出版社，2003.

认知策略包括复述策略（如重复、抄写、记录、画线等），精细加工策略（如想象、口述、总结、做笔记、类比、答疑等），组织策略（如组块、列提纲、画地图等）。

元认知策略包括计划策略（如设置目标、浏览、设疑等），监视策略（如自我测查、集中注意力、监视领会等），调节策略（如调查阅读速度、重新阅读、使用考试策略等）。

资源管理策略包括时间管理策略（如建立时间表、设置目标等），学习环境管理策略（如寻找固定地方、安静地方、有组织的地方等），努力管理策略（如归因于努力、调整心境、自我谈话、自我强化等），社会资源利用策略（如寻求老师帮助、伙伴帮助、使用伙伴/小组学习、获得个别指导等）。

三、学习策略的掌握对学习困难学生的意义

在众多影响学习困难学生学习质量的因素中，学习策略是其中最重要的因素之一。学习活动和认知活动都涉及相应的效率问题，而学习策略能够使得学习的效率提高，从而提高学习效果。尽管从掌握学习的理论上说，每个学习者都能够对学习材料达到掌握的程度，但这种掌握的效率却受到学生学习策略的影响。因此掌握学习策略，可以改善学习困难的情况，提高学习效率。

（一）学习策略的掌握可以帮助学习困难学生学会学习

联合国教科文组织教育发展委员会的爱德加·富尔在《学会生存》一书中说："未来的文盲不再是不识字的人，而是没有学会怎样学习的人。"有效的学习不仅仅是掌握知识，最重要的还在于掌握知识的方法，提高学习能力。学习困难学生中有一部分学生由于缺乏有效的学习策略，往往难以及时掌握学习的内容，从而造成过大的学习误差积累，形成学习困难。因此，在教给学生学习内容的同时，教给他们学习的方法和策略，帮助他们学会学习，这样可以从根本上改变其学习困难的情况。

（二）学习策略的掌握可以帮助学生主动监督学习过程

在教学活动中，学生的主体性主要表现在发展主体性和学习主体性两个方面。从发展的角度来讲，学生是教学目的的体现者，要使教学目标得以实现，学生必须掌握知识和学会学习。从学习的过程来看，学生是学习活动的主人，他们的积极性是保证学习目标实现的基础。只有学生能够主动地学习，主动地对学习内容进行认识，主动地接受教师的指导和帮助，才能实现自己的发展。由此我们可以看出，在学生的主体性中，无论是发展的主体性，还是学习过程的主体性，都涉及学生对学习策略的掌握。

（三）学习策略的掌握能够帮助学习困难学生有效应对复杂的学习，提高学习的质量

学习策略的学习就是要帮助学生找到效果最好、效率最高的学习技巧、原则和规律。随着年级的升高，学习内容越来越复杂，简单的学习方法和策略是无法满足对复杂知识的掌握的。

四、学习策略的内容

在实际的学习中，学生掌握和使用的学习策略是多种多样的，这些策略或者是学生通过学习自发地掌握的，或者是通过教师的教学、训练所获得的，但只要对自己的学习能够起到有效的促进作用，都是好的学习策略。根据迈克卡关于学习策略的分类，学习策略主要有以

下几种。

(一) 认知策略

认知策略这个术语最初由布鲁纳在其著名的人工概念研究中提出,随后心理学家纽威尔(Newell)等利用计算机有效地模仿了人类的问题解决策略,从而形成"学习策略"(Learning Strategy)概念。① 里格尼(J. W. Rigney)认为,认知策略就是"学生获得、保存和提取各种不同知识和作业的运算和程序"②。加涅对认知系统进行了系统研究,他认为认知主要是指人脑对信息的加工过程,如对信息的编码、转换、储存。而认知策略则是反省自己的认知活动,"调节与控制概念和规则的使用"。总之,认知策略是学习者在信息加工时所采用的方法,我们可以从诸如信息加工、学习中的主要活动和任务、不同学科的学习等角度来构建不同的认知策略。

学习活动中认知策略主要包括以下几种。

1. 复述策略

复述策略是指在工作记忆中为了保持信息而对信息进行反复重复的过程,它是短时记忆的信息进入长时记忆的关键。

(1) 复述的时间安排

第一,及时复习。根据艾滨浩斯(H. Ebbinghaus)遗忘曲线,遗忘速度开始时最快,学习后复习10分钟,比5～10天后复习1小时的效果好得多。所以要及时复习,特别是对那些意义性不强的学习材料,更需要及时复习。

第二,分散复习。由于消退干扰等原因,学习的材料会随着时间的推移而出现不同程度的遗忘。因此,还需要采用分散复习的方式来保持对学习材料的记忆效果。

第三,限时记忆。限时记忆主要应用于临时需要记住大量材料的场合。当我们对学习记忆的时间加以限制时,随着限制时间的来临,大脑的兴奋度就会提高,其机能因此而被调动起来,记忆效果就会提高。

(2) 复述的次数安排——过度学习

过度学习是指在"记得""学会"的基础上,再增加一些学习时间,使得对学习材料的掌握达到更高的程度。一般来说,过度学习的次数保持在50%～100%最好。超过的次数少,达不到效果。超过的次数多,费时费力,效果却不会因此而提高。所以,过度学习要适当。过度学习最适用于那些必须准确回忆却没有什么意义的操练性信息,例如,乘法口诀表、汉字书写和英语单词的拼写。

(3) 复述的方法选用

第一,要运用多种感官协同记忆。运用多种感官协同记忆,可以在大脑中留下多方面的回忆线索,从而提高记忆效果。例如,边听边看,边说边写,边听边做,边想边动手等。

第二,要采用多种形式复习。采用多种复习形式会使复习更加持久专心,不单调,利于多角度地理解知识内容。

---

① A. Newell, J. C. Shaw, H. A. Simon. Elements of a Theory of Human Problem Solving[J]. Psychological Review, 1958, 65(3): 151.

② J. W. Rigney. Learning Strategies: A Theoretical Perspective Cambridge Learning Strategies[M]. Cambridge: Academic Press, 1978: 165-205.

（4）保持积极的心向、态度和兴趣

心向、态度和兴趣也是影响记忆的一个重要因素。孔子说过，“知之者不如好之者，好之者不如乐之者”。如果我们对某事情感兴趣，或者对它持积极态度，就会记得牢；反之，则容易忘。因此，我们若想保持良好的记忆，最好对要记背的材料保持积极的态度。

2. 精细加工策略

精细加工策略是指把新信息与头脑中的旧信息联系起来，寻求字面意义背后的深层次意义，或者增加新信息的意义，从而帮助学习者将新信息储存到长时记忆当中去的学习策略。因此，人们常描述它是一种理解记忆的策略，其要旨在于建立信息间的联系。联系越多，能回忆出信息原貌的途径就越多，提取的线索就越多，精细加工越深入越细致，回忆就越容易。

根据学习材料自身意义性的强弱，可以将精细加工策略分为两大类：对意义性不强的信息进行精细加工的策略称之为人为联想策略，而对意义性较强的信息进行的精细加工策略称之为内在联系策略。

（1）人为联想策略。

人为联想策略通常也被理解为记忆术，它通常把那些枯燥无味但又必须记住的信息“牵强附会”地赋予意义，使记忆过程变得生动有趣，从而提高学习记忆的效果。人为联想策略对于记住学科基础知识，如外语单词，物理化学符号，植物的名称和效用等非常有用，常用的人为联想策略主要有以下几种。

① 形象联想法。这种方法通过人为联想，使无意义的难记的材料和头脑中鲜明奇特的形象（视觉表象）相结合，从而提高记忆效果。例如，要记住“飞机、大树、信封、耳环”四个不相干的没有内在意义联系的词汇时，可以进行这样的联想：天空飞着一架银色的飞机。飞机突然撞到一棵顶天立地的大树上。这棵大树很奇特，它的叶子形状像一个信封。信封似的叶子上挂着一个闪闪发光的耳环。想象的形象越鲜明越具体越好，形象越夸张越奇特越好，形象之间的逻辑联系越紧密越好。

② 谐音联想法。这种方法是通过谐音线索，运用视觉表象、假借意义进行人为联想。例如，在英语单词的学习中：“tiger”可联想为泰山上的一只虎；“battle”即“班头”；还有的人将圆周率编成顺口溜（π＝3.1415926535897932384626……）：山巅一寺一壶酒（3.14159），尔乐苦煞吾（26535），把酒吃（897），酒杀尔（932），杀不死（384），乐尔乐（626）。

（2）内在联系策略

对于意义性较强的学习材料则可以将新知识与旧知识衔接，用头脑中已经具有的图式使得新信息合理化，正是由于它要求在头脑中主动生成一些思想之间的逻辑联系，所以也可以称其为“内在生成策略”。首先，这种认知策略要求对新信息进行理解。其次，强调新的学习材料与已有知识进行衔接。

教育心理学已充分证明，对新知识能掌握多少，很大程度上取决于学习者对与它有关的已有知识知道的多少。背景知识在学习中的作用通常表现在两个方面：一是它能够帮助学习者理解新材料；二是它可以作为新材料记忆保持的拐杖，因为新的学习材料是在已有背景知识之上的扩展和深化，所以要充分利用背景知识，同时需要注意以下几个方面。

第一，建立有意义的学习心向，即应该是在对新材料理解掌握的基础上进行学习，而不是机械记忆式的学习。

第二，利用先行组织者。先行组织者是新材料学习之前所温习的、与新材料有关的已有的背景知识，它通常是教师在讲授新课之前所呈现出来的、用以同化新知识的熟悉的认知框架，它能有效组织学生理解和记忆新知识。例如，在讲语文课的某一篇记叙文时，先回忆类似的叙述文体，接着介绍该类文章的常见框架，然后再让学生自己根据框架浓缩关键信息，并加以组织。这样，不仅能加深学生的理解和记忆，还会大大提高学生的阅读能力。

3. 组织策略

组织策略是指将经过精细加工提炼出来的知识点加以构造，形成更高水平的知识结构的信息加工策略。组织策略主要有两种：一种是归类策略，用于概念、词语、规则等知识的归类整理。另一种是纲要策略，主要用于对学习材料结构的把握。

(1) 归类策略

归类是把材料分成小单元，再把这些单元归到适当的类别里。例如，要外出买的东西很多：盐、葡萄、蒜、苹果、胡萝卜、橘子、胡椒、豌豆、辣椒粉、姜，可以将它们分别归在"水果""蔬菜"与"佐料"等概念下，再分门别类记忆。

(2) 纲要策略

"举一纲而万目张"。纲要策略也称提纲挈领策略，是掌握学习材料纲目的方法。学生学习教材的根本任务是抓住教材的中心思想和支持中心思想的重要细节，以及它们之间的联系。纲要策略不仅能减轻短时记忆的负担，有助于阅读和记忆，而且还有助于提高创造性解决问题的能力。

(二) 元认知监控策略

美国心理学家弗拉维尔(J. H. Flavell)1976年在《认知发展》一书中首先提出元认知监控策略，它是指学生对自己整个学习过程的有效监视及控制的策略。监控策略包括了：计划策略、监视策略和调节策略。

1. 计划策略

学习中的计划策略包括设置学习目标、浏览阅读材料、设置思考题以及分析如何完成学习任务。策略水平高的学生并不只是被动地听课、做笔记和等待教师布置作业，他们会预测完成作业需要多长时间，在写作前获取相关信息，在考试前复习笔记，在必要时组织学习小组，以及使用其他各种方法。

合理的学习计划是顺利完成学习活动和提高学习效率的重要保障，优秀的学习者应该能够根据学习内容的特点、自己的学习风格、学习环境等具体情况，制订科学合理的计划，选择有效的学习方法与策略，并对活动过程进行积极的监控，及时发现学习活动中的问题并进行相应的调整，减少学习活动的盲目性和不合理性。

2. 监控策略

监视策略是指在认知过程中，学习者根据认知目标对自己应用的学习策略进行监督并对学习过程及时进行调整，以期顺利实现有效学习的策略。监视策略主要使学习者警觉自己在认知过程中注意和理解方面可能出现的问题，并及时加以调节，因而不同于对整个认知活动过程的监控。具体包括领会监控、集中注意及调节监控三个方面。SQ3R是最常见的帮助学生学习教材内容的阅读领会监控策略。SQ3R阅读策略如下。

(1) Survey(浏览)。纵览全书大致了解阅读材料的主要内容。浏览范围包括以下三方面。第一,看封面信息:书名、作者、出版商及出版日期。第二,查阅目录和内容提要,以确定哪一部分是你感兴趣的。第三,浏览前言和后记,以了解作者写作的背景和意图。这一步不要超过一分钟,而且通过浏览要抓住阅读材料的3～6个核心观点,这可以帮助学习者在后续阅读中组织观点。

(2) Question(提问)。怎样提问?最简单的做法是将标题转换成疑问句。如标题是“教育心理学的研究对象”,可转换成问题“教育心理学的研究对象是什么?”将标题转换成疑问句,可以激发学习者的好奇心,从而增强对文章的理解,因为将陈述句转换成疑问句实际上是确定了一个阅读目的,带着问题阅读会帮助学习者在阅读中筛选重要信息和次要信息,使重要的观点从细枝末节中突显出来,帮助学生更快地理解本章内容。

(3) Read(阅读)。首先细读第一部分,回答上一步提出的问题,不要逐字逐行地读,而要积极地寻找答案,抓住实质内容。

(4) Recite(陈述)。读完第一部分后,合上书尝试简要回答上面提出的问题,最好能用自己的语言举例说明。如果不能清晰地陈述答案或者举例说明,那么就要再阅读再尝试陈述。进行这一步的时候,最好能结合使用记笔记法,摘记一些短语作为陈述的提示。完成第一步的学习后,按照以上三个步骤(Question,Read,Recite)学习后续的章节,直至完成整本书的阅读。

(5) Review(复习)。按以上步骤通读全书后,查看笔记、鸟瞰全部观点以及它们之间的关系。然后合上笔记尝试回忆主要观点及每一主要观点之下的次级观点。

3. 调节策略

调节策略是指在学习过程中根据对认知活动监视的结果,找出认知偏差,及时调整策略或者修正目标。在学习活动结束时,评价认知结果,采取相应的补救措施,修正错误,总结经验教训等。例如,当学习者意识到他不理解学习材料的某一部分时,他就会退回去重新阅读相关段落,在阅读困难或不熟悉的材料时放慢速度,复习他们不懂的课程材料,测验时跳过某个难题,先做简单题目等。调节监控能帮助学生矫正他们的学习行为,使他们弥补理解上的不足。

要能够在学习活动中进行有效的调节监控,其中对学习活动进行及时评价是一种重要的策略。学习中的评价是指把学习进程或学习阶段性结果同既定目标加以比较,以确定学习的进展和质量,决定是否继续下一步的学习活动。学习中的评价能够使学习者及时获得信息反馈、有效分辨错误、及时强化学习成功感、激发学习者不断学习的积极性。

元认知监控策略的这几个方面总是相互联系在一起而发挥作用的。学习者在学习过程中一般先要认识自己的当前任务,然后使用一些标准来评价自己的理解、预计学习时间、选择有效的计划来学习或解决问题,其后是监视自己的进展情况,并根据监视的结果采取补救措施。

元认知策略对改善学习困难的情况至关重要,是提高学习困难学生学习效果的重要手段和策略。教师在教学中要充分利用教学的一切机会提高学生的学习策略,从根本上改善其学习困难的情况。学生可以通过以下问卷了解自己元认知策略。

(1) 在刚才的解题过程中,我能够意识到自己的思维。

(2) 我边做题边检查自己的题做得对不对。

(3) 我努力发现考题的重要思想。

(4) 我力图弄清测试题的目的之后再去答题。

(5) 我能意识到什么时候用什么样的思维方法。

(6) 我自己检查错误。

(7) 我问自己,眼前的题和已知的知识有什么样的联系。

(8) 我努力弄清楚测验的要求是什么。

(9) 我能意识到需要对自己的思考过程进行筹划。

(10) 我几乎总是能知道自己的解答和完全正确有多大距离。

(11) 我总是把题目的意思彻底想清楚了才开始答题。

(12) 我确信我理解了应该做什么和应该怎样做。

(13) 我能意识到我正在进行的思维过程。

(14) 我“跟踪”自己的思维过程,必要时我会修改自己的思考方法。

(15) 我用了多种思维方法来解决问题。

(16) 我自己慎重思考后才自己做出如何去解题的决定。

(17) 我意识到自己在完成一个题目之前总是试图弄懂它。

(18) 我一边做题,一边检查自己的准确性。

(19) 我在解答题目时,注意选择和组织有关的信息。

(20) 在解题时,我力图理解这道题。

此问卷由欧奈尔和阿贝迪(O'Neil & Abedi)于1996年编制。问卷分为:计划策略(4、8、12、16、20题)、监控策略(2、6、10、14、18题)、认知策略(3、7、11、15、19题)、自我意识(1、5、9、17题)四方面,共20题。要求被试进行自我评价,从自己“从不会这样”到“总是这样”,分四级计分,即1～4分。依据被试得分高低,可分别测查被试的元认知状态。

该问卷在测查时,最好在一个“智力情景”后进行,例如,被试完成了一次考试后或接受了一次智力测试后。要求被试针对自己刚刚结束智力活动的状态来回答以上问题。[①]

(三) 资源管理策略

资源管理策略属于支持性策略,与学生学业成就有着密切的关系。资源管理策略包括了时间管理策略、学习环境管理策略、努力管理策略,以及社会资源利用策略。在学习中是否能够制订学习计划,是学生对自己学习管理的一项技能。良好的时间管理首先体现在有计划的学习上。很多调查研究表明,缺乏学习计划的技能是引起学生学业成绩不良的重要原因之一。学习环境包括了学习的自然环境、物质环境和心理环境。学习困难学生在对环境的要求上差异很大,有的学生很容易受到环境的影响,在学习时非常容易分心。有的人不善于利用学习环境中的有利因素。也有的人在学习中难以保持良好的情绪。也有的人不善于利用学习资源。因此,对学习困难学生而言,应该有意识地引导和教育他们有计划地学习,适应学习的环境和学会充分利用学习的资源,以提高学习的效率。

---

① 刘电芝.学习策略研究[M].北京:人民教育出版社,1999:29-31.

五、学习困难学生学习策略的学习与指导

教会学生学会学习的重要方法之一就是对学生进行有效的学习策略训练。学习策略的教学模式主要有两种：一是脱离具体学科内容的专门教学，如训练适用于任何课程的复述策略、精细加工策略。另一种是结合特定学科内容的教学，如结合语文学科教授阅读和写作策略，结合数学学科教授学生推理策略。研究表明，不与特定学科内容相结合的训练，学习策略对学生知识领域的学习帮助不太明显，而学科学习策略的教学则由于具有较强的针对性，有助于改善学生的学习。因此，策略学习应与教材内容相结合为宜。优秀教师不仅结合教学内容教给学生具体的学习策略，而且还要通过专门的教学教会学生积极地适时地选用有效的学习策略。

（一）注重元认知监控和调节训练

在加强学习策略教学的同时注重元认知监控和调节的教学是提高学习策略教学的有效技术。元认知能意识和体验到学习情境中各种变量间的关系及其变化，并导致感情活动的形成，而成熟的学习调节与控制策略，则能根据上述体验来监视并控制学习方法的使用，使之自始至终伴随学习过程并适应于新的情境下的学习。

1981 年，戴(Day)分析了四种教学技术：①“自我管理教学”，仅让学生运用具体的学习方法(如如何写纲要)；②“规划”教学，明晰地告诉学生如何使用具体的方法并给予示范；③“规则”+“自我管理”的教学，即把上述两种教学方法结合起来的教学；④“控制”＋“监视”教学，接受这种方法的被试不仅被告知如何使用学习方法(包括有关学习方法怎样使用和何时使用的知识)，而且知道何时和如何检查学习策略的使用(包括有关学习的监视与控制的知识)。实验结果表明，在上述四种教学中，第四种教学效果最佳，第三种次之，第二种更次，而第一种则没有取得明显的效果。①

那么，如何才能有效提高元认知训练的效果？研究发现，元认知监控策略的有效教学可以采取以下技术。

1. 出声思考法(Thinking Aloud)

教师可以通过展示思维过程的方法来教给学生这种出声思考的技术。当教师处在思考解决问题计划和解决问题方案时，通过语言将自己的思考过程大声地讲出来以展示给学生，以便学生能够模仿教师所展示出来的思维过程。帕里斯卡尔等(A. S. Palinscar)提出的结伴问题解决法，也是一种十分有效的训练策略。其方法是：一个学生对另一个学生讲述解决某个问题的过程，特别是详细地描述自己的思维过程，期间同伴认真地听，注意讲述者的思维过程，并向他提出问题以使双方思维更明晰。同样在小组学习中，大家轮流扮演教师，对正在学习的材料进行阐述、提问及总结，也可以起到相同的效果。展示思维过程十分重要，因为学生需要用一些用于思考的词汇表达自己的思维过程，模仿和讨论可以发展学生用于思维和陈述思维过程所需要的词汇，使用这些词汇表达思维过程，可以促进学生思维技能的

① A. L. Brown, J. C. Campione, J. D. Day. Learning to Learn: On Training Students to Learn from Texts[J]. Educational Researcher, 1981, 10(2): 14-21.

发展。①

2. 写思考日志(Keeping a Thinking Journal)

写思考日志是发展元认知能力的又一种方法,写日志的目的有以下几方面:

(1) 反思自己的学习和思维过程,理清思路,澄清混乱,思考并提出有价值的问题。

(2) 促使自己学会学习,自己教自己,并在此过程中产生重要的顿悟。

(3) 将自己的注意力从学校结构转移到自己的认知过程,有助于学生主动地控制自己的学习。

思考日志的内容包括以下几方面。

(1) 学习的主要内容。

(2) 相关知识点和各知识点之间的联系。

(3) 对不明确的、有矛盾的问题的思考。

(4) 将一些容易混淆的概念列表对照、鉴别,并举例说明。

(5) 对自己处理某一件事情的评价。

3. 计划和自我调节(Planning and Self-regulation)

教学过程要增加学生对制订学习计划和自我调节学习过程的责任感。如果学生的学习是由他人计划和监控,那么他就很难成为一位积极有效的自我定向的学习者。所制订的学习计划的内容包括:估计学习所需要的时间,组织材料、制订完成一项活动的具体的时间安排表等。在这个过程中,学生学会如何思考,如何向自己提问,这样能使学生逐步形成自我控制、自我检查、自我调节的能力。

4. 报告思维过程(Reporting the Thinking Process)

让学生报告思维过程,发展他们的策略意识,这有助于学习迁移的发生。报告思维过程可以采取以下步骤:

(1) 教师引导学生对学习活动进行回顾,自己报告完成学习任务的思维和在这一过程中的感觉。

(2) 将学生报告中提到的有关思维方法进行分类,确认学生在学习中用到了哪些学习策略。

(3) 让学生自己评价他们的成功与失败之处,排除那些不合适的方法,确定哪些是有价值的学习策略并推广运用,同时积极寻找生成新的学习策略。

5. 自我评价(Self-evaluation)

学生对自己的学习过程或质量进行检查和评价,可以提高元认知能力。学生的自我评价可以通过自我报告和回答一系列关注思维过程的问题单而逐步形成,直至养成自我评价习惯。当学生认识到不同学科的学习活动具有相似性,他们就开始将学习策略迁移到新的学习情境了。

(二) 有效地进行学习策略的教学

1. 要确定需要学生重点掌握的学习策略并对其结构进行分析

教师要善于识别概括性、实用性较广的学习策略并对其结构进行分析,确定各种策略的

① A. L. Brown, A. S. Palincsar. Guided, Cooperative Learning and Individual Knowledge Acquisition[J]. Technical Report. 1989(372):1-116.

动作或心理成分及其联系与顺序，真正使策略的每个步骤具体化、可操作化。只有这样，才有可能培养学生的良好的认知或学习习惯，改掉不良的认知行为或习惯，进而培养他们的学习策略。

2. 教学方法应灵活多样

教师应首先让学生认识到学习策略对学习的重要性。再确定适合于所学材料的学习策略。这些策略应具有有效性和可操作性，能够通过指导后获得改进。然后指导学生在不同学习情境下进行训练，并对学习结果进行及时评价与反馈矫正。在教学方法上可以根据实际采用不同的方法，如发现法、观察模仿法、有指导的参与法、专门授课法、直接解释法和预期交互法等。

3. 有效运用教学反馈

有关反馈的传统研究已经证明，反馈能够改进学习，提高学习效果。学习策略的反馈研究也表明，如果降低训练的速度，增加反馈，使学生知道他们运用策略的不足之处，评价训练的有效性，理解学习策略的效应，或者体会到学习策略的确改善了他们的学习，学生就更有可能把学习策略运用到更为现实的学习情境中去。①

4. 提供足够的教学时间

学习的调节与控制是否自动化、学习方法的使用是否熟练，是学习策略持续使用和迁移的条件之一。为此，提供给学生足够的策略训练的时间，使之达到自动化的程度也就非常有必要了。一些学者认为，只有当学生能够真正理解选择恰当学习方法的重要性的时候，他们才可能有策略地学习，而要做到这一点，则必须提供足够的、长期的教学时间。

本章小结

本章从学习困难学生的语言教学、数学技能教学、学习策略教学三个方面，探讨了学习困难学生的教育教学方法。语言教学关注了解语言构成和语言学习困难的表现，并进行语言技能评估，可以采用标准化评估，也可以采用非标准化评估。标准化的评估方法可以用于评估儿童语言发展的各个方面，非标准化的评估可以根据评估的结果确定教学的目标和教育干预方案。对于语言学习困难者的教学按教学内容划分有：语音教学、词汇教学、语言理解教学、语言表达教学等。对于数学技能的教学，首先是对数学学习常见错误的诊断，包括：计算错误的诊断、问题解决技能的诊断、利用数学教学目标分层进行诊断。其次进行有效的教学策略：激发学生学习动机，掌握基本术语和运算步骤，选择合适的教学内容，提供学习的支架，遵循教学计划的步骤，及时评估和反馈。

掌握学习的策略，是通过教师的教学、训练所获得的，包括认知策略、元认知策略、资源管理策略等。教师不仅结合教学内容教给学生具体的学习策略，而且还要通过专门的教学教会学生积极地适时地选用有效的学习策略，注重元认知监控和调节训练（出声思考法、写思考日志、计划和自我调节、报告思维过程、自我评价），并注意运用灵活的教学方法和及时

① J. McKendree. Effective Feedback Content for Tutoring Complex Skills[J]. Human-computer Interaction, 1990, 5(4): 381-413.

有效的教学反馈、足够的教学时间。

思考与练习

1. 简述学习困难学生语言教学的内容。
2. 简述学习困难学生数学学习困难的诊断方法。
3. 教学策略对提高学习困难学生学习能力的作用是什么？

后　记

本书在修订过程中，笔者不断思考如何把理论研究与实践结合起来。因此，本次修订的目的，除了增加近年来国内外学习困难研究的成果外，更提供了笔者在小学建立的学习困难学生学习支持中心的教育实践中的部分案例和实践内容，以便给广大读者丰富的、实践性强和可操作的信息。在完成书稿修订的过程中，也尽量考虑到通过本书对学习困难学生家长的指导，帮助他们更清楚地认识学习困难学生，了解这些方面的研究成果，以及如何帮助学习困难学生。

本书在修订过程中，学习了近年来同行们的研究和著作、教材，收获颇丰，但依然坚持笔者对学习困难的分类方式。学习困难学生是一个非常复杂的群体，其困难有原发性和继发性特点，分类是清楚地认识和教育这类儿童的前提和基础，本书的分类更注重教育的目的。

虽然经过修订，本书内容有所完善，但是，与我国近十来年在学习障碍问题研究上形成的丰富成果相比，还相差甚远。一本书难以容括研究者和教育者们这些年来对学习障碍孜孜以求的探索，本书仅仅是在该领域贡献的一粒沙粒，还希望同行批评指正。最后，感谢我的博士生和硕士生们在文献检索上对修订书稿提供的帮助！

北京大学出版社

教育出版中心 精品图书

21世纪高校广播电视专业系列教材

电视节目策划教程（第二版） 项仲平
电视导播教程（第二版） 程 晋
电视文艺创作教程 王建辉
广播剧创作教程 王国臣
电视导论 李 欣
电视纪录片教程 卢 炜
电视导演教程 袁立本
电视摄像教程 刘 荃
电视节目制作教程 张晓锋
视听语言 宋 杰
影视剪辑实务教程 李 琳
影视摄制导论 朱 怡
新媒体短视频创作教程 姜荣文
电影视听语言——视听元素与场面调度案例分析 李 骏
影视照明技术 张 兴
影视音乐 陈 斌
影视剪辑创作与技巧 张 拓
纪录片创作教程 潘志琪
影视拍摄实务 翟 臣

21世纪信息传播实验系列教材（徐福荫 黄慕雄 主编）

网络新闻实务 罗 昕
多媒体软件设计与开发 张新华
播音与主持艺术（第三版） 黄碧云 雎 凌
摄影基础（第二版） 张 红 钟日辉 王首农

21世纪数字媒体专业系列教材

视听语言 赵慧英
数字影视剪辑艺术 曾祥民
数字摄像与表现 王以宁
数字摄影基础 王朋娇
数字媒体设计与创意 陈卫东
数字视频创意设计与实现（第二版） 王 靖
大学摄影实用教程（第二版） 朱小阳
大学摄影实用教程 朱小阳

21世纪教育技术学精品教材（张景中 主编）

教育技术学导论（第二版） 李芒金林
远程教育原理与技术 王继新 张屹
教学系统设计理论与实践 杨九民 梁林梅
信息技术教学论 雷体南 叶良明
信息技术与课程整合（第二版） 赵呈领 杨琳 刘清堂
教育技术学研究方法（第三版） 张 屹 黄 磊

21世纪高校网络与新媒体专业系列教材

文化产业概论 尹章池
网络文化教程 李文明
网络与新媒体评论 杨 娟
新媒体概论（第二版） 尹章池
新媒体视听节目制作（第二版） 周建青
融合新闻学导论（第二版） 石长顺
新媒体网页设计与制作（第二版） 惠悲荷
网络新媒体实务 张合斌
突发新闻教程 李 军
视听新媒体节目制作 邓秀军
视听评论 何志武
出镜记者案例分析 刘 静 邓秀军
视听新媒体导论 郭小平
网络与新媒体广告（第二版） 尚恒志 张合斌
网络与新媒体文学 唐东堰 雷 奕
全媒体新闻采访写作教程 李 军
网络直播基础 周建青
大数据新闻传媒概论 尹章池

21世纪特殊教育创新教材·理论与基础系列

特殊教育的哲学基础 方俊明
特殊教育的医学基础 张 婷
融合教育导论（第二版） 雷江华
特殊教育学（第二版） 雷江华 方俊明
特殊儿童心理学（第二版） 方俊明 雷江华
特殊教育史 朱宗顺
特殊教育研究方法（第二版） 杜晓新 宋永宁等
特殊教育发展模式 任颂羔

21世纪特殊教育创新教材·发展与教育系列

视觉障碍儿童的发展与教育 邓 猛
听觉障碍儿童的发展与教育（第二版） 贺荟中
智力障碍儿童的发展与教育（第二版） 刘春玲 马红英
学习困难儿童的发展与教育（第二版） 赵 微
自闭症谱系障碍儿童的发展与教育 周念丽
情绪与行为障碍儿童的发展与教育 李闻戈
超常儿童的发展与教育（第二版） 苏雪云 张 旭

21世纪特殊教育创新教材·康复与训练系列

特殊儿童应用行为分析（第二版） 李 芳 李 丹

特殊儿童的游戏治疗　周念丽
特殊儿童的美术治疗　孙　霞
特殊儿童的音乐治疗　胡世红
特殊儿童的心理治疗（第三版）　杨广学
特殊教育的辅具与康复　蒋建荣
特殊儿童的感觉统合训练（第二版）　王和平
孤独症儿童课程与教学设计　王　梅

21世纪特殊教育创新教材·融合教育系列

融合教育本土化实践与发展　邓　猛等
融合教育理论反思与本土化探索　邓　猛
融合教育实践指南　邓　猛
融合教育理论指南　邓　猛
融合教育导论（第二版）　雷江华
学前融合教育（第二版）　雷江华　刘慧丽
小学融合教育概论　雷江华　袁　维

21世纪特殊教育创新教材（第二辑）

特殊儿童心理与教育（第二版）　杨广学　张巧明　王　芳
教育康复学导论　杜晓新　黄昭明
特殊儿童病理学　王和平　杨长江
特殊学校教师教育技能　昝　飞　马红英

自闭谱系障碍儿童早期干预丛书

如何发展自闭谱系障碍儿童的沟通能力　朱晓晨　苏雪云
如何理解自闭谱系障碍和早期干预　苏雪云
如何发展自闭谱系障碍儿童的社会交往能力　吕　梦　杨广学
如何发展自闭谱系障碍儿童的自我照料能力　倪萍萍　周　波
如何在游戏中干预自闭谱系障碍儿童　朱　瑞　周念丽
如何发展自闭谱系障碍儿童的感知和运动能力　韩文娟　徐　芳　王和平
如何发展自闭谱系障碍儿童的认知能力　潘前前　杨福义
自闭症谱系障碍儿童的发展与教育　周念丽
如何通过音乐干预自闭谱系障碍儿童　张正琴
如何通过画画干预自闭谱系障碍儿童　张正琴
如何运用ACC促进自闭谱系障碍儿童的发展　苏雪云
孤独症儿童的关键性技能训练法　李　丹
自闭症儿童家长辅导手册　雷江华
孤独症儿童课程与教学设计　王　梅
融合教育理论反思与本土化探索　邓　猛
自闭症谱系障碍儿童家庭支持系统　孙玉梅
自闭症谱系障碍儿童团体社交游戏干预　李　芳
孤独症儿童的教育与发展　王　梅　梁松梅

特殊学校教育·康复·职业训练丛书（黄建行　雷江华主编）

信息技术在特殊教育中的应用
智障学生职业教育模式
特殊教育学校学生康复与训练
特殊教育学校校本课程开发
特殊教育学校特奥运动项目建设

21世纪学前教育专业规划教材

学前教育概论　李生兰
学前教育管理学（第二版）　王　雯
幼儿园课程新论　李生兰
幼儿园歌曲钢琴伴奏教程　果旭伟
幼儿园舞蹈教学活动设计与指导（第二版）　董　丽
实用乐理与视唱（第二版）　代　苗
学前儿童美术教育　冯婉贞
学前儿童科学教育　洪秀敏
学前儿童游戏　范明丽
学前教育研究方法　郑福明
学前教育史　郭法奇
外国学前教育史　郭法奇
学前教育政策与法规　魏　真
学前心理学　涂艳国　蔡　艳
学前教育理论与实践教程　王　维　王维娅　孙　岩
学前儿童数学教育与活动设计　赵振国
学前融合教育（第二版）　雷江华　刘慧丽
幼儿园教育质量评价导论　吴　钢
幼儿园绘本教学活动设计　赵　娟
幼儿学习与教育心理学　张　莉
学前教育管理　虞永平
国外学前教育学本文献讲读　姜　勇

大学之道丛书精装版

美国高等教育通史　［美］亚瑟·科恩
知识社会中的大学　［英］杰勒德·德兰迪
大学之用（第五版）　［美］克拉克·克尔
营利性大学的崛起　［美］理查德·鲁克
学术部落与学术领地：知识探索与学科文化　［英］托尼·比彻　保罗·特罗勒尔
美国现代大学的崛起　［美］劳伦斯·维赛
教育的终结——大学何以放弃了对人生意义的追求　［美］安东尼·T.克龙曼
世界一流大学的管理之道——大学管理研究导论　程　星
后现代大学来临？　［英］安东尼·史密斯　弗兰克·韦伯斯特

大学之道丛书

以学生为中心：当代本科教育改革之道　赵炬明
市场化的底限　［美］大卫·科伯
大学的理念　［英］亨利·纽曼
哈佛：谁说了算　［美］理查德·布瑞德利
麻省理工学院如何追求卓越　［美］查尔斯·维斯特

大学与市场的悖论　［美］罗杰·盖格
高等教育公司：营利性大学的崛起　［美］理查德·鲁克
公司文化中的大学：大学如何应对市场化压力
［美］埃里克·古尔德
美国高等教育质量认证与评估
［美］美国中部州高等教育委员会
现代大学及其图新　［美］谢尔顿·罗斯布莱特
美国文理学院的兴衰——凯尼恩学院纪实　［美］P. F.克鲁格
教育的终结：大学何以放弃了对人生意义的追求
［美］安东尼·T.克龙曼
大学的逻辑（第三版）　张维迎
我的科大十年（续集）　孔宪铎
高等教育理念　［英］罗纳德·巴尼特
美国现代大学的崛起　［美］劳伦斯·维赛
美国大学时代的学术自由　［美］沃特·梅兹格
美国高等教育通史　［美］亚瑟·科恩
美国高等教育史　［美］约翰·塞林
哈佛通识教育红皮书　哈佛委员会
高等教育何以为“高”——牛津导师制教学反思
［英］大卫·帕尔菲曼
印度理工学院的精英们　［印度］桑迪潘·德布
知识社会中的大学　［英］杰勒德·德兰迪
高等教育的未来：浮言、现实与市场风险
［美］弗兰克·纽曼等
后现代大学来临？　［英］安东尼·史密斯等
美国大学之魂　［美］乔治·M.马斯登
大学理念重审：与纽曼对话　［美］雅罗斯拉夫·帕利坎
学术部落及其领地——当代学术界生态揭秘（第二版）
［英］托尼·比彻　保罗·特罗勒尔
德国古典大学观及其对中国大学的影响（第二版）　陈洪捷
转变中的大学：传统、议题与前景　郭为藩
学术资本主义：政治、政策和创业型大学
［美］希拉·斯劳特　拉里·莱斯利
21世纪的大学　［美］詹姆斯·杜德斯达
美国公立大学的未来
［美］詹姆斯·杜德斯达　弗瑞斯·沃马克
东西象牙塔　孔宪铎
理性捍卫大学　眭依凡

学术规范与研究方法系列

如何为学术刊物撰稿（第三版）　［英］罗薇娜·莫瑞
如何查找文献（第二版）　［英］萨莉·拉姆齐
给研究生的学术建议（第二版）　［英］玛丽安·彼得等
社会科学研究的基本规则（第四版）　［英］朱迪斯·贝尔
做好社会研究的10个关键　［英］马丁·丹斯考姆
如何写好科研项目申请书　［美］安德鲁·弗里德兰德等
教育研究方法（第六版）　［美］梅瑞迪斯·高尔等
高等教育研究：进展与方法　［英］马尔科姆·泰特
如何成为学术论文写作高手　［美］华乐丝
参加国际学术会议必须要做的那些事　［美］华乐丝
如何成为优秀的研究生　［美］布卢姆
结构方程模型及其应用　易丹辉　李静萍
学位论文写作与学术规范（第二版）　李　武　毛远逸　肖东发
生命科学论文写作指南　［加］白青云
法律实证研究方法（第二版）　白建军
传播学定性研究方法（第二版）　李　琨

21世纪高校教师职业发展读本

如何成为卓越的大学教师　［美］肯·贝恩
给大学新教员的建议　［美］罗伯特·博伊斯
如何提高学生学习质量　［英］迈克尔·普洛瑟等
学术界的生存智慧　［美］约翰·达利等
给研究生导师的建议（第2版）　［英］萨拉·德拉蒙特等
高校课程理论——大学教师必修课　黄福涛

21世纪教师教育系列教材·物理教育系列

中学物理教学设计　王　霞
中学物理微格教学教程（第三版）　张军朋　詹伟琴　王　恬
中学物理科学探究学习评价与案例　张军朋　许桂清
物理教学论　邢红军
中学物理教学法　邢红军
中学物理教学评价与案例分析　王建中　孟红娟
中学物理课程与教学论　张军朋　许桂清
物理学习心理学　张军朋
中学物理课程与教学设计　王　霞

21世纪教育科学系列教材·学科学习心理学系列

数学学习心理学（第二版）　孔凡哲
语文学习心理学　董蓓菲

21世纪教师教育系列教材

青少年心理发展与教育　林洪新　郑淑杰
教育心理学（第二版）　李晓东
教育学基础　庞守兴
教育学　余文森　王　晞
教育研究方法　刘淑杰
教育心理学　王晓明
心理学导论　杨凤云
教育心理学概论　连　榕　罗丽芳
课程与教学论　李　允
教师专业发展导论　于胜刚
学校教育概论　李清雁
现代教育评价教程（第二版）　吴　钢
教师礼仪实务　刘　霄
家庭教育新论　闫旭蕾　杨　萍
中学班级管理　张宝书
教育职业道德　刘亭亭
教师心理健康　张怀春

现代教育技术　冯玲玉
青少年发展与教育心理学　张　清
课程与教学论　李　允
课堂与教学艺术（第二版）　孙菊如　陈春荣
教育学原理　靳淑梅　许红花
教育心理学（融媒体版）　徐　凯
高中思想政治课程标准与教材分析　胡田庚　高　鑫

21世纪教师教育系列教材·初等教育系列

小学教育学　田友谊
小学教育学基础　张永明　曾　碧
小学班级管理　张永明　宋彩琴
初等教育课程与教学论　罗祖兵
小学教育研究方法　王红艳
新理念小学数学教学论　刘京莉
新理念小学音乐教学论（第二版）　吴跃跃
初中历史跨学科主题学习案例集　杜　芳　陆优君
青少年心理发展与教育　林洪新　郑淑杰
名著导读12讲——初中语文整本书阅读指导手册　文贵良
小学融合教育概论　雷江华　袁　维

教师资格认定及师范类毕业生上岗考试辅导教材

教育学　余文森　王　晞
教育心理学概论　连　榕　罗丽芳

21世纪教师教育系列教材·学科教育心理学系列

语文教育心理学　董蓓菲
生物教育心理学　胡继飞

21世纪教师教育系列教材·学科教学论系列

新理念化学教学论（第二版）　王后雄
新理念科学教学论（第二版）　崔　鸿　张海珠
新理念生物教学论（第二版）　崔　鸿　郑晓慧
新理念地理教学论（第三版）　李家清
新理念历史教学论（第二版）　杜　芳
新理念思想政治（品德）教学论（第三版）　胡田庚
新理念信息技术教学论（第二版）　吴军其
新理念数学教学论　冯　虹
新理念小学音乐教学论（第二版）　吴跃跃

21世纪教师教育系列教材·语文教育系列

语文文本解读实用教程　荣维东
语文课程教师专业技能训练　张学凯　刘丽丽
语文课程与教学发展简史　武玉鹏　王从华　黄修志
语文课程学与教的心理学基础　韩雪屏　王朝霞
语文课程名师名课案例分析　武玉鹏　郭治锋等
语用性质的语文课程与教学论　王元华
语文课堂教学技能训练教程（第二版）　周小蓬
中外母语教学策略　周小蓬
中学各类作文评价指引　周小蓬
中学语文名篇新讲　杨　朴　杨　旸
语文教师职业技能训练教程　韩世姣

21世纪教师教育系列教材·学科教学技能训练系列

新理念生物教学技能训练（第二版）　崔　鸿
新理念思想政治（品德）教学技能训练（第三版）　胡田庚　赵海山
新理念地理教学技能训练（第二版）　李家清
新理念化学教学技能训练（第二版）　王后雄
新理念数学教学技能训练　王光明

王后雄教师教育系列教材

教育考试的理论与方法　王后雄
化学教育测量与评价　王后雄
中学化学实验教学研究　王后雄
新理念化学教学诊断学　王后雄

西方心理学名著译丛

儿童的人格形成及其培养　[奥地利]阿德勒
活出生命的意义　[奥地利]阿德勒
生活的科学　[奥地利]阿德勒
理解人生　[奥地利]阿德勒
荣格心理学七讲　[美]卡尔文·霍尔
系统心理学：绪论　[美]爱德华·铁钦纳
社会心理学导论　[美]威廉·麦独孤
思维与语言　[俄]列夫·维果茨基
人类的学习　[美]爱德华·桑代克
基础与应用心理学　[德]雨果·闵斯特伯格
记忆　[德]赫尔曼·艾宾浩斯
实验心理学（上下册）　[美]伍德沃斯　施洛斯贝格
格式塔心理学原理　[美]库尔特·考夫卡

21世纪教师教育系列教材·专业养成系列（赵国栋 主编）

微课与慕课设计初级教程
微课与慕课设计高级教程
微课、翻转课堂和慕课设计实操教程
网络调查研究方法概论（第二版）
PPT云课堂教学法
快课教学法

其他

三笔字楷书书法教程（第二版）　刘慧龙
植物科学绘画——从入门到精通　孙英宝
艺术批评原理与写作（第二版）　王洪义
学习科学导论　尚俊杰
艺术素养通识课　王洪义